**우리는 미래에 조금 먼저
도착했습니다**

THE NORDIC THEORY OF EVERYTHING
: In Search of a Better Life
by Anu Partanen

Copyright ⓒ 2016 by Anu Partanen
All rights reserved.

This Korean edition was published by WONDERBOX, an imprint of Bulkwang Media
Co. in 2017 by arrangement with Anu Partanen c/o InkWell Management, LLC through
KCC(Korea Copyright Center Inc.), Seoul.

이 책은 ㈜한국저작권센터(KCC)를 통한 저작권자와의 독점계약으로 원더박스(㈜불광미디
어)에서 출간되었습니다. 저작권법에 의해 한국 내에서 보호를 받는 저작물이므로 무단전재
와 복제를 금합니다.

우리는 미래에 조금 먼저 도착했습니다

북유럽 사회가
행복한 개인을
키우는 방법

The Nordic theory of Everything ;
In Search of a Better Life

아누 파르타넨 지음
노태복 옮김

원더박스

한국 독자들께
전하는 메시지

오늘날 전 세계 많은 나라들이 한편으로는 경쟁과 세계화와 혁신을 통한 경제성장, 그리고 한편으로는 모든 국민의 평등과 복지를 보장할 필요성 사이에서 균형을 맞추려고 거듭 방법을 모색하고 있습니다. 어느나라도 이 과제를 완전히 장악하거나 성공하지 못했지만, 여러 나라의 성공과 실패에서 배움을 얻는 일은 참으로 중요합니다.

이 책에서 저는 노르딕과 미국의 접근법의 차이에 초점을 맞추었습니다. 두 세계를 함께 경험한 사람으로서 보건대, 근본적인 가치와 목표에서 미국은 노르딕 나라들과 유사한 열망을 종종 내비칩니다만, 정부의 역할과 사회복지를 바라보는 시각은 참으로 판이했습니다. 노르딕 나라들이 결코 완벽하진 않지만 속속 드러나는 증거들로 볼 때, 21세기의 도전 과제들을 해결할 매우 효과적이고 현실성 있는 방법을 얼마간 찾아냈다고 볼 수 있습니다.

이 나라들은 똑똑한 정부를 창조했고 부패를 일소했고 기회의 평등을 이루었으며, 개인과 기업을 아울러 모두에게 더 많은 자유와 기회를 누리게 해주었습니다. 노르딕 나라들과 한국 역시 차이점이 많긴 하지만 공통점도 있습니다. 특히 둘 다 국가적으로 교육에 큰 가치를 부여하지요. 여러분도 PISA 순위에서 저의 조국 핀란드를 익히 보았을 것입니다. 양국 모두 학생 성취도에 관한 국제조사에서 최상위권에서 만나곤 하잖아요.

하지만 이런 자리에 당도하기까지 두 나라가 취한 방법은 무척 다릅니다. 한국인들은 사회, 경제, 정치가 복합적으로 얽힌 나름의 문제들로 고군분투하고 있음을 알고 있습니다. 무엇보다, 아이들을 잘 교육시키면서도 동시에 그 아이들이 일반적인 행복과 안녕의 원천인 취미 활동, 가족과의 시간, 자아실현도 누릴 수 있도록 균형을 잡는 방법이 한국 사회에 절실해 보입니다.

노르딕 방식의 교훈과 통찰이 한국 독자들에게도 소중한 길잡이가 될 수 있길 바랍니다. 마찬가지로 노르딕 독자들 역시 한국을 통해 많은 배움을 얻을 수 있다고 저는 믿습니다. 우리 모두는 한 인류로서 길을 찾고 있으니까요. 이 길을 찾는 여정에서 우리 모두 서로 돕고 격려하는 사이가 되길 바라 마지않습니다.

2017년 5월 뉴욕에서
아누 파르타넨 드림

차례

일러두기

- 본문의 각주는 독자의 이해를 돕기 위해 옮긴이가 덧붙였습니다.
- 참고 자료의 출처 및 저자의 추가 설명은 '주'와 '참고문헌'에서 찾아볼 수 있습니다.
- 단행본은 『 』, 신문과 잡지는 《 》, 논문과 보고서, 단편은 「 」, 영화와 TV 프로그램은 〈 〉로 표기했습니다.
- 단행본이 언급되는 경우, 한국어로 번역 출간된 도서는 국내 도서명을 따랐습니다. 국내 미출간 도서의 제목은 원 뜻에 가깝게 번역하고 원서명을 병기했습니다.

프롤로그
"아메리칸 드림을 원한다면 핀란드로 가십시오."

빌 클린턴은 의자에 상체를 기댄 채 코끝에 걸린 돋보기안경 너머로 청중을 응시하고 있다. 가득 찬 객석에 잠깐의 정적이 흐른다.

클린턴이 자기 옆에 앉은 주황색 머리칼의 여성을 바라보며 말한다. "지금 미국에서는 중대한 토론이 벌어지고 있습니다." 잠시 멈춤. "21세기에 훌륭한 나라가 되려면 어떻게 해야 하는지가 토론 주제입니다. 이 토론은 전 세계의 다른 여러 나라에서도 벌어지고 있습니다." 다시 청중을 바라본다. "확신은 도처에서 흔들리고 있습니다."

때는 2010년 9월, 그러니까 금융 위기가 시작된 지 2년 남짓 지났을 무렵이다. 무대에는 클린턴을 좌장으로 주황색 머리 여성을 비롯해 미국 엘리트 최상급에 속하는 전문가 패널이 앉아 있다. 구글의 에릭 슈미트 회장, 수십조 달러 규모의 빌 앤드 멀린다 게이츠 재단의 공동회장인 멀린다 게이츠, 다국적 기업 프록터 앤드 겜블(P&G)의 당시 CEO였던 밥 맥도널드. 하지만 클린턴은 자기 바로 왼편에 앉은 주황색 머리 여성에게만 시선을 고정하고 있다.

클린턴이 그녀에게 묻는다.

"온 세상 사람들에게 어떻게 조언하실 건가요? 과거를 뒤돌아보며 지난 세월이나 탓하지 말고, 지금 당장 뭘 할지를 찾게 하려면 말입니다."

이제는 아예 의자를 돌려 이 여성을 정면으로 바라본다. 말하는 내내 한 손은 쫙 벌린 채 허공을 가르고 있다.

"정부의 역할을 우리가 어떻게 결정하면 좋을까요? 민간 부문에서는 뭘 해야 할까요? 세금 제도는 어떻게 해야 할까요? 다른 나라와의 관계는 어떻게 설정해야 할까요? 가난한 나라들에게 미국은 어떤 책임을 져야 할까요? 사업은 어떻게 해야 할까요? 모든 사람들에게 자신 있게 시작하라고 어떻게 권할 수 있을까요?"

클린턴이 마이크를 내리고 팔짱을 낀 채 안경 너머로 응시한다.

"고마워요. 무척 간단한 질문이네요."

청중이 한바탕 웃음을 터뜨린다. 곧이어 그녀는 클린턴의 도발적인 질문에, 청중 누구나 마음속에 품고 있을 걱정과 두려움에 응답해 진심을 다해 자신의 이야기를 들려준다.

2010년 9월 21일 화요일 아침, 뉴욕 시 타임스 스퀘어 쉐라톤 호텔에서 열린 '클린턴 글로벌 이니셔티브' 콘퍼런스의 한 장면이다.[1] 21세기 전 세계 시민의 더 나은 삶을 위한 뾰족한 방법을 찾고자 여섯 대륙 90개 나라에서 천 명 넘게 그곳에 몰려와 있었다. 참석자들 다수는 전현직 국가 원수나 재계 지도자 또는 비정부 조직 운영진이었다.

한 시간 전, 청중을 맞이하고 행사 시작을 알리려 무대에 오른 클린턴은 얼굴빛이 좋아 보였다. 미국 대통령 재직 시절보다 조금 홀쭉해졌고 노년기에 접어들었음이 완연했지만, 검푸른 정장에 흰 셔츠 그리고 빨간 넥타이의 깔끔한 옷차림이었다. 그는 느긋하면서도 자신만만한 태도로 주황색 머리의 여성을 포함한 전문가 패널을 소개했다. 그녀의 직업과 몇몇 주요 활동을 소개한 후, 이윽고 행사 시간을 통틀어 그가 가장 생기 넘쳤음에 분명한 대목에 이르렀다.

"그리고 이 분은 교육의 질, 경제 운용 방식, 부의 분배 및 기회의 측면에서 늘 전 세계 5위 안에 드는 나라 사람입니다."

얼마 전까지만 해도 그런 칭찬은 세계에서 가장 잘 알려져 있고 가장 견실한 나라들, 아마도 미국이나 일본 또는 독일한테 돌아갔을 법하다. 하지만 간소한 베이지색 바지 정장 차림의 이 여성, 자유세계의 전직 지도자에게 초대를 받아 기술과 산업 및 자선 분야에서 세계 최고 거물들과 함께 자리를 빛내고 있는 이 여성은 바로 타르야 할로넨, 유럽의 북동쪽 구석에 자리한 무척 얌전한 나라, 핀란드의 대통령이다(2000~2012년 재임).

핀란드는 약 10년 전부터 줄곧 전 세계의 주목을 받아오다가, 그 무렵에는 관심이 폭발하고 있었다. 처음에는 핀란드 어린이의 교육 성과를 바라보는 감탄이 주를 이루었다. 여러 국제 조사에서 핀란드 십대들은 읽기, 수학, 과학에 걸쳐 2000년 이래로 줄곧 최정상급 또는 그 근처에 어김없이 들었다.[2] 세계 각국에서 사절단이 줄지어 핀란드로 찾아와 여러 학교를 방문하고 교육 전문가들과 만나기 시작했다. 금세 온 세상 사람이 핀란드의 교육 기적을 말하고 있었다.

핀란드 11대, 12대 대통령을 지낸 타르야 할로넨은
'무민 마마'로 불릴 만큼 국민적 인기가 높았고,
퇴임 당시 지지율이 80퍼센트를 넘었다.

한편 클린턴 콘퍼런스가 열리기 딱 한 달 전에 《뉴스위크》는 전 세계 나라들을 대상으로 실시한 조사 결과를 발표했다.[3] 이 잡지는 다음과 같은 질문에 답을 내놓았다. "단순할 수도 난해할 수도 있는 질문이다. 만약 당신이 지금 다시 태어난다면, 건강하고 안전하고 꽤 풍족하고 신분 상승이 가능한 삶을 살려면, 어느 나라에서 태어나야 최상의 기회를 얻을 수 있을까?" 그 조사는 한 나라의 복지 척도를 규정하는 다섯 가지 범주—교육, 건강, 삶의 질, 경제력 및 정치적 환경—를 제시하고 이 척도에 따라 수백 개 나라를 비교했다. 결과는 미국을 비롯하여 최상위권에 들 것으로 예상된 여러 주요 강대국에게는 불쾌하고 충격적인 소식이었다. 21세기가 열림과 함께 인생을 시작한 사람에게, 다양한 기준에 따른 여러 이유를 종합해보았을 때, 세계에서 가장 좋은 나라는 바로 핀란드였다. 미국은 11위에 그쳤다.

핀란드에 쏟아지는 찬사는 이후로도 줄곧 멈출 줄 몰랐다. 세계적 라이프스타일 잡지인 《모노클》은 핀란드의 수도 헬싱키를 세계에서 가장 살기 좋은 도시로 선정했다.[4] 2011년, 세계경제포럼의 「세계 경쟁력 보고서」는 핀란드를 세계에서 네 번째로 경쟁력이 높은 나라로 선정했고, 이듬해에 이 등급은 세 번째로 상승했다.[5] 경제협력개발기구(OECD)는 일과 삶의 균형 면에서 핀란드가 세계에서 네 번째로 좋은 나라라고 선언했다.[6] 유럽연합 집행위원회가 발표한 2011 종합혁신지수(IUS)는 핀란드를 EU의 최상위 혁신 지도국 네 나라 가운데 하나로 꼽았다.[7]

심지어 UN은 측정이 불가능할 듯한 것, 즉 행복을 측정하는 일에 착수했다. 2012년 봄에 발표한 「세계 행복 보고서」에서 핀란드는 거의 최고 등급을 받았다.[8] 즉, 지구상에서 두 번째로 행복한 나라라는 영예를 차지한 것이다. 더군다나 1등과 3등을 차지한 나라는 핀란드와 이웃한 덴마크와 노르웨이였다.

유로존 위기가 서유럽을 휩쓸며 침울하고 비관적인 분위기가 팽배해 있을 때, 《파이낸셜 타임스》는 핀란드 특집 기사를 발표했다. 제목은 이랬다. "어려운 주위 여건에서도 부유하고 행복하고 훌륭한 나라."[9] 한편 핀란드가 꼴찌를 한 국제 순위가 하나 있었으니, 바로 실패국가지수이다. 이 지수를 발표한 평화재단(Fund for Peace)에 따르면, 핀란드는 전 세계에서 가장 건실한 나라에 속했다.[10] 이렇듯 핀란드는 국제적 명성을 휘날렸는데, 특히 세계적으로 인기를 모은 게임인 '앵그리버드'가 핀란드 프로그래머들의 작품이란 사실은 화룡점정이 아닐 수 없었다.

하지만 아마도 가장 큰 충격은 2012년 5월에 다가왔다. 그때 유럽에서 미국의 가장 오랜 우방인 영국의 한 정치인이 이전에는 상상할 수도 없었던 발언을 한 것이다. 바로 영국 노동당 당수인 에드 밀리밴드다. 그는 사회이동◆에 관한 회의에 참석해 있었다. 전 세계 사람들이 부모 세대보다 더 나은 삶을 살고 있는가라는 주제로 전문가들이 난상토론을 벌이는 자리였다. 수백 년까지는 아니더라도 수십 년의 시간 척도로 보자면, 한 개인의 신분 상승 기회가 최고로 보장된 나라는 두말할 것도 없이 미국이었다. 밀리밴드는 더 이상은 그렇지 않다고 포문을 열더니, 다음과 같은 깜짝 발언을 했다. "아메리칸 드림을 원한다면, 핀란드로 가십시오."[11]

◆ 사회 구성원의 사회적 지위가 이동되는 현상.

국가 경쟁력과 삶의 질 면에서 순위의 꼭대기에 오른 나라는 핀란드 혼자가 아니었다. 「세계 행복 보고서」에서 드러났듯이, 좋은 일은 노르딕 지역 전체에서 벌어지고 있었다. 핀란드와 비슷한 순위는 대체로 이웃 나라들이었다. 덴마크, 노르웨이, 스웨덴 그리고 어떤 척도에서 보자면 아이슬란드도 포함된다. 이 나라들을 '스칸디나비아 국가'라고 종종 일컫지만, 노르딕 국가라고 부르는 편이 더 정확하다.[12]

여러 세대 동안, 신분 상승 및 삶의 질 면에서 모범 국가는 미국이었다. 하지만 미국이 더 이상 그런 면에서 세상에 감동을 주지 못한다고 느끼는 사람은 비단 영국 노동당 정치인들만이 아니었다. 영국 보수당 소속 데이비드 캐머런 총리는 자기 나라가 가족을 부양하고 여성 노동 인구를 증가시키고 아동 교육을 발전시키고 전반적인 복지를 진작할 방법을 찾고 있을 때, 미국에 주목하지 않았다. 대신에 영감과 조언을 다른 지역, 그러니까 노르딕 국가에서 찾았다.[13] 곧 자유시장 친화적인 영국의 시사주간지 《이코노미스트》도 비슷한 경향을 보였다. "차기 슈퍼모델(Next Supermodel)"이라는 제목의 특집 기사를 통해 노르딕 국가가 경제와 사회를 눈부시게 발전시키기 위해 어떤 바람직한 일을 했는지를 탐색했다.[14]

노르딕 문화는 심지어 미국 내에서도 감탄을 불러일으켰다. 스웨덴은 오랜 세월 인기를 유지하는 자동차 회사인 볼보는 말할 것도 없이, 세계적인 팝 음악 그룹 아바의 노래, 『여자를 증오한 남자들』을 비롯한 스티그 라르손의 베스트셀러 범죄소설, 적절한 가격과 세련된 스타일로 명성이 높은 의류업체 H&M, 혁신적인 가구업체 이케아를 자랑한다. 덴마크는 만능 플라스틱 장난감 블록인 레고가 변함없는 인기를 누리고

노르딕 5개국(노르웨이, 스웨덴, 덴마크, 핀란드, 아이슬란드).
영미권에서는 다섯 노르딕 나라를 가리키는 데 흔히 '스칸디나비아'라는 용어를 쓰지만,
유럽권에서는 문화적 및 정치적으로 통합된 지역임을 가리키기 위해
'노르딕'이라는 용어를 사용한다.

있으며, 요즘에는 〈더 킬링〉과 같은 걸출한 TV 드라마도 쏟아내고 있다. 게다가 코펜하겐의 노마는 세계 최상급 레스토랑의 하나로 명성이 자자하다. 2012년 8월 할리우드 연예 매거진 《베니티 페어》는 점점 더 명백해지는 경향을 공식 선언했다. 온 세상이 '스칸디나비아의 시대'를 경험하고 있노라고.[15]

나로서는 이 모든 일이 꽤 뜻밖이었다. 지난 2000년, 즉 타르야 할로넨이 핀란드 대통령이 된 그 해에 나는 스물다섯의 신참 기자로, 헬싱키에 있는 노르딕 최대 일간지 《헬싱긴 사노마트(Helsingin Sanomat)》에 갓 입사한 상태였다. 나는 뼛속까지 핀란드 사람이었다. 북쪽 높은 곳에 자리잡은 작고 소박한 나라에서 태어나 줄곧 자랐을 뿐인데, 그 무렵 내 조국은 갑자기 온 세상이 선망하는 나라가 되어 있었다.

하지만 온 세상이 핀란드에게 눈길을 던지고 있을 때, 나는 정반대로 나갔다. 나로서는 그때가 아메리칸 드림을 실행하려던 시기였으니까. 《뉴스위크》가 내 조국이 세상에서 가장 살기 좋은 나라임을 선언하기 직전에 나는 핀란드를 떠나 미국에서 이민자로서 새 삶을 시작하기로 결심했다.

미국에 새로 정착하고 나서 오히려 바다 건너 내 조국 노르딕 지역에 관심을 기울였다. 홈팀을 응원하는 스포츠팬처럼, 여러 국제적인 조사에서 드러난 핀란드의 성적과 전 세계 순위를 자부심을 갖고 지켜보았다. 물론 미국에서 적응하기 위해 애쓰느라 관심의 끈을 놓칠 때도 종종 있었다. 게다가 주위의 미국인 대다수는 핀란드를 특별히 잘 알거나 흥미를 갖지는 않는 듯했다. 북극권 근처 조그마한 노르딕 이웃 국가들에 대해서도 마찬가지였다. 미국인들은 미국에서 살아가는 일만으로도 벅 찼다. 아마도 빌 클린턴이나 《이코노미스트》의 편집자들처럼 정치 분야 의 꼼꼼쟁이들은 시간과 에너지가 충분한지라 핀란드에 열광하겠지만, 사실 춥고 변변찮은 한 무리의 나라들이 드넓고 역동적인 미국에 무슨 기여를 할 수 있겠는가? 사람들 생김새도 엇비슷하고 행동도 엇비슷하 고, 행복의 순간이라고 해봤자 잘 절여진 청어가 식탁에 오르는 때가 고 작인 나라들인데 말이다.

　미국은 오랫동안 자유와 독립, 개인주의, 기회의 빛나는 등대였다. 자 유분방한 미국과 비교하면 노르딕 지역은 그런 취향과 맞지 않는 정도 를 넘어 끔찍한 수준이다. 적지 않은 미국인이 노르딕 국가들을 가엾은 '사회주의 유모 국가'라고 여긴다. 행복을 증진하기는커녕 의존성, 무관 심, 절망을 양산하는 복지 프로그램이나 애지중지하는 국가들로 치부하 는 것이다. 이른바 '노르딕 슈퍼모델'을 비판하는 미국인들은 노르딕 나 라들에서 우울증, 알코올 중독 및 자살의 비율이 매우 높다는 점을 역설 했다.

　노르딕 국가에 사는 사람들도 상당수가 이 난리법석이 다 뭔지 아리 송했다. 특히 핀란드의 내 친구들은 낮은 자존감 면에서는 전설적인 인 물들이다. 《뉴스위크》가 핀란드를 세계에서 가장 살기 좋은 나라로 지명 했을 때, 핀란드 국민들은 그 잡지가 끔찍하고 황당하기 그지없는 실수 를 저질렀으려니 여겼다. 핀란드 사람이 지구에서 두 번째로 행복한 국 민일 수 있다는 발상은 터무니없었다. 어둡고 차디찬 겨울이 오래 지속 되는 탓에 핀란드 국민 다수는 연중 상당 기간 침울하게 지낸다. 그래서 알코올 중독이 정말이지 심각한 사회문제다. 스웨덴, 덴마크, 노르웨이는 핀란드와 아이슬란드보다는 자신감이 좀 더 있는 편이지만, 어쨌든 노르딕 국가 중 어느 곳도 완벽한 나라로 보기에는 무리다. 그리고 노르딕 사람들 스스로도 여전히 미국을 대단하고 느낄 때가 많다. 특히 미국의 대중문화, 기업가 정신, 뉴욕이나 샌프란시스코, LA 같은 세계적인 도시에 감탄한다.

내가 미국에서 새 삶을 시작했을 때, 미국 경제는 최악의 금융 위기를 벗어나고 있었다. 반면에 조국 핀란드에서는 분위기가 훨씬 암울해지기 시작했다. 세계경제의 불황과 유로존 위기가 핀란드에 부담을 주기 시작하자 잘나가던 경제가 주춤거렸다. 핀란드 학생들은 더 이상 모든 교육 평가에서 최상위권에 들지 못했다. 그렇더라도 여전히 뛰어난 학업 성적을 보이긴 했지만 말이다. 핀란드 거리에서 사람들을 붙잡고 이 나라가 막강한 미국을 포함해 전 세계가 선망하는 '슈퍼모델'이냐고 물어보면, 인상을 찡그리며 말도 안 되는 소리라고 일축할 거다. 특히 날씨가 춥고 흐린 날이라면 더더욱.

하지만 노르딕 출신 이민자로서 미국에 살아보니, 한 가지는 분명해졌다. 핀란드가 세계에서 '가장' 살기 좋은 나라인지 여부와는 별도로, 사람들은(미국인이든 핀란드인이든) 21세기 초에 노르딕 국가를 떠나 미국에 정착한다는 것이 '과거로 되돌아가는' 굉장히 특이한—특이하게 힘겨운—경험임을 제대로 이해하지 못했다.

노르딕 출신 미국 이민자로서 나는 또 다른 특이한 점도 발견했다. 뭐냐면, 미국인을 비롯해 전 세계 수많은 사람들이 자기네 삶이 지금보다 얼마나 더 나아질 수 있는지에 관해 충분히 실감하지 못하고 있다는 것이다.

1장

미국 사람이 되었습니다

미국 남자와 사랑에 빠지다

예식을 앞둔 신부가 창밖을 내다보고 있었다. 내 기억에 신부는 흰옷 차림이었다. 하지만 예식 몇 시간 전에 찍힌 사진을 보니, 그 순간에는 검은 옷차림에 안색이 초조했다. 초조한 안색임을 기억하는 까닭은 TV 해설자들이 신부의 어여쁜 얼굴에 생기는 미세한 표정 변화를 시시각각 논하고 있었기 때문이다. 하긴 그것 외엔 딱히 할 말도 없었다. 미리 새나온 정보라고는 신랑신부가 이탈리아의 한 성에서 150명 이상의 하객을 모시고 곧 예식을 올린다는 것뿐. 성 밖에 장사진을 이룬 취재진과 파파라치들은 속속 도착하는 유명인사들을 카메라에 담느라 여념이 없었다. 누가 무슨 옷을 입었는지 만찬 메뉴는 어떤지도 시시콜콜 보도되었다.

나는 회의 참가 차 와서 묵고 있던 보스턴의 한 호텔에서 그 장면들을 지켜보고 있었다. 톰 크루즈와 케이티 홈즈의 결혼 소식과 더불어 방송은 미국 연방대법원 판사들이 독이 든 과자 상자를 소포로 받았다고 전했다. 발송자의 의도가 담긴 편지도 동봉되어 전해졌다. "죽이겠다."와 "독이 든 과자다."라는 내용이었다.[1]

그날 저녁 뷔페 때 내 앞에 섰던 한 회의 참가자가 뜬금없이 히죽거리며 부탁하기를, 먹을 만한 음식인지 잘 모르겠으니 자기 대신 맛을 좀 봐줄 수 있겠냐고 했다. 연방대법원 과자 소동을 빗대서 하는 농담이려니 하고 독이 있는지 알아봐주겠다고 하자 정작 그는 어리둥절한 표정을 지었다. 판사들이 과자 테러 당한 이야기를 꺼냈더니 더 어리벙벙해 했다. 그러다 둘 다 도통 뭐가 뭔지 모르겠다며 낄낄댔다. 알고 보니 그는 방송을 보지 않아 과자 소동을 몰랐다. 어쨌든 이런 계기로 우리는 함께 저녁을 먹으며 서로를 알아가기 시작했고, 두 시간 후 으슥한 덤불 아래서 입을 맞췄다. 이튿날 나는 꼬박 10시간이 걸리는 핀란드행 비행기에 올랐다.

◇◇◇◇◇◇

헬싱키의 내 친구들은 신이 났다. 미국인 작가를 만났다고? 회의에서? 로맨틱하기도 해라! 트레버가 전화로 연락해 나를 만나러 핀란드에 올 계획을 알렸다는 말까지 듣자 친구들은 흥분을 넘어 황홀감에 몸을 떨었다. 그야말로 국경을 초월한 사랑이잖아! 트레버는 정말로 핀란드로 날아왔고 우리는 행복한 시간을 보냈다. 장거리 연애가 이어지고, 잠깐의 만남 후 대서양을 사이에 두고 떨어져 지내는 과정이 반복되자 친구들은 탄식했다. 얼마나 보고 싶겠니? 무척 힘들지 않니?

나는 정말로 트레버가 좋았다. 친구들은 내가 홀딱 빠졌다고 여겼지만, 내 마음이 그 정도인지는 아직 확신이 서지 않았다. 당시 트레버는 워싱턴 DC에서 뉴욕 시로 이사한 직후였다. 내가 정기적으로 브루클린까지 가서 그를 만나는 것이 기정사실이 되자, 친구들 보기로는 드라마가 따로 없었다. 너희 둘은 〈그레이 아나토미〉의 데릭과 메러디스가 될 거야! 넌 딱 〈섹스 앤 더 시티〉의 캐리야! (당시 두 미국 드라마가 핀란드에서 대히트였다.)

딱 한 가지가 문제였다. 내가 미국으로 이사할 마음이 없다는 것. 트레버는 나무랄 데 없는 남자지만, 사랑 하나만 믿고 모든 걸 포기해야 할까? 그때까지 나는 세상 구석구석을 누벼보긴 했다. 공부하러 외국에서 두 해를 보냈는데, 한 해는 호주 애들레이드에서 다른 한 해는 파리에서였다. 직업 언론인이 되어서는 지구의 일곱 대륙 중 여섯 대륙에 발을 디뎠고 그 이름도 유명한 뉴욕에도 가봤다. 그래서 내가 도달한 결론은? 바로 핀란드에서 살고 싶다는 것!

또한 일하고 견문을 쌓고 내 인생을 살아오면서, 나는 여자로서 내 삶을 남편과 아이 돌보기에 가두지 않겠다고 결심했다. 자신의 목표와 의지와 직업이 있어야 하고, 당연히 돈도 스스로 벌어야 한다. 영국의 여배우 헬렌 미렌은 이런 말을 했다. "여성이라면 누구든 얻을 수 있는 가장 큰 선물은 경제적 독립이다."[2] 나는 남자 때문에 모든 걸 포기하는 여자가 아니라, 강하고 지적이고 창의적인 여성이 되고 싶었다.

이런 문제는 트레버와 연애가 길어질수록 큰 압박으로 다가왔다. 장거리 교제가 만 2년에 접어들었을 때, 우리가 함께 지내려고 두 대륙을 넘나든 왕복 여행은 무려 14번이었다. 어느덧 트레버는 가장 가까운 친구이자 소중한 연인이 되어 있었다. 그가 있다는 사실만으로 이 세상은 천국이었다. 어떻게 그런 사람과 헤어진단 말인가?

우리가 다음 단계로 나아가려면 둘 중 하나는 살던 곳을 떠나야 했다. 떠날 사람이 나여야 하는 현실적인 이유는 한두 가지가 아니었다. 트레버도 핀란드로 건너올 수 있긴 했지만 별로 그럴 마음이 없었고, 나로서도 그게 타당하지 않은 것 같았다. 트레버는 핀란드어를 못 했지만 나는 영어를 할 줄 알았다. 뉴욕은 국제적인 도시여서 내가 새로이 일자리를 찾는 편이 나았다.

그리고 핀란드 자체도 전반적으로 삶의 질이 높긴 하지만 몇 가지 문젯거리가 있었다. 트레버가 설령 오고 싶어 하더라도 나로서는 그런 문제들을 해결할 수 있을지 의문이었다.

◇◇◇◇◇◇

나는 조국 핀란드를 늘 사랑했다. 멋진 여름과 그윽한 자연의 아름다움을 간직한 나라. 소중한 친구들과 가족이 사는 나라. 핀란드는 다른 유럽 국가들로 가기 편한 위치여서, 파리나 로마 같은 곳으로 주말여행도 거뜬했다. 그래도 미국의 여느 장소와 비교하면, 작고 춥고 어둡고 적잖이 단조로운 느낌이 드는 건 어쩔 수 없다. 핀란드인은 겸손하기로 예전부터 유명했지만, 헬싱키를 뉴욕 같은 곳과 비교할 때는 겸손 같은 단어는 굳이 들먹이지 않는 게 낫다.

핀란드는 확실히 자랑스러운 업적을 이루었다. 비록 핀란드의 세계적인 휴대전화 회사 노키아가 일본 상호처럼 들리긴 하지만. 핀란드 냄새가 물씬 나는 것을 들자면 아무래도 디자인과 건축이다. 가령, 화려한 패턴으로 유명한 라이프스타일 브랜드 마리메코, 건축가 알바르 알토와 그의 유명한 의자들이 떠오른다. 그리고 세인트루이스의 게이트웨이 아

핀란드의 유명한 건축가이자 디자이너, 알바르 알토. 그가 요양원을 위해 디자인한 의자
Model41 Chair(1932)와 전 세계적으로 1억 개 이상이 팔린 Model60 Stool(1933).
핀란드의 라이프스타일 브랜드 마리메코를 대표하는 화려한 꽃무늬 패턴,
'유니코'는 1964년에 처음 디자인되었지만 여전히 인기를 누리고 있다(아래).

치, 워싱턴 덜레스 공항, 뉴욕 케네디 공항의 역사 깊은 TWA 공항 터미널을 설계한 에로 사리넨도 빼놓을 수 없다. 클래식 음악 팬들은 작곡가 장 시벨리우스를 알 것이다. 〈코난 오브라이언 쇼〉 시청자라면 코난이 자기는 주황색 머리 핀란드 대통령을 닮았다는 농담을 자주 하는 걸 들었을지 모른다. 작은 나라 출신들은 뭐든 눈에 띄는 법이다.

스티그 라르손의 소설에도 잘 드러나지만, 노르딕 국가들에는 어두운 면이 있다. 정말 문자 그대로 그렇다. 트레버는 날 보러 처음 다녀간 후에 미국 친구들한테 자랑을 늘어놓았다고 한다. 겨울 헬싱키에서 해가 보이는 건 하루에 세 시간 뿐이라고. 한참 북쪽이라 어둠이 심하다 보니 노르딕 지역의 많은 주민들, 적어도 외국에 갈 형편이 되는 사람들은 정신건강을 위해 한겨울의 태국 여행을 꿈꾼다. 게다가 핀란드인들은 삶이란 원래 끝없는 장애물과 실망의 연속이라고 여겨 시시콜콜한 잡담을 즐기지 않는 편이다. 따라서 외부인들이 보기에는 과묵하고 심지어 무례하게 비칠 수 있다. 트레버가 활기차고 햇살 가득한 뉴욕 시를 떠났다가는, 내향적인 이 나라 때문에 어둡고 고독한 우울의 악몽으로 빠져들 우려가 다분했다.

핀란드의 우울한 분위기를 깊이 들여다볼수록, 미국이야말로 세계 최고의 나라가 되기에 손색이 없어 보였다. 미국 특유의 낙관주의, 진취성, 창의성 그리고 험난한 상황을 유리한 이점으로 탈바꿈시키는 재주를 지녔으니까. 그러니 우리 핀란드인이 가장 귀하게 여기고 서로 북돋워주는 속성에 얽힌 내 이야기를 트레버에게 들려줄 때 무척 민망했다. 핀란드어로 시수(sisu)라고 부르는 자질인데, '투지' 내지 '강단'에 가까운 뜻이다.(영어로는 그릿grit에 가깝다.)

열 살 때 우리 가족은 깊은 숲 속에서 살았다. 핀란드 아이답게 오빠와 나는 장비를 이용해 매일 몇 킬로미터씩 학교를 통학했다. 자전거를 탈 때도 있었고 걸을 때도 있었는데, 눈이 많이 쌓이는 기나긴 겨울 동안에는 스키를 타고 학교에 가야 했다. 나는 스키를 무척 싫어해서 무작정 걷는 쪽을 택했다. 하루는 저녁에 집에 돌아왔더니 어머니가 불쑥 학교 가기가 어땠냐고 물었다.

내 대답은 이랬다. 우선 학교에 가기는 조금 힘들었는데, 왜냐면 발을 내디딜 때마다 허리까지 눈에 파묻혔기 때문이다. 하지만 사지를 모두 써서 기어가면 빠질 일이 없다는 걸 알아냈다. 그렇게 하면 전진하기가 쉽다는 걸 알고 주로 그런 자세로 학교까지 기어갔다.

부모님 보시기에 딸의 그런 모습은 대견하게도 시수가 있다는 증거였다. 내 짐작에, 미국 부모도 자녀를 놓고서 엇비슷한 이야기를 할 수 있겠다 싶었다. 아이가 무작정 눈 속으로 나가서 지나가는 차를 세워서는 집까지 태워다달라는 것은 물론이고 장차 거창한 제설 사업의 CEO가 됨직한 거래를 성사시켜 열일곱 나이에 《포춘》 표지를 장식한다는 이야기 말이다. 상상이 거기에 이르니, 이런 생각이 따라왔다. 미국과 비교해서 핀란드가 그렇게나 대단할 이유가 뭐란 말인가? 과연 있기는 할까? 떠나지 않아야 할 이유가 뭐란 말인가?

◇◇◇◇◇◇

나는 미국 생활의 장단점을 목록으로 만들었다.

우선 단점부터 살펴보자. 핀란드에서 나는 십여 년을 신문과 잡지 기자 및 편집자로 일하면서 안정적인 중산층으로 살았다. 내 친구들도 마찬가지였다. 세금을 제하고도 수입이 넉넉해서 외식과 여행 및 여가 활동을 즐겼고, 매년 적잖게 저축도 했다. 의료보험 같은 것에 추가 비용을 낸 적도 없었고, 어떤 치료를 받든지 비용이 아주 적게 들었다. 핀란드에서는 중병에 걸리더라도 큰 비용 부담 없이 치료를 받는다. 직장을 잃을 걱정 없이 1년간 병가를 신청하거나, 그 후에도 필요한 경우 도움을 많이 받는다.

아이가 한두 명 생기면 어떻게 될까? 핀란드에서라면 한 명당 족히 10개월간 유급 출산(육아)휴가✦를 얻을 수 있고, 그동안 직장을 잃을까 걱정하지 않아도 된다.[3] 아이들도 질 좋은 탁아 서비스를 저렴하게 제공받는다. 또한 세상에서 가장 좋다는 학교에 완전히 공짜로 다닐 수 있으며, 이후에 대학 교육도 무료다.

그리고 대다수 핀란드인들처럼 매년 여름이면 나는 4주에서 5주의 유급 정기휴가를 떠났다. 핀란드의 겨울은 어둡고 끔찍하지만 여름은 환상적이다. 사회 전체 그리고 고용주들은 휴식이 우리의 건강과 생산성 향상에 중요하다고 여긴다.

이 모든 게 미국에서도 가능할까? 상황이 녹록치 않을 것임은 확실했다. 더군다나 미국에서 트레버가 생계를 몽땅 책임질 것 같지도 않았다. 쓴 책들이 성공적이었고 얼마간 저금도 해두었지만, 작가이자 교사로서 트레버의 수입은 겨우 제 한 몸 건사할 정도였다.

이런 생각에 한참 빠져 있던 2008년, 리먼 브라더스 투자은행의 붕괴

✦ 우리나라는 여성 근로자에게 주어지는 90일의 유급 출산전후휴가(통상임금의 100% 지급)와 만 8세 이하 자녀를 둔 근로자가 사업주에 신청하는 최대 1년의 육아휴직(고용보험에서 통상임금의 40%를 지급)이 법제화되어 있다. 출산휴가(maternity leave)와 육아휴가(parental leave)를 우리나라와 같이 명확히 구분하지 않는 경우가 많아 이 책에서는 대체적으로 '출산휴가'로 표기했다. 미국은 가족휴가(family leave)가 이를 일부 대신한다.

로 금융 위기가 몰아닥쳤다. 미국 경제는 온통 불확실성의 늪으로 빠지고 말았다.

하지만 좋은 소식도 있었다. 트레버는 근사했다. 뉴욕도 근사했다. 미국은 언제나 기회의 땅이었다. 미국은 긍정적 에너지와 창조성의 원천이었고, 예술에서부터 기술에 이르기까지 일상적으로 내가 누리는 문화의 주요 생산국이었다. 나는 세계에서 가장 강력한 나라를 몸소 체험하고 인생의 새로운 장을 열게 될 것이다. 노르딕 생활 방식의 안전함과 만족감에서는 멀어지겠지만. 나는 자유의 공기를 들이마시고자 모여든 사람들 가운데 한 명이, 지구상의 가장 위대한 실험에 참여하는 한 사람이 될 것이다. 전 세계에서 온 사람들이 자유와 성공을 꿈꾸며 더불어 살고 일하는 진정한 다민족 국가를 세우는 실험 말이다. 아메리칸 드림이 나를 부르고 있었다. 이 꿈을 이룬 핀란드인들이 있다고 내가 말했던가? 어쩌면 열쇠는 사랑이 아닐까?

고전적인 질문을 스스로에게 던져보았다. 남는다면 어떻게 될까? 30년이 지나도 그날이 그날 아닐까? 남는 것과 떠나는 것 중에서 내가 죽을 때 어느 쪽을 더 후회할까? 나는 위대한 로맨티스트도 그렇다고 위대한 유물론자도 아니다. 나는 현실주의자다. 현실주의자답게, 죽음의 순간에 인생을 안락하게 살았는지 되짚어볼 것 같지는 않았다. 대신 사랑하는 삶을, 용기 있는 삶을, 위험을 감수하는 삶을 살았는지 되짚어보겠지.

11월에 직장을 그만두었다. 집도 내놓았다. 재산도 전부 처리했다. 크리스마스 날 가족과 친구들에게 작별을 고하고 다음날 아침 미국행 비행기에 올랐다.

불안의 역습

그것은 갑자기 시작되었다. 공포가 뱃속에서 기어 나왔고 불의 파도가 내장을 휩쓸었으며 가슴을 짓누르는 통증은 커져만 갔다. 묵직한 고통의 띠가 두개골을 휘감았다. 더 빠르게 더 깊이 숨을 들이마셨지만 산소가 부족했다. 숨 쉴 때마다 귀에서 이명이 들렸다.

이런 공포를 느낀 건 그때가 두 번째였다. 처음은 러시아 국경 근처 핀란드 북동부의 라플란드 숲에 어머니랑 하이킹을 갔을 때였다. 어머니는 지도상의 한 오두막을 가리키더니, 숲을 헤치고 거기로 가자고 했다. 예전에 어머니 친구들과 가본 적이 있는데 숲속에서 길을 잃고 몇 시간을 헤맨 후에야 겨우 도착했다며. 신이 난 어머니 모습에도 나는 영 내키지가 않았다. 우리는 나침반도 없었지만, 그래도 떠났다.

두말할 것도 없이 두 시간 만에 길을 잃었다. 불안감이 나를 덮쳤고, 아무리 침착하게 생각해보려 해도 두려움의 파도가 멎지 않았다. 몸은 안절부절못했고 마음은 얼어붙었다. 암담하고 혼란스러웠다. 휴대전화도 먹통인지라 막막하기 그지없었다. 도움을 얻기 위해 모닥불을 피워야 하나? 멍청한 생각 그만하라고 스스로를 타일렀다. 지도에 표시된 길에서 그다지 멀리 떨어진 것이 아닐 수 있으니, 아름답고 청명한 가을날을 즐길 수도 있었다. 하지만 애써 침착한 척만 했을 뿐 뱃속은 뒤틀리고 있었다. 뭔가 잘못될지 모른다는 두려움이 나를 뒤덮었다.

우리는 소나무 숲 속을 걷고 때때로 순록 떼 곁을 지나다가 마침내 어느 언덕에 이르렀다. 거기서 해가 기우는 것을 보니 서쪽임을 알 수 있었다. 방향을 알아차리고 조금 가다 보니 지도에 표시된 울타리가 나왔

라플란드는 스칸디나비아 북단 지역으로
노르웨이, 스웨덴, 핀란드, 러시아 령으로 나뉜다.
강, 호수, 툰드라, 산림 지대 등 드넓은 야생이 펼쳐지며,
북극권이라 오로라와 백야, 순록 등을 볼 수 있다.

다. 금세 길을 다시 찾았는데, 바로 우리가 출발했던 지점이었다. 두려움은 눈 녹듯 사라졌다.

그 정도의 두려움과 다시 마주한 것은 미국으로 거처를 옮긴 직후였다. 위험한 일도 없었건만, 몸에 찾아온 느낌은 이전과 똑같았다. 우선 다른 나라에서 새로운 삶에 적응하는 것이 스트레스였다. 종일 다른 언어를 말해야 하고, 가끔은 아주 사소한 일에서조차 주변 상황을 이해하지 못했다. 이전에 가본 다른 나라들보다 미국 생활에 적응하기가 훨씬 어려웠다. 인생 경험이 더 풍부해졌고 영어도 유창해졌으니 더 쉬워야 하건만.

식당이나 미용실에서 팁을 얼마 줘야 하는지, 스타벅스에서 주문을 어떻게 하는지 등의 사소한 일들도 핀란드에서의 세금 계산보다 복잡했다. 조금 더 심각하게 알쏭달쏭한 일도 있었다. 다른 여러 나라에서는 정상이 아닌 생활 방식인데 미국인들만 그런 줄 모르는 것. 가령, 은행 계좌를 개설하려고 했지만 설명서를 아무리 읽어도 온갖 종류의 수수료들을 이해할 수 없었다. 신용카드를 개설해주겠다는 우편물을 흘러넘칠 정도로 받았지만 거절했다. 약관의 주석에 열거된 고액 이자율을 어떻게 감당할 수 있을지 알 길이 없었기 때문이다.[4] 휴대전화를 살 때도 2년 약정을 하고 통신회사를 통해 사야만 했다. 그 회사가 좋을지 나쁠지 알지도 못하는데 말이다. 핀란드에서 휴대전화 회사들은 소비자들을 이런 식의 좁은 선택지에 좀처럼 가두지 않는다. 설령 가두려 해도 핀란드 소비자들이 가만있지 않을 것이다.[5]

그다음에는 케이블 TV 신청이 문제였다. 내가 좋아하는 방송을 볼 수 있게 두 개 채널을 구독하고 싶었다. 핀란드에서라면 그런 일은 쉽고 예측가능하고 저렴했다. 미국에서는 비용이 얼마가 드는지 알아보려고 인터넷 검색을 했더니, 다양한 상품 구성에 일일이 가격도 달라서 머리가 지끈했다. 그래서 회사에 전화를 걸었더니, 마치 외계어로 대화하는 것 같았다.

"그래서 얼만가요?"

"월 10달러요. 처음 세 달 동안은요."

"네, 그 후에는요?"

"아, 그게 그때 가격에 따라 달라요."

"이해가 안 되네요. 주식처럼 매일 가격이 달라지나요?"

"세 달 후에 전화를 주시면 가격을 알려드릴게요."

"하지만 알지도 못하는 금액이 제 신용카드로 결제된다는 게 말이 되나요?"

"전화 주시면 돼요. 안 그러면 자동적으로 새 가격으로 정해집니다."

알 수도 없는 '새 가격'은 당연히 무척 비쌀 것이다. 차츰 알고 보니 미국은 모든 게 그런 식이었다. 뭐든 늘 조심할 수밖에 없다. 돈을 얼마나 갖고 있고 벌든 간에 돈이 부족해지지 않을까 늘 걱정해야 한다. 소비자를 위한 최소한의 보호 조치마저 요리조리 피해나가며 기업들이 은근슬쩍 표시한 복잡하고 난해한 세부 항목에 늘 노심초사해야 한다. 미국 정부에 처음으로 소득세 신고를 할 때도 마찬가지였다. 국세청 웹사이트에서 내 세금 현황을 알아보려고 했지만, 이내 머리를 쥐어뜯었다. 끝도 없이 이어지는 세부 항목에다 예외 조항과 빠져나갈 구멍들이라니. 국세청 안내 책자를 이 잡듯 살폈지만 혹시나 중대한 실수를 할까 봐 결국 회계사에게 돈을 주고 맡겼다. 내 고국에서는 결코 그런 적이 없었다.

크게 성공한 고소득 미국인들을 신문이나 잡지에서 볼 때면 기분은 더 추락했다. 그 사람들은 새벽 네 시에 일어나 이메일을 확인한 다음 다섯 시에 헬스장에 가고 여섯 시에 사무실에 도착해 일을 시작하는데, 이렇게 주 90시간을 일한다고 한다. 미국의 어머니들은 마법사 같았다. 출산 후 고작 몇 주 만에 직장에 복귀해서는 업무 시간에 틈틈이 수유를 하고, 주말이면 한 손에는 아이를 다른 손에는 스마트폰을 들고 집안일을 한다나. 나로서는 꿈도 못 꿀 경지였다.

게다가 조금 다른 부류의 미국인 소식을 접하고서는 앞이 더 캄캄해졌다. 이들은 나쁜 결정을 내렸거나 운이 조금 나쁜 시민들이었다. 병이 들거나 실직했거나 이혼했거나 좋지 않은 때에 임신했거나 허리케인 피해를 입었을지 모른다. 그들은 의료비를 치를 수 없거나, 빚 때문에 길바닥에 나앉거나, 저임금 일을 세 가지나 하면서 근근이 살아가거나, 아이들을 끔찍한 학교에 보낼 수밖에 없거나, 돈이 없어서 아이들을 방치하다시피 하거나, 아니면 이 모든 걸 몽땅 겪는 처지다.[6]

또한 음식 관련 질병,[7] 독성 플라스틱 병[8]과 장난감,[9] 가축들을 죽음으로 내모는 무분별한 항생제 사용[10] 등에 관한 소식들도 끔찍했다. 내가 소파에 앉아서 노트북을 쳐다보고 있을 때면 종종 트레버는 하던 일을 멈추고 "또 그런 얼굴이네."라고 말하며 손가락으로 내 이마를 가볍게 두드렸다. 나도 모르는 사이에 이맛살을 연신 찌푸렸던 것이다.

얼마 후 내가 왜 늘 두려웠는지 이해하게 되었다. 라플란드의 숲에서처럼, 내 뇌는 환경과의 상호작용을 처리하고 있었고 마침내 산출된 결과는 명확했다. 황무지에서 길을 잃었다는 것. 게다가 미국 황무지에서는 스스로 길을 찾아야 한다.

◇◇◇◇◇◇◇

자신이 한심했다. 나는 이 흥미진진하고 역동적인 나라에 어울릴 만큼 강하지도 똑똑하지도 않았다. 즉, 미국인답지 않았다. 걱정거리는 그다지 심각한 것이 아니었다. 그런데도 불안해 전전긍긍하는 내 모습이라니. 어머니가 보았다면, 틀림없이 시수를 잃었다고 하셨을 테다. 눈도 깜짝하지 않고 눈 속을 헤쳐 학교에 가던 여자아이는 어디로 갔는가? 그만 징징대고 자신감을 갖자고 스스로 다독였다. 두려움을 없애면 뭔들 못하랴.

자신감은 위협받고 잘해야 한다는 압박감까지 가해지자 비로소 나 자신과 조국에 관해 질문을 던지기 시작했다. 그러면서 차츰 노르딕 사회를 겨눈 미국인들의 비판이 옳을지 모른다는 생각이 들었다. 미국 정치인 여럿의 지적에 따르면, 노르딕 국가들은 시민에게 무책임을 조장해 진취적인 기질을 억누른다. 그 결과가 정부에 불건전하게 의존하는 무기력하고 순진하고 유치한 국민들의 나라다. 그런 사회다 보니 나 같은 약골이 나온다는 것.

몇 시간 동안 핀란드인의 문제점과 나 자신의 약점을 골똘히 생각해보았다. 이마에 주름을 잔뜩 잡은 채로. 미국인들은 스스럼없이 다음과 같이 지적했다. 노르딕 국가들은 스티브 잡스도 구글도 보잉도 제너럴일렉트릭(GE)도 할리우드도 내놓지 못했다. 다양성도 부족하고 미국에 비해 GDP도 적다.[11] 예외라면 석유가 나는 노르웨이뿐. 세계적인 권위의 대학도 없고 위대한 혁신도 없고 자수성가한 엄청난 부자도 없다. 인생에 모험을 걸지도 않고 인류의 진전을 위한 고군분투가 없다. 의도는 좋을지 모르지만 비범하지 않다고 한다. 비범한 나라는 미국이라는 것.

여전히 나는 미국인들이 노르딕 생활의 좋은 면들을 이해하지 못한다고 여겼지만, 우리 노르딕 사람들이 월등하거나 창의적이거나 자족적이거나 강하지 않다는 견해는 대체로 인정했다. 핀란드를 떠난 지 몇 달 만에 나는 유능하고 유쾌한 전문직 여성에서 자신을 의심하는 불안한 문제아로 전락했다.

◇◇◇◇◇◇

미국에서 새로 만난 지인들과 조금 친해지고 보니, 놀랍게도 다들 나처럼 때로는 나보다 더 심각하게 불안감에 시달리고 있었다. 거의 모두가 버거운 일상을 감당하느라 부단히 애썼는데, 치료를 받고 약을 복용하는 사람도 있었다. 미국 국립정신보건원(NIMH)이 추산하기로, 미국의 성인 다섯 중 한 명은 불안장애를 앓으며, 가장 흔히 처방되는 정신과 약물은 불안 치료제— 자낙스라는 상표명으로 알고 있는 알프라졸람—였다.[12]

이제 나는 심하게 외롭지도 자책에 시달리지도 않는다. 이상하게 들릴지 모르지만, 다음과 같은 소식을 들었을 때 내가 얼마나 안도했을지 상상해보라. 2006년에 한 생명보험회사가 행한 연구 결과, 설문에 답한 미국인 여성 중 90퍼센트가 경제적으로 불안감을 느낀다고 했으며 46퍼센트는 결국 노숙자로 길바닥에 나앉을지 몰라 실제로 심각하게 두렵다고 밝혔다. 그런데 이 46퍼센트의 여성 중 거의 절반은 연소득이 10만 달러 이상이었다.(심지어 금융 위기 전에 실시된 연구였다.)[13] 연간 10만 달러 이상 버는 여성들이 밑바닥 인생으로 떨어질까 두려워하고 있었다면, 미국인들이 무더기로 느끼는 불안감을 나도 느꼈던 셈이다. 차이라면, 그 두려움이 내겐 생경했지만 그들한테는 단지 일상이었다. 나는 뒤집어 생각해보았다. 내가 이민자라서 불안했던 것이 아니라 미국인이 되어가느라 불안했던 것이라고.

몇 달에 걸쳐 나는 새로운 삶에 정착하려고 최선을 다했다. 그러면서 둘러보니, 주변의 미국인들은 갈수록 불안하고 불행해진다고 개인과 사회 모두 무언가 잘못되었다고 점점 더 자주 토로했다.

월스트리트 붕괴 후 두 달 지나서 미국에 왔는데, 사람들은 미국의 부자들과 나머지의 막대한 격차라든지 중산층 수입의 정체 현상을 줄곧 이야기했다. 물론 정치인들도 의료보험 혜택이 부족한 수천만 미국인을 (방법이 있다면) 놓고서 어찌 해야 할지 다투고 있었다.[14] 한편 국가는 천문학적인 의료 비용에 허덕이며 전 국민에게 부담을 주고 있었다. 파티나 모임에 가보면 민간 의료보험만으로 감당할 수 있는지를 놓고 늘 갑론을박이었다.

또한 무너지는 교육을 살릴 방법도 많은 사람들의 논의 주제였다. 가난한 사람들은 아이들을 끔찍한 공립학교가 아니라 조금이라도 나은 학교로 옮기려고 기를 썼다. 부유한 사람들은 자녀들을 탐나는 좋은 학교에 보내려고 돈을 아끼지 않고 치열하게 경쟁했고, 아울러 장래 대학에 보낼 엄청난 비용을 감당하느라 죽기 살기로 일하며 돈을 벌었다.

아메리칸 드림이 난관에 봉착한 듯 보였다. 아무런 준비도 없이 나는 그 모든 상황에—새 집에, 이 나라의 가능성이 주는 흥분에, 아울러 미국이 나와 내가 만난 사람 거의 모두에게 던져준 강렬한 불안감과 불확실성에—적응하려고 애썼다. 그 무렵이었다. 트레버가 청혼했던 때가.

◇◇◇◇◇◇◇

우리는 12월의 상쾌한 어느 날 로어맨해튼에 있는 뉴욕 시청에서 공식적으로 결혼했다. 트레버의 절친한 친구 부부가 증인이 돼주었다. 예식이 끝나고 우리는 브루클린 다리에서 샴페인을 터뜨렸다. 이듬해 여름에는 핀란드에서 다시 조촐한 결혼 파티를 열었다. 햇살 환한 8월의 어느 멋진 오후 우리는 헬싱키 해변의 자작나무 숲에서 영원한 사랑을 맹세했다.

우리가 핀란드를 떠나 불안 가득한 미국 생활로 되돌아왔을 때, 2010년 8월 마지막 주《뉴스위크》가 발매되었다. 표지에는 만국기가 소용돌이치고, 그 중앙에 아리송한 문구가 있었다. "세계에서 가장 좋은 나라는…" 알고 보니, 그건 바로 방금 내가 떠나온 나라였다.[15]

미국의 신혼집 소파에 앉아 내가 버리기로 선택했던 핀란드의 장점을 다룬 기사를 읽었다. 미국에서 나와 이웃들이 점점 더 스트레스를 받고 건강을 잃고 고되게 일해도 수입은 적고 불안정하고 장차 아이들의 삶이 나아질지 불확실한 반면에, 내가 떠나온 핀란드의 중산층 친구들은 일과 휴식의 건전한 균형을 즐기고 충분한 여가 시간을 갖고 재충전을 위한 휴가를 마음껏 떠날 만큼 수입이 넉넉했다. 그리고 핀란드인뿐 아니라 데이비드 베컴 같은 세계적인 축구 스타도 만족할 의료 혜택을 누구나 저렴하게 누렸다. 베컴은 몇 달 전 아킬레스건을 다쳤을 때, 전 세계 내로라하는 의사들을 제쳐두고 핀란드로 날아가 수술을 받았다.[16]

핀란드의 내 친구들은 대체로 아이가 있는데, 아이 키우기가 쉽지야 않겠지만 꽤 잘 해나가는 것 같았다.《뉴스위크》기사처럼 다음과 같은 도움 덕분이었다. 장기간의 출산휴가, 쉽게 이용할 수 있는 탁아 서비

The Best Country in the world is···

스, 훌륭한 공교육 제도. 《뉴스위크》는 젊은 사람이 높은 삶의 질을 누릴 가능성은 이 지구상에 핀란드만 한 데가 없었다.

　기사가 어떻든 간에 미국에 관한 나의 존경심은 그대로였다. 하지만 내가 잊고 있던 매우 중요한 무엇을 그 기사가 일깨웠으니, 바로 자신감이었다. 또한 덕분에 미국과 핀란드 생활의 여러 면을 비교해볼 수 있었다. 그랬더니 《뉴스위크》가 훨씬 더 중요한 이야기 하나를 빠뜨렸다는 생각이 차츰 들었다.

의존을 강제하는 나라

현시대가 시작된 이래로 논자들은 현대의 생활 방식이 사회, 특히 가족과 공동체의 전통적인 기반을 뿌리 뽑는 바람에 불확실성과 불안이 들어섰다고 탄식해왔다. 여러 세대가 한 지붕 아래 살던 시절에는 잡일과 가족의 의무를 공유했으며, 서로 잘 알고 협력하는 친밀한 마을에서 살았기에 누구나 안정감을 느낄 수 있었다. 적어도 가족과 이웃한테서 도움을 받을 수 있다고 안심했다. 일상생활은 비교적 예측 가능했으며, 누구든 고향 마을에서 평생 알고 지낸 사람들 곁에서 죽음을 맞았다. 현대 사회에서 그런 것은 아득한 옛일이 되었다.

　한편 현대성은 인간 존재에 엄청난 발전도 가져왔다. 그 발전 중 대부분은 특히 미국에서 찬란하게 꽃피었다. 미국에서 가장 존중 받는 근본적인 원리인 자유, 독립, 기회 등은 정말이지 현대성이 선사한 가장 큰 선물이다. 전 세계 사람들은 미국을 현대의 그러한 핵심 원리들의 옹호자로서 오랫동안 우러러보았다. 나도 포함해 대다수 사람이 짐작하기에, 미국이 특별히 위대한 까닭은 전통적이고 낡은 사회의 단점—우연히 함께 살게 된 사람들에게 의존하는 경향—에 비교적 구애받지 않고 살 수 있는 나라이기 때문이었다. 미국에서 여러분은 개성을 표현할 자유가 있고 저마다의 공동체를 선택할 수 있다. 따라서 어떤 의무감이나 낡은 사고방식에 따라 사회가 기대하는 모습이 아니라 여러분의 참 모습에 따라 가족, 이웃, 동료 시민 들과 관계를 맺을 수 있다.

그런데 미국에서 살수록, 즉 더 많은 곳을 다녀보고 더 많은 사람을 만나볼수록—그리고 내가 더 미국인에 가까워질수록—점점 더 당혹스러웠다. 왜냐하면 외부자인 내가 보기에, 오늘날 미국인의 삶 전반에 걸쳐 송두리째 빠져 있는 것이 바로 현대성의 진보가 가져다준 주요 혜택들—자유, 개인적 독립과 기회—이었기 때문이다. 일상생활의 불안과 스트레스로 인해 그러한 원대한 이상들은 실제적이라기보다 이상적으로만 보였다.

단지 뉴욕만의 문제도, 특정한 사회계층에 국한된 문제도 아니었다. 뉴욕을 벗어나 메인 주의 시골 지역으로 워싱턴 DC로 오하이오 주의 소도시로 버지니아 주 남부로 웨스트코스트로 다녀봐도, 사람들이 자유를 한껏 누린다거나 개인의 독립성을 온전히 지킨다거나 성공을 위한 공정한 기회를 보장받는다는 인상이 들지 않았다. 내가 직간접적으로 만난 미국인들은 오히려 경쟁과 생존을 위해 타인에게 의존할 수밖에 없었다. 옛 시대의 전통적인 관계로 뒷걸음치고 있었던 것이다. 그 과정에서 개인들은 자유를 내려놓고 배우자, 부모, 동료, 상사에게 점점 더 신세를 졌다. 이런 상황이 초래한 부담과 긴장이 모든 이의 스트레스와 불안을 가중시키는 듯했다. 심지어 미국인이 가장 소중하게 여기는 삶의 영역, 가령 가족과 함께하는 삶에서조차.

◇◇◇◇◇◇◇

미국에 건너와서 내가 가장 감탄한 것은, 미국 가정이 일상사를 함께하고 같이 지내길 좋아하며 식구들 간에 민주적인 의사소통이 가능하다는 것이다. 노소를 엄격히 구분하지 않았다. 부모가 지시하고 아이들은 따르기만 하는 불통의 세계가 아니었다. 21세기의 미국 가정은 내가 보기에 굉장히 건전했고 동시에 진보적이었다.

미국인 부모는 자녀들에게 많은 시간을 할애했으며 사랑과 관심과 격려를 듬뿍 주었다. 핀란드의 내 친구와 지인들이 하는 것과 똑같아 보였다. 핀란드에서나 미국에서나 내 친구들은 아이를 음악 레슨과 축구 교실에 데려다주고 장난감을 사주고 함께 책을 읽고 페이스북에 아이 사진을 올렸다.

하지만 차이점도 만만치 않았다. 미국의 한 가정에 들렀을 때, 핀란드에선 경험한 적 없는 이상한 느낌을 떨칠 수가 없었다. 어찌된 셈인지 아이가 부모의 삶을 몽땅 앗아갔다는 느낌. 나는 늘 그렇듯 스스로를 최첨단의 혁신적인 미국 생활과 맞지 않는 고리타분하고 속 좁은 노르딕 사람이라고 꾸짖었다.

그래도 혼란스러운 느낌의 정체가 뭘까 궁금하던 중에 다른 미국인 부모들을 만났다. 다들 아이가 생산적이고 교육적이며 목표지향적인 활동을 하도록 이끌어주어야 한다고 여겼다. 알고 보니 그런 태도는 무려 갓난아기 때부터 시작하는 좋은 학교 경쟁과 관련이 있었다. 의아했다.

아이의 독창성은 어쩌고? 나중에 아이가 더 크면, 학교 선생들한테 듣기로, 부모가 아이 숙제를 상당 부분 대신해준다고 한다.[17] 그 역시 더 나은 학교에 입학하거나 대학에 지원할 때를 대비해서였다.

대학 입시가 가까워지면, 미국 학부모들은 살벌하기 그지없는 지원 과정에 세세히 관여하도록 내몰렸다. 아이가 대학에 입학한 후에도 부모들은 여전히 고액의 수업료와 생활비와 보험료를 지불하고, 심지어 가구와 차도 사주었다. 당연히 그 대가로 일부 부모들은 아이들이 뭘 하는지 종종 보고 받기를 기대했는데, 심지어 아이들이 집을 떠나 어엿한 성인이 되어가고 있는데도 그랬다. 어떤 대학생들은 하루에도 여러 차례 문자와 통화로 부모에게 묶여 있다고 했다.[18]

한편, 소득이 매우 낮은 가정의 십대들은 부모가 대학 지원 절차를 모르기 때문에 진학 기회를 놓쳤다. 집에서 멀리 떨어진 우수한 대학에 천신만고 끝에 합격한 소수의 가난한 학생들도 대개 중도에 그만두었다. 집에서 가까이 있어야겠다고 여겼기 때문이다.

놀랍게도 미국의 성인 다수에게 가장 가까운 친구가 자기들 부모라고 하는 말을 자주 들었다. 나이 든 아이들이 부모에게 그렇게나 의존하는 태도는 노르딕 국가들에서는 거의 찾아볼 수 없다.

그리고 결정타가 나왔다. 미국에서는 아이가 성인이 되어 자기 아이를 책임질 때가 되면, 상호의존적인 아이-부모 관계가 180도 뒤집히는 것 같았다. 내가 만난 중년의 성인들은 나이든 부모의 삶을 돌보는 일에 압도당했다. 엄청나게 시간과 돈이 많이 들었다. 그들은 줄기차게 치료 과정에 관여했고, 청구서와 보험 관련한 비용이나 물자 조달을 맡았고, 그러면서도 직장 생활과 자기 아이들까지 챙겼다. 핀란드에서는 이런 식의 의존은 들어본 적이 없었다. 물론 핀란드에 사는 내 지인들도 늙고 병든 부모를 자주 찾고 사소한 일상사를 돕긴 하지만, 미국처럼 팔 걷어붙이고 달려드는 식의 돌봄은 대체로 상상할 수도 없었다.

핀란드의 내 부모님—두 분 다 좋은 교육을 받았고 전문직에 종사했다—은 늘 나를 챙겨주었지만, 어렸을 때부터 내가 할 일은 알아서 하게끔 했다. 나는 아홉 살 때 승마를 배워야겠다는 생각이 들어서 전화번호부를 뒤져 말 훈련장을 찾아내 연락하고 수업을 등록했다. 그러고서 직장에 있는 어머니에게 전화를 걸어 돈을 대달라고 했더니 허락해주었다. 만사가 그런 식이었다. 승마 수업이 시작된 후로 부모님이 날 훈련장으로 데려다준 적도 가끔 있었지만, 주로 혼자 자전거를 타거나 버스를 타고 갔다. 열일곱이 되자 나는 친구랑 암스테르담까지 여행을 떠났다. 열여덟 살에는 핀란드의 다른 아이들이 다 그렇듯이 사회적으로나 법적으로나 어엿한 성인이 되었다. 대학 전공—언론학과—을 선택할 때도 부모님과 별로 상의하지 않았다. 어쨌든 나는 집을 떠났고 부모님이 대학 수업료를 내주지 않았다.

내가 받은 핀란드식 양육이 결코 완벽하지는 않다. 그런 방식 때문에 일부 가정에서는 아이와 어른 사이에 엄정한 벽이 생기고 도움을 구하는 것은 나약함으로 여겨졌다. 그래서인지 오늘날 핀란드 부모들은 아이들의 일상사에 좀 더 관여하는 편이다. 개인적으로 나는 부모님과 사이가 좋았으며 필요하면 언제든 도움을 구할 수 있었다. 하지만 부모님은 내 인생의 중요한 결정에 웬만하면 개입하지 않으려 했다. 주변 사람들도 자라면서 부모와의 애착이 나와 비슷한 수준이었고, 일찍부터 상당한 수준의 독립심을 키웠다.

내가 감지한 미국 가정생활의 어떤 측면들은 일종의 시대정신임을 곧 알아차렸다. 아동발달에 관한 전문가들은 이른바 '헬리콥터 양육'의 위험성을 지적하고 있었다.[19] 부모가 20년 넘게 자녀의 실패를 막아주고 결정을 대신해주면 자녀가 성장해도 독립적인 성인이 되기 어렵다. 미국 방송사 HBO의 〈걸스〉와 같은 TV 드라마는 그런 문젯거리를 이용해 수입을 올리고 있었다. 드라마는 스물 몇 살의 작가인 한나가 부모한테서 대학까지 졸업시켜준 데다 그 후로도 2년을 꼬박 뒷바라지했으니 그만 집을 나가라는 말을 듣는 장면으로 시작한다. 미국인들은 과보호 부모들이 자녀의 인생에 미칠 위험한 장기적인 영향을 점점 더 우려했다. 《애틀랜틱》의 한 인기 표제기사는 "아이를 치료가 필요한 상태로 내모는 방법"이라는 경고성 제목을 달았다. 제약업계가 항우울제와 항불안제 약품 수입으로 그런 세태에 일조했다.[20]

핀란드와 미국의 친구들을 비교해보니, 많은 미국 가정들은 더 단순한 육아 방식—아이들이 실수를 저질러가며 독립심을 키우도록 내버려두는 방식, 즉 아이들이 스스로 기회를 추구하도록 허용하는 방식—을 감당할 수 없는 사치로 여겼다. 미국에서는 안정된 중산층 지위를 얻기 위한 우선적인 요소는 단 한 가지로 귀결되는 듯했다. 즉, 주도적이고 지칠 줄 모르며 사소한 일까지 챙기는 부모를 두는 것. 그것은 현대 생활의 문제들을 스스로 해결하는 독립적인 아이를 기르는 방식이 아니라 거의 전근대적인 의존성에 사로잡힌 아이를 기르는 방식이었다. 하지만 문제의 뿌리는 정서적이거나 심리적인 것이 아니라 오히려 구조적인 것으로 보였다. 공교육 실패나 치솟는 대학 비용과 같은 문제들의 결과 말이다.

아이가 자라서 나이든 부모를 돌볼 때도 마찬가지였다. 미국에서는 양질의 저렴한 노인 요양 서비스를 받기가 거의 불가능했다. 따라서 성인들은 자신의 부모를 돌보는 버거운 일에 시달렸다.

나는 아직 아이가 없었고 노령의 부모님은 핀란드에 계셨기에, 당분간은 두 나라의 뚜렷한 상황 차이를 단지 편하게 지켜만 보았다. 하지만 현저히 다른 것 중에 나와도 직접 연관된 문제가 있었으니, 바로 남녀 관계였다.

◇◇◇◇◇◇

강인한 미국 여성 정치인, 예술가, 작가 들은 늘 나의 롤 모델이었다. 남자를 만나 애교 떠는 것에 목숨 걸기보다 자신에게 충실한 여자 말이다. 직장에서 목표를 향해 전력투구할 때 또는 사회적 관계나 상황이 나를 힘들게 할 때, 미국 여성 작가들의 작품을 읽으며 격려를 받았다. 막상 뉴욕으로 건너왔더니 하이힐에 탄력 있는 몸매, 세련된 옷차림의 맨해튼 여성들이 늘 편하게 느껴지진 않았다. 점잖은 나라 핀란드에서 수수한 외양에 더 익숙했던 것이다. 그래도 어느 금융 잡지의 맨해튼 사무실에서 일하는 동안, 동료 미국 여성들의 당당하고 과감한 태도와 자신감에 늘 감탄했다.

하지만 시간이 지나면서 미국에서 여성으로 살아가는 삶에 대해 어떤 혼란을 느끼기 시작했다. 특히 결혼 문제 그리고 부부 관계의 속성에 대한 혼란이었다.

오랫동안 미국의 TV 방송과 영화를 봐왔던 터여서 나 역시 완벽한 결혼에 묶여 있는 여성상에 익숙했다. 1990년대 초반 미국 드라마가 핀란드 가정에 첫 전파를 탔다. 바로 〈B&B(The Bold and the Beautiful)〉다. 어찌나 인기가 좋았던지 핀란드인들은 아기가 생기면 드라마 속 인물을 따라 릿지와 브룩이라고 이름 지을 정도였다.[21] 특히 내게 미친 영향은 영어 단어 두 개를 새로 배운 것이었다. 하나는 'commitment(헌신)', 드라마 속 여자들이 남자에게 끊임없이 요구했던 것이다. 또 하나는 'libido(리비도)'인데, 멋진 남자는 왜 '헌신'이 불가능한지를 드라마 속 인물들을 통해 알 수 있었다.

　여자들의 집요함은 가끔 남자들 중 한 명이 반짝이는 다이아몬드 반지를 선물할 때 보상을 받았다. 반지는 주로 한 잔의 샴페인에 담겨 있었다. (나는 늘 그게 위험해 보였다. 노르딕의 겨울은 아주 길고 캄캄하고 춥기 때문에, 우리 중에서 그나마 얌전한 여자애라도 술잔을 낚아채 벌컥 들이키지 않고는 못 배길 테니까.) 나와 내 친구들한테 'commitment'는 남자에게서 얻어야 할 일종의 큰 선물이 되었다. 우리는 미국 악센트를 흉내 내어 한껏 진지하게 그 단어를 말한 다음 자지러지게 웃곤 했다. 나중에 〈앨리 맥빌〉과 〈섹스 앤 더 시티〉에 나오는 여자들이 남자를 꼬드기려고 최선을 다하는 모습을 보았는데, 그 분위기는 조금 더 세련되어 있었다. 이후 그런 여자들은 미국 리얼리티 TV 쇼의 응석받이 여자들에 자리를 내주었다.

　물론 TV 속 여성 캐릭터들은 심하게 과장되었다. 하지만 미국에 건너온 후 점차 깨달은바, 이상적인 남자를 추구하는 태도는 생각보다 과장된 것이 아니었다. 실제 미국에서 헌신은 중요했으며, 완벽한 남편이란 거기에 더해 잘생기고 친절하고 로맨틱하고 믿음직하고 성실하고 아이들에게 잘 해주는 사람이라야 한다. 하지만 헌신을 갈망하는 마음에는 내가 이전에 몰랐던 어두운 면이 있었다. 되짚어보니 〈섹스 앤 더 시티〉

에도 그런 증거가 널려 있었다. 미국에서 여자가 남자에게 헌신을 바란다고 할 때, 그 남자는 다른 어떤 자질보다 돈을 잘 버는 사람이라는 전제가 알게 모르게 깔려 있었다.

가장 유력한 증거는 미국 여성들이 끼는 다이아몬드 약혼반지였다. 수입이 적은 작가 겸 교사인 내 미국인 남자친구 트레버조차 구혼하면서 다이아몬드 약혼반지를 내밀었다. 그는 행운아였다. 할머니한테서 그 반지를 물려받았으니까. 오팔 두 개가 측면에 달린 작은 다이아몬드였지만 내가 가진 물건 중에서 가장 아름다웠다. 참된 사랑의 증표를 받고서 내 가슴은 마냥 부풀었다. 그러면서도 마음이 복잡했다. 핀란드에서 약혼반지는 보통 신랑신부 둘 다 끼는, 미국의 결혼반지와 비슷한 단순한 금반지였다. 결혼식 때 남자가 여자에게 두 번째 반지를 주기도 하는데, 보석이 박힌 경우도 있지만 다이아몬드처럼 값비싼 것은 좀체 없다.

고가의 보석을 버젓이 착용한다는 게 때로는 어색했다. 하지만 더 정확히 말해, 우리가 맞이할 결혼 생활의 상징이 왜 돈이어야 하는지 의아했다. 그리고 왜 여자의 경제력이 아니라 남자의 경제력이 표시되어야 하는가? 보드라운 오팔과 다이아몬드를 손가락으로 매만지면서 나는 『반지의 제왕』 속 골룸이 된 느낌을 맛보았다. 소중한 반지를 사랑하면서 동시에 미워하는 골룸 말이다.

물론 돈 많은 남자와 감지덕지 결혼하는 여자들 이야기가 미국 결혼 풍경의 전부는 아니다. 하지만 미국의 현실에서 결혼이란 일종의 금융 합병 행위로 인식되었다. 증거를 원한다면, 미국의 전형적인 소득신고서의 처음 몇 줄만 보면 된다. 미 국세청은 부부가 소득을 합산하여 하나의 단위로 소득신고서를 제출하면 혜택을 준다. 핀란드에서는 놀라운 일이다. 거기서는 각 개인은 언제나 개별적으로 세금이 부과되기 때문이다. 결혼 여부는 납세와 아무런 관련이 없다. 이 방식은 의도적이다. 덕분에 각 배우자는 자신이 얼마를 벌었고 지불했는지 또 가족에게 어떤 기여를 했는지 쉽게 파악할 수 있다. 다른 이와의 관계에 상관없이 누구든 비슷하게 세금이 부과된다. 핀란드에서 미국과 같은 정책은 정부가 개인의 도덕에 개입하는 것으로 여겨질 것이다. 부부의 자금을 한 묶음으로 긴밀히 결합시킴으로써 국세청이 권장하는 금융합병은 배우자 간 경제적 의존을 한층 심화하는 효과를 낳는다.

미국의 부모와 아이 관계와 마찬가지로, 배우자 간의 이러한 경제적 유대 속에 맺어진 무언의 의존성은 지난 세대의 기이한 잔재로 비쳤다. 마치 할리우드 로맨스의 땅인 미국이 실제로는 전근대에 파묻혀 있는 듯했다. 무엇보다도 결혼이 사랑의 표현이 아니라 재산 결합을 통해 가족의 생존을 돕는 물질적이고 경제적인 협약의 시대에 머물러 있는 것 같았다. 당연히 의문스러웠다. 왜 그런 낡은 협약이 지구상 가장 현대적이라고 할 이 나라에 필요한가?

알고 보니, 미국의 결혼에 문제가 있다고 여기는 사람은 이번에도 나만이 아니었다. 가령, 고등교육을 받은 여성들 사이에서 점점 더 많이 나오는 이야기가 있었으니(그중 일부는 유명 잡지에 실린 기사들), 결혼할 가치가 있는 남자, 즉 교육 수준과 사회적 지위, 급여에서 여성과 동등하거나 더 나은 조건의 남성을 찾기가 점점 더 어렵다는 토로였다. 열심히 노력해 명문 대학이나 대학원에서 학위를 받았고 일부는 이미 고수익 직업에 종사하는 뛰어난 여성들은 능력과 지위 및 수입이 자기보다 떨어지는 배우자에 만족해야 하느냐고 물었다.[22]

한편 덜 뛰어난 사람들한테도 결혼은 위기일발 상황처럼 보였다. 한 연구에 의하면, 고등학교 교육까지만 받은 30~40대 백인들 가운데 결혼한 비율은 절반 미만이라고 한다.[23] 이 연구는 많은 논의를 불러일으켰고 여러 비평가들이 그 원인을 토론했는데, 내가 놀란 점은 그 토론 또한 결국 경제 문제를 중심으로 진행되었다는 것이다.[24] 가령, 남성들이 급여 부족에 시달리느냐 아니면 여성들이 복지 혜택 과다로 시달리느냐 같은 문제 위주였다. 이 모든 경우에서 문제 및 그 해결 방안은 희한하게도 부부 또는 가족의 수입—전통적으로는 남편의 수입, 이제는 때로 아내의 수입—과 연결된 것 같았다. 수입은 결혼 생활을 유지하는 접착제이면서 반대로 배우자를 갈라놓는 도끼날이기도 했다.

노르딕 관점에서 이 모두가 굉장히 기이했다. 나는 늘 이성 관계는 동등한 파트너이자 연인이자 친구의 결합이라고 여겼지, 경제적 협약이라고 여긴 적이 없다. 결코 순진한 생각이 아니었다. 아버지는 내게 수입이 괜찮은 직업을 선택하라고는 조언했지만 돈 잘 버는 남편을 만나라고 한 적은 결코 없다. 어머니도 모범을 보여주었는데, 개업 치과의여서 내가 어릴 적에 꽤 돈을 벌었다고 기억한다. 핀란드 친구들과도 배우자한테 얼마의 봉급을 바라는지 이야기해본 적이 없다. 돈 문제는 결혼의 요소로 거론된 적이 거의 없었다. 대체로 사람들은 배우자 둘 다 직업을 가지리라고 짐작했을 뿐, 그게 다였다.

하지만 미국 여자, 심지어 *스스로* 돈을 많이 벌지 못하는 데다 고만고만한 수입의 남편을 둔 여자가 되고 나니, 결혼이 재정 문제라는 슬프지만 피할 길 없는 논리가 피부로 와 닿았다. 미국에서 결혼해서 가정을 꾸릴 작정이라면 우선 재정 상태를 면밀히 살펴야 한다. 학자금 대출로

진 빚이 얼마인가? 의료보험을 유지할 수 있는가? 출산에 얼마의 비용을 지불할 수 있는가? 의료보험사마다 출산 비용 보장은 천양지차였다. 놀랍게도 어느 젊은 부부는 의료보험이 들어 있었는데도 출산 후 병원비를 2만 달러나 지불했다고 한다.[25]

출산 후에 돌보는 일도 만만찮다. 미국 법에서 50명 미만 직원을 둔 회사는 출산휴가를 주지 않아도 된다.[26] 아기를 돌보고 싶은 여성은 실제로 직장을 그만두어야 할 판이다. 그렇다면 누가 돈을 번단 말인가? 큰 회사는 고작 3개월의 출산휴가를 주긴 하지만 무급이다. 일부 고용주는 더 넉넉히 챙겨주기도 하겠지만, 일반적으로 미국의 전도유망한 부모들은 아이를 낳고 싶으면 생계를 꾸리는 데 엄청난 도전에 직면한다. 종종 배우자 중 한 명의 생계가 위기에 봉착했는데, 그건 대체로 여자였다. 남편이 훨씬 더 많은 수입을 올려야 한다는 뜻이다. 돈 잘 버는 남자에 집착하는 성향이 확연히 이해되기 시작했다.

처음 몇 달을 잘 헤쳐 나갔더라도 아이가 조금 더 크면 다시 돈 문제가 들이닥친다. 부모 둘 다 직장에 복귀했다면, 매우 비싼 유모 고용이나 사립 어린이집 이용을 감당할 수 있는가? 아이가 훨씬 더 자라면 미국 부모들은 아이가 입학할 수 있으리라 짐작하고서 좋은 공립학교 옆으로 이사하거나 사립학교 학비를 대기 위해 막대한 돈을 끌어 모아야 한다. 대학 비용 저축은 말할 것도 없다.

미국 부부가 함께 가정을 꾸려나가는 재간과 끈기는 감탄스러웠다. 하지만 결혼 생활이 힘겨워지는 것은 당연했다. 그 까닭은 아마 과도한 업무와 비정상적인 분주함 그리고 개인적 자유의 상실로 인해 건전한 결혼 제도 전반이 무너져가기 때문일 것이다. 돈 그리고 돈을 얻을 가능성이 가정과 아이의 장래를 결정하는 중요한 요소로 자리 잡았기에, 미국 여성은 아무리 현대적 성향이라 해도 장차 남편 될 사람의 수입과 경제적 혜택에 주목하지 않을 수 없다.

이러다 보니 부부 사이의 들끓는 분노가 미국 심리치료 산업을 이끄는 핵심 요소가 된 것이다. 심리학자와 정신과 의사들은 적어도 그 비용을 댈 수 있는 사람들한테서 부부 상담으로 많은 수익을 올렸다. 하지만 핀란드 출신이 보기에 이번에도 문제의 뿌리는 정서적이거나 심리적인 것 같지 않았다. 단순하면서도 구조적인 문제인 듯했다. 즉, 미국 사회는 고도의 혁신과 자유분방함에도 불구하고 가족을 위한 기본적인 지원 체계가 갖춰져 있지 않았다.

분명 트레버와 나의 경우, 가족을 이루려는 계획은 우리의 경력과 수입 때문에 경제적 불확실성을 가중시킬 터였다. 나는 밤에 아이스크림 접시를 끌어안고 인기 영국 TV 드라마 〈다운튼 애비〉를 보다가 문득 내 앞날을 상상해보았다. 큰 영지를 거느린 부유한 귀족과 결혼해 시중드는 사람이 가득한 대저택에서 사는 삶을 공상하면서. 그 대저택에는 우수한 민간 의료진과 더불어 유모들이 있어서 우리는 아이 양육 문제에 있어 고용주의 변덕에 시달리지 않아도 될 것이다. 이런 공상은 내가 미국에서 혼란을 느꼈던 세 번째 유형의 관계를 떠올리게 한다. 바로 고용주와 피고용인의 관계다.

◇◇◇◇◇◇

미국에 건너와서 마주친 가장 가슴 아픈 장면 하나는 암 투병하는 친구의 모습이었다. 설상가상으로 그의 가정생활도 더불어 망가지고 있었다. 희한한 미국식 상황 전개는 이랬다. 만약 부부가 갈라서면 젊은 암 환자는 앞으로 몇 달간 고액의 치료를 받아야 하는데도 의료보험이 없어진다. 왜냐하면 그 보험은 배우자의 고용주를 통해 제공되었으니까. 따라서 당사자들에게 고통만 가중시키는 불행한 부부 생활이라도 무작정 지속된다. 그런 상황은 엄청난 트라우마를 키우는데, 그건 다만 누구나 고용주에게 총체적으로 의존해 있기 때문이다.

암 투병보다는 훨씬 덜 비극적이지만, 의료보험이 필요해서 원치 않는 직장을 얻는 경우도 있다. 어떤 이들은 의료보험을 유지하려고 이직을 망설이거나 더 나은 곳으로 이직하기를 단념한다. 한편 내가 만난 사람들은 모조리 고용주가 허용해주는 휴가 기간을, 그리 많지도 않건만, 몽땅 사용하기를 주저했다. 매일 정시 퇴근은 상상도 못한다.

차츰 나는 미국 사람들이 나로서는 짐작도 안 되는 온갖 일로 고용주에게 묶여 있음을 알게 되었다. 몇 가지 대표적인 것만 언급하자면, 의료보험과 건강저축계좌,✦ 연금 보조 등이다. 그 결과 고용주는 피고용인보다 훨씬 우월한 위치에 놓인다. 미국에서 고용주와 사이가 나빠진다는 것은 직장을 훌쩍 뛰어넘어 삶의 다방면에 엄청난 개인적인 위험을 초래한다.

미국인들은 이직이 잦다는 평판을 듣는다. 하지만 고용주가 주는 혜택에 크게 기대는 처지인지라 내가 아는 미국인들은 모두 노르딕 사람들보다 고용주에게 심하게 종속되어 있었다. 미국인들은 출산휴가도 좀체 받지 않았고 장시간 노동을 의무로 여겼으며 노동 시간 조정에 관한

✦ 건강저축계좌(Health Savings Account)는 면세 혜택이 주어지는 저축성 계좌로, 의료비에 사용할 수 있으며 남은 금액은 세금 없이 이자가 가산되어 65세 이후 개인퇴직연금(IRA)이 된다.

논의도 별로 없었다.

나는 핀란드에서 기자로서 힘든 일을 많이 했고 중요한 마감을 앞두고는 주말에도 종종 초과근무를 했지만 나중에 보상 차원에서 휴가를 얻었고, 매년 4~5주의 기본 휴가를 다 쓸 수 있을지를 걱정해본 적이 없다. 내 친구들도 휴가 기간을 쓸지 여부를 고민한 적이 없을뿐더러, 고용주들이 휴가를 쓰라고 종종 격려하기까지 했다. 내 친구들은 아이를 건강하게 기르기 위해 자신의 권리인 출산휴가를 몽땅 누렸으며, 아이가 어릴 때에는 일정 기간 파트타임 근무를 고용주에게 스스럼없이 요구했다. 게다가 내 의료보험이 직장과 연관될 가능성은 전무했다.

노르딕 나라 사람들은 그런 요청이 고용주에게 나쁘게 비친다거나 경력에 부정적인 영향을 미칠 거라고 걱정하지 않는다. 이유는 꽤 단순하다. 노르딕 나라에서 의료 및 기본적인 사회보장 서비스는 개인의 고용 상황과 무관하기 때문이다.

그 무렵 나는 노르딕 국가들이 '사회주의 유모 국가'로 치부된다는 것을 들어서 잘 알고 있었다. 하지만 역설적이게도 상품을 만들어 돈을 벌려고 애쓰는 기업들이 피고용인의 건강을 돌보는 문제로 발목이 잡혀 있는 곳은 다름 아닌 미국이었다. 위대한 자유시장 경제학자인 밀턴 프리드먼이 무덤에서 통곡할 일이다! 노르딕 관점에서 보자면, 영리를 추구하는 기업에 그런 근본적이고 복잡하고 값비싼 사회적 서비스를 책임 지우는 것은 터무니없는 일이다.

미국인들도 물론 그런 모순을 알고 있었다. 미국 업계 현황에 관한 토론에서 전문가들은 기업, 특히 중소기업이 진 의료보험 부담을 종종 지적했다. 하지만 누구도 동전의 다른 쪽 면, 즉 상황을 그런 방향으로 내모는 피고용인과 고용주의 불건전한 의존 관계를 언급하지는 않는다. 내가 보기에 그것은 낡고 억압적인 유형의 의존 관계이고 개인의 자유와 기회가 중시되는 현시대에 전혀 맞지 않는다. 그 결과를 모든 미국인 지인들의 삶에서 볼 수 있었다.

◇◇◇◇◇◇◇

유럽, 특히 노르딕 국가들에서는 미국인들이 가족, 여가, 사랑과 같은 인생의 더 중요한 것들보다 돈, 일, 지위에 피상적으로 집착한다고 비판하는 것이 약간은 상투어가 되었다. 하지만 미국에서 살아보니 그런 비판이 부당함을 절감했다. 내가 아는 미국인들은 사려 깊고 다정하고 친절했으며, 그들에게 가정은 특별히 중요했다. 하지만 미국 사회가 가장 근본적인 관계들—부모 자식 관계, 부부 관계, 그리고 특히 노동자와 고용주의 관계—이 왜곡되는 상황으로 사람들을 내모는 것을 목격하고 나서는 그런 상투적인 시각이 어디서 나왔는지 이해할 수 있었다.

더불어 이런 상황이 미국의 네 번째 근본적인 관계와 밀접히 연결된 게 아닐까 하는 생각이 들었다. 바로 정부와 시민 간의 관계다. 미국의 정치적 논의 대다수는 다음과 같은 생각을 중심으로 진행되었다. 즉, 정부가 커지면 시민들한테 의존성의 문화가 생기고, 결국 이 의존성이 가정과 기업을 망친다는 생각이다. 미국은 정말이지 정부가 매우 크고 불건전한 의존성 문화로 인해 질식할 상태이지만, 내가 보기에 정부의 크기는 그다지 핵심 사안이 아니다. 오히려 정부가 어떤 목적으로 어떤 역할을 하는지가 관건이다. 노르딕 관점에서 볼 때 미국의 문제는 현대성이 너무 많은 것이 아니라, 너무 적다는 것이다.

21세기 벽두에 노르딕 나라들은 전 세계에서 가장 안정적이고 훌륭하다는 칭송을 받고 있었다. 하지만 이 나라들이 딱히 뭘 했다는 걸까? 복지 추구에 몰두하는 작고 고립된 동질 집단일 뿐이지 않나? 아니면 사실은 정반대였나?

국제화된 세계의 현대 생활이 분주하고 스트레스가 심한 것은 불가피할지 모른다. 하시만 예전만큼 제 역할을 못하는 낡은 가족 및 마을 기반 지원 체계로 사람들이 현시대를 헤쳐 나가게 하는 것은 결코 어쩔 수 없는 일이 아니다. 미국 생활을 경험할수록, 나는 노르딕 사회가 간파해낸 것은 현대성을 더 (미국보다 더) 심화시키는 방법이었음을 실감했다. 노르딕 사회는 사회적 의존성의 낡은 형태를 혁파하는 데 성공하여, 현대성을 진정한 의미에서 완성시켰다고 볼 수 있다. 노르딕 국가들은 정부가 개별 시민을 의존성의 문화로 내몰지 않고 현대 생활에 부합하는 새로운 문화를 촉진하는 정책들을 만들고 현명하게 시행하는 길을 찾아냈다. 그 결과 많은 미국인이 꿈만 꾸었을 뿐인 이상들, 즉 진정한 자유, 진정한 독립, 진정한 기회를 일상에서 실현해냈다.

무엇보다 멋진 사실은 현대성을 줄곧 추구하면서도 가족과 공동체 및 다른 사회 구성원 사이의 연결을 잃지 않았다는 것이다. 아울러 노르딕 사회가 이미 경험한바, 가족의 낡은 의존성을 벗어나면 아이들은 더욱 활기가 넘치고 부부 생활은 더욱 만족스럽고 가족은 더 굳건해졌다. 당연히 모두들 더 행복해졌다.

몇몇 현명한 정책을 채택하면 분명 미국도 비슷한 결과를 얻을 수 있다. 하지만 그전에 내가 '사랑에 관한 노르딕 이론'이라고 명명한 것의 미국식 버전이 필요하다.

2장

사랑에 관한 노르딕 이론

말괄량이 삐삐의 마법

말괄량이 삐삐는 아주 힘세고 반항적인 여자아이다. 두 갈래로 우뚝 솟게 땋은 붉은 머리카락과 주근깨투성이 얼굴이 트레이드마크. 엄마는 죽었고 아빠는 늘 여행 중이다. 그래서 점박이 흰말과 원숭이 한 마리를 데리고 큰 집에서 혼자 산다. 삐삐는 가끔 사람들을 퉁명스럽게 대하니까 천사 같다곤 할 수 없지만, 심성은 바르다.

삐삐는 1940년대에 처음 발간된 아스트리드 린드그렌의 스웨덴 동화 시리즈에 나오는 주인공이다. 이 책은 70개 언어로 번역되었으며 영화와 TV 시리즈로도 숱하게 각색되었다.[1] 미국에서도 1961년에 셜리 템플이 내레이션을 맡은 영화를 필두로 여러 번 각색되었다. 스웨덴의 이웃 나라인 핀란드에서 자란 나도 린드그렌의 책을 즐겨 읽었고 삐삐를 사랑했는데, 특히 삐삐가 말을 안장도 얹지 않은 채 타고 집안에도 들이는 것이 좋았다(삐삐는 이 말을 머리 위로 번쩍 들어 올릴 수 있다). 물론 삐삐는 노르딕 나라뿐 아니라 전 세계 아이들의 전설이기도 하다. 트레버도 어렸

스웨덴 출신 작가 아스트리드 린드그렌의 동화 속 주인공 삐삐는
오랫동안 전 세계 어린이 독자에게 사랑받는 아이다.
사진은 스웨덴 스톡홀름 기념품 가게의 진열장.
삐삐 관련 상품을 한데 모아 놓았다.

을 때 부모님이 읽어준 삐삐 이야기를 기억한다. 어째서 이토록 많은 사람이 삐삐한테 마음을 뺏겼을까?

삐삐와 가장 친한 친구는 옆집에 사는 두 아이, 아니카와 토미다. 삐삐와 달리 둘은 목가풍의 핵가족 집안에서 별 탈 없이 지낸다. 삐삐의 캐릭터를 비롯해 이 아이들의 관계가 지닌 숨은 의미를 어렸을 때는 명확하게 이해하지 못했고, 어른이 되고서도 마찬가지였다. 라르스 트래고드라는 사람이 내게 알려주기 전까지는.

스웨덴 학자이자 역사가인 라르스 트래고드는 미국에서 수십 년을 살아서 그 나라를 잘 안다. 어렸을 때부터 미국에 가길 꿈꿨고, 스웨덴에서 고등학교를 마친 후 캘리포니아의 포모나 대학에 입학했다. 그는 수백만 미국인이 매년 하는 일—대학 학비를 대기 위한 장학금 신청—을 시작하면서부터 미국이 어떻게 돌아가는지 처음 감을 잡았다. 포모나 대학의 장학금 담당 부서에서는 두 벌의 신청서를 작성하라고 내밀었다. 하나는 그의 소득과 저축을 묻는 것이었고, 다른 하나는 부모의 소득과 저축을 묻는 것이었다.

트래고드는 어리둥절했다. 이미 만 18세여서 법적으로 성인이었다. 스웨덴에서 그의 부모는 아들에 대한 아무런 책임도, 사생활에 관여할 법적인 권리도 없었다. 스스로 생계를 꾸리는 마당에, 부모의 돈이 자신의 학비와 무슨 상관이 있는지 이해할 수 없었다. 담당 직원에게 그런 이야기를 했더니 이런 답이 돌아왔다. 미국에서는 부모가 자녀를 무척 사랑하기 때문에 수만 달러—오늘날로 치면 수십만 달러—를 기꺼이 학비로 지불한다고.

이를 계기로 트래고드는 평생에 걸쳐 아메리칸 드림이 무엇인지 아울러 그것이 노르딕 드림과 어떻게 다른지를 연구하고 글을 썼다. 어쨌든 홀어머니를 둔 아들이라는 사실이 참작되어 필요한 장학금을 받을 수 있었다. 포모나에서 공부를 마친 후에는 샌프란시스코에서 카페를 운영했다. 이때가 1970년대. 이후 사업가가 되어 컴퓨터 회사도 차렸다가 마침내 학계로 돌아와 1990년대 초에 UC 버클리에서 박사학위를 받았다. 뉴욕 시의 버나드 대학에서 10년 동안 유럽사를 가르치고 나서 미국인 아내와 함께 스웨덴으로 돌아왔다. 스웨덴 대학에서 요즘 하는 연구는 주로 아동의 권리와 사회적 신뢰—사회를 통합하는 도덕적 유대—에 관한 것이다.

몇 년 전 트래고드는 공저자 헨리크 베르그렌과 함께 『스웨덴인은 인간인가?(*Är svensken människa?*)』라는 제목의 책을 내놓았다. 조금 황당한 질문이지만, 스웨덴인이라면 아마 짐작할, 오래 전에 나온 책의 제목에서 가져왔다.[2] 스웨덴인이 아닌 사람들에게는 약간의 설명이 필요한데, 그러려면 잠시 말괄량이 삐삐 이야기로 되돌아가야 한다.

1940년대, 아스트리드 린드그렌이 활기차고 정겨운 삐삐 이야기를 처음 쓰고 있을 무렵에 또 한 명의 스웨덴 작가가 스웨덴인의 특성을 분석하면서 책을 한 권 쓰고 있었다. 위의 도발적인 질문을 제목으로 삼은 책이었다. 작가의 이름은 산프리드 네안데르-닐손이다. 그가 보기에, 전반적으로 스웨덴인은 차갑고 내향적이며 슬프고 우울하고 거의 동물 같은 성격을 지녔으며, 고독을 갈망하고 사람들을 두려워하는 모습이 스웨덴인의 초상이었다. 말괄량이 삐삐랑은 딴판이다.

스웨덴인을 완전한 은둔자로 보는 시각은 말괄량이 삐삐의 국제적 인기에 비춰 보면 놀라울지 모른다. 어느 정도 일리는 있다. 우리 노르딕 사람들은 특별히 외향적이지 않으며, 금욕적이고 조금 무뚝뚝하다는 평판을 들을 만하다. 그렇기는 해도 전형적인 노르딕 사람은, 수다스러울 정도는 아니지만 함께할 사람들을 무척 원하는 편이다. 사회주의자 기질을 지녔다는 말도 곧잘 듣는 편이다. 따라서 우리는 집단적인 사고방식과 연대의식을 분명 갖고 있지, 결코 극단적인 개인주의자가 아니다.

하지만 개인주의의 강력한 한 유형이 노르딕 사회의 토대임은 의문의 여지가 없다. 그런 연유로 트래고드는 '스웨덴인은 인간인가?'라는 오래된 질문을 다시 꺼내서 노르딕 개인주의를 새롭고 더욱 긍정적으로 살펴볼 가치가 있다고 느꼈다. 스웨덴과 미국의 차이를 다년 간 관찰한 끝에 트래고드는 스웨덴 사회에 깃든, 또한 모든 노르딕 국가에 존재하는 몇 가지 근본적인 특징을 자신의 책에서 언급했다. 트래고드의 통찰은 왜 노르딕 국가들이 국제 경쟁력 및 삶의 질 조사에서 그렇게나 뛰어났는지를 알려준다. 특히 내가 왜 미국인들의 관계, 특히 부모와 자녀 관계, 부부 관계 그리고 노사 관계로 혼란을 느꼈는지를 아는 데 도움을 주었다. 모든 것이 사랑에 관한 노르딕적 사고방식으로 귀결되었다. 이 사고방식을 알려주는 완벽한 사례가 말괄량이 삐삐다.

◇◇◇◇◇◇◇

트래고드와 역시 저명한 스웨덴 역사가이자 언론인인 헨리크 베르그렌은 개인주의에 관한 관찰 결과들을 모아서 이른바 '사랑에 관한 스웨덴 이론'을 구성해냈다. 핵심 개념은, 진정한 사랑과 우정은 독립적이고 동등한 개인들 사이에서만 가능하다는 것. 이 개념은 나를 성장시킨 바로 그 가치를 표현하는 것이며, 스웨덴인만이 아니라 다른 모든 노르딕 사람들과 더불어 핀란드인에게도 명백히 해당될 터이다. 그래서 나는 이 이론을 '사랑에 관한 노르딕 이론'으로 부르고 싶다. 노르딕 시민에게 인생의 가장 중요한 가치는 공동체의 다른 구성원과의 관계 면에서 개인의 자족과 독립이다. 만약 여러분이 미국식 개인주의와 개인적 자유의 옹호자라면, 위의 말을 전적으로 미국식 사고라고 여길 수 있다.

이웃에게 의존해야 하는 사람은, 싫든 좋든, 불평등하고 얽매이는 처지에 놓인다. 더군다나 트래고드와 베르그렌이 말괄량이 삐삐의 도덕론에서 설명했듯, "빚진 사람, 남에게 묶인 사람, 낯선 이들에게뿐 아니라 주변의 가장 친밀한 이웃에게 자선과 친절을 요청하는 사람은 신뢰할 수 없는 사람이 된다. (…) 그는 부정직하고 진실하지 못한 사람이 된다."[3]

이것은 삐삐—큰 집에서 혼자 사는 초인적으로 강한 여자아이—의 세계에서는 다음과 같은 의미다. 삐삐가 완전히 독립적인 존재인 까닭에 삐삐가 이웃집 아이, 아니카와 토미와 맺은 우정은 그 둘에게 대단한 선물이다. 그래서 둘은 삐삐와의 우정이 공짜로 아무런 구속 없이 맺어졌다고 확신한다. 삐삐가 변함없는 사랑과 순수함으로 우리 마음을 끌어당기고 감탄하게 만드는 까닭은 과장된 삐삐의 독립성 때문이다. 물론 현실이라면 삐삐 나이의 아이는 친구 토미와 아니카처럼 부모 슬하에 있다. 하지만 삐삐는 무엇에도 구애받지 않는 이상적인 사랑을 대변한다. 이런 태도는 노르딕 사고에서는 현실의 대다수 성인 관계들에까지 확장된다.

트래고드가 미국에서 오래 살면서 깨달은바, 20세기 내내 그리고 21세기까지 이어져온 노르딕 사회의 원대한 야망은 경제를 사회화하는 것이 결코 아니다. 오히려 목표는 개인을 가족 및 시민사회 내 모든 형태의 의존에서 자유롭게 하자는 것이었다. 가난한 자들을 자선으로부터, 아내를 남편으로부터, 성인 자녀를 부모로부터, 노년기의 부모를 성인 자녀로부터. 이런 자유의 명시적인 목적은, 숨은 동기와 필요에서 벗어나 모든 인간관계가 완전히 자유롭고 진실해지도록 그리고 오직 사랑으로만 빚어지도록 만드는 것이다.

트래고드와 직접 이 사안을 이야기하고 싶어서, 나는 뉴욕에서 스웨덴에 있는 그에게 연락해 스카이프로 대화를 나누었다. 그는 자신이 미국 대학의 장학금 정책이 의아했던 까닭이 바로 위와 같은 점 때문이었다고 설명했다.

"미국에는 부모가 자녀들이 성인이 된 후에도 뒤를 봐줘야 한다는 도덕적인, 어느 정도 합법적인, 기대가 있습니다. 하지만 그런 기대는 부모가 자녀에 대해 권력을 행사한다는 의미이기도 하지요."

노르딕 사람들은 그런 기대에서 벗어나 무엇보다도 자녀가 독립적인 인간으로서 스스로를 책임질 수 있도록 돕는다는 목표 하에 자녀들을 기를 수 있다. 노르딕 사회는 누구나 스스로의 인생을 펼쳐나갈 수 있기를 기대한다. 개인의 선택을 왜곡시킬지 모를, 가령 부모에 대한 지나친 경제적 의존 없이 말이다. 같은 맥락에서, 경제적 여유가 부족한 부모를 두었다는 불운한 우연 때문에 미리 기회를 뺏기지 않기를 기대할 수 있다. 아내는 남편에게 경제적으로 지나치게 의존하는 처지에 놓이지 않아야 한다. 이는 남편과 아내를 바꾸어도 마찬가지다. 직장인들은 암 치료를 계속 받을 수 있을지 걱정하지 않고도 자신의 고용과 관련된 결정을 내릴 수 있어야 한다.

　그렇게 되면 원망이나 죄책감, 마음의 짐에서 홀가분한 관계들이 맺어진다. 결국 사랑에 관한 노르딕 이론은 현대의 개인들이 인간관계를 맺는 방법에 관한 믿음직한 철학인 셈이다. 구시대의 매우 부담스러웠던 여러 경제적 의무에서 해방되면 우리는 가족, 친구, 연인과의 관계를 순수한 인간적인 유대 위에 세울 수 있다. 또한 다른 이들과의 관계에서 자신의 진짜 감정을 더 자유롭게 표현할 수 있다.

　동시에, 사랑에 관한 노르딕 이론은 사회를 구성하는 방법에 관한 근본적인 철학이기도 하다. 이 이론은 노르딕 국가들에서 매우 다양한 정책 결정에 영감을 주었는데, 이 정책들은 중요한 단일 목표를 지향한다. 사회의 모든 구성원에게 독립과 자유와 기회를 보장한다는 목표이다. 노르딕 국가들이 내린 주요한 결정들 대다수는 가족 정책이든 교육 정책이든 의료 정책이든 사랑에 관한 노르딕 이론에서 도출되었거나 그 이론의 직접적인 발현이다. 그런 결정의 동기가 애초부터 노르딕의 문화적 가치에서 비롯되긴 했지만, 정책 결정 자체는 문화의 문제가 아니라 엄연히 정책 선택의 문제다. 하지만 그 모든 일이 어떻게 성공했는지를 미국인들은 크게 오해하고 있다.

세계에서 가장 개인적인 사회

미국에서는 개인의 자유에 맞서는 가장 큰 적이 국가(정부)라고 본다. 잘 짚었다. 역사가 확실히 증명하듯, 국가는 개인의 자유를 억압하거나 심지어 말살하는 데 이용될 수 있다. 어쨌든 수십 년간 미국의 주적이었던 소련은 종종 국민의 세세한 일상까지 통제했다. 일부 미국인은 노르딕 나라들을 사회주의 유모 국가로 치부하는데, 이는 시민이 점증하는 정부의 영향과 통제를 받는 온순한 양이 될지 모른다는 생생한 두려움의 표현이다.

핀란드가 사회주의 나라라고 말하는 것을 들을 때마다 1950년대로 돌아간 느낌이 든다. 내 세대 및 위 세대 핀란드인들은 공산주의는 말할 것도 없이 사회주의가 무엇인지도 잘 알고 있다. 소련을 바로 오른쪽에 둔 채 자랐기 때문이다. 우리 나라는 20세기에 자유와 독립과 자유시장 체제를 지키려고 세 번의 참혹한 전쟁을 치렀다.

잠시 역사를 살펴보자. 20세기 초까지 핀란드는 스웨덴과 러시아에 번갈아가며 지배를 받았으나 1917년에 독립을 성취했다. 러시아의 공산 혁명이 차르 정권을 타도하고 몇 년 후 세워질 소비에트라는 거대 체제를 잉태하고 있을 때였다. 핀란드는 러시아 공산주의자 강령에 동조하는 자국의 노동계급과 보수적 자유주의자 진영 간의 격렬한 갈등에 휩싸였다. 짧지만 치열한 내전에서 자유시장 세력이 승리하여 사회주의 봉기를 제압했다.

그로부터 20년 후 소련이 핀란드의 독립을 위협했을 때 핀란드인들은 사회주의를 다시 물리쳐 조국의 자유와 독립을 지켰다. 그러기 위해 막대한 희생을 치러야 했다. 핀란드 전체 인구의 거의 5분의 1이 소련과 싸웠으며, 더 많은 국민이 간호라든지 기타 지원 역할에 참여했다. 핀란드 전체 인구 370만 가운데 약 9만 3000명이 무참히 죽었다.[4]

핀란드인이 보는 사회주의란 이렇다. 정부가 생산을 통제하고 사유재산 소유를 금지하기에, 민간 공장도 회사도 가게도 자유시장도 존재하지 않는다. 누구도 개인의 부를 축적하는 것이 허용되지 않는다. 하나의 정당만이 존재하며, 개인의 자유는 거의 없고 언론의 자유도 없거나 아주 적다. 사회주의는 정부 또는 국가 자체가 필요 없는 상황이라고 칼 마르크스가 정의한 공산주의와 매우 가깝다.

현대 노르딕 사회가 일종의 사회주의라는 생각은 터무니없다. 일부 보수 논객들의 주장처럼 버락 오바마 같은 자유주의 미국인 지도자도 사회주의자로 볼 수 있다는 주장은 명백한 코미디다. 사실 그런 상투적인 소리는 우리로서는 참기 어렵다. 20세기에 사회주의 및 공산주의와 맞서 목숨을 바쳤던 핀란드인의 수는 공산주의에 맞선 미국의 치열했던 두 전쟁—한국전쟁과 베트남전쟁—에서 죽은 미국인의 수와 얼추 같다.[5] 인구가 미국의 60분의 1에 불과했는데 말이다. 지난 70년 동안 노르딕 나라들의 경험이 일깨워주는 바는 자유의 강력한 옹호자 미국조차도 우리에게서 자유와 자본주의에 관해 몇 가지 배울 점이 있을지 모른다는 것이다.

21세기 국가의 전반적인 목적은, 그 국민이 동의하고 명시적으로 밝히고 있듯이, 국민한테서 더 많은 권력을 뺏는 것이 아니라 그 정반대일 것이다. 즉, 자유와 독립이라는 현대적 가치를 심화하고, 가장 타당한 형태의 개인적 자유에 최대한 합당한 물질적 토대를 국민에게 제공하는 것이 아닐까? 오늘날 노르딕 사회계약을 한마디로 정의하라면 바로 '개인주의에 대한 각별한 헌신'이다. 그리고 이런 태도의 결과는 삶의 질뿐 아니라 경제의 역동성에 있어 노르딕 국가가 점하는 국제 순위에서 훤히 드러난다.

내가 핀란드를 떠나 미국으로 이주할 때 포기했던 모든 장점들—보

가족은 노르딕 나라들에서 여전히 중심적인 사회 조직으로 남아 있다.
사진은 스톡홀름 시내에서 열린 '트위드런(복고풍 정장을 차려입고
자전거를 타고 달리는 행사)'에 참석한 가족의 모습.

편적 의료, 보편적이고 저렴한 탁아 서비스, 실질적인 출산 혜택, 양질의 무료 교육, 노년층을 위한 주거 혜택, 심지어 배우자의 개별 과세—은 정부가 나를 국가에 굽실대는 노예로 만들기 위한 미끼가 아니었다. 오히려 노르딕 시스템은 현대 생활의 구체적인 문제들을 다루고 시민에게 최대한 많은 물질적, 경제적 독립을 제공하게끔 의도적으로 설계되었다. 이는 사실상 공동체 중심 시스템, 즉 사회주의 기조와 정반대이다. 또한 그런 연유로 노르딕 나라에서 사회적 결속은 종종 외부인이 짐작하는 것만큼 소중하게 인식되지는 않는다.

이에 관해 트래고드는 다음과 같이 밝힌다. "스웨덴인은 자신들이 매우 이타적이며 늘 선하게 행동한다고 뻐기길 좋아한다." 이 말은 다른 노르딕 나라에서도 마찬가지다. 하지만 이들 나라가 자신들의 체제를 옹호하는 진짜 동기는 이타주의가 아니라 이기주의다.(어차피 완전히 이타적인 사람은 아무도 없다.) 노르딕 사회는 모든 시민들에게 전통적인 낡은 의존성에서 벗어나 최대한의 자율을 제공한다. 이로써 무엇보다도 시민들은 돈을 많이 벌어야 하거나 심적 고통에 시달리지 않고 개인의 자유를 얻는다. 트래고드와 베르그렌에 따르면, 사실 노르딕 나라들은 지구상에서 가장 개인적인 사회이다.

이 말이 일부 미국인에게 얼마나 끔찍하게 들릴지 잘 안다. 분명 일종의 전체주의 국가, 즉 영악하게도 사람들 간의 정서적 끈을 싹둑 잘라내시민을 체제의 노예로 만드는 국가를 연상시킬지 모른다. 핀란드에서잠시 살아봤다면 노르딕 사회에 관해 이러한 피상적 시각을 가질 수도있다. 사실 핀란드인은 자기 나라가 전부 엉망이라고 늘 투덜댄다. 사회복지가 얼마나 엉망인지, 가족 관계가 얼마나 버거운지, 자녀들 키우기가 얼마나 어려운지, 정부가 얼마나 관료적인지 토론한다. 이것은 어느 정도 인간 본성이다. 사람들은 아무리 호시절이라도 늘 상황을 안 좋게 본다. 하지만 실제로 핀란드인은 자신들이 얼마나 형편이 좋은지를 제대로 모른다. 미국 같은 나라의 시민이 되어본 적이 없기 때문이다. 심지어 교육을 잘 받은 글로벌 성향의 지인 다수가, 가령 내가 오바마케어 법안 통과에도 불구하고 미국에 보편적 공공 의료 체계가 없다고 설명해도 이해를 하지 못한다. 부유한 선진국이 그토록 후진적이라고는 상상할 수가 없는 것이다.

불만의 소리가 들리긴 하지만, 지난 수십 년간 노르딕 나라의 가정생활에 관한 통계들을 다른 나라와 비교해보면, 화목한 가정과 안정된 자녀 그리고 서로 돌보는 공동체는 단연 노르딕의 규범이다. 유니세프가 세계의 여러 부자 나라를 대상으로 (아동 빈곤율, 아동의 건강과 안전, 가족관계, 교육, 행동과 더불어 식생활, 십대 임신 및 학교 폭력과 같은 척도들을 고려하여) 아동의 복지를 조사했더니, 네덜란드, 노르웨이, 아이슬란드, 핀란드 및 스웨덴이 최상위에 올랐다. 안타깝게도 미국은 바닥 언저리였다.[6] 세이브 더 칠드런이 행한 조사는 전 세계에서 엄마들에게 가장 좋은 곳으로 노르딕 나라들을 꼽았고, 미국은 33등이었다.[7] 어떻게 된 일일까? 아마도 경제 및 기타 의존성을 없앰으로써 사람들이 서로를 더 (덜이 아니라) 챙기게 되었기 때문이리라. 이것이 바로 사랑에 관한 노르딕 이론의 힘이다.

하지만 극단적인 개인주의와 독립성에 관한 이런 노르딕 담론 전체는 비록 노르딕 사람들이 가족을 사랑하기는 해도 가족의 유대가 궁극적으로는 약함을 뜻한다. 그렇다면 부부를 함께 묶어두는 여러 경제적 상호의존성을 없앰으로써, 결국 가족의 해체를 조장하지 않을까?

그렇지 않다. 사랑에 관한 노르딕 이론은 오히려 개개인에게 현대에 걸맞은 자율권을 부여함으로써 가족을 되살아나게 했다. 나아가, 어떻게 보자면, 보다 현대적이고 시대상에 적합하게 가족의 형태를 탈바꿈시킴으로써 21세기의 난제들에 보다 제대로 대처할 수 있도록 준비시켰다. 다보스 세계경제포럼을 위해 작성한 「노르딕 웨이(Nordic way)」라는 보고서에서 트래고드와 베르그렌은 이렇게 적고 있다.

"가족은 노르딕 나라들에서 중심적인 사회 조직으로 남아 있는데, 또한 그 속에는 자율과 평등을 강조하는 도덕규범이 스며 있다. 이상적인 가족은, 노동을 하며 서로 경제적으로 의존하지 않는 성인들과 가급적 일찍부터 독립을 권유받는 자녀들로 구성된다. '가족 가치'를 훼손시킨다기보다 오히려 이는 사회적 조직으로서 가족의 현대화로 해석할 수 있다."[8]

트래고드가 노르딕 사회가 가족을 얼마나 중시하는지를 보여주려고 꺼낸 예는 노인 의료 복지이다. 만약 여러분의 부모님이 노년에 장기간 건강상 장애를 겪는다면? 미국에서라면 부모를 돌보고 의료비를 감당하느라 힘든 세월을 살게 될 것이다. 노르딕 나라에서는 보편적인 공공 의료 체계를 통해 치료와 비용 부담을 해결할 수 있다. 그 결과는? 여러분은 아픈 부모와 함께 있는 동안 사회복지사가 대신 해줄 수 없는 더욱 보람 있고 소중한 일들을 마음껏 할 수 있다. 산책하거나 이야기를 나누거나 책을 읽어주거나 아니면 그저 함께 시간을 보낼 수 있다.

트래고드가 내게 말했다. "스웨덴 노인들에게 자녀한테 기댈지 국가한테 기댈지 어느 쪽이 낫냐고 설문조사를 했더니, 국가가 낫다고 말했습니다. 질문을 바꿔서 자녀들이 찾아오는 건 좋냐고 물었더니, 다들 좋

다고 했지요. 그러니까 스웨덴 노인들이 자녀와 관계를 끊고 싶은 건 아
닙니다. 자녀한테 의존하는 관계에 놓이는 상황을 싫어할 뿐이지요."

⬦⬦⬦⬦⬦⬦

　노르딕 나라들이 자유시장을 옹호하는지 의심하는 시선이 일부 있긴
하지만, 스웨덴과 핀란드와 미국 그리고 다른 부유한 산업 국가들은 모
두 현대 자본주의에 몸담고 있다. 전통적인 낡은 가족 및 공동체 관계를
타파하고 성 역할을 점점 평등하게 만들고 개인주의와 독립을 권장하는
것이야말로 이 세계의 삶이다. 논자들은 때때로 노르딕 나라들은 나머
지 세계에 가르칠 것이 별로 없다고 주장한다. 성공을 거두었다고 해봤
자, 작고 문화적으로 균일하고 인종적으로 동질인 작은 집단의 사례일
뿐이라면서. 하지만 이는 더 중요한 논점을 놓치고 있다. 사랑에 관한
노르딕 이론은 특정 지역의 문화적 개념으로 등장했을지 모르지만, 그
결과 나온 현명한 사회정책들은 전 세계가 불가피하게 현대화하면서 모
든 나라들이 겪는 보편적 문제들을 다루는 데 안성맞춤이다.

　오늘날 미국은 지금의 자유시장 체제를 주도한다는 면에서 초현대 사
회이지만, 동시에 그 체제가 낳은 문제점들을 가족 및 기타 공동체에 떠
넘긴다는 면에서 구태의연한 사회다. 노르딕 관점에서 볼 때 미국은 모
순에 빠져 있는데, 이는 진보와 보수 사이 또는 민주당 지지자와 공화당
지지자 사이의 모순이 아니며, 큰 정부 대 작은 정부에 관한 오래된 논
쟁도 아니다. 바로 과거와 미래 사이의 모순이다. 미국 정부는 현대성의
옹호자인 척 모든 면에서 무례하고 그릇되게 우쭐댄다. 미국 정부가 임
기응변식 정책들로 사회에 세밀하게 관여하는 모습이나 특수한 이해집

단들에게 맞춤식 특혜를 남발하는 모습은 노르딕 관점에서는 분명 낡은 통치 방식이다. 그리고 미국이 이런 점을 인정하든 안 하든, 과거에 머무는 태도는 미국을 이 세계에서 더욱 불리한 위치로 내몰 뿐이다.

세계가 진보하고 변해감에 따라 모든 나라들은 새로운 발상이 필요하다. 미국의 가장 유명한 논객 중 하나인 칼럼니스트 데이비드 브룩스는 "재능 사회(The Talent Society)"라는 칼럼에서 특히 미국과 관련해 그 필요성을 다음과 같이 잘 표현했다. "우리는 경이로운 개인주의 시대의 한가운데 살고 있다."[9] 브룩스가 표방한 관점은 트래고드의 시각과 거의 같았다. 브룩스가 내놓은 증거는 현대화의 무자비한 쇄도로 인한 변화들은 우리가 싫든 좋든 일어나고 있다고 단언한다. 가령, 몇 세대 전에는 사람들이 결혼하지 않고서 아이를 가지면 수치스럽게 여겼지만 지금은 30세 미만 미국 여성의 출산 중 50퍼센트 이상이 혼외 출산이다. 미국은 여성의 50퍼센트 이상이 미혼이며, 가정의 28퍼센트가 1인 가구이다. 결혼해 자녀를 둔 가구보다 1인 가구가 미국에 더 많다. 민주당 또는 공화당 지지자라기보다 스스로를 정치적으로 독립적인 존재로 보는 미국인이 더 많다. 평생 고용은 감소했고 노동조합 가입은 급락했다.

"경향은 매우 분명하다." 브룩스는 낡고 전통적인 관계들이 개인적 독립에 어떻게 자리를 내주었는지에 관해 견해를 밝히며 이렇게 결론지었다. "50년 전에 미국은 집단적이었다. 사람들은 안정적이고 친밀하며 의무적인 관계에 많이 얽혀 있었다. 영구적인 사회적 역할, 즉 어머니, 아버지, 교회 집사 등으로 규정되었다. 오늘날에는 개인들이 자유를 많이 갖게 되었다. 더욱 다양하고 느스하며 유연한 관계망 사이를 오갈 수 있게 되었다."

브룩스는 미국이 "야심차고 재능 있는 사람들이 굉장한 가능성을 펼칠" 수 있지만 그런 능력이 부족한 사람들은 뒤처지는 나라로 보고 있다. 미국의 난제를 어느 정도 간파한 시각이지만 그것이 전부는 아니다. "야심차고 재능 있는 사람"은 기본적인 요소일 뿐이다. 오늘날 미국에서 기회를 얻으려면 '실질적인 자원에 접근할 수 있는' 야심차고 재능 있는 사람이어야 한다.

브룩스는 미국인들이 물려받은 고착되고 경직된 문화를 새로 바꿔야 할 때라고 말한다. 이것이 바로 노르딕 지역이 착수했던 일이다. 또한 브룩스는 우리의 현재 문화와 경제생활의 특징이 "다양하고 느슨하며 유동적인 관계망"이라고 했는데, 알고 보니 사랑에 관한 노르딕 이론이 바로 그런 관계를 이루는 굳건한 토대였다. 사람들이 그 어느 때보다 더 많은 자유를 경험하는 시대에 핀란드를 포함한 노르딕 나라들은 개인의 자유를 확대할 방법을 찾았으며, 아울러 대다수의 개인들—엘리트만이 아니라—이 안정적이고 성공적인 삶을 살 수 있는 새로운 방법을 보장한다.

21세기가 진행되면서 사랑에 관한 노르딕 이론의 자체 버전을 마련할 수 있는 나라들은 장기적인 이득을 누릴 것이다. 좋은 삶의 질, 노동자 만족도와 건강, 경제적 역동성 그리고 정치적 자유와 안정은 모두 맞물려 있다. 그렇기에 미국이 더욱 활기차게 도약하려고 노르딕 사회의 성공에서 무언가를 배울 수 있으려면—그냥 짐작해보자면—어디서 시작해야 할까?

글쎄, 노르딕 관점에서 볼 때 꽤 좋은 출발점은 우선 아기일 것이다.

3장

개인이 강해질수록
가족은 더 가까워진다

아이들부터 시작한다

제니퍼는 임신 사실을 알았을 때 좋은 산부인과 의사를 소개해달라고 친구들에게 부탁했다. 그리고 소개받은 의사들한테 연락해 자기 의료 보험이 인정되는지 알아본 다음 어느 병원 소속인지를 알아냈다. 마음에 드는 의사가 있으면, 추가 비용 없이 진료 받을 수 있는지 확인한 후에 정기적으로 진료를 받기 시작했다. 병원 방문은 대개 '의료'에 초점을 맞추었는데, 임산부에 관한 일반적인 조언은 산후우울증 가능성에 관한 것뿐이었다. 모유 수유와 같은 문제는 인터넷과 친구들한테서 정보를 얻었다.

그녀는 뉴욕의 대형 언론사에서 일하고 있었고, 종종 저녁 7시나 8시까지도 일했다. 임신했으니 업무 시간이 더 짧고 예측 가능한 자리로 옮길 수 있냐고 상사에게 물었다. 굳이 들어주지 않아도 되는 부탁이지만 상사는 너그러이 들어주었다. 출산을 몇 달 앞두고 제니퍼는 초기 출산통을 겪었고 의사는 휴식을 권고했다. 이번에도 상사는 너그러웠다. 제니퍼는 출산 때까지 재택근무를 했다.

제왕절개로 아이를 낳은 후 수술에서 회복하는 사흘 동안 병원의 준특실에서 지냈다. 그 비용은 의료보험으로 해결했다. 이후 3개월의 무급 출산휴가가 시작되었다. 고용주가 들어준 단기 상해보험이 10주 동안의 급여를 제니퍼에게 제공했고, 직장에 복귀한 후에는 남편이 미사용 휴가를 써서 한 달 동안 아이와 함께 지냈다.

제니퍼는 일찍부터 탁아 서비스를 찾기 시작했다. 자신이 감당하기엔 힘들다고 보았기 때문이다. 서비스 품질과 평판을 알아보려고 여러 어린이집을 찾아 대기자 명단을 확인하고 가격을 비교하고 추천 평을 살폈다. 마침내 한 곳을 낙점했는데 월 1200달러, 즉 연간 1만 4400달러가 드는 곳이었다. 뉴욕 시에서는 평균적인 가격이었다. 아기를 생후 4개월부터 거기에 맡겼다.[1]

다시 임신했을 무렵 제니퍼는 훨씬 작은 회사에서 일하고 있었다. 근무 시간은 적절했지만 의료보험이 달라져서 첫째 때 의사한테 진료받을 수 없었다. 새 직장은 50명 미만의 회사였기에 출산휴가도 없었고 단기 상해보험도 들어주지 않았다. 임신 중기와 후기에 심한 등 통증을 겪었는데도 매일 출근할 수밖에 없어 반년을 고생했다. 제왕절개로 분만한 후에 의사는 산모에게 일어나 움직이라고 권했다. 며칠 후 집으로 돌아온 직후부터 아기를 안고 소파에서 지냈다. 그러는 동안 무언가가 몸에서 새어나오는 것 같은 통증을 느꼈다. 수술 상처가 벌어졌던 것이다. 다시 의사를 만나 상처를 꿰맸다. 새 고용주가 필요 이상으로 너그러워 6주의 유급 출산휴가를 챙겨주었다. 남편은 충분히 휴가 기간을 모으지 못하는 바람에 둘째는 생후 6주 만에 첫째가 다니는 어린이집으로 보냈다. "저는 제왕절개를 했어요. 그건 큰 복부 수술이에요." 제니퍼가 나중에 말했다. "그런데 6주 만에 직장에 복귀했네요. 큰 수술 후에 종일 쉬지도 못하며 아기를 보다가요. 이건 야만적이에요."

그 정도는 운이 좋은 편에 속했다. 처음 회사는 재택근무를 허락해줬고, 두 출산 모두 의료보험이 비용 전액을 해결했다. 미국에서 출산이란 늘 이렇지는 않다. 평균적으로 볼 때, 보험에 든 여성도 출산 비용으로 자기 주머니에서 수천 달러를 치른다. 보험이 없는 여성은 수만 달러까지 치솟는 비용을 감당한다.[2]

휴가 이야기를 해보자. 직원이 50명 이상인 회사에서 1년 넘게 일한 미국인은 매년 총 12주의 '가족 및 질병 휴가(family and medical leave)'를 쓸 권리가 있다. 물론 무급이다. 그 휴가는 다음 경우에 사용될 수 있다. 출산, 입양, 아픈 가족 돌보기, 본인의 질병.[3] 1993년에 제정된 관련 법은 2012년에 고작 미국 노동자의 절반을 약간 넘는 인원에게만 적용되었다.[4] 그 외의 사람들은 어떤 이유로든 휴가가 보편적으로 보장되지 않는다. 미국 경제의 뼈대라고 추켜세우는 중소기업은 더 암울하다. 직원에 대한 안전망이 매우 부실하다. 형식적으로는 회사가 직원을 임신했다고 해고할 수 없지만 실제로는 걸핏하면 생기는 일이다.[5]

노동자의 휴가 면에서 미국은 현대 국가들의 표준에서 매우 벗어나 있다. 노르딕 시민은 자신들의 휴가 제도가 얼마나 좋은지 잘 모르는 반면에, 미국인은 자신들이 얼마나 끔찍한 대우를 받는지 잘 모르는 듯하다. 185개국을 대상으로 조사한 2014년 UN 보고서에 따르면, 유급 출산휴가를 보장하지 않은 나라는 단 두 곳, 파푸아뉴기니와 미국이다.[6] 미국은 유급 병가를 보장하지 않는 몇 안 되는 나라에도 속한다. 앙골라

3장 개인이 강해질수록 가족은 더 가까워진다

와 인도, 라이베리아와 함께.[7]

그 결과 미국인이 아이를 가지면, 다음 조건에 따라 다양한 선택의 기로에 놓인다. 사는 곳이 어디인가, 어느 직장에서 일하는가, 직무능력과 직위가 어떤 수준인가. 일부 주와 도시는 회사들이 직원에게 유급 병가를 주도록 요구한다.[8] 캘리포니아는 주가 운영하는 상해보험 프로그램에 가입한 노동자에게 유급 가족휴가를 제공하는 몇 안 되는 주다.(그래 봐야 겨우 6주이고 그동안은 정규 급여의 약 절반을 받는다.)[9] 미국의 가족휴가 옹호자들은 캘리포니아를 진보의 모범으로 추켜세우는데, 이는 확실히 좋은 선례다. 하지만 노르딕 기준으로 보자면 여전히 시대에 뒤떨어진다.

형편이 나은 일부 기업들은 7일의 유급 병가를 특전으로 주며, 유급 가족휴가를 주는 곳도 있다.[10] 구글의 5개월 유급 출산휴가는 대단한 환호를 받는다. 노동자에게 단기 상해보험에 들도록 보조금을 지급하는 회사도 있는데, 이는 제니퍼의 첫 번째 임신에서처럼 무급 출산휴가 동안 직원 급여의 일부를 보장해줄 수 있다. 많은 산모는 병가와 정기휴가를 끌어 모아 일종의 유급 출산휴가를 타내긴 하지만, 나중에 훨씬 긴요하게 쓸 기회를 빼앗긴다.

미국의 전반적인 현실은 어둡다. 2015년에 민간 기업에서 일하는 미국인 열 중 하나만이 유급 가족휴가를 얻었다. 87퍼센트는 무급으로 일부 휴가를 얻었을 뿐이다. 민간 영역 노동자의 총 3분의 1은 유급 병가를 내지 못했다. 4분의 1은 유급 정기휴가를 못 얻었다. 받았다 해도, 민간 기업 전업 노동자에게 허용된 평균 휴가 일수는 1년 재직 후부터 고작 열흘이었고, 재직 4년 후부터는 총 15일이었다.[11] 한 보고에 따르면, 2006년과 2010년 사이에 미국의 워킹맘 중 거의 3분의 1이 전혀 출산휴

가를 얻지 못했다. 얻은 사람들도 평균 휴가 일수는 10주였다.[12]

제니퍼는 이 모든 상황을 깔끔하게 정리해주었다. "이 나라에서는 고용주가 좌지우지해요. 다들 실제로 아무 권리가 없어요. 그래서 사는 게 늘 불안하죠."

◇◇◇◇◇◇

출산을 대하는 미국인의 태도는 말이 되지 않는다. 노동자와 기업의 생산성 및 사회와 경제의 장기적인 안정은 무엇보다도 부모와 자녀 간, 배우자 간, 그리고 노사 간의 안정적인 관계를 바탕으로 이루어진다. 그러므로 노르딕 사회에서는 출산을 미국과는 꽤 다르게 대한다.

핀란드의 경우를 보자. 헬싱키 근처 소도시에 사는 내 지인 한나는 임신을 하자 그곳 조산원에 전화해 간호사와 만나기로 예약했다. 처음 그곳에 도착했을 때 한나와 배 속 아기는 핀란드가 소득이나 거주 지역, 고용 상태와 무관하게 모든 가정을 위해 마련한 종합 돌봄 체계의 품에 안겼다.

임신 기간 내내 간호사가 그리고 가끔은 의사가 한나의 건강 상태를 살폈고, 모유 수유, 피할 음식 그리고 인생의 중대사를 겪는 동안이니만큼 이런저런 느낌들이 들지 모른다고 조언해주었다. 간호사는 한나를 검사해 혹시 모를 문제의 징후를 미리 조사했고, 한나의 건강 이력, 알코올과 약물 사용 및 흡연의 위험성 등을 함께 이야기했다

임신 상태가 순조로웠기에 의사는 서너 번 본 것이 고작이었다. 간호사의 신청에 따라 일반적인 초음파 검사를 두 번 했을 뿐 아무런 문제가 없었다. 한나는 자비로 두 번의 초음파 검사를 추가로 받았는데, 단

지 돌다리도 두드려 가자는 뜻이었다. 하지만 만약 문제가 생긴다면 공공 의료 체계가 즉시 가동될 것이다. 핀란드의 내 시누이 베라는 첫 임신 때 배가 너무 작게 부풀자 정밀 검사를 위해 즉시 병원을 찾았다. 다행히도 모든 게 정상이었다. 임신 중에 약한 부정맥을 겪은 내 친구도 똑같은 대우를 받았다.

　한나와 남편 올리의 경우, 이 세심한 임산부 돌봄의 총 비용은 제로였다(두 번의 추가 초음파 검사는 제외). 이 사실을 듣고 미국인은 다음 중 한 가지로 반응할지 모른다. 이런 복지 혜택을 받기 위해 엄청나게 많은 세금을 납부함이 틀림없다. 그래서 적어도 원하는 의료보험 종류를 선택할수 있는 미국 가정에 비해 안쓰럽게도 가난한 처지일 것이다. 또는 한나와 올리를 가엾게 여기면서, 애초부터 아주 가난했거나 불우한 환경이어서 저렇게 무료로 진찰과 상담과 도움을 받을 수밖에 없을 것이다.

　세금 문제는 잠시 접어두고(매우 흥미로운 주제이고, 나중에 다룰 내용이다), 한나와 올리는 가난하지도 불우하지도 않았다. 둘은 산업공학과 경영학 분야에서 핀란드의 가장 권위 있는 대학 프로그램 중 한 곳에서 학생으로 만났다. 현재의 알토 대학✦이다. 한나가 임신했을 무렵 둘은 헬싱키의 훌륭한 경영 컨설팅 회사에서 중요한 직책을 맡고 있었다. 그렇지만 임신 기간에 한나가 받았던 돌봄은 핀란드인이라면 누구나 받는 아주 표준적인 혜택이었다. 내 친구 몇몇은 온갖 사적인 사안에 관해 간호사가 거의 캐묻는 듯 질문했다면서도 대체로 당연한 질문으로 여겼다. 아기에게 좋으라고 열심인 것을 잘 알기 때문이다. 이런 도움에 많은 이

✦ Aalto University, 2010년 정부 주도 하에 핀란드의 산업, 경제, 문화를 선도하는 기존의 세 군데 대학(헬싱키 기술 대학교, 헬싱키 경제 대학교, 헬싱키 미술 디자인 대학교)을 합병하여 출범했다.

들이 흡족해한다. 특히 새내기 부모는 출산 후 무료 방문 서비스를 받을 때 그렇다. 어리바리 질문할 것이 얼마나 많을 때인가.

예정일이 다가오자 한나와 올리는 근처의 병원 선택을 제안 받았다. 미리 시설들에 들러 출산 도구와 욕조, 분만시 통증 경감 방법 등을 알아보았다. 그 후 한나가 마침내 분만했을 때, 둘은 아기 침대에 누운 갓난아기를 옆에 두고서 나흘 동안 공립병원 개인실에 머물렀다. 특수 교육을 받은 조산사 겸 간호사들이 하루에 여러 번 가족의 상태를 확인했고, 올리는 기저귀 갈기와 식사 타오기 및 약 먹이기를 맡았다.

이 또한 핀란드 부모의 전형적인 모습이다. 베라는 첫 아이 출산 후 공립병원 의료진한테서 받은 모든 유용한 조언을 지금도 따뜻하게 추억한다. 아이 목욕시키기부터 기저귀 갈기와 모유 수유까지, 병원의 조산사 겸 간호사들은 하늘이 보내준 분들이었으며, 자기와 남편(내 오빠)이 사흘간 머문 개인실은 새내기 부모가 갓난아기와 함께 지낸 축복의 공간이었다고 회상했다. 몇 년 후 두 아이의 출생 사진을 보면서도 기쁘게 말했다. "단지 귀리죽이 훌륭해서 이런 소리 하는 게 아니에요. 최상의 요구르트에 곡물 시리얼에 말린 과일에, 정말 작품이었다니까요."

한나와 올리는 얼마 전 아기 하나를 입양해 키우고 있던 터라 새 아기를 감당하기가 수월했다. 하지만 출산으로 몸에 무리가 갔기 때문에 즉시 물리치료사가 배정되어 병원에 있는 동안에 치료가 시작되었다. "정말 끝내주게 잘해주더라고요." 우리는 헬싱키 교외 그녀 집의 주방에 앉아 이야기를 나눴고, 갓난쟁이 올리버는 엄마 곁 아기 침대에서 자고 있었다. "꽤 난산이었지만, 필요한 만큼 세심하게 절 돌봐줬어요. 제가 준비되기 전까지는 아무도 우릴 병원에서 나가라고 하지 않았어요." 그래도 어쨌든 한나와 올리는 비용을 치러야 했다. 병원비는 무려 375달러.

핀란드에서의 출산 경험이 늘 장밋빛은 아니다. 급할 경우 차선책으로 민간 병원에서 분만하거나 공동병실을 쓸 때도 있다. 지자체마다 체계와 시설이 각각이다. 출산은 어떤 조건에서든 고생인 법이다. 하지만 내 핀란드 친구들 대다수는 임산과 분만 동안 겪었던 가슴 훈훈한 이야기를 여럿 들려주었다. 한 부부는 일주일 동안 병원의 개인실에서 지냈다고 한다. 산모가 모유 수유를 시작하는 데 애를 먹었기 때문이다. 아기가 영양 섭취를 적절히 한다고 의료진이 확인하기 전까지 병원은 부부에게 결코 퇴원을 입도 뻥긋하지 않더란다. 이런 입원 연장으로 물론 병원비가 조금, 500달러쯤 늘긴 했다.[13]

아기의 탄생을 둘러싼 이런 모습은 바로 사랑에 관한 노르딕 이론이 실현된 하나의 사례다. 부모가 경제적 문제에 압도당하지 않고도 새 생명을 환영하고 사랑하는 일에 집중할 수 있도록 해준다. 다른 노르딕 나라들도 모두 비슷한데, 저마다 약간씩 차이가 있을 뿐이다. 출산에 관한 덴마크인의 태도는 핀란드인보다 조금 덜 세심한 편이다. 자연분만을 더 강조하며 경막외마취법이나 장기 입원은 꺼린다. 그렇기는 해도 통증 완화용 침 시술은 흔히 쓰인다. 덴마크 친구 브란두르는 아내가 첫 아기를 출산한 당일 아침 몇 시간 만에 곧장 귀가했고, 아내와 아기만 병원에 남았다. "병원은 호텔이 아니"라면서 간호사가 퉁명스레 내뱉고는, 들떠 있는 아기 아빠의 등을 떠밀면서 "소감은 택시기사에게나 실컷 말하라"고 했다나. 덴마크에 사는 또 다른 지인 시그리드는 첫 아기를 제왕절개로 낳았을 때, 모유 수유를 어려움 없이 하도록 일주일간 병원에 머물도록 간호사들이 허락해준 것에 고마워했다. 이와 달리 그다음 두 번의 자연분만 때에는 출산 후 몇 시간 만에 집으로 돌려보냈다고 한다. 그녀와 남편은 그 정도로 충분하다고 여겼는데, 비슷한 경험을 한 다른 덴마크 지인들도 마찬가지였다. 한편 스웨덴 친구는 임신 기간 내내 간호사들이 얼마나 자신을 잘 챙겨주었는지 칭찬을 쏟아냈다. 반면 그 서비스가 너무 지나쳤다고, 느낌이 어떠냐며 너무 종알거렸다고 여기는 친구도 두 명 있었다. 내가 아는 일부 스웨덴인은 분만 동안 개인 병실이 있었지만, 일부는 그렇지 않았다. 평균적으로 총 병원비는 50달러였다.[14]

아기가 안전하게 세상에 나오고 나면, 첫 1년간 사랑에 관한 노르딕 이론이 전면에 등장한다. 노르딕 나라들이 깨닫기로, 아이를 기르는 가정을 지원하는 일은 기업을 포함한 모두의 장기적인 이익에 매우 중요하다. 어쨌거나 행복한 가족 구성원이 더 생산적이며 기업으로서도 건강하고 생산적이며 번듯한 미래의 노동자를 널리 확보하는 셈이다. 따라서 아이가 태어난 후 출산휴가를 주는 문제를 노르딕 사회는 미국과 전혀 다르게 대한다.

노르딕 전역에서, 새내기 부모가 받는 보편적인 최소한의 출산(육아)휴가 기간은 어느 직장을 다니든 아홉 달이다. 그리고 집에서 지내는 기간 내내 급여의 최소 70퍼센트를 받는다.[15] 일부 나라는 이 지급액에 상한선을 정해놓기도 하지만, 급여가 아주 많은 사람들한테만 적용된다. 어떤 나라들은 다양한 선택사항도 제공한다. 가령 노르웨이 가정은 11개월간 급여 전부 받기와 13개월간 급여의 80퍼센트 받기 중에 하나를 고를 수 있다.[16] 하지만 기본적인 기간과 급여 제공은 보편적으로 보장된다. 출산휴가 정책은 회사의 규모나 지역의 상황에 변덕스레 영향을 받지 않는다. 이는 단순명쾌하고 균등한 국가정책의 한 기능이며, 각국의 사회보장제도가 관리하는 세금으로 급여를 지급한다. 공평을 기하기 위해 모든 피고용인과 고용주로부터 재정을 충당한다.[17]

물론 유연성이 있다. 부모는 할당된 휴가 기간을 개인의 필요에 맞게 조절할 수 있고, 아내와 남편 간에 비율과 시간대를 조정할 수도 있다. 게다가 모든 노르딕 나라들은 특히 아버지를 위해 일부 휴가를 책정한다. 아버지를 능동적으로 육아에 참여시키고, 또한 육아에 적극 관여하는 남성이 직장에서 겪을지 모를 어려움을 덜어주기 위해서다.

핀란드에서는 10개월의 출산휴가 중 첫 네 달은 특히 어머니에게 주어지며, 휴가의 시작은 적어도 예정일 5주 전부터다. 출산 후에는 몸조리와 수유를 위해 3개월을 쉬는데, 대다수 핀란드 산모들이 그렇게 한다.[18] 이때 새내기 아버지들도 3주의 유급 휴가를 얻어 집안일을 돕거나 아기와 함께 지낼 수 있다. 이후의 여섯 달은 부모가 원하는 만큼 기간을 정해서 육아를 분담할 수 있다. 마지막으로, 아버지는 특별히 따로 휴가를 6주 더 사용할 수 있는데, 어머니는 그럴 수 없다. 이 모든 혜택은 남녀를 떠나 직장의 특정한 방침에 좌지우지되지 않는, 새내기 부모의 보편적인 권리다.

이 제도는 원활하게 작동하며 가정과 고용주 모두 널리 인정하는 규범이다. 더군다나 핀란드에서 열 달의 출산휴가를 다 쓴 후에도 부모 중 한 명은 직장을 잃지 않고서도 여전히 아이가 세 살이 될 때까지 집에 머물 수 있다. 이 기간 동안 부모는 더 이상 급여의 일부를 받진 못하지만 소액의 가정양육 수당을 받는다. 총 3년에 걸친 출산휴가 기간이 전부 끝나면 원래 직장에 돌아와 다시 일한다.[19]

한나와 올리가 케냐 출신 첫 아이를 입양했을 때, 케냐의 입양 규정상 부모 될 사람은 케냐에 반 년 이상 머물러야 했다. 한나는 1년 유급 출산휴가를 얻었고, 올리도 7개월 휴가를 얻었다. 부모 둘 다 그처럼 긴 휴가를 함께 받기란 드문 일이었고, 올리는 무급이었다. 이후 둘째 아기가 생기자 한나는 예정일 한 달 전에 출산휴가를 시작해 1년 반 동안 집에 머물 계획을 세웠다. 출산 후 올리도 2주를 쉬었는데, 나중에 더 휴가를 쓸 수도 있었다.

둘 다 직장에 복귀한 후에는 사랑에 관한 노르딕 이론이 새로운 방식으로 구현된다. 아이가 이 단계에 있을 때 노르딕 사회는 부모 둘 다 업무에 다시 전념하면서도 아울러 좋은 부모 역할을 할 수 있기를 바란다. 미국에서 육아는 부모가 겪는 가장 난처한 경제적 문제이자 가장 비싼 비용을 치르는 일에 속한다. 이와 달리 노르딕 사회는 관련된 모든 개인과 조직—고용자, 부모 그리고 당연히 아이 자신—에 이롭도록 부모가 그러한 짐에서 벗어나야 한다고 결정했다. 덕분에 핀란드, 스웨덴, 노르웨이 및 덴마크의 모든 부모는 저렴하고 편리한 탁아 서비스를 받을 수 있다. 이 서비스는 공공 자금의 지원을 받는 데다 각 가정의 수입에 맞게 유연하게 가격이 매겨진다. 탁아 서비스는 부모가 첫 출산휴가를 끝낸 직후부터 시작되며, 어린이집은 양질의 서비스를 보장하게끔 규제를 받는다. 부모가 원할 경우 이용할 수 있는 사립 어린이집도 여러 곳에 열려 있다.[20]

핀란드에서는 부모가 출산 후 3년까지 직장을 쉴 수 있는 권리가 보장되어 있기에, 대다수 가정은 부모 중 하나가 처음 2년 동안 집에서 아이를 돌본 다음에 대체로 훌륭한 공립 어린이집에 아이를 맡긴다.[21] 저소득 가정은 무료이며, 고소득 가정은 상한선이 정해진 가격 안에서 이용할 수 있다. 상한선은 첫 아기에 대해선 2016년에 월 350달러 즉 연간 4200달러이고, 둘째 아기부터는 한 명당 증가액이 줄어든다.

한나와 올리는 입양한 첫째를 영어 어린이집에 보내 글로벌 마인드를 키워주고 싶었다. 그래서 지역 어린이집 목록을 인터넷으로 검색해 집에서 가까운 사설 기관 두 곳을 골라 이메일을 보냈다. 한 곳이 금세 수락해서 거기로 정했다. 사설인데도 보조금 지급을 받는 곳인지라 공립 어린이집에 매월 내는 비용보다 조금 더, 약 370달러를 내면 되었다.[22]

한나에게 물어보았다. 너무 긴 출산휴가가 직장 생활에 해로울까 걱정되지 않았는지, 그리고 올리도 일곱 달을 쉬었으니 염려가 크지 않았느냐고. 어쨌거나 경영 컨설팅은 분초를 다투는 일이다. 더군다나 한나의 회사는 전 세계에서 활동하며 본사는 미국에 있었다. 한나는 미국 본사에서 1년간 근무한 적도 있다.

"올리는 걱정하는 것 같았어요. 저도 조금 그랬고요." 하지만 회사는 두 번의 출산휴가를 군소리 없이 지원해주었고, 그녀와 올리는 금세 복귀가 가능했다. "첫 아이를 돌본 후 다시 출근하자 순조롭게 이전 업무에 복귀할 수 있었어요. 둘째 아이부터는 그런 걱정이 들지 않아요."

일부 노르딕 나라들은 일하는 부모의 경력 유지를 위해, 우선 출산휴가를 주고 이후의 탁아 서비스 제공에 더 적극적으로 나선다. 스웨덴 가정은 480일(거의 16개월)의 유급 출산휴가를 받는데, 아이가 네 살이 되기 전까지 원하는 기간에 이용할 수 있다. 그 기간의 일부는 아꼈다가 아이가 열두 살이 되기 전까지 언제라도 사용할 수 있다.[23] 스웨덴의 탁아 서비스는 핀란드보다도 저렴하다.[24] 핀란드인들은 아이를 집에서 오래 돌

노르딕에서는 아기들을 유모차에 태워 야외에서 낮잠을 재우는데,
심지어 겨울에도 그렇게 한다. 물론 따뜻하게 이불로 감싸서 말이다.
사진은 스웨덴의 어느 풀밭에서 아기와 엄마가 낮잠을 자고 있다.
스웨덴 가정은 아기를 출산하면 거의 16개월의 유급 출산휴가를 받는다.

보는 편이지만, 다른 노르딕 국민들은 아이가 만 한 살이 되면 직장에 복귀하는 편이다.[25] 출산휴가와 보편적 탁아 서비스와 더불어 대다수 노르딕 나라의 부모들은 아이가 초등학교에 입학할 때까지는 단축 근무를 할 수 있다.[26] 그리고 아이가 아프면 부모 중 한 명은 일주일 동안 집에 머물 수 있다.[27]

　노르딕 사회는 개인이 부모로서 직업에 전념하려면 휴식과 건강 그리고 사람들과 어울리는 시간이 필요함을 잘 알고 있다. 이는 소득의 고저를 막론하고 모든 노동자에게 실질적인 유급 휴가를 매년 준다는 뜻이다. 핀란드의 피고용인들은 재직 1년 차에 매달 2일의 유급 휴가를 받으며, 이후로 전업 노동자의 경우 연간 유급 정기휴가가 30일(5주 남짓)이 보장된다.[28] 다른 노르딕 나라들도 비슷하다.[29] 든든한 직장이 있는 한나와 올리는 회사가 실질적인 유급 정기휴가를 한껏 이용하라고 권장한다. 휴식을 통해 삶의 질도 직장생활도 나아지기 때문이다. 올리는 연간 최소 5주, 한나는 6주의 휴가를 받는다.

　한 가지를 꼭 언급하자면, 노르딕 나라들에서는 어떤 회사든 위의 정책들 중 단 하나라도 거부할 수 없다. 국가의 근본 정책이기 때문이다. 사랑에 관한 노르딕 이론의 결과물인 이 정책들은 노르딕 사회가 가정, 특히 아이들에게 바치는 '헌신'인 셈이다.

◇◇◇◇◇◇◇

　이런 사회정책들은 우선적으로 부모에게 초점을 맞춘 듯하지만, 달리 생각하면 무엇보다 아이를 위하는 것이라고 볼 수 있다. 모든 개인에게 최대한 자유를 보장하려는 노르딕 사회의 목표는 실제로 각 개인의 삶

첫 단계부터 작동한다. 노르딕 관점에서 보면, 충분한 출산휴가를 보장하지 못한다는 것은 인간의 기본권—특히 보살핌을 받고, 자라나고, 늘 정성껏 챙겨주는 부모를 가질 아이의 기본권—을 침해하는 것이나 마찬가지다.

이런 태도는 이타주의와는 거리가 멀다. 사회의 미래에 투자하는 일이다. 유급 출산휴가, 병가 및 재충전을 위한 정기휴가를 통해 가정의 심리적, 생리적, 경제적 복지를 뒷받침하는 일은 아이가 죄수나 환자나 실직자가 아니라 사회의 건강하고 생산적인 구성원으로 성장하도록 해준다. 한편 실질적인 탁아 서비스는 유능한 부모가 생산적인 업무에 복귀하도록 해주며 모든 아이에게 일찍부터 교육의 혜택을 준다. 물론 부모가 우선적인 양육 책임을 지지만, 사회도 거든다. 개별 아이들에게도 좋고 사회 전체에도 좋은 일이기 때문이다.

뉴욕에 사는 한 친구는 자신의 여성 동료 이야기를 하며 발끈했다. 아이를 가진 후 시간제 재택근무를 요청했다는 것이다. 그렇게 되면 동료들이 힘들어진단다. "아이를 낳겠다는 건 자신의 선택이야." 친구는 씩씩대며 말했다. "그런데 자신의 결정을 남들이 다 감내하길 바라지. 그건 우리 탓이 아니라고." 노르딕 나라에서 그런 쌀쌀맞은 소릴 들으면 가혹하다고 느꼈으리라. 하지만 나로선 이 친구의 말이 일리가 있다. 나도 아이가 없다 보니 아이가 있는 동료보다 더 오랜 시간 일한 적이 있고, 그들의 출산휴가와 탁아 서비스 비용에 보태려고 세금도 (그런 비용을 보태지 않을 경우의 세금보다) 더 냈다. 그렇지만 어쨌든 아이의 복지는 모두에게 이득이며, 아이의 가난이나 불행은 모두의 문제라고 여겼다. 좋은 양육을 받을 아동의 권리는 양보할 수 없으며 부모의 처지에 좌우되어서는 안 된다. 하지만 아마도 가장 중요한 점을 꼽자면, 나한테 좋다는 것이다. 만약 아이를 가진다면 나도 똑같은 지원 체계를 통해 혜택을 받을 것이다.

아기 상자와 부메랑 자녀

미국에서 나는 《애틀랜틱》의 한 기사를 읽고 어리벙벙할 정도로 문화 충격을 받았다. 제목은 "핀란드의 아기 상자: 산타클로스의 선물인가 사회주의의 저주인가?"[30] 이 글을 쓴 미국인 정치학자 도미닉 티어니는 핀란드인의 자부심 어린 전통을 미국 독자에게 소개했다. 아기옷, 침구류, 수분 크림, 칫솔, 반복 사용이 가능한 기저귀 세트, 입에 물 수 있는 장난감 및 그림책 등을 담아 아기가 새로 태어난 집에 보내는 상자이다. 상자 자체는 아기 침대로 쓸 수도 있게 설계되었으며, 작은 매트리스가 붙어 있다. 핀란드인들 생각에, 이 특별한 선물은 한 푼이 아쉽고 아기 돌보랴 바쁠 새 가족에 도움과 편의를 준다. 새내기 부모는 상자를 선택할 수도 있고 대신에 150달러가량의 돈을 받을 수도 있다. 대체로 상자를 선택한다. 상자 덕분에 다들 출산 전에 조산원에 들른다. 임신부가 조산원에서 첫 진료를 받은 이후라야 상자가 전달되기 때문이다. 핀란드의 내 친구들은 아기 상자를 찬양한다. 예비 부모가 아기 손톱깎이나 욕조 온도계를 미리 사놓을 정신이 어디 있겠는가? 또한 그 단단한 상자를 아기의 첫 침대로도 사용한다. 핀란드의 아기 상자는 사랑에 관한 노르딕 이론이 물건의 형태로 구현된 첫 사례다. 부모가 아기를 돌보느라 최선을 다하겠지만, 생의 시작에 부모의 손길만이 전부가 아님을 보여주는 증거이기도 하다.

하지만 티어니는 미국인이 보일 법한 반응을 예견했다. "아기 상자는 일부 미국인한테 유모 국가의 전형으로 여겨질지 모른다. 부모가 제 돈 주고 아기 침대도 못 사나?" 궁핍하지 않은 핀란드 부모들은 당연히 그걸 살 수 있다. 하지만 살림이 넉넉지 않거나 친구나 가족이 적은 부모들한테 아기 상자는 필수적이다. 누구나 받는 것인지라 창피할 이유도 없다. 또한 큰 사업이기도 하다. 정부는 나라에서 가장 큰 공급자이므로 상자의 내용물 가격을 적절하게 흥정할 수 있다. 옷은 색깔이 다양하고 디자인도 자주 바뀐다. 어느 해에는 알토 대학의 그래픽디자인 전공 학생들이 공모를 통해 맵시 있는 상자 디자인을 내놓기도 했다. 핀란드 놀이터에는 매년 겨울 정부가 찍어낸 똑같은 방한복 일색이어서 공산주의 아동 여단을 떠올릴 지경이 아니겠냐고? 핀란드 부모들은 상자에 든 아동복 이외에도 많은 옷을 바꿔 입거나 물려받거나 구매한다. 대체로 핀란드에서 아기 상자는 기쁜 통과의례이자 사회 전체가 보내는 환영의 상징으로 여기는 편이다. 이런 메시지를 전하는 것이다. '우리는 아기를 낳기로 한 당신의 선택을 존중하며, 모험에 나선 당신을 지지합니다. 우리가 함께합니다.'

미국에도 비슷한 이벤트가 있다. 바로 베이비 샤워(baby shower)다. 가족과 친구들이 모여 곧 부모가 될 이에게 아기 용품을 선물하는 파티다. 무척 보람차고 따뜻한 시간이다. 한편 미국의 베이비 샤워는 다가올 일의 상징이기도 하다. 한 가정이 확보할 수 있는 자원과 인맥은 아기가 베이비 샤워에서 받는 선물뿐 아니라 장차 어떤 의료 혜택, 탁아 서비

핀란드의 '아기 상자' 2017년 버전.
실제로 핀란드에서 부르는 명칭을 번역하면 '엄마 상자(maternity package)'이다.

스, 양육 및 교육을 받을지 여부에 영향을 미치기 때문이다. 가장 가난한 가정들은 사회복지나 장학 제도를 통해 얼마간 지원을 받을 수 있지만, 점점 더 쪼들리고 있는 중산층이나 부유층의 경우에는 어느 집에 점지되느냐에 따라 유불리가 결정되기도 한다.

사랑에 관한 노르딕 이론에 근거한 정책들은 아이가 유아기를 지났다고 해서 사라지지 않는다. 부모의 재산이나 인맥, 능력으로 인한 우연적 행운에서 독립하도록 아이를 돕는 일은, 오히려 성인으로 자라나기 시작할 때 훨씬 더 중요하다. 노르딕 사회는 아이가 성숙해가면서 부모로부터 일정 수준의 경제적 독립을 이루도록 지속적으로, 다양한 방식으로 돕는다.

잠시 티어니에게 돌아가서 속마음을 좀 들여다보자. 핀란드 아기 상자를 논한 기사에서 그는 유모 국가의 부상으로 인한 잠재적 위험성 앞에서 많은 미국인이 느꼈을 감정을 드러내준다. "미끄러운 비탈길이 아닐까? 처음 받은 옷이 작을 정도로 아기가 자라면 국가는 왜 두 번째 아기 상자를, 그 다음엔 아동 상자를, 그 다음엔 어른 상자를 보내지 않는가?" 마땅한 질문이다. 그에 답하려면, 미국에 오기 전까지는 들어본 적 없던 최근의 어떤 현상을 먼저 들춰봐야 한다. 바로 '부메랑 자녀'다.

◇◇◇◇◇◇◇

몇 년 전에 캐서린 S. 뉴먼이라는 미국인 사회학자가 기이한 현상을 발견했다. 미국에서 부모와 함께 사는 30~34세의 성인 수가 1970년대 이후 50퍼센트 증가했다. 보금자리를 평생 떠나지 않는 20대 후반 및 30대 젊은 성인의 수도 증가했다. 특히 미국에서 두드러진 현상이지만, 일본, 이탈리아, 스페인 등에서도 나타났다. 뉴먼은 궁금했다. "왜 세계의 가장 유복한 나라들에서 젊은 (그리고 아주 젊지는 않은) 성인들이 자립할 수 없는 것일까?"[31]

뉴먼의 연구팀은 부모에 대한 자녀의 의존이 연장되어 장성한 자녀가 가정으로 '부메랑처럼 돌아오게' 만드는 다양한 스트레스 요인을 탐구했다. 우선 국제화가 젊은이들의 임금을 끌어내리고 있었다. 헬리콥터 양육과 소비주의는 자녀가 스스로 집세를 내고 식료품 값을 치르기보다 비싼 신발과 휴가를 선호하도록 조장했다. 그런 현실을 부모들이 부추겼다. 낡은 전통이 유지되는 문화의 젊은 여성들은 결혼해서 집을 떠나길 꺼렸다. 그랬다가는 자기 아이만이 아니라 시댁 식구와 시조부모까지 돌보기 십상이기 때문이다. 과거부터 내려오는 사회구조와 결부된 현대 생활의 압력은 젊은이들의 성인 생활을 변화시켰다. 요컨대, 완전한 성인이 되는 길을 가로막았다.

이어서 뉴먼은 다른 지역, 즉 노르딕 지역으로 관심을 돌렸다. "노르웨이, 덴마크, 핀란드, 스웨덴 국민들은 이런 야단법석에 개의치 않아도 된다. (…) 스톡홀름이나 오슬로의 젊은이들은 보통 열여덟 나이에 집을 떠난다. 코펜하겐이나 헬싱키에서 열여덟이 지나고도 부모와 함께 살면 구설수에 오른다. 사람들의 호기심거리가 된다."[32]

뉴먼이 목격한 것은 다름 아닌, 사랑에 관한 노르딕 이론이 작동한 결과이다. 이곳 아이들은 성년기로 다가갈 때 사회정책들 덕분에 부모의 경제적, 물질적 지원에 점점 덜 의존한다. 대표적인 사례 몇 가지를 보자. 노르딕 지역의 대학생들은 학비 때문에 부모에 의존하지 않는다. 대학 공부는 대체로 무료이며, 나중에 엄청난 학자금 대출을 안고 사회생활을 헤쳐 나갈 일도 없다. 생활비 때문에 부모에게 의존하지도 않는다. 대신에 졸업할 때까지 학생 수당을 받는다.

노르딕 사회의 젊은이들은 굳이 부모 집으로 되돌아갈 일이 없다. 임대료 보조금을 통해 적절한 가격의 집을 구할 수 있기 때문이다. 경기가 안 좋아서 직장을 먼저 구하기 어려울 때라도, 실질적인 실업 수당[33]을 통해 충분히 살아갈 수 있다. 젊은이들은 경력이 대체로 부족하므로 실업 수당이 낮은 데다 이전 수입에 맞게 주어지던 혜택들이 실직 1~2년 후에는 급격히 줄어든다. 하지만 일종의 현금 지원이 계속 제공된다. 단, 실직자는 고용 지원 센터에서 상담을 받아야 하며 취직하거나 교육을 받는 노력을 진지하게 하고 있음을 증명해야 한다. 이렇듯 다양한 형태의 자유를 통해서 노르딕 아이들은 수월하게 성인의 길에 접어든다.

젊은이가 고등학교를 마치자마자 복지에 얹혀살다니, 웬 한심한 인생이냐고 여길지도 모르겠다. 물론 미국식 가족 지원 모델은 나름 장점이 있다. 부모와 성인 자녀 사이가 더 끈끈한 것 같다. 자유의지든 필요성 때문이든. 하지만 부메랑 자녀가 증가하는 현실을 볼 때, 성인이 되고 나서도 부모에게 의존하는 경우 역시 다른 유형의 지원만큼이나 한 인간의 독립심, 성숙, 자율성에 심각한 손상을 입힐 수 있다. 사실은 가족에게 의존하는 쪽이 훨씬 해롭다는 것을 충분히 논증할 수 있다. 부메랑 자녀들은 부모 보호 아래서 *스스로* 살 능력을 갖추기보다 아동기 상태로 퇴보하기 일쑤다.

사랑에 관한 노르딕 이론은 부모와 장성한 자녀의 관계가 평등해져야 한다고 믿는다. 그래야 비로소 부모와 자녀는 자족하는 성인으로서 서로에게 사랑과 애정과 성원을 표시할 수 있다. 반면, 부메랑 자녀와 부모의 관계는 경제적 심리적 의존에 관한 복잡하고 지루한 협상으로 되돌아가고 마는데, 짜증과 불편과 원망과 죄책감으로 얼룩진 생활이 이어지기 쉽다.

나아가 가족의 생활이 점점 쪼들릴 경우, 보다 심각하고 위험한 갈등이 가족 관계를 무너뜨릴 수 있다. 경제적으로 불안정한 시대에는 자녀를 챙길 자원이 부족한 가정일수록 큰 난관에 봉착한다. 미국에서는 빈곤층뿐 아니라 중산층도 점점 더 이런 부류에 속하고 있다. 가족을 사랑하는 미국인들은 이런 모순적 상황이 뼈아프다.

점점 드러나고 있듯이, 미국의 지나친 가족 의존성이 낳은 가장 큰 피해자는 바로 결혼이다.

빈곤 퇴치용 결혼?

2014년 1월, 플로리다 주 상원의원(공화당) 마르코 루비오는 린든 B. 존슨이 선포한 '가난과의 전쟁(War on Poverty)' 50주년 기념식 연설을 했다.[34] "미국인들 대다수는 무엇보다도 더 나은 삶을 갈망합니다." 쿠바 이민자의 아들인 루비오는 이렇게 말문을 뗐다. "어떤 이들에게 그건 부유해진다는 뜻입니다. 당연히 그렇게 볼 수 있지요. 하지만 대다수는 단지 행복하고 충실하게 살고 싶을 뿐입니다. 괜찮은 직업으로 먹고살 만한 수입을 올리고, 가족과 함께하거나 자기가 좋아하는 것을 즐길 시간이 있고, 노후 보장을 받으며 은퇴하고, 적어도 자신들보다는 더 나아질 기회를 자녀들에게 주고 싶은 겁니다."

노르딕 정치인이라도 똑같이 말할 테다. 어느 나라의 누구한테든 보편적인 꿈이다. 루비오는 미국의 소득 불평등 증가를 언급했다. 자신도 깜짝 놀랐다며, 가난한 미국인을 낙담시키는 요인들을 거론했다. 바로, 저숙련 일자리 감소, 비싼 세금 정책, 버거운 규제, 감당하기 어려운 국가부채 등이다. 이어서 사회계층 경직 현상을 한탄한 다음 가능한 해법을 제시했다. 가령 실업자가 실업 혜택을 계속 받을 수 있는 장기간의 실업자 교육 과정 같은 것인데, 핀란드가 오랫동안 실행해온 정책이다.[35] 하지만 그는 노르딕 나라에서는 금시초문일 듯한 이야기도 꺼냈다. "사실, 아이들과 가정이 가난에서 벗어날 최상의 방법이 하나 있습니다. 이 방법은 아동이 빈곤에 빠질 가능성을 82퍼센트까지 줄일 수 있습니다. 그러나 그것은 정부 지출 프로그램이 아닙니다. 바로 결혼입니다."

낭만적이고 희망적인 말이다. 누가 결혼에 반대하겠는가? 하지만 이 말의 요점은, 21세기 미국 가정의 경제적 물질적 어려움을 해결하기 위해 다른 모든 현대 산업국가들이 한 일을 미국 정부는 결단코 하지 않겠다는 뜻이다. 즉, 유급 출산휴가와 같이 아이에게 타당한 지원이나 아이의 기본권을 보호할 다른 보편적 정책들을 제공하지 않겠다는 소리다. 결코. 이런 미국식 사조에 따르자면, 돈이 넉넉하지 않은 사람들의 문제를 해결할 최상의 해법은 결혼이다.

노르딕 사람들이 보기에, 인생의 중대사인 결혼을 가난 해결책으로 장려하는 발상은 낡아빠진 것이다. 오늘날의 결혼은 옛날처럼 사람들을 경제적 의존 관계로 내모는 것이어서는 안 된다. 예전에는 모든 멀쩡한 사람—특히 모든 멀쩡한 여성—이 자신이 진짜로 원하는 것을 포기하고 가족의 전통과 재산을 위해 억지스레 결혼을 받아들였다. 현대화에 기대하는 역할이 있다면 바로 이런 낡은 관습으로부터 우리를 자유롭게 하는 것이리라.

자유와 기회의 보장은 사랑에 관한 노르딕 이론의 요체다. 오늘날의 결혼은 서로에게 사랑과 돌봄을 마음껏 퍼 주고 싶은 두 개인, 자유롭고 자율적인 평등한 두 개인의 헌신이어야 한다. 오로지 사랑으로 그런 관계를 선택해야 깊은 유대가 맺어지는 법이다. 알고 보니, 금욕적이고 무뚝뚝한 노르딕 사람들이 지구에서 제일가는 진짜 로맨티스트들이었다!

어쨌든 루비오의 제안은 씁쓸하지만 미국인에겐 당연한 사고방식임을 인정한다. 놀랍게도 미국에서 아이를 키우며 함께 사는 커플은 대체로 결혼한 상태다. 미혼모들은 실제로 혼자서 아이를 키운다.[36] 이런 현실을 우려하며 논자들은 미혼 부모의 자녀가 가난하게 살고 학교에서 뒤쳐질 뿐 아니라 심리적, 사회적, 정서적 문제를 겪을 가능성이 높다는 연구 결과를 들이댄다.[37]

하지만 미국의 한부모 가정이 부부로 이뤄진 가정보다 가난함은 논리적 필연이다. 한 명의 수입으로 아이를 기르기가 분명 힘든 데다, 미국 정부는 이들 가정을 충분히 지원하지 않는다. 희한하게도 많은 미국인은 이 상황을 보고서 정반대 결론을 내린다. 즉, 결혼 실패와 아동 빈곤 증가가 정부의 잘못임은 분명하다. 하지만 정부가 한부모 가정을 나 몰라라 했기 때문이 아니다. 오히려 과도한 정부 지원이 한부모 양육을 더 매력적으로 보이게 만들었기 때문이라고 말이다.[38]

미국의 한부모 가정이 받는 혜택은 대다수 선진국과 비교하면 분명 안타까운 수준이다. 여성 단체인 리걸 모멘텀(Legal Momentum)이 소득이 높은 17개 국가의 미혼모를 조사했더니 미국은 상황이 최악이었다. 빈곤율 최고에, 의료보험 보장은 거의 없다시피 하고, 소득 지원도 가장 적었다. 거기다 다른 나라 미혼모들은 출산휴가와 병가, 공공 탁아 서비스 등에 기대건만, 미국 미혼모들에게는 꿈같은 이야기였다.[39]

미국의 기이한 논리, 즉 한부모 가정의 문제가 과도한 정부 원조 탓이라는 논리가 맞는다면, 미혼으로 아이를 낳고 국가에 빌붙어야 할 사람은 다름 아닌 노르딕 부모들이다. 저렴한 탁아 서비스와 더불어 유용한 여러 현금 지원 혜택 등 양육을 지원할 관대한 정책들을 모조리 갖추지 않았나. 그렇다면 정말 노르딕 나라의 가정들이 깨지고 있을까?

◇◇◇◇◇◇◇

통계치만 보면 노르딕 가정들이 망가졌다고 결론을 내릴지도 모른다. 노르딕 지역은 모든 선진국 가운데 혼외로 태어난 아이 비율이 가장 높은 편에 속한다. 스웨덴, 노르웨이, 아이슬란드는 결혼한 부부의 출산보다 혼외 출산이 더 많다. 덴마크와 핀란드는 좀 덜한 편이지만, 그래도 미국보다는 많다.

그런데 이 척도가 과연 쓸모 있을까? 요즘 같은 시대에 결혼 자체가 예전처럼 적절한 지표가 되는지 의심스럽다. 대신 가족 구성에 관한 통계치를 살펴보면 전혀 다른 그림이 나온다. 노르딕 아이들은 설령 부모가 결혼하지 않았더라도 실제로는 양쪽 부모 슬하에 있을 가능성이 미국 아이들보다 더 높았다.[40]

사회학자 캐서린 S. 뉴먼은 이 현상을 다음과 같이 설명했다. "미국에서 가난과 결부시키는 가족 구성 형태, 즉 한부모 가정, 동거, 혼외 출산 등은 노르딕 나라에서는 전 계층에 걸쳐 매우 흔하다."[41] 노르딕 사회는 이처럼 현대성과 어울리는 유연한 방식을 기꺼이 받아들였는데, 그럼에도 인간성의 근본 요소를 놓치지 않았다. 핀란드에서는 이러한 수용의 자세가 나라의 가장 높은 지위에까지 확장된다. 핀란드의 전 대통령 타르야 할로넨은 한때 미혼모였다. 대통령 당선 무렵, 아이 친아버지가 아닌 데다 함께 살지도 않는 한 남자와 장기적인 관계를 맺고 있었다.(당선 후 함께 대통령 관저에서 지냈으며, 마침내 결혼했다.)

외부인들은 종종 노르딕 문화가 노르딕 사람들을 일종의 루터교식 도덕규범에 묶어둔다고 짐작한다.✦ 그러나 사실상, 노르딕 사회는 일찌감치 오늘날 성인 관계가 다양한 성격과 형태로 나타나며, 모든 가족 정책의 핵심은 사적인 가정사와 무관하게 가족 내 개인을 지원하는 일임을 받아들였다.

노르딕 나라들에서 결혼했건 동거 중이건 혼자이건 부모는 전부 자녀에 관해 엇비슷한 혜택을 받는다. 그리고 한부모 가정일 경우 사회가 나서서 정서적, 경제적, 물질적 곤경에 처한 부모를 지원한다. 이는 부모의 편의가 아니라 아이의 어린 시절을 위해서다. 노르딕 방식은 독신 부모가 새 배우자를 찾도록 내몰지 않는다. 결혼하지 않는 것 자체는 문제가 아니다.

하지만 루비오의 우려대로 어쨌든 노르딕 나라들은 이른바 '복지 여왕'을 쏟아낼 위험이 있지 않을까? 계속 아이를 낳으며 정부한테 돈을 뜯어내기만 하고 자신은 일도 하지 않는 여자 말이다. 실제로 핀란드에

✦ 루터교회는 마르틴 루터의 사상을 따르는 개신교 교파로, 전 세계에서도 특히 북유럽에서 교세가 강하다. 북유럽은 16세기 종교개혁을 거치면서 일찍이 개종해 루터교가 지금도 국교 역할을 한다. 근면과 절제, 사회에 대한 개인의 책임감을 강조하는 종교 윤리가 북유럽식 복지 사회의 문화적 근간을 이룬다고 보는 관점도 있다.

루터란 대성당(헬싱키 대성당)이 보이는 도심 광경.
헬싱키의 랜드마크이자 핀란드 루터파 교회의 총본산이다.
핀란드인의 90퍼센트 이상이 루터교 신자이다.

서 여자는 직장을 잃지 않고 거뜬히 집에서 6년을 지낼 수 있다. 연달아 아이를 두어 명 낳아서 각각 집에서 2~3년씩 키운다면 말이다.

복지 여왕(마찬가지로 복지 왕)을 방지할 열쇠는, 한 사람의 혜택을 이전 급여와 연결시키는 것이다. 핀란드의 경우, 출산 전에 일한 적이 없는 사람에게 지급하는 출산 수당은 월 600달러 정도이다(여기서 다시 세금을 뗀다). 추가로 집에서 1~2년간 아기를 돌보는 데 주어지는 수당은 더 적다.[42] 설령 다른 추가 수당을 받을 자격이 있더라도, 그 정도의 액수 때문에 직장을 마냥 떠나 있을 사람은 별로 없다. 최소한의 혜택을 오래 받는 것은 대다수 사람들이 원하는 바가 아니다.

출산휴가는 지속적인 직업 생활이 잠시 중단되는 것이지, 생활의 한 방식이 아니다. 노르딕 정책들은 대다수 사람이 이렇게 받아들인다는 확신에서 나온 것이다. 그 결과, 노르딕의 한부모는 미국의 한부모만큼 또는 더 많이 직업에 종사한다.[43] 충분히 그럴 형편이 되기 때문이다. 미국은 한부모가 갓난아기를 돌보면서 직장을 유지하려면 커다란 장애에 맞닥뜨리기 십상이다. 아이를 어린이집에 맡기고 출퇴근하는 것도 여간 어렵지 않다. 하지만 노르딕 나라의 한부모는 적극적인 지원을 받기에 수월하게 직장 생활을 계속한다.

정부 지원이 자동으로 가정을 약화시키고 한부모 발생을 조장하고 복지 여왕을 만든다는 우려는 헛짚어도 한참 헛짚었다. 직관에 반하는 듯하지만, 바로 그런 이유로 노르딕 사회는 결혼을 포함해 구성원 간 결속을 강화하는 가족 구성 형태를 따로 지원하지 않는다. 가족에 초점을 맞추는 것은 실수다. 가족은 먼저 강하고 자율적인 개인으로 구성되지 않으면 한 팀으로 작동하지 않는다. 따라서 노르딕 사회는 개별 구성원의 독립을 확보하려고 노력한다. 그 결과 부모는 가정을 꾸리면서도 자신의 삶을 유지하기가 한결 쉽다. 가족 구성원 간에 긴장도 덜하다. 개인이 지나친 희생을 하지 않아도 되기 때문이다.

◇◇◇◇◇◇

미국인들, 특히 노동 계층이 더 이상 결혼하지 않는 이유는 의지 부족이나 정부 복지 프로그램과 아무 상관이 없다. 가장 타당한 설명을 제니퍼 M. 실바가 내놓았다. 『노력해도 역부족(*Coming Up Short*)』라는 책을 쓴 사회학자인 실바는 다년 간 미국의 젊은 노동 계층들을 면담하여 그들의 삶을 조사했다.[44]

"이 사람들은 이 직장 저 직장을 떠돈다. 장학금 지원 체계를 제대로 파악하지 못하거나 신청에 필요한 요구 조건을 충족하지 못해서 대학을 중퇴한다. 응급 치료비를 신용카드로 낸다. 겨우 제 몸 하나 부지하는 처지라 로맨틱한 결합은 피한다. (…) 일이나 가족, 지역으로부터 점점 단절된 나머지 남에게 의지했다가는 결국 상처 입을 뿐임을 깨달으며 자라난다. 성인기가 단지 지연되는 것만이 아니라, 신뢰나 존엄, 다른 사람과의 관계, 타인에 대한 의무감과 더불어 급격하게 재구성되는 상황이다."

이 젊은이들은 자신의 가족도 세계화의 영향과 오늘날 미국 생활의 난관을 막아주지 못함을 알게 된다. 설상가상으로 다른 사람과의 교제도 든든한 유대가 아니라 잠재적인 부담으로 여긴다. 스스로 앞가림을 못하는 처지에서는 마찬가지로 고생하는 이들과 어울리면 더 힘들어질수 있는 법이다. 실바는 이렇게 적고 있다. "일상생활의 불안정성과 불확실성은 교제를 그들이 감당할 수 없는 사치로 만들어버렸다." 하지만 미국식 양육의 영향으로 그들은 빨리 안정된 삶을 꾸리지 못한다며 스스로를 나무란다. 미국식 생활 방식을 다른 것과 비교할 계기가 없다 보니, 자신들의 사회구조가 당면한 문제를 감당하기에 얼마나 구식인지도 깨닫지 못한다. 슬프게도 미국은 유대 맺기를 두려워하는 청년 세대를 기르고 있는 듯하다.

이런 문제와 토론은 낡아도 한참 낡은 것이다. 내가 떠나온 곳에서는 이런 문제가 더 이상 논의조차 되지 않는다. 혼인율의 감소와 가족 구성 변화는 (설령 문제로 여겨지더라도) 서로 무관하다고 여기며, 유연한 직장 생활은 충분한 유급 출산휴가 정책으로 오래 전에 보장되었다. 노르딕 사회는 개인의 독립을 지원한다는 현대적인 목적을 향한 길에 이미 접어들었다. 개인은 마음 편히 다른 사람과 함께하며 서로 사랑하는 관계를 맺을 수 있다. 그 결과로, 가정이 더 든든해졌다.

또 한 가지 결과로는, 가정의 탄력성이 훨씬 커졌다. 즉, 여성이 더 강해졌다.

기저귀를 안 갈면 진짜 남자가 아니지

노르딕 나라라면 어디든 여성도 평등한 권리를 얻었다는 데 뿌듯해한다. 핀란드에서는 여성이 의회의 절반을 차지하는 일이 흔하다. 총리직과 대통령직 모두 여성이 맡은 적이 있다. 대체로 장관의 약 절반이 여성이다. 여전히 성 역할이 완전히 평등하지는 않지만, 미국에 비하면 어

느 분야든 확연히 차이를 볼 수 있다.[45]

그래서 말이지만, 아직도 양육이 고스란히 여성의 책임이라는 미국의 사고방식에 적잖이 놀랐다. 대다수의 경우 출산휴가를 얻으려고 고용주와 옥신각신하고, 어린이집을 고르느라 정보를 뒤지고, 아이 일정에 맞게 직장생활을 조절하는 쪽은 여성이다. 아이를 병원에 데려가는 일도, 학교 점심을 준비하는 일도, 아이가 아프면 직장을 쉬고 집에서 돌보는 일도 대개 여성이 한다. 미국 어머니들은 아이 돌보기에 들이는 시간이 아버지들보다 두 배 많으며, 집안일 전체로 보면 여성이 남성보다 세 배 더 할애한다.[46] 미국 여성은 이러한 무급 노동에 남성보다 무척 많은 시간을 쓴다. 노르딕 여성들도 남성에 비해 시간을 더 쓰지만, 미국은 그보다 훨씬 많다. 아내가 일하고 남편이 집안일을 하는 미국 가정이 늘긴 했지만, 여전히 소수 사례다.

핀란드에서 아버지는 일상적으로 기저귀를 갈고 밥을 짓고 어린이집에서 아이를 데려오고 놀이터에 데려가 곁에 있어준다. 내 핀란드 '남자' 친구들은 갓난아기나 걸음마 배우는 아이를 돌보며 SNS에 사진을 올린다. 고생이네 어쩌네 하면서도 짐짓 자랑하는 것인데, 긍지이자 일종의 경쟁이다. "기저귀를 안 갈면 진짜 남자가 될 수 없다는, 뭐 거의 그런 분위기야." 친구가 내게 해준 말이다. 아내는 대체로 1년 심지어 2년까지 집에 머물고, 남편은 아내가 직장에 복귀하면 6개월쯤 집에 머문다.[47] 여성이 휴가가 더 긴 까닭에는 핀란드의 조산원들이 세계보건기구(WHO) 권고안을 따르는 것이 일조한다. 아이는 여섯 달까지는 전적으로 모유 수유를 받아야 하며, 만 한 살 이상이어서 이유식을 먹는 때도 수유는 계속되어야 한다는 권고안이다. 대체로 교육 수준이 높은 어

머니일수록 모유 수유가 더 길다.[48]

미국에서는 출산휴가를 산모가 아이를 낳은 후 몸조리하는 기간이라고 보는 편이라서 회복에 필요한 시간보다 길면 남성이나 자녀 없는 동료들은 누리지 못하는 불공평한 혜택을 누린다고 여긴다. 하지만 노르딕 사회는 달리 본다. 새내기 부모 둘 다에게 주는 긴 휴가는 아이가 부모와 강한 유대를 맺는 데 매우 중요하다. 아내뿐 아니라 남편에게도 긴 출산휴가를 주면 애초부터 두 부모가 가정과 직장에서 책임을 공유하는 리듬을 타게 된다. 그러면 성 평등이 촉진된다.

따라서 노르딕 사회의 성 평등은 좁은 의미의 추상적인 목표가 아니다. 대신에 사랑에 관한 노르딕 이론이라는 더 큰 목표에 이바지한다. 즉, 모든 개인이 자족할 수 있을 때 더 순수하고 관대하게 서로에게 애정과 보살핌을 베푼다는 믿음의 실현이다. 부모 모두에게 시간을 주는 출산휴가 정책은 정확히 이 결과를 꽃피운다. 집안일을 더 공평하게 분담하는 한편 직장 생활에 대한 분담 역시 더 공평하게 이루어짐으로써 양 배우자의 자율성을 증진시킨다. 둘 다 스스로 돈을 벌고 아이와도 충만한 관계를 맺는다. 이런 식으로 부모 각자에게 독립을 보장함으로써 가족 전체가 강해진다. 배우자 한쪽은 직업을 갖고 경제권을 행사하고 다른 쪽은 온갖 집안일과 아이를 맡을 때 생기는 의존과 불만이 사라진다. 설사 이혼이라는 비극이 찾아와도 각자 이미 직업이 있고 아이를 돌볼 자신만의 방법을 알고 있기 때문에 경제적으로나 정서적으로 심하게 흔들리지 않는다. 그게 아이한테도 좋다. 직설적으로 말해, 아버지는 방황하지 않고 어머니는 스스로 생계를 책임질 수 있다. 따라서 미국의 정책 결정자들이 우려하는 가난한 한부모 양육의 위험이 줄어든다.

◇◇◇◇◇◇◇

남성 역시 출산휴가를 이용하도록 장려하고자 노르딕 나라들은 특별히 '아빠 전용 휴가'라는 유급 휴가 제도를 시행했다. 만약 어머니가 직장에 복귀한 후라면 아버지는 이 특별 휴가를 이용하지 못하고, 그 가정은 이 휴가를 쓸 기회를 놓친다.

아이슬란드는 이른바 3+3+3 모델로 유명해졌다. 총 아홉 달의 출산휴가를 각 세 달씩 균등하게 나누는 방식인데, 셋 중 한 번은 부모 중 어느 쪽이 써도 되지만, 나머지는 아이 아버지와 어머니가 각각 한 번씩 써야 한다. 아버지가 자기 할당 기간을 쓰지 않는다고 해서 어머니가 대신 쓸 수는 없다. 노르웨이도 비슷하게 아버지는 10주간 아빠 전용 특별 휴가를 받고, 스웨덴은 그런 휴가를 3개월간 한꺼번에 준다. 핀란드에서 아버지가 받는 휴가는 9주인데, 그중 3주는 배우자와 동시에 받을 수 있다. 물론 더 오래 집에 머물 수도 있다. 부모에게 주어지는 총 출산휴가 기간의 전부 또는 일부를 쓰기로 한다면 말이다.[49]

덕분에 상황이 크게 달라졌다. 이 제도를 도입한 후 노르딕의 아버지들은 이전보다 출산휴가를 훨씬 더 많이 쓰게 되었고, 가정에 미친 영향도 막대하다. 여러 나라에서 실시된 연구 결과, 어머니들뿐 아니라 아버지들이 출산휴가를 쓰자 남성이 양육에 더 능동적인 역할을 하게 되어 가정의 역학 관계가 한층 나아졌다. 남성도 요리와 장보기 같은 집안일에 더 참여하고, 여성도 직업 생활에 더 많은 시간을 보내게 되었다.[50]

남성만이 가족을 위해 돈을 버는 구시대적 관점에서 보면 이런 식의 변화는 진보가 아니라고 할지 모른다. 하지만 달리 보는 시각도 있다. 심지어 미국에서도 자기 아이와 유대를 맺는 만족감과 양육을 도울 권

아빠들이 출산휴가를 쓰기 시작하자, 육아는 일종의 경쟁이자 긍지가 되었다.
스웨덴 칼마르 지역, 헌팅캡을 쓴 아빠가 아이를 안고 기차역 플랫폼을 걷는다(위).
노르웨이 오슬로 도심의 작은 공원에서 아기를 돌보는 아빠(아래).

리를 박탈당해왔음을 깨닫는 남자들이 점점 늘어나고 있다. 조사에 의하면, 미국에서도 출산휴가를 원하는 남자들이 증가하고 있다. 물론 안타깝게도 대개는 고용주 때문에 좌절을 겪지만 말이다. 설령 고용주가 휴가를 주더라도 마음의 부담이 여전하다. 회사에 충실하지 않은 사람으로 낙인 찍혀 승진 기회를 놓치거나 더 심한 불이익을 받을지 모른다는 두려움 때문이다. 실제로 미국만이 아니라 다른 여러 나라에서도 남성이 양육을 위해 근무 시간을 줄이면 직장에서 고초를 겪는다.[51]

노르딕 사회의 아빠 전용 휴가에서 주목해야 할 지점은, 이 정책들이 국가 차원에서 시행된다는 것 그리고 육아를 모든 남성이 동등하게 합법적으로 추구하는 활동으로 만든다는 것이다. 노르딕 사회가 먼저 변화를 경험한바, 아이 아버지가 그 휴가를 쓰지 않으면 책정된 시간과 돈을 허비하게 됨을 알고 나자 고용주와 동료들 역시 출산휴가를 선택한 남성의 결정을 훨씬 기꺼이 받아들였다.

이로써 노르딕 사회가 얻은 결과는 명백하다. 그것은 직장에서는 물론이고 놀이터에서도 드러난다. 핀란드에 사는 사스카는 1990년대 초에 두 아이가 있었고 결혼하고 나서 20년 후에 아이 둘을 더 두었다. "처음 아빠가 되었을 때는 여러 다른 엄마들과 함께 놀이터에 앉아 있는 이상한 사람이었어요. 이제는 거기 앉아 있는 여러 아버지들 중 한 명이에요." 빙긋 웃으며 덧붙인다. "다들 나보다 스무 살은 어리지만요." 20년 전에 아버지들은 집에 있으면 당혹스러웠지만, 지금 핀란드 아버지들은 휴가를 얻지 않으면 더 부끄러워한다. 그리고 많은 이들이 병원 진료든 어린이집 방문이든 학교 현장 견학이든 아이 삶의 여러 국면에 참여할 책임감을 느낀다.

물론 아이랑 매일 씨름하며 진을 빼고 나면 누구라도 넋이 나간다. 하지만 많은 핀란드 남자들이 자상한 아버지 되는 일에 따라오는 뜻밖의, 아이와는 무관한 보너스가 있음을 알아차리고 있다. 아이의 배변 훈련을 함께 해보면 아이와의 유대감이 커지는 것도 물론 있지만 사실상 배우자와의 유대가 더 끈끈해져 둘의 관계가 더 좋고 깊어진다. 내 핀란드 친구들에 따르면, 아버지의 출산휴가 사용 여부는 더 이상 고민할 거리가 아니다. 정상적인 생활 방식이 되었다. 내가 알기로, 다들 그럴 수 있어서 즐겁다.

아내들도 당연히 즐겁지만, 한편으로는 이 정책의 대단한 성공에 놀라워했다. "남편이 출산휴가로 집에 있게 되었을 때 어찌나 좋던지 지금도 기억이 생생해요. 한번은 아들이 넘어졌는데, 나 대신에 남편한테 도와달라고 울었다니까요." 핀란드의 프리랜서 작가인 카리나의 말이다. 남편은 주문제작형 석벽을 짓는 기술자인데, 그녀는 남편과 출산휴가를 균등하게 나누어 교대로 여섯 달씩 아이를 돌봤다. 그녀의 설명을 계속 들어보자. "죄책감이 줄어들어 아주 좋았어요. 여자들은 결국 집에 남아야 할 사람은 자기가 아닐까, 아기 엄마로서 직장에 나가는 건 잘못이 아닐까 늘 생각해요. 기본적으로 자신의 중요성을 과대평가하는 거죠. 그런데 아들이 아빠한테 울음을 터뜨리는 걸 보고서 우리의 선택이 옳았음을, 우리가 아이를 아주 잘 기르고 있다는 걸 알았죠. 꼭 내가 아니라도 되는 거예요. 그걸 늘 머리로는 알았지만 그 순간에 마음으로 알았죠. 얼마나 마음이 놓이던지요."

슈퍼맘은 사양합니다

내가 미국 여성에게 가장 크게 감탄했던 순간은 현재 구글의 중역인 마리사 메이어가 당시 임신 중인데도 야후의 CEO로 임명되었을 때다. 곧장 발표하기를, 그녀는 출산휴가를 몇 주만 받고 집무실 옆에 아기방을 만들어서 종일 아기를 보겠다고 했다.[52] 핀란드 여성이라면 아무리 높은 지위에 올랐더라도 그처럼 극성이긴 어려웠을 것이다. 페이스북의 중역인 셰릴 샌드버그는 그녀의 책 『린 인』에서 여성들이 어머니가 되더라도 일에 대한 책임감을 잃지 말기를 당부한다. 그녀가 전화 통화로 회의를 하는 중에도 수유를 했다든가, 전용 제트기를 타고 회의에 참석하러 가는 중에도 아이 머리를 빗기며 이를 찾았다는 이야기 등은 미국 슈퍼맘한테서 곧잘 나온다.[53] 내가 보기에, 보통의 노르딕 어머니들한테는 전혀 어울리지 않는 것 같다.

노르딕 여성들도 일을 하지만, 죽기 살기로 하는 법은 좀체 없다. 느리게 쉬어가면서 하는 편이 어머니와 아이에게 분명 더 이롭지만, 장기간의 출산휴가가 양날의 칼임을 인정하지 않는 것도 솔직하지 못하다. 너무 많이 쉬면 여성의 중요한 직업 경력, 승진과 임금 인상에 해가 될 수 있다. 소득 및 연금 감소는 말할 것도 없다. 더군다나 고용주가 젊은 여성을 고용하는 데 차별을 둘지 모른다. 여성을 새로 채용했더니만 아이를 가졌다고 금세 자리를 비울 가능성이 있다면 말이다. 안된 이야기지만, 통계는 이런 두려움을 뒷받침한다. 가령, 노르딕 사회의 성 평등에도 불구하고 노르딕 여성들은 미국 여성들보다 관리자로 일하는 비율이 아직도 낮다.[54] 그렇다면 노르딕 여성이 미국식 슈퍼맘이 되는 것, 즉 부모로서 역할을 다하면서도 회사에서 더 오래 '밀어붙이는(lean in)' 것이 해답일까?

노르딕과 미국 어머니들의 곤경을 비교하면 역설이 등장한다. 노르딕 나라들은 부모 중 한쪽이 아이가 한두 살이 될 때까지 집에 머물 것으로 기대하는데, 그러기 위해 종종 아버지보다 어머니가 하던 일을 그만둔다. 한편 미국에서는 부모 모두 재빨리 일에 복귀하는 것이 당연하고 종종 강요되기도 한다. 심지어 아이가 생후 몇 달 심지어 몇 주밖에 안 되었을 때에도. 그러면 워킹맘은 슈퍼맘이 되어 일과 육아 모두를 영웅적으로 도맡는다. 미국 여성의 이상이지는 않지만, 적어도 미국 어머니들은 노르딕 어머니들처럼 갓난아기가 생길 때마다 여섯 달이나 아홉 달 심지어 열두 달까지 일을 놓지는 않는다.

하지만 이것이 이야기의 전부는 아니다. 미국에서는 부모 중 한쪽이 직장을 나와서 아주 오랫동안 또는 영영 돌아가지 않는 것이 매우 타당하고 꽤 흔하다. 대다수 사례에서 직장을 나오는 쪽은 여성이다. 아마도 이런 경향은 실제로 커져왔다. 18세 미만 아이를 둔 미국인 어머니들 중에서 거의 3분의 1은 가정에 머무는데, 이는 퓨 리서치 센터의 2012년 통계에 따르면 지난 20년 이래 최고 수치다.[55] 이와 달리 노르딕 나라들에서는 육아 때문에 부모 중 한쪽이 일을 완전히 그만 둘 필요도 없고 바람직하지도 않다고 본다. 대개는 한두 해의 출산휴가 후에, 핀란드의 경우 2년간의 출산휴가 후에 부모 둘 다 곧장 직장에 복귀한다. 그 결과, 모든 노르딕 나라들에서는 26세 이상 여성들이 직장생활을 하는 비율은 미국보다 높다.[56] 따라서 미국이 슈퍼맘은 많을지 몰라도, 여성더러 슈퍼맘이 되라는 건 해결책이 아니다. 그러면 여성들은 직장을 떠나게 된다.

미국 여성들이 한정된 두 가지 선택사항, 즉 슈퍼맘 또는 전업주부 사이에서 옴짝달싹 못하는 이유는 미국의 탁아 서비스가 터무니없이 비싸기 때문이기도 하다. 미국 어머니의 3분의 1 남짓이 직장을 그만두고 집에 머물러도, 여전히 미국에서 결혼한 가정의 절반 이상이 둘 다 일하는 상황이어서[57] 아이를 돌보는 일은 절실한 문제다. 이들에게 천문학적 비용이 드는 탁아 서비스는 재앙이다. 미국에서 어린이집에 아이를 종일 맡기면 연간 평균 비용이 2014년 기준으로 4800달러(미시시피 주)에서 2만 2600달러(워싱턴 DC)에까지 이른다. 차일드 케어 어웨어(Child Care Aware)라는 비영리단체에 따르면, 20개 주에서 비용이 1만 달러가 넘는다.[58] 아이가 네 살 정도면 그나마 비용이 조금 적다. 만약 보통의 경우처럼 한 가정에 아이가 둘 이상이면 이 비용은 당연히 두세 배로 올라간다. 연방정부와 일부 주들은 저소득 가정에 보조금을 지원하기도 하며 세금공제 혜택도 있다. 그렇더라도 탁아 서비스 비용은 미국 가정 지출의 엄청난 부분을 차지한다. 특히 소득이 대단히 많지는 않은 사람들에게 더욱 그렇다.

미국의 내 지인들 대다수는 중산층에 속하지만, 부모 중 한쪽이 집에 있으면서 중산층 생활을 유지할 만한 정도는 아니고, 유모나 어린이집에 아무 부담 없이 비용을 지불할 정도의 형편도 아니다. 대개는 슈퍼부모가 되어 문제를 해결해나간다. 그들은 파트타임으로 근무하면서 주중에 친구들과 육아 임무를 교대한다. 유모 한 명에 여러 집 아이를 맡기고, 친척들에게 도움을 청하고, 재택근무를 한다. 고용주에게 근무 일정을 유동적으로 해달라고 부탁하고, 일부는 좋은 예비학교에 아이를 보내려고 빚까지 진다. 많은 이들이 늘 경제적 불안정의 가장자리에서 아슬아슬하게 산다고 증언한다. 운 좋은 이들은 조부모가 비용을 보태기도 한다.

미국인 친구들이 보여주는 이런 재주가 감탄스러우면서도 나는 묻지 않을 수 없다. 21세기의 사회가 소중한 인적자원을 이렇게 활용하는 것이 현명한가? 아이 돌볼 방법을 찾느라 창의성을 허비하는 바람에 막대한 에너지와 지적 능력이 고갈되는 것 아닐까? 더 잘 쓰일 수 있는 수많은 시간을 빼앗기는 것 아닐까? 내가 보기에는 시간과 잠재능력을 엄청나게 낭비하는 일인 듯하다.

노르딕 사회 시민에게는 대체로 이런 문제들이 존재하지 않는다. 넉넉한 유급 휴가가 국가 차원에서 보편적으로 충실히 시행되기에 아기가 있는 가정의 경제적 스트레스와 직장 생활의 고충은 상당히 적다. 아이가 조금 더 크면, 저렴하고 훌륭한 탁아 서비스가 곧장 제공되므로 일하는 부모들의 생활은 한결 여유롭다. 통계에 따르면 3~5세 노르딕 아이들의 절대다수는 전문 탁아 시설에서 보살핌을 받고 있다.[59] 그 결과, 노르딕 여성들은 미국 여성보다 훨씬 높은 비율로 일과 육아를 병행하면서도 슈퍼맘이 될 필요는 전혀 없다.

일하는 미국 여성은 회사에서 높은 자리에 오를지 모른다. 이 부분은 노르딕 사회에서 분명 개선의 여지가 있다. 하지만 전반적으로 미국 여성들은 뒤처지고 있다. 다양한 연구 결과에 따르면, 직장 여성들이 이상적으로 여기는 조건은 아마도 넉넉한 유급 출산휴가인 듯하다. 하지만 너무 넉넉하지는 않아야 하며(2년 미만이나 어쩌면 1년 미만), 근무 시간 축소 혜택과 더불어 출산휴가가 부모 양쪽에 함께 제공되는 것이 중요하다.[60]

세계경제포럼이 네 가지 근본적인 범주에 따라 전 세계 여러 나라의 남녀 격차를 조사했더니, 노르딕 나라들이 일관되게 가장 평등한 사회에 위치했다. 범주들은 다음과 같다. (1)경제활동 참여와 기회 (2)교육 성과 (3)건강과 생존 (4)정치적인 권리. 2015년에 미국은 28등이었다. 연례 보고서가 콕 집어 언급하기로, 노르딕 나라 여성의 경제활동 참여는 세계 최고 수준이며, 남녀의 급여 차이는 세계 최저다. 기업 경영에서 약간 모자란 점이 있긴 했지만 전반적으로 노르딕 여성들은 사회의 지도자 자리에 오를 기회가 풍부하다.[61]

사랑에 관한 노르딕 이론은 전망 하나를 선사했다. 불평등한 관계로 서로 묶여 있거나 경제적 물질적으로 서로 의존하는 배우자들보다 독립적인 개인들이 더 강하고 든든한 가족을 이룰 수 있다는 전망이다. 노르딕 나라들은 이 전망을 실현하기 위한 정책들을 내놓았고 21세기 가정에 타당한, 단순명쾌한 사회정책들을 국가 차원에서 시행했다.

미국은 과거에 매인 생활 방식 때문에 뼈아픈 대가를 치르고 있다. 벌이 감소, 스트레스, 생활고 등이 그 대가다. 내 주변 사람들은 심각한 불안을 안고 살며, 나도 미국에 정착한 이후로 그 불안에서 자유롭지 못했다. 특히 미국 여성들은 기회 상실이라는 끔찍한 대가를 치르고 있다. 미국 아이들도 대가를 치르고 있다. 훌륭한 탁아 서비스를 받을 권리를 사회가 보장하지 않기 때문이다. 그리고 미국 경제도 대가를 치르고 있다. 미국 대통령실이 내놓은 2014년 보고서는 유급 가족휴가 및 유연한 근무 일정, 저렴한 탁아 서비스와 같은 정책들이 여성이 경제성장에 실질적으로 이바지하는 데 일조한다고 밝혔다.[62] 하지만 가장 근본적으로 이렇게 말할 수 있다. 미국 가정은 더 나은 삶을 누릴 자격이 있다.

휴가는 모두에게 좋은 것

미국이 이런 문제들을 국가적으로 해결할 방법이 있을까? 우선 이미 진행 중인 개혁 사례들을 살펴보자. 캘리포니아와 더불어 뉴저지와 로드아일랜드도 부모 양쪽에 대한 주 차원의 유급 출산휴가 정책을 마련했다. 하지만 고용주가 직접 비용을 대는 것이 아니라 피고용인들이 내는 몫으로만 자금을 조달하는 방식이다.[63] 한편 많은 회사들이 자체 유급 출산휴가를 제공하기 시작했는데, 구글, 페이스북, 야후와 같은 실리콘밸리의 거대기업들이 선도하고 있다. 미국의 가장 진보적인 일부 주와 기업에서는 자발적으로 하고 있건만, 미래지향적인 측면에서 국가적 정책으로서 더욱 현실적인 유급 출산휴가를 왜 도입하지 않는단 말인가? 미국 기업 전체가 그리고 미국 경제 전체가 감당하기에 너무 벅찬 일이라서?

지금까지 캘리포니아의 유급 가족휴가 정책으로 입증된바, 넉넉하게 줄수록 노동자들은 더 기꺼이 휴가를 쓰고 가정도 분명 혜택을 받는다. 캘리포니아 프로그램 덕분에 노동자들은 6주의 유급 가족휴가를 받을 수 있다. 노르딕 기준으로 보면 분명 많지 않지만, 2013에 발간한 「대통령 경제 보고서」에 따르면 그것만으로도 전체 출산휴가 사용이 두 배 이상 높아졌다. 그 결과 보통의 새내기 엄마들이 사용하는 휴가 기간이 3주 정도에서 6주 내지 7주까지 늘어났는데, 이는 엄마만이 아니라 아기들에게도 더 나은 삶의 훌륭한 출발점이다. 경제학자 아일린 아펠바움과 사회학자 루스 밀크맨이 캘리포니아 정책의 결과를 연구한 2010년 조사에 따르면, 새로운 정책 덕분에 어머니들은 모유 수유를 더 오래 했으며 아버지들은 출산휴가를 더 오래 썼다. 이런 발전은 미약할지 모르나 희망찬 첫걸음이 분명하다.

하지만 더 나은 가족 정책을 시행하기는 만만치 않았다. 기업들이 비용을 우려했기 때문이다. 캘리포니아 계획이 시행되기 전에 기업들은 그걸 '직업 말살책(job killer)'이라며 반대 로비를 펼쳤다. 이런 두려움에 어느 정도 근거가 있을까? 캘리포니아의 새로운 휴가 프로그램 시행 6년 후에 아펠바움과 밀크맨의 조사가 밝혀내기로, 휴가 비용에 대한 기업의 두려움은 전혀 근거가 없었다. 사실, 대다수 기업에서 생산성, 수익, 매출, 직원 사기 면에서 긍정적 효과를 보였거나 별다른 변화를 일으키지 않았다.[64]

주 차원에서 얻은 이런 긍정적 결과들을 보건대, 미국이 더 나은 전국적인 가족 정책을 향해 나아갈 수 있다는 기대는 타당하다. 2013년 말 뉴욕 상원의원 커스틴 질리브랜드와 코네티컷 하원의원 로자 델라우로는 가족법(Family Act)이라는 법안을 의회에 제출했다.[65] 캘리포니아와 뉴저지를 모범으로 삼은 이 법은 고용주와 피고용인의 소액 납부를 통해 기금을 조성해두었다가, 모든 노동자에게 아기 출산과 심각한 질병 및 아픈 가족 간호를 위한 휴가 기간 동안 일부 수입을 12주 동안 제공한다는 내용이다. 이 시스템은 미국의 사회보장청이 시행하게 된다.

백악관도 노동자들을 위한 향상된 휴가 정책을 크고 작은 규모에서 추구해왔다. 오바마 대통령은 전국의 모든 노동자를 위해 유급 병가 확대와 더불어 연방정부 직원들을 위한 향상된 유급 출산휴가를 추진했다.[66] 더 중요한 점을 말하자면, 오바마의 백악관에서 나온 여러 예산안들은 주마다 유급 휴가 프로그램을 시작하기 쉽도록 '주 유급 휴가 기금'

에 쓸 돈을 제안했다.

하지만 그런 연방 차원의 조치에 대한 저항이 전국적으로 그리고 많은 주에서도 거세다. 반대자들 말은 미국 노동자에게 더 넉넉한 출산휴가를 주려면 너무 비용이 많이 들며, 미국 경제가 국제 경쟁력을 잃어서 어려워진다는 것이다. 하지만 가족 정책과 국제 경쟁력에 관한 한, 아무리 봐도 미국 정치인들은 정보가 어두운 것 같다.

◇◇◇◇◇◇◇

노동자에게 주는 유급 휴가의 증가는 전 세계적 경향의 일부다. UN 에는 전 세계 모든 노동자에게 적정한 노동 기준을 결정하는 부서인 국제노동기구(ILO)가 있다(그 공로로 노벨평화상도 받았다). ILO가 결의하기로, 오늘날 유급 출산휴가에 관한 합리적이고 인간적인 '최소한'의 기준은 이전 소득의 적어도 3분의 2를 지급하면서 14주의 휴가 기간을 제공하는 것이다.[67] 이를 공정하게 잘 실현하려면, 일종의 공공 기금이 필수적이라고 ILO는 지적한다. 사기업에게 출산휴가 비용을 요구하는 것은 두 가지 이유에서 부당하다. 기업 대차대조표에 부담을 지우는 데다, 출산휴가 비용 증가를 우려해 여성 고용을 꺼릴지 모르기 때문이다. 하여튼 오늘날 더 많은 나라들이 휴가 기간도 늘리고 수당도 늘리고 있다.

그런 휴가 제공에는 이타주의가 필요하다고 여기는 이들도 있는데, 빗나간 견해다. 경제협력개발기구(OECD), 유럽연합(EU), 세계경제포럼 등 다른 국제기구들도 회원국이 노동자에게 유급 출산휴가와 탁아 서비스 지원을 보장하도록 권장한다.[68] 왜냐하면 그런 조치들이 경제성장에 분명 이롭기 때문이다. 현실에 맞는 가족 친화적 정책들이 한 나라의 경제에 보탬이 된다는 것은 이미 여러 연구에서 밝혔다.

그런 정책을 시행한 나라들은 기업이나 경제에 손해를 입은 적이 없다. 게다가 출생률 증가로 경제성장에 관한 장기적 전망이 향상했다. OECD와 EU, 세계경제포럼은 이제 선을 행하는 측면이 아니라 돈을 버는 측면에서 이런 정책을 정치인과 기업인 모두에게 권장한다. 그리고 이런 기구들이 하는 말은 옳다. 더 건강하고 행복하고 생산적인 직원들을 두고 싶은, 더 중요하게는, 이들을 계속 유지하고 싶은 미국의 기업 지도자라면 누구든 정부가 이런 정책을 의무화하여 최대한 시행하도록 정부에 로비를 해야 마땅하다. 그래야 경쟁 기업들이 훼방하는 것을 막을 수 있기 때문이다. 모든 회사가 전국에 걸쳐 동일한 혜택을 제공해야만 할 때 그리고 출산휴가에 대한 비용 부담이 일종의 공공 기금에 의해 분담될 때라야, 모든 기업에게 공정하고 균등한 조건이 조성되고 모든 노동자가 혜택을 받을 수 있다.

◇◇◇◇◇◇◇

핀란드의 내 친구들은 가정에 관한 계획을 세울 수 있다. 충분한 출산휴가가 보장되고 탁아 서비스가 저렴하면서도 훌륭하고 공공 의료 체계가 아이들을 돌보기 때문이다. 물론 가정을 꾸리는 일은 결코 쉽지가 않기에 그들 대다수도 조부모나 다른 친척들의 도움에 기댄다. 하지만 노르딕 나라에서 가정을 꾸리고 싶은 사람은 그냥 그렇게 하면 된다. 일단 그러고 나면 아이에게 쏟는 시간과 에너지는 주로 아이를 돌보며 함께 지내는 데 쓸 수 있다. 아이를 키우기 위한 돈을 벌려고 아이 얼굴도 못 볼 정도로 열심히 일하지 않아도 된다.

핀란드처럼 여건이 아주 좋아도 누구든 불만은 있다. 하지만 대체로 생활 방식이 조금 달라진다는 이유 때문이지, 기본적인 것들을 확보하려고 애쓰기 때문이 아니다. 웃기게도 나와 트레버의 연애나 나의 뉴욕행에 갈채를 보낸 그 친구들이 지금은 우리 부부가 아이를 갖고 싶으면 돈 벌 생각은 말아야 한다고 입버릇처럼 말한다. 그래, 맞아, 나는 혼잣말을 한다. 미국에 와서 아이를 갖겠다면 돈 벌 생각은 접어야지.

노르딕 나라들은 더 많은 여성을 경제활동에 참여시켰을 뿐 아니라, 그 과정에서 사랑에 관한 노르딕 이론을 실현했다. 이 나라들의 목표는 성별과 무관하게 개인을 지원하는 것이며 그 과정에서 더 건강한 노동자, 더 균형 잡힌 일과 삶, 아동과 부모의 더 나은 복지를 실현하는 것이다. 개인을 강화시킴으로써 더 강한 가족을 이루도록 북돋웠다. 미국도 그러지 못할 까닭이 없다.

하지만 개인을 강화시킬 또 다른 방법이 있으니, 그것은 모든 사회의 가장 중요한 자원, 즉 아이에 관한 것이다.

4장

교육은 어떻게 성공하는가

교육 강국의 등장

트레버와 결혼하여 미국에 정착했을 때 나에게는 경이로운 대가족이 생겼다. 그중 남편의 사촌인 홀리와 그녀의 남편 존은 미국 남동부의 한 소도시에 살았는데, 우리는 금세 친한 사이가 되었다. 둘 다 교육 수준이 높고 따뜻하고 성실한 사람으로, 홀리는 학계에서 일하고 존은 민간 부문에서 일하며, 학교에 다니는 두 아이가 있다.

결혼 후 트레버와 나는 진지하게 가족 계획을 생각하기 시작했다. 그 무렵 나는 미국에서 아기를 키우려면 경제적으로나 체력적으로나 힘겨워진다는 사실을 받아들였다. 그런데 아기가 자라서 학교에 갈 때가 되면? 전혀 다른 문제가 펼쳐질 것이다. 앞날을 가늠해보고자 믿을 만한 어머니 모델을 찾았다. 바로 홀리였다. 홀리와 존은 아이 교육을 어떻게 챙겼을까?

듣자 하니, 미국에서 교육은 마치 사설탐정의 일 같았다. 홀리는 여러 사람에게 조언을 구했고, 떠도는 소문들을 애써 확인했고, 결정 범위를 좁히려고 많은 시간을 들여 다양한 선택지를 조사했고, 직접 발품을 팔아 지역의 예비학교를 가급적 많이 돌아다녔다. 몇 년 전 어린이집을 알아보면서도 똑같은 일들을 겪었다고 한다.✦

좋은 예비학교를 확인한 후에도 조사를 계속 하고 직접 찾아가서, 아이가 사다리의 다음 칸—좋은 유치원과 좋은 초등학교—으로 올라갈 수 있을지 살폈다. "이 학교 저 학교 숱하게 가봤어요. 어디든 미심쩍었던 거죠."

장단점을 다 살펴야 했다. 근처 공립학교는 최근 주 단위 평가에서 성적이 나빴다. 하지만 직접 가서 살펴보았더니, 교장이 열정적이고 인상 깊었다. 그 학교에 만족하는 학부모들과도 이야기해보았다. 하지만 여전히 이른바 '집단적인 공립학교 방식'이 마음에 걸렸다. 홀리가 보기에, 학급 수가 많았고 단순 암기와 문제지를 동원하는 숙제도 너무 많았다. 반면 아이들이 야외에 나가거나 체험학습을 할 기회는 너무 적었다. 이런저런 조사를 해보고서, 홀리는 그런 문제들의 바탕이 무엇인지를 알게 되었다. 미국의 공립학교 학생들은 표준화된 시험을 많이 치러야 하는데, 시험 결과가 학교의 미래를 결정한단다. 선생들이 시험 성적을 올리려고 엄청난 압박을 받는 지경이라나. 홀리는 끊임없는 시험을 치르느라 아이들이 창의성을 기르지 못할까봐 걱정스러웠다.

사립학교는 둘씩이나 보낼 형편이 못 되었기에 처음에는 고려 대상이 아니었다. 그러다가 몇몇 친구의 말을 듣고 마음이 바뀌었다. 중산층

✦ 미국에서는 미취학 아동을 돌보는 기관이 0~4세 아이를 돌보는 어린이집(day-care center), 4~5세 유아를 대상으로 하는 예비학교(preschool), 5~6세 아동이 다니는 유치원(kindergarten)로 나뉜다. 유치원부터 의무교육이 시작된다.

가정도 학비 보조금 지원을 받을 수 있는 사립학교가 근처에 있다는 것이다. 홀리는 그 학교에 찾아가서 교육 프로그램을 알아보다 보니 입에 "침이 고이기" 시작하더란다. 교육과정은 세심하고 창의적이었으며 표준화된 시험도 치르지 않았다. 날씨가 어떻든 정기적으로 학생들을 야외로 데려 나가 체험학습을 했다. 모든 학생이 음악, 미술, 연극, 과학, 외국어 수업을 받는데, 홀리가 찾아가본 다른 공립 초등학교에서는 그러지 않았다. 학교가 장학금을 주겠다고 해서 홀리와 남편은 그 학교로 결정했다. 나머지 수업료가 만만치는 않았지만 말이다. 홀리는 그런 결정을 내렸을 때의 모순된 심경을 담담히 받아들였다고 한다. "거기에 아이들을 보내는 목적은 공부를 잘해서 하버드에 보내자는 게 아니에요. 기본적으로 아이들이 휴식과 예술을 누리게 하고 싶어서예요."

미국에서 아이들이 훌륭한 전인교육을 받기란 만만찮음을 이미 알고 있었지만, 홀리와 이야기해보고서 나는 꽤 충격을 받았다. 여러 변수와 비용 등이 너무 복잡해서 숨이 막힐 정도였다.

얼마 후 핀란드에 사는 친구와 인터넷으로 대화를 나누었다. 노라는 두 아이의 자상하고 사려 깊은 엄마다. 노라와 남편은 핀란드 남부의 작은 마을에 살며, 딸이 학교 입학을 앞두고 있었다. 딸이 다닐 학교를 여러 군데 알아봤냐고 물었더니, 노라는 아니라고 했다. 부부가 딸의 초등학교 입학 안내서를 받았을 때, 가까운 친구가 어느 학교의 교장이어서 딸을 자기 학교에 보내라고 제안했지만 부부는 굳이 그럴 이유가 없다고 여겼다. 노라는 집 근처의 두 공립학교가 아주 훌륭하다고 말했다.

홀리의 경험을 떠올리며, 노라에게 딸이 학교 생활을 잘할지 신경 쓰이지 않느냐고 물었다. 노라는 약간 놀라는 표정을 짓더니 말했다. "당연히 잘하겠지. 그런 건 생각해본 적도 없어." 잠시 후 다시 말을 이었다. "그런데 왜 묻는 거야?"

◇◇◇◇◇◇

보통의 핀란드인은 다른 나라 사람들한테 교육이 인생이 걸린 중대한 문제임을 충분히 이해하지 못한다. 다른 나라 사람들은 핀란드의 교육 체계가 왜 전 세계의 주목과 연구의 대상인지 이해하기 어려울지 모른다. 미국에서 새로 사귄 지인들이 핀란드 학교가 어떤지 물어오기 시작했을 때, 그저 예의상 내 조국에 관심을 보이려니 했다. 하지만 그들에게 교육은 끝없이 길을 찾으며 헤매야 하는 위험한 미로이다. 거기에는 아이의 앞길을 열어주려는 한 가정의 지극한 노력을 망칠 수 있는 온갖 위험이 구석구석 도사리고 있다. 미국 부모들이 교육 이야기를 주야장천 떠드는 이유는 그것이 불안의 만성적이고 실질적인 원천이기 때문이다.

이제 미국인들도 자국의 교육 체계에 전면적인 개혁이 필요하다는 데 대체로 동의하는 듯하다. 많은 공립학교가 쇠락하고 있다. 사립학교는 점점 입학 경쟁이 치열해지고 터무니없이 비싸다. 차터스쿨(정부가 자금을 대고 운영은 민간에서 맡는 학교로서 일종의 대안학교)은 꽤 성과를 내긴 했지만 새로운 문제와 불안정성을 초래한 데다 이용이 제한되어 있다.[1] 미국에서 지난 수십 년 사이에, 부자 아이들은 중산층이나 빈곤층 아이들보다 공부를 훨씬 잘하게 되었다.[2] 집집마다 아이를 좋은 학교에 보내려 혈안이고, 괜찮은 공립학교 지역에 아이가 머물 방을 마련하거나 사립학교의 자꾸 인상되는 학비를 대려고 애쓴다. 물론 대학교는 학비가 아주 비싸서 훨씬 버겁다. 미국은 학생 성취도의 국제 비교에서 전반적으로 순위가 낮다. 현재 교육 체계의 수혜자는 다름 아닌 과외 서비스나 시험 서비스, 무엇보다 근심 많은 부모들에게 교육 자체를 파는 영리기업이 아닐까. 그러니 누구든 이런 의문이 마음에 떠오를밖에. '교육을 개선하려면 어떻게 해야 하지?'

◇◇◇◇◇◇

내가 핀란드 공립학교에서 받은 교육을 떠올려보면, 그다지 특별하지 않았다. 선생님들은 친절했지만 대체로 지루했다. 오늘날 미국 공립학교 학생들처럼 나와 친구들도 단순 암기로 배웠다. 중학교 시절 아이들은 선생님께 무척 무례했다. 체육은 거의 트라우마에 가까운 경험이어서 내 세대들은 입을 모아 군대 복무 같았다고 회상한다. 학구적인 과목일 경우 숙제가 많아 낑낑댔고 표준화된 시험도 치러야 했다. 당시 국제 조사에서 핀란드의 교육 순위는 두드러지지 않았다. 하지만 이후로 상황이 변했다. 아주 극적으로. 몇 십 년에 걸쳐 핀란드는 학교를 완전히 변모시켜 세계에서 유례가 없을 정도로 알찬 공교육 체계를 만들어냈다.

이 교육 기적은 핀란드 밖에서 주로 국제학생평가프로그램(PISA)을 통해 알려졌다. 세계의 주요한 산업 강국들을 회원으로 둔 OECD가 실시하는 평가로서, 3년마다 치러진다. 이 평가는 여러 나라 만 15세 아이들의 읽기, 수학, 과학 능력을 비교한다. 핀란드 학생들은 2000년 이래 모든 PISA 평가에서 세 과목 전부 최상위권에 들었다. 수학에 초점을 맞춘 2012년 평가에서는 순위가 조금 내려갔다. 이때 상하이가 최고 점수를 얻었고, 싱가포르와 홍콩, 대만 같은 아시아 지역들이 뒤를 바짝 따랐다. 유럽에서도 핀란드는 수학에서 뒤로 밀려나 리히텐슈타인, 스위스, 네덜란드, 에스토니아와 비슷한 수준이었다. 하지만 경쟁이 심화하는 가운데서도 실질적으로 핀란드는 지금까지 상위권을 유지하고 있다. 2012년 결과를 세 과목 전체로 보자면, 핀란드는 OECD 34개국 중 한국과 일본의 뒤를 이어 3위를 차지했으며 수학에서는 6위였다.

미국은 어떨까? 상기 기간 내내 미국 학생들의 PISA 성적은 기껏해야 중간이었다. 2012년 미국은 읽기, 수학, 과학을 합쳐 OECD 34개국 중에서 21위였고 수학에서는 평균에 못 미친 27위였다.[3]

핀란드의 성공을 특히 주목할 이유가 또 있다. 단지 일부 학교만 잘한 것이 아니라, 거의 모든 학교가 잘했다는 것이다. 학교들 사이에 편차가 그처럼 일관되게 적은 나라는 어디에도 없었다. 게다가 개별 학교 안에서도 상위권 학생과 하위권 학생의 차이가 굉장히 적었다. 거의 모든 핀란드 학생들이 뛰어나다는 뜻이다. 그러나 이 아이들은 숙제가 아주 적고 출석 일수가 짧으며, 대다수는 집 근처 학교에 다닌다.

많은 외국 대표단이 핀란드 학교를 방문했고, 전 세계 언론들도 가세해 핀란드의 교육 기적에 경탄하는 보도가 줄을 이었다. 미국에서도 지대한 관심을 보였지만, 핀란드 사례를 폄하하는 시각도 있었다. 나는 핀란드가 미국에 줄 교훈이 진짜로 없는지 궁금했다. 그래서 핀란드 교육 역사를 살펴보았다. 그러면서 미국이 오늘날 처한 혼란은 수십 년 전 핀란드가 겪은 상황과 어느 정도 판박이임을 발견했다.

당시 핀란드가 교육 위기를 돌파한 접근법(사랑에 관한 노르딕 이론이라는 목표)은 오늘날 미국의 선택과 관련해 심오하고도 중대한 의미가 있다.

◇◇◇◇◇◇

소련과의 전쟁이 끝난 1940년대 후반에 핀란드는 새로운 여정에 나섰다. 핀란드는 가난했다. 숲 외에는 천연자원이 적었고 이웃의 일부 유럽 국가들을 부강하게 했던 해외 식민지라는 유산도 미미했다. 핀란드 지도자들은 오직 지적 능력만이 성공의 열쇠라고 결론 내렸다. 국민도 다음 세대가 발전할 최상의 길이 교육이라고 여겼다. 교육이야말로 (농업이나 제조업이 아니라) 지식에 기반을 둔 새로운 경제를 열어갈 희망이었다. 첨단기술 지식 기반 경제는 장차 수십 년 후의 일이었는데도, 핀란드는 내재적 약점을 극복하고자 21세기 교육 체계를 세우는 일에 일찌감치 착수했다.

물론 당시에도 극복할 문제점은 차고 넘쳤다. 핀란드 사회는 불평등이 만연한 상태였다. 교육 불평등도 오늘날 미국보다 훨씬 심각했다. 초등 교육을 마친 핀란드 아이들이 진학할 수 있는 중등학교는 단 두 종류밖에 없었다. 하나는 흔한 '공민학교(folk school)'였고 또 하나는 좀 더 학구적 성격인 민간 '문법학교(grammar school)'였다. 문법학교는 오늘날의 고등학교와 엇비슷한 기능을 했으며, 대학 교육을 위한 준비과정이기도 했다. 하지만 수업료를 받았고 작은 읍내에는 없는 경우도 종종 있었다. 결국, 큰 읍내나 도시의 부유한 가정 아이들만 대학을 꿈꿀 수 있었다.

내 할머니도 이 시대의 희생자였다. 할머니는 작은 농촌에서 자랐지만 매우 똑똑해서 공립 초등학교에 다닐 때 담임선생이 문법학교 진학을 권했다. 그러면 대학 교육의 길도 열릴 수 있었다. 하지만 할머니의 어머니는 홀몸인 처지여서 학비를 댈 수 없었고, 학비를 전적으로 가족에게 의지해야 했기에 꿈을 접어야 했다. 할머니는 6년의 학교 공부를

'숲과 호수의 나라' 핀란드는 삼림이 전 국토의 70퍼센트, 호수가 10퍼센트를 차지한다.
ICT산업과 함께 핀란드의 중요 산업인 제지업은 세계 시장 점유율 약 15퍼센트로,
캐나다에 이어 세계 2대 수출국이다. 사진은 핀란드의 가문비나무 숲.

마치고 나서 얼마간 직업 교육을 받긴 했지만, 곧 결혼하고 전업주부가 되어 내 아버지와 삼촌을 나중에는 (나를 포함해) 손자손녀들을 길렀다.

내 부모님이 학교에 갈 무렵에는 사정이 조금 나았다. 학교도 많아진 데다 정부가 사립 문법학교에 보조금을 지원하기 시작해서 가난하지만 똑똑한 아이들이 수업료를 면제받기도 했다. 그랬어도 여전히 핀란드 아이들 다수는 기본 교육 6년이 학업의 전부였다. 약 4분의 1만이 문법학교에 진학했다.[4]

핀란드의 지식 기반 산업은 점점 성장세였는데, 그 정도로는 교육받은 노동자를 충분히 제공하기에 역부족이었다. 핀란드 기업들은 국제 경쟁력을 갖추고 혁신을 일궈낼 뛰어난 인재들을 원했다. 오늘날 미국의 사정과 다르지 않았다. 하지만 당시 핀란드는 오늘날의 미국처럼 무엇이 교육 체계를 개혁할 최상의 방법이냐를 놓고서 극명하게 나뉘어 있었다. 가령, 통합 공교육 체계 마련 여부를 놓고서 격렬한 토론이 20년 가까이 이어졌다. 반대자들은 문법학교의 엘리트 학생들이 목표로 하는 높은 수준에 맞춰 모든 학생을 교육하는 것이 합리적이냐고 물었다. 모든 아이가 교육을 잘 받을 필요가 있는가? 해결할 다른 문제들도 산적한 마당에 귀중한 자원을 낭비하는 것 아닌가? 또한, 모든 아이가 핀란드어와 스웨덴어(핀란드의 또 다른 공식 언어)뿐 아니라 문법학교에서 요구하는 외국어까지 배우는 것이 타당한가, 아니, 필요한가?

마침내 특별위원회가 권고안을 내놓았다. 통합 공교육 체계를 마련해야 한다는 내용이었다. 반응이 분분했다. 초등 교사들은 모든 학생이 교육 혜택을 동등하게 받을 것으로 여겼지만, 대학 교수들은 회의적인 편이었다. 정치인들도 나뉘었다. 한 핀란드 교육 전문가는 당시 상황을 이렇게 설명했다. "일부는 통합 공교육 체계가 도입되면 핀란드의 미래가 암울할 거로 예상했다. 지식 수준이 하락하고, 기존의 국가적 능력이 낭비되며, 경제적으로도 국제 경쟁에서 뒤쳐질 거라고 말이다."[5]

하지만 양질의 보편적 교육을 옹호하는 사람들이 우세해졌고, 마침내 핀란드 학교 개혁의 가장 기본적인 첫 단계가 1970년대 초 실시되었다. 처음 목표는 공민학교와 문법학교라는 평행한 두 갈래 길을 단일한 종합 체계로 천천히 그리고 세심하게 결합하는 일이었다. 보다 학구적이고 엄밀한 프로그램을 모든 학생들에게 제공하는 방향이었다. 1970년대 말에는 전국의 모든 지자체가 새로운 체계를 시행하기에 이르렀다.

탁월함은 어디에서 오는가

파시 살베리. 옅은 갈색 머리에 몸매는 호리호리하고, 맵시 있는 정장 차림의 50대 남자다. 외모로 보자면 하이테크 기업의 핵심 브레인 같다. 사실 살베리는 핀란드 교육 개혁을 이끈 권위자다. 동시에, 교사이자 학자이자 핀란드 교육부 국제유동성센터의 전임 소장이다. 근래에는 하버드 교육대학원의 객원 교수로 있었다. 케임브리지로 옮기기 전에 헬싱키에서 그가 한 일에는 세계 방방곡곡에서 오는 교육 사절을 영접하는 일도 포함되었다. 살베리 자신도 핀란드의 교육 방법을 소개하려고 전 세계를 돌아다녔다.

2011년 12월, 살베리는 뉴욕 맨해튼의 명문 사립학교를 방문했다.[6] 센트럴파크 바로 맞은편에 있는 드와이트 스쿨의 어느 교실에 선 그는 학생과 교사와 방문객 들에 둘러싸였다. 핀란드 교육에 대한 관심이 교실을 뜨겁게 달군 가운데 살베리는 미국과 핀란드 교육 체계의 차이를 주제로 학생들과 이야기를 나누었다. 가르치는 일은 하나의 직업으로서 얼마나 소중한가? 두 나라의 학창 시절은 각각 어떤가? 미국의 SAT와 핀란드의 대학입학시험을 비교해보면 어떤가? 하지만 가장 주목할 만한 말은 사실상 묻혀버렸다.

"그리고 핀란드에는 사립학교가 없습니다."

살베리가 한 이 말은 그 중요성을 아무리 강조해도 지나치지 않다. 엄밀히 말하자면 소수의 독립적인 학교가 핀란드에 분명 있기는 있다. 대표적인 것이 발도르프 학교다. 독일에서 시작된 이 학교는 창의력과 예술 활동을 강조하며 자유로운 인간을 길러낸다는 교육 철학을 따른다. 이외에도 핀란드어나 스웨덴어 외의 외국어를 가르치는 학교도 있고, 종교적인 색채를 띠는 학교도 있다. 하지만 그런 학교들도 전부 국가의 승인을 받아야 하며, 대체로 핀란드의 핵심 교과과정을 의무적으로 따라야 한다. 하지만 가장 중요한 점을 말하자면, 이런 독립 학교도 거의 전부가 세금을 통해 공적으로 재정을 충당한다.7 수백 달러의 수업료를 내야 하는 학교는 극소수다. 그러니 이런 독립 학교들을 자체 교과과정이 있고 수업료를 통해 자금을 충당하는 미국의 사립학교와 비교할 수는 없다. 핀란드에는 일부 사립 직업학교가 있으며 외국 학위를 주는 몇몇 국제대학이 있지만, 핀란드 국내 학위를 주는 사립대학은 없다. 이 모든 사례들이 지닌 의미는 심오하다. 다른 선택이 가능하긴 하지만, 실질적으로 핀란드에서는 누구나 공립학교에 다닌다. 유치원에 가든 박사 학위를 받으러 가든.

어떻게 그럴 수 있을까? 어떤 면에서 답은 간단하다. 핀란드는 헌법에 명시된, 모든 국민이 양질의 무상 교육을 누릴 권리를 신성시하며, 이를 충실하게 실현할 뿐이다.[8] 출산휴가 및 탁아 서비스에서도 나타났듯이, 핀란드는 누구나 좋은 교육을 받는 일이 현시대에 자라나는 아이의 기본권을 보장하는 데 필수라고 판단했다. 즉, 사랑에 관한 노르딕 이론에 따랐다. 그 결과 핀란드 부모들은 사립학교를 살펴보거나 학비 댈 방법을 알아보는 데 시간을 쓰지 않는다. 좋은 학군에 집을 마련하느라 생돈을 쓸 필요도 없다.

부모 둘 다 교사였던 살베리는 문자 그대로 핀란드 교육계에서 자란 셈이다. 그는 헬싱키의 한 중학교에서 수학과 물리를 가르쳤고, 핀란드 교육부의 여러 부서에서 경력을 쌓았으며, OECD나 세계은행 등 국제기구들에서 교육 전문가로 다년간 활동했다. 늘 받아온 질문들에 답하려는 생각도 있고 해서 2011년에 『핀란드의 끝없는 도전』을 펴냈다(한국어판은 2016년 출간).

살베리가 보기에, 미국의 학교 개혁론자들은 늘 다음과 같은 질문들에 시달려왔다. 지속적인 평가 없이 어떻게 학생들의 실력을 파악할 수 있는가? 나쁜 선생에게 책임을 묻고 좋은 선생에게 성과급을 주지 않고서 어떻게 가르침을 향상시킬 수 있는가? 어떻게 경쟁을 촉진하고 산학협력을 이룰 것인가? 학교 선택권을 어떻게 보장할 것인가?

그러나 이 질문들은 핵심을 놓치고 있다는 게 살베리의 생각이다. 드와이트 스쿨 방문을 마치고 오후에는 컬럼비아 교육대학 강연이 이어졌다. 살베리는 미국에서 부모의 교육 선택권 덕분에 차터스쿨이냐 사립학교냐를 선택할 수 있음은 인정하면서, 다음과 같이 말했다. "사람들은 학교가 상점과 같아야 한다고 믿습니다. 부모들이 원하면 가보고 아니면 다른 상점에 가서 아이들을 위해 뭐든 구매할 수 있는 곳이라고요." 그런데 미국 학교가, 핀란드 학교들이 그렇듯, 다들 뛰어난 수준을 갖춘다면 어떻게 될까?

이제 진짜 주목할 지점이다. 살베리의 말이 계속되면서 핵심 메시지가 드러났다. 미국인 청중들이 들었든 안 들었든 말이다. 수십 년 전 핀란드 교육 체계가 개혁을 간절히 원하던 당시, 핀란드가 마련한 교육 목표는 사실 탁월함이 아니었다(오늘날에는 아주 탁월한 것으로 드러났지만). 그것은 다름 아닌, 평등이었다.

◇◇◇◇◇◇◇

핀란드가 지난 40년 넘게 뭘 했는지 설명하려면, 교육에 관한 최근의 연구를 잠시 살펴보면 좋다. 2011년에 MIT의 두 경제학 교수 아비지트 V. 바네르지와 에스테르 뒤플로가 『가난한 사람이 더 합리적이다』라는 책을 출간했다. 책에서 두 저자는 영양, 의료, 경제, 교육 등의 분야에서 가난한 나라들의 문제를 해결하기 위해 흔히 제시되는 여러 해법을 자세히 살폈다. 특히 한 나라의 문제들을 전부 해결할 묘책으로서 교육을 다루었다.[9]

바네르지와 뒤플로가 알아낸 바에 따르면, 한 나라의 문제 해결을 맡은 전문가들은 기본적으로 두 가지 교육관을 제시한다. 우선 '수요' 접근법은 교육을 일종의 투자로 여긴다. 부모들이 아이들의 학비를 대는 까닭은 장래의 소득을 위한 투자이기 때문이다. 교육의 혜택이 충분히 크다고 판단될 때만 부모는 아이를 사립학교에 보내거나 공교육의 향상을 요구한다. 이런 사고방식에서는 부모가 자녀에게 원하는 높은 수준의 교육이 가능하도록 보장하는 열쇠는 경쟁이다. 변화는 공급이 아니라 수요에 의해서 촉발될 터이다.

이런 교육관은 세계에서 널리 인정되며, 미국에서 인기가 있다. 미국에는 대체로 주에서 운영하고 자금을 대는 공립학교의 광범위한 네트워크가 있지만, 미국 학생의 10분의 1은 사립학교에 다니며 실질적으로 모든 대학 교육은 학생들에게 받는 수업료를 기반으로 한다. 심지어 공교육도 민간부문에서 제공하는 서비스에 크게 의존한다. 가령 민간에서 (영리기업 비중이 증가하고 있다) 운영되는 차터스쿨과 다국적 기업들이 개발한 평가 프로그램이 그런 예다.[10]

수요 접근법은 '학교 선택'의 개념에서 잘 드러나는데, 대체로 교육 민영화를 더 한층 촉진한다. 이 개념은 종종 전 지구적 학교 개혁 운동에 근본적으로 중요한 다른 개념들과 보조를 맞춘다. 교사 역량을 측정하는 더욱 표준화된 시험, 그런 시험 결과에 대한 교사들의 책임 증대, 학교 간 교사 간 학생 간 경쟁 심화, 더 많은 수업 시간 등이 그것이다.

이런 개념들 중 일부는 한 노르딕 나라, 즉 스웨덴에서도 받아들였다. 스웨덴은 학교 체계를 민간 기업에도 개방했다.[11] 영국은 표준화된 시험을 채택했다.[12] 인도는 사립학교에 사용할 수 있는 학교 바우처✦ 제도를 실험하고 있다.[13] 2012년 미국 대통령 선거전에서 버락 오바마와 밋 롬니 둘 다 학교 선택제를 채택했다. 특히 롬니는 부모가 다양한 선택지—공립학교, 차터스쿨, 사립학교—에서 선택할 기회가 있어야지만 학교가

✦ 방과 후 수업을 들을 수 있는 일종의 무료 수강 쿠폰.

나아진다는 굳건한 신념을 보여주었다. 이런 사고방식에 따르면, 정부의 역할은 그저 마음에 드는 학교에 비용을 대도록 돕는 바우처를 부모들에게 제공해 이런 자연선택 과정을 용이하게 하는 것뿐이다.[14]

하지만 교육은 일반적인 투자라고 보기 어려운 특별한 점이 있다고 바네르지와 뒤플로는 지적한다. 교육 투자의 비용을 지불할 사람은 부모지만, 그 혜택을 받는 쪽은 아이들이다. 게다가 혜택도 대체로 여러 해가 지나서 또는 수십 년 후에 생긴다. 이는 행위와 보상 사이에 중대한 불일치를 낳는다. 전통적인 농경사회라면 많은 부모가 이런 투자를 하지 않을 테다. 아이를 집에 두거나 농사일을 시키는 것과 비교해서 직접적인 이득이 없기 때문이다. 하지만 현대사회의 부모들도 특히 학비가 매우 비쌀 때 이런 불일치로 좌절할 수 있다. 더군다나 수요 접근법은 부모가 아이의 교육을 능동적으로 관리하도록 요구한다. 혼란스러운 여러 교육 방식을 저울질하고, 치열한 신청 과정에 관여하고, 자녀가 마땅한 학교에 들어가도록 챙기는 일은 돈은 물론이고 재능과 시간 그리고 심심찮게 인맥이 필요하다. 수요 접근법은 아이의 운명을 부모의 소망과 능력에 거의 전적으로 의존하게 만든다. 이는 노르딕 사회가 추구하는 방향과 정반대이다. (스웨덴의 문제는 조금 후에 살펴보겠다.)

바네르지와 뒤플로가 확인한 두 번째 교육관은 무엇일까? 이른바 '공급' 접근법이다.(명칭은 식상할지 모르나 내용은 놀랍다.) 여기서 교육은 부모가 원할 때 작동하는 것이 아니라 기본적인 인권으로 여겨진다. 이 목표는 개별 부모가 자녀를 위해 무엇을 선택할지 또는 한 가정의 처지가 어떤지와 무관하다. 바네르지와 뒤플로는 이 관점을 다음과 같이 요약한다.

"문명화된 사회라면 정상적인 아동기를 보내고 양질의 교육을 받을 아이의 권리가 부모의 변덕이나 탐욕에 인질로 잡히는 것이 허용되어서는 안 된다. (…) 이러한 이유에서 부유한 나라 대다수는 부모에게 선택권을 주지 않는다. 부모가 집에서 교육을 시킬 수 있음을 증명하지 않는한, 아이들은 특정 연령 전까지 학교에 다녀야 한다."[15]

핀란드의 교육 행정가들이 새로운 통합 교육 체계의 목표와 방법을 정하려고 준비하고 있던 1970년대 말에, 급변하는 현대 세계의 현실을 가장 잘 반영한 것이 바로 이 교육관이었다. 공급 접근법은 강한 지식 기반 경제라는 핀란드의 목표를 달성하고 아울러 21세기를 앞두고 국가의 성공을 보장할 아마도 최상의 방법이었다. 핀란드의 행정가들은 '공급' 접근법의 원리에 온전히 헌신했으며, 결코 뒤돌아보지 않았다.

요약하자면 핀란드는 모든 면에서 오늘날 미국에서 유행하는 교육 개혁과 정반대 방법으로 굉장한 성공을 거두었다. 즉, 이처럼 판이한 두 접근법은 아주 다른 결과를 낳을 수밖에 없다.

◇◇◇◇◇◇

교육에 관한 한 미국이 서구의 거의 모든 다른 선진국과 비교해서 놀라울 정도로 후진적임은 안타깝게도 사실이다. 미국에서는 아이가 학교에서 우수할지 여부가 적성이나 노력이 아니라 부모의 상태, 즉 부모의 교육 수준과 경제력으로 점쳐지기 때문이다. 다른 나라들도 이런 조건에서 완전히 자유롭지는 않지만, 미국은 유독 시대착오적이다. 그리고 상황은 더 나빠지고 있다. 경제력이 미치는 영향력은 점점 막강해지고 있다. 스탠퍼드 대학 교수 숀 리어던에 따르면, 2012년 미국에서 부유한 학생과 가난한 학생의 성적 격차는 30년 전보다 40퍼센트쯤 커졌다.[16]

이 사실과 관련된 다른 통계들도 찜찜하기는 마찬가지다. 아동 빈곤을 보자. 29개 선진국의 아동 빈곤을 조사한 유니세프 보고서가 2013년에 나왔다. 이 조사는 여러 사회의 소득 불평등을 상이한 부의 수준으로 측정하는 흔한 기법을 이용했으며, 가처분소득이 해당 국가의 평균 미만인 가정의 아이를 빈곤 아동으로 봤다. 결과를 살펴보자. 핀란드의 아동 빈곤율은 5퍼센트 미만으로 모든 부유한 나라들 가운데 최저였다. 대조적으로 미국의 아동 빈곤율은 무려 25퍼센트에 가까웠다. 전체 아동 인구의 4분의 1이다. 미국은 사실 꼴찌 다음이었다. 그 아래는 루마니아 뿐이었다.[17]

상대적인 수치이므로 중요하지 않다고? 절대 수치로 보자면 훨씬 가난한 여러 나라의 아이들보다는 미국 아이들 형편이 좋다. 하지만 수치 비교에서 드러나듯이, 미국에서는 다른 선진국보다 훨씬 높은 비율의 아동이 사회의 대다수가 일반적이라고 여기는 기본적 기회나 활동, 물질적 안락을 누리지 못하고 있다. 극빈층이나 제3세계 국민이 되지 않아도 미국 사회에서는 상당히 뒤처진 수준의 생활을 누릴 수 있다.

미국의 이런 두 경향—(1)미국의 가난한 아이들이 부유한 아이들보다 학교에서 열등한 것, (2)다른 부유한 나라들보다 미국에 가난한 아이들이 더 많은 것—을 통해 명확히 드러나듯이, 미국은 다른 선진국보다 한참 뒤떨어져 있고, 학생 실력을 전체적으로 향상시키려 할 때 근본적인 도전에 직면한다.

역설적이게도 미국의 교육 논의에서 빈곤율은 걸핏하면 휘두르는 무기가 되었다. 한쪽 진영은 미국의 높은 아동 빈곤율을 거론하며 공립학교를 지키려고 한다. 문제는 학교가 아니라 학생들의 상황이라는 것이다. 다음과 같은 논지다. 핀란드가 미국처럼 가난한 학생이 많다면 그런 훌륭한 교육 성과가 나올 수 없다. 학교를 개선하려면 빈곤 문제를 개선해야 한다. 다른 진영은 빈곤율은 핑계일 뿐이라고 여긴다. 교사 수준이 높기만 하다면, 가난한 아이라고 해서 부유한 아이보다 못할 이유가 없다는 주장이다. 미국은 가난한 이민자 출신 아이들이 부모보다 더 나은 교육을 받고 공부를 잘해서 더 부유해진 오랜 전통이 있다. 이는 평범한 가정의 학생도 노력하면 잘될 수 있다는 증거다. 여기서 결론은 빈곤 문제를 개선하려면 학교를 먼저 개선해야 한다는 것이다.[18]

두 진영 모두 일리가 있다. 아동 빈곤은 수많은 위험 요소와 연관되어 있는데, 그중 다수는 교육과 관련이 있음을 여러 연구가 보여준다. 즉, 학습 장애, 행동, 건강, 10대 임신, 약물과 알코올 남용 등이 전부 교육 관련 문제들이다. 소득 불평등 탓에 미국의 교육 체계는 핀란드와 같이 더 평등한 사회의 교육 체계와 경쟁하기가 어렵긴 하다. 하지만 소득 불평등이 있다고 해서 언제나 당연하게 큰 차이가 나지는 않는다. 이스라엘과 멕시코 같은 나라들은 미국보다 소득 불평등이 더 크지만 상이한 배경의 학생들 사이의 학력 편차는 더 작다.[19] 심지어 핀란드도 지난 몇십 년 동안 소득 불평등이 상당히 증가했지만,[20] 학생의 학업 성과에 미친 영향은 비교적 적었다.

하지만 어느 쪽이든 간에 미국의 교육 개혁가들은 핀란드 사례를 대수롭지 않게 치부하는 편이다. 미국에 비해 핀란드 사회가 매우 평등하다는 이유에서다. 이 주장은 핀란드가 거둔 성공의 요점을 완전히 놓치고 있다. 가난이 낳은 문제들 극복이야말로 핀란드의 새로운 교육 체계가 마련된 목적이었고, 그 체계는 보란 듯이 목적을 달성했다. 핀란드가 수십 년 전 몰두했던 교육에 관한 '공급 접근법'은 오늘날 미국 사회를 유린하는 구시대적 모순을 넘어서 핀란드를 발전시키는 데 일조했다. 평등에 초점을 맞추는 전략은 탁월함을 키워내는 데뿐 아니라 한 나라의 장래를 준비하는 데에도 매우 효과적이다.

그렇기는 하지만, 핀란드의 교육 방식 가운데 일부는 지금도 놀라움으로 다가온다. 노르딕 사람들은 정말로 아이들을 (적어도 아주 어릴 때에는) 전혀 교육시키지 않아야 한다고 굳건하게 믿는 것일까?

아이의 일은 노는 것

미국에서 살면서 빌레와 니나라는 핀란드인 부부를 사귀었다. 둘은 뉴욕의 대기업에서 일했으며, 좋은 학교가 많고 부자 동네인 웨스트체스터의 오래되고 근사한 집에서 살았다. 두 아들 시수와 코스모 모두 미국에서 태어나 집 근처의 작은 사립 어린이집에 다녔다. 보통 가정집처럼 꾸민 곳이었는데, 비용은 1인당 월 1300달러였다. 시수는 어린이집에서만 두 살 때 벌써 알파벳과 수를 익혔다. 빌레는 시수의 재능에 감격했고, 더 잘 키워줘야겠다 싶어 집에서도 책을 읽어주었다. 하지만 니나는 혼란스러웠다. "그 즈음 이제 그만하고 더 가르치지 않아야 한다고 생각했어요. 두 살배기는 그런 걸 아직 배울 필요가 없어요."

빌레와 니나가 핀란드로 돌아가고 몇 년 후, 헬싱키 근처에 있는 둘의 집에 찾아갔다. 그 무렵 막내 코스모는 생후 3년 6개월째였고 교외의 훌륭한 영어 어린이집을 다니고 있었다. 아직 글자와 수는 배우지 않았다.

또 다른 사례로 내 친구 로라를 들 수 있다. 로라가 가족과 함께 핀란드를 떠나 옥스퍼드 대학에서 1년을 보냈을 때, 네 살 된 아들을 맡긴 영국 어린이집에서 아이의 학습 목표 기록장을 작성하는 것을 알고 깜짝 놀랐다. 서류에다 아이가 매달 무엇을 익혔는지 정리해둔 것이다. 로라는 어린이집 교사에게 아들이 즐겁게 지내고 영어를 조금 익히고 친구도 조금 사귈 수 있으면 그걸로 좋다고 말했다. 이제 놀란 쪽은 상대방이었다. 교사는 교육 강국 핀란드에서 온 분이 어떻게 그렇게 느슨하냐고 되물었다.

덴마크 친구이자 심리학자인 한나도 덴마크 어린이집에서 새로운 유행, 즉 아이의 발달을 측정하는 것에 결사 반대였다. 측정이라고 해봐야 아이가 도형 안에 제대로 색을 칠할 수 있는지를 확인하는 정도였지만. 그래도 한나는 아이들이 자기들끼리 놀면서 관심과 창의성을 스스로 찾고 표현하도록 내버려두는 편이 더 낫다고 했다.

이런 노르딕 부모들이 좀 이상한 걸까?

◇◇◇◇◇◇◇

오늘날 전 세계의 교육 전문가 대다수가 공유하는 믿음이 하나 있는데, 아이 인생의 첫 1년이 이후의 성공에 결정적으로 중요하다는 것이다. 하지만 아이의 장래 성공을 위한 발판을 마련할 최상의 방법이 뭐냐는 질문에는 의견이 분분하다. 미국에서 공교육(즉 의무적이고 보편적인 무상 교육)은 대체로 만 5세부터 시작하며, 첫해는 유치원에서 이루어진다. 하지만 조기교육이 특히 불우한 아이들에게 분명한 이점이 있다는 연구가 나온 이후로 미국인들은 아이들을 학교에 빨리 보내야 한다고 결론 내렸다.[21] 오바마 대통령이 가장 많이 언급한 정책안 하나는 공적 자금으로 운영되는 예비학교를 4세 아이들까지 확대해야 한다는 내용이었다. 2014년에 새로 선출된 뉴욕시장 빌 더블라지오는 그렇게 했다.[22]

노르딕 사람들도 조기교육이 중요하다고 여긴다. 덴마크와 스웨덴에서는 세 살에서 다섯 살까지의 거의 모든 아이가 어린이집에 다니며, 다른 노르딕 나라들도 그런 노선을 바짝 뒤쫓는다. 핀란드에서는 그 연령대 아이들 4분의 3이 공립 어린이집에 다닌다. 하지만 노르딕 나라들에서는 어린이집과 학교 사이의 구분이 매우 뚜렷하다. 정식 교육은 예닐곱 살 전에는 시작하지 않는다. 핀란드의 대다수 아이들은 여섯 살 때 무상 유치원에서 첫 해를 보내며 정식 교육을 시작한다. 2015년 초 1~2년짜리 유치원은 의무교육이 되었다. 하지만 정식 학교는 미국 기준으로는 늦게, 즉 일곱 살이 되고 나서야 시작한다. 핀란드인에게 물어보면, 어린이집은 결코 학교가 아니며 그래서도 안 된다고 답할 것이다. 사실 몇 년 전까지 핀란드의 공립 어린이집 체계는 교육부가 아니라 사회보건부 관할이었다.[23]

그렇다면 노르딕 부모들은 어째서 이토록 느긋할까? 답은 대단히 단순하다. 아이는 아이여야 한다는 것. 핀란드 어린이집은 알파벳이나 숫자나 어휘 가르치기에 관해 정해놓은 구체적인 목표가 없다. 대신에 아이들 저마다의 관심사에 따라, 사회적 능력과 호기심을 뒷받침함으로써 장래의 독립적 학습을 위한 토대를 마련한다. 대체로 이런 태도의 바탕에는 "아이의 일은 노는 것이다."라는 유명한 핀란드 속담이 자리 잡고 있다. 핀란드 어린이집의 전형적인 일상 프로그램에는 휴식 시간뿐 아니라 (날씨가 어떻든) 낮에 야외에서 놀기와 더불어 조용히 있기, 게임, 낮잠, 공예 시간이 들어 있다. 숲, 스포츠센터, 극장, 동물원 등으로 현장학습을 가기도 하고 수영이나 제빵과 같은 활동을 포함하기도 한다. 노르딕에서는 누구나 신선한 공기와 운동의 이로움을 믿기에 아기들을 유모차에 태워 야외에서 낮잠을 재우는데, 심지어 겨울에도 그렇게 한다. 물론 따뜻하게 이불로 감싸서 말이다. 덴마크와 노르웨이에는 '숲속 유치원'이라는 어린이집이 있는데, 여기서 아이들은 거의 종일 자연 속에서 지낸다(심지어 코펜하겐 같은 도시에서는 버스가 아침에 아이들을 태워 야외로 데려갔다가 오후에 데려오기도 한다). 어떤 어린이집 프로그램에서는 세 살배기한테 오랫동안 하이킹을 시키기도 한다.

핀란드의 어린이집 교사는 보통 큰 소리로 책을 읽어주며, 아이들은 가만히 앉아서 소소한 과제—따뜻한 식사 함께 먹기, 서로 도와가며 우유를 잔에 따라주기, 설거지 등—를 해결하는 법을 배운다. 만약 아이들이 장사 놀이를 하면, 교사들이 거래를 위한 숫자 사용을 돕거나 게임을 재미있게 진행하는 데 필요한 약간의 지식을 알려준다. 그러면서 어느 정도 읽기 능력을 갖추는 아이도 있다. 하지만 어떤 아이도 1학년 전에 읽기를 배울 것으로 기대하지는 않는다.

핀란드의 어린이집 교사들은 1년에 한두 번 부모와 만남을 갖는데, 대화 내용은 주로 배변 훈련과 다른 아이와의 협동, 아이가 짜증을 부릴 때 대응하는 가정과 어린이집의 공동 규칙에 관해서다. 핀란드 사람들이 어린이집에 관해 관심을 갖는 특성은 교육 성과와는 별 관계가 없다. 대신에 핀란드 부모들은 이런 걸 묻는다. 집에서 가장 가까운 어린이집을 찾을 수 있을까? 놀이 집단별 아이들 수가 너무 많지는 않을까? 음식과 위생이 최고 수준일까, 적어도 꽤 괜찮을까? 아이들 낮잠을 너무 오

노르웨이 오슬로의 어린이집 선생님과 야외로 산책 나온 아이들(위).
스웨덴 스톡홀름 시내에 폭설이 내려 도시 교통이 마비된 가운데
아빠가 아이를 썰매에 태워 어린이집에 데려가고 있다(아래).

래 재우는 건 아닐까?(그러면 밤에 잠을 잘 자지 않을 테니까!) 교사들이 성 역할에 관해 구태의연한 생각을 갖고 있을까, 아니면 진보적일까? 어린이집의 학습에 관해 노르딕 부모들의 생각은 단호하다. 적을수록 좋다.[24]

　다른 여러 나라의 어린이집에 비해 핀란드의 어린이집은 서비스와 태도가 놀랍도록 균질하다. 따라서 부모들은 혼란스럽고 비싼 선택지를 고민하지 않아도 된다. 또한 어린이집은 어디든 시설이 뛰어나고 괜찮은 놀이터를 갖추고 있다. 그런 신뢰성과 균질성은 노르딕 문화의 특성이라기보다, 가족 정책과 더불어 모든 아이에게 어릴 때부터 평등을 정책적으로 보장하려는 명확한 사회적 태도에서 기인한다.

　유니세프 보고서는 핀란드를 특히 다음 두 가지 면에서 칭찬한다. 탁아 서비스에 OECD 평균보다 훨씬 많은 돈을 투입한다는 것, 그리고 선진국들 가운데서 어린이집 직원 대 아이의 비율이 최고 수준이라는 것. 3세 미만은 아이 넷 당 직원 한 명, 3세 이상은 아이 일곱 당 직원 한 명이다.(출산휴가가 길기 때문에 노르딕의 어린이집은 대체로 생후 6~7개월 이상부터 아이들을 받는다.) 직원은 최소한 유아교육에 관한 석사학위 이상이 있거나 사회복지 내지 육아 분야의 전문 학위가 있어야 한다. 핀란드 아이들은 대개는 그냥 놀고만 있는데, 그렇더라도 핀란드의 탁아 정책은 돌보는 이가 아이들이 뭘 하는지 아는 능숙한 전문가이길 그리고 훨씬 이후의 학습에 방해를 줄지 모를 어떤 징후를 늘 살피도록 요구한다. 유치원은 어떨까? 유니세프 보고서를 보면, 핀란드는 유치원 교사에 관한 엄격한 최소한의 자격 요건을 정해두었으며, 교사 대다수는 교육에 관한 학사 또는 석사 학위 소지자다.[25]

　이와 대조적으로 미국의 전형적인 어린이집에서 부모들이 우려하는 현실은 꽤 다를 수 있다. 샘 카스에게 들은 이야기론 그렇다. 당시 백악관의 양육 정책 담당 수석 고문이던 그의 설명에 따르면, 영부인 미셸 오바마의 아동 비만 퇴치 활동에는 어린이집 교사들이 아이들을 종일 TV 앞에 앉혀놓는 대신에 야외로 데려나가도록 설득하는 일이 주였다고 한다.[26] 반대편 극단에서 보더라도, 아이들을 경쟁이 치열한 예비학교에 보내는 미국인 지인들 또한 너무 이른 나이부터 꼼짝 없이 공부만 하지 않나 우려한다. 노르딕 사고에서는 아이들을 놀게 해주는 것, 심심풀이로 문제를 해결하면서 창의성을 기르도록 놓아두는 것이 암기나 이른 기술 습득보다 훨씬 더 근본적인 장래의 학습을 위한 첫걸음이다.

하지만 핀란드 아이들한테 참된 아동기라는 '사치'를 허용하는 일에는 또 다른 중요한 측면이 있다. 미국과 달리 핀란드에서 부모들은 아이가 태어나는 순간부터 장래의 교육 과정을 신경 쓰지 않아도 된다. 파시 살베리의 표현대로, '학습 준비도(school readiness)'는 부모와 아이가 학교에서 성공하도록 준비한다는 뜻이 아니다. 학교가 아이들을 받아들일 준비를 해야 한다는 뜻이며, 어떤 아이라도 잘하도록 돕기 위해 학교가 존재한다는 의미다. 정말로 핀란드 학교는 준비가 되어 있다.

교사에게 투자하는 만큼 거둔다

〈가장 따뜻한 색, 블루〉라는 영화를 보았다. 평범한 고등학생 소녀 아델이 대학에서 미술을 전공하는 엠마를 만나 사랑에 빠지고 성에 눈뜨는 내용을 그린 프랑스 영화로, 미국 관객에게는 다소 충격적으로 다가올 수도 있겠다. 하지만 누드와 섹슈얼리티가 심드렁하게 다루어지는 노르딕 문화에서 자란 탓에 논란거리였던 섹스 장면에는 별 관심이 없었다. 대신에 저녁식사 자리의 한 순간이 오래 기억에 남는다.

아델이 엠마와 데이트를 하던 중에 엠마의 어머니와 새아버지를 처음 만난다. 아델의 집은 노동 계층이고 보수적인 반면, 엠마의 집은 예술적이고 상류층이다. 굴을 곁들여 화이트와인을 마시며 엠마의 부모는 아델더러 꿈이 뭐냐고 묻는다. "선생님이 되고 싶어요." 엠마의 어머니는 시큰둥한 표정으로 다시 묻는다. "왜 그러고 싶은데?" 아델은 부모나 친구들한테서 배우지 못한 것을 학교에서 많이 배웠다고, 그래서 자기가 배운 것을 다른 아이들한테도 전해주고 싶다고 이야기한다. 그때 엠마가 대화에 끼어들더니, 아델은 일단 대학에 가보면 마음이 바뀔 거라고 말한다. 엠마의 새아버지가 중재자인양 툭 던진다. "적어도 넌 분수를 아는구나."

이 장면이 특히 기억에 남은 까닭은 내가 핀란드와 다른 나라 사이에서 느낀 엄청난 차이, 즉 교사에 대한 존경심의 차이를 잘 드러내고 있어서다. 핀란드 영화에서는 이런 장면을 찾기 어렵거니와, 교육 수준이 높은 가정에서 교사라는 직업을 내려다보는 것도 말이 되지 않는다. 미국에서 교육 개혁을 외치는 이들 다수가 오늘날 미국 공교육의 가장 큰 문제로 나쁜 교사를 꼽으며, 그 이유는 교사 노조에 있다고 확신한다. 노조가 나쁜 교사를 해고시키지 못하게 한다는 불평이 흔히 들린다. 다큐멘터리 영화 〈'슈퍼맨'을 기다리며(Waiting for "Superman")〉는 나쁜 공립학교에서 고생하는 가난한 미국 아이들을 감동적으로 담아내 많은 관객을 불러 모았는데, 여기서도 교사 노조에 비난의 화살을 던진다.

하지만 핀란드의 관점은 이렇다. 나쁜 교사를 해고할 수 없어 고민이라면 해결책은 애초에 나쁜 교사를 기르지 않아야 한다. 교사의 질에 관한 논의의 핵심은 사실 조금 더 큰 질문을 다룬다. 교직을 어떻게 볼 것인가? 교사가 된다는 것은 준학사나 학사 학위 정도의 준비로 충분한 간호사와 같은 것일까? 아니면 대학 학위에 특정한 마음가짐, 현장 순발력과 재치가 있으면 되는 기자와 같은 것일까? 그것도 아니면 법률가나 의사처럼 훨씬 강도 높은 대학원 수준의 공식적이고 전문적인 직업 교육이 필요한 것일까?

핀란드에서 가르치는 일은 타고난 재능이나 쉽게 익힐 수 있는 기술로 치부되지 않는다. 어쩌면 의사보다 더 높은 수준으로 여겨진다. 핀란드 교육 개혁의 가장 중요한 정책 가운데 하나는 초등학교부터 고등학교까지 모든 교사가 석사학위 소지자여야 한다고 정한 것이다. 오늘날의 교사 양성 프로그램은 가장 엄선된 대학 전공에 속한다.

핀란드에서 교사가 되려면 어떻게 해야 할까? 핀란드 대학은 대체로 학생들이 일찍부터 전문화를 추구하도록 구성되어 있다는 점에서 유럽 여러 나라들과 유사하다. 미국에서 의과 대학원을 가려는 학생이 학부에서도 의학 과목을 예비 전공하는 방식과 비슷하다. 교사가 되고자 하는 핀란드 학생들은 대학 1학년부터 교육 전공을 시작해야 한다. 초등학교에서 가르치려는 이들도 학부에서 교육 전공을 마쳐야 하고, 아울러 초등학교 교과에 포함된 과목들을 부전공으로 해야 한다. 이후 전도유망한 교사들은 고급 연구 과정을 마쳐야 하는데, 이는 석사학위를 받기 위한 미국의 대학원 수준 과정에 해당된다. 상급 학년을 가르치길 희망하는 이들은 수학이나 역사처럼 가르치고 싶은 주제를 전공해야 하는

데, 한편으로 5개년 통합 과정 아니면 5년차 집중 과정에서 교육에 관해 배워야 한다. 예비 석사들은 약 700시간 동안 숙련 교사의 감독하에 수업을 준비하고 실제 학생들 앞에서 가르쳐야 한다. 대학병원의 인턴 과정과 비슷하다. 이는 하루 6시간 수업으로 약 6달에 해당하는데, 전체 학위 과정의 거의 10퍼센트를 차지한다. 핀란드에서 8개 대학만이 이 학위를 수여하며, 교과과정은 모든 학교에서 비슷하다.[27]

미국에서 교사 자격 증명 체계는 주마다 다르다. 내가 사는 뉴욕 주는 공립학교 교사들이 결국에는 석사학위를 따야 하는 몇 안 되는 주에 속한다. 이와 달리 텍사스 주에서는 학사학위를 지닌 사람이라면 고작 3개월 연수를 받고 교사가 될 수 있다. 대다수 주는 빠르게 교사를 양성하는 비슷한 대안적 방식을 갖고 있는데, 이로써 기간과 지향점이 상이한 여러 자격 부여 과정이 어지럽게 널려 있다. 여러 연구에 따르면, 미국의 대학 기반 사범학교들 대다수는 졸업 요건이 낮으며 교사들을 수업 현장의 현실에 맞게 양성하지 못하고 있다.

총명하고 의욕이 있다면 전문적이고 엄격한 훈련 없이 누구라도 교사가 될 수 있다는 미국식 발상은 '미국을 위한 교육(Teach for America)'이라는 유명한 과정에 여실히 반영되어 있다. 최근의 대학 졸업생들은 교습 경험이나 의미 있는 교사 양성 과정을 거치지 않고서도 교직을 얻는다. 이 과정에는 흥미로운 이상주의가 깔려 있지만, 비판자들은 점점 그 결과에 의문을 던지고 있다.[28] 과거에는 어땠을지 몰라도, 오늘날의 첨단 지식경제 사회에서 교직은 고도의 능력이 필요한 일이다.

한편 교사 지망생들에게 너무 높은 기준을 요구하는 것에도 함정이 있지 않을까? 핀란드의 자격 요건은 버거울지 모른다. 그 모든 훈련을 통과한 교사들은 더 높은 급여를 보상으로 요구함이 마땅하다.

사실, 학사나 석사학위를 지닌 핀란드의 다른 직종 종사자에 비하면 교사의 급여는 평균 수준이며 법률가와 의사에 비해 상당히 낮다. 그렇다곤 해도, 미국에서는 교사들이 보통의 대학 졸업생보다도 덜 버는 편이다.[29] 핀란드의 벅찬 자격 요건 때문에 교직을 희망하는 후보자들이 줄었을까? 일단 야심만만한 젊은이들이 교직이 존중받는 직업임을 알고 나자, 교육 프로그램을 통해 가장 똑똑한 학생들을 모으기란 별로 어렵지 않았다.

미국이 태도를 바꾼다 치자. 그래도 교사 양성의 엄격한 새 기준을 마련해 그 비용을 핀란드에 육박하는 수준으로 지출하면 교육에 쓸데없이 과도한 세금이 투입되는 것 아닐까? 꼭 그렇지는 않다. 핀란드의 경험에서 볼 때, 그것이야말로 현재 특히 미국의 교육 개혁가들을 쩔쩔 매게 하는 많은 문제를 풀 해법이다. 데이터로 보면 명확해진다. 국제적인 PISA 평가에서 가장 성적이 좋은 나라들은 교사에 가장 투자를 많이 하는 나라들이다.[30]

이 단순한 처방은 사랑에 관한 노르딕 이론의 목표에 이르기 위한 긴 여정의 출발이다. 개인이 가정의 부유함이나 결정과 무관하게 자신의 운명을 결정하는 데 필요한 양질의 교육을 받는다는 목표 말이다. 게다가 훌륭한 교사 양성에 투자하면, 학교가 엄청난 자유를 얻을 수 있다. 미국의 여러 개혁 방안들이 시도하는 것처럼 교사들을 세밀하게 관리하고 동태를 살피고 시시콜콜 관여하는 대신에 부모들은 어느 정도 뒤로 물러나 교사들이 알아서 하도록 내버려둘 수 있다.

◇◇◇◇◇◇◇

핀란드 학교들은 표준화된 시험이 없다. 학교 개혁을 추진하는 미국인들에게 이 단순한 사실은 충격일 수 있다. 버락 오바마부터 밋 롬니까지 누구나 표준화된 시험이 있어야 좋은 학교와 교육이 보장된다고 가정했다. 공립학교를 위한 연방 자금을 받으려면 미국의 주는 전부 3학년부터 수학과 영어를 대상으로 표준화된 시험을 실시해야 한다. 가끔씩 과학 시험도 치러지며, 다른 과목을 추가하는 주들도 있다.

미국의 표준화된 시험은 핀란드의 관점에서 보자면 매우 이상하다. 무엇보다도, 시험이 학생들을 평가하기 위한 것이 아니었다. 대신에 학생들이 학교나 학군, 교사를 평가하기 위한 수단으로 쓰였다.[31] 뉴욕 시의 공립학교 담당 공무원들은 시험을 치른 학생들의 성적 순위가 아니라 학생들을 가르친 교사 1만 8000명의 실력 순위를 발표했다. 학교뿐 아니라 개별 교사들을 나열한 그 보고서는 지난 5년간 해당 주에서 수학과 영어 시험에서 학생들이 얻은 성적을 바탕으로 교사들 순위를 매겼다. 모든 학생, 부모, 동료, 친구, 이웃 내지 임의의 낯선 사람도 누구든 교사들의 성적을 온라인으로 조회할 수 있다. 학생들의 시험 성적이 향상되지 않으면 학교는 문을 닫았고 교사는 해고되었다.[32]

핀란드의 교육 개혁이 1970년대 초에 시작되었을 때, 정부는 엄격한 국정 커리큘럼을 지시했고 모든 교과서를 검사했으며 학교와 교사들이 개혁 조치를 준수하도록 조사관을 파견하기까지 했다. 결과적으로 오늘날 미국이 도입하는 방식과 비슷했다. 하지만 차츰 핀란드 교사들이 엄밀한 새 기준에 익숙해짐에 따라 정부는 죄었던 고삐를 풀었으며, 공교육 체계는 점점 자유로워졌다.

노르딕 나라들을 비판하는 미국인들은 하향식 규제와 큰 정부의 '사회주의적' 태도에 깃든 해악을 마냥 떠들어대지만, 실제로 핀란드 정부는 교육을 분권화시켜 느슨하게 관리했다. 지난 수십 년 동안 교육부는 실제로 학교를 운영하는 지자체와 공동체에 더 많은 권한을 주었다. 국가가 정한 핵심 교과과정이 있긴 하지만, 내가 학교에 다니던 시절 이후로 훨씬 강제성이 약해졌다. 정부는 전반적인 목표를 세우고 주요 과목들에 대한 최소한의 수업 시간을 정할 뿐, 지자체와 학교가 이 목표를 달성하는 방법 그리고 다른 과목들도 수업할지 여부를 결정한다. 그 결과, 초등학교부터 고등학교까지 핀란드의 모든 교사는 미국의 공립학교 교사들보다 전문적인 재량과 독립성이 훨씬 크다. 핀란드 교사들은 어떻게 가르칠지, 어디서 각각의 특정 주제를 가르칠지, 그리고 (만약 있다면) 어떤 교과서를 사용할지 결정할 수 있다. 이런 자율성 덕분에 전형적인 핀란드의 교실 모습이 어떤지 말하기가 어려울 때도 종종 있다. 학교와 교사마다 다른 것이다. 이는 모든 교사가 받는 엄밀한 훈련의 직접적인 결과인데, 덕분에 부모들과 정부 모두 교사들의 실력을 믿을 수 있다.[33]

표준화된 시험이 없다고 해서 학생 평가를 반대한다는 뜻은 아니다. 사랑에 관한 노르딕 이론의 목표는 개인을 북돋우는 것이며, 이는 개인을 저마다 높은 수준으로 향상시킨다는 의미다. 핀란드 교사들은 주간 활동 중에 교실에서 아이들을 평가하도록, 아울러 교사들이 직접 고안한 검사 방법을 사용해서 그렇게 하도록 훈련을 받는다. 실제로 많은 교사가 스스로 선택한 교과서—이 또한 일반적으로 교사들이 만든다—에 딸려 나오는 교사 매뉴얼에 실린 검사법을 수정해서 사용한다. 그리고 미국의 표준화된 객관식 시험과 달리, 핀란드 학생들은 대체로 일정 분량의 주관식 답안을 제출해야 한다. 정기적으로 교육부는 여러 학교들에서 뽑은 몇 개의 표본 집단을 검사하여 전국적인 성적 향상 추이를 살핀다.

표준화된 시험이 없다는 핀란드의 일반적 규칙에 한 가지 예외가 있다. 이른바 전국대학입학시험이 그것이다. 핀란드의 의무교육은 학생들이 열다섯 내지 열여섯 살 무렵인 9학년까지다. 이후 대다수 학생은 인문계나 실업계 고등학교에서 3~4년을 더 다닌다. 인문계 고등학교를 다니는 학생들은 자신의 선택에 따라 전국대학입학시험을 통과해야 고등학교 학위를 받음과 동시에 대학 입학 자격이 주어진다. 이 시험은 문제의 수준과 범위 면에서 유명하다. 나도 이 어렵고 벅찬 시험을 준비하느라 무진장 애를 썼던 기억이 생생하다. 학생들은 몇 시간씩 논술을 작성하거나 방정식을 푸는데 하루이틀이 아니라 몇 주 동안 계속 시험을 치른다. 시험은 일 년에 두 차례, 전국적으로 동일한 기간에 치러진다.

그렇다면 핀란드는 표준화된 시험을 치르지 않고 교사와 행정가들에게 어떻게 책무를 지울까? 핀란드의 교육 전문가 파시 살베리는 교육대학에서 행한 강연에서 이렇게 말했다.

"핀란드어에는 책무(accountability)✦라는 단어가 없습니다. 존재하지가 않아요. 핀란드인들은 책무란 책임(responsibility)이 제거되었을 때 남는 어떤 것이라고 여깁니다."

살베리가 보기에 중요한 것은, 핀란드의 모든 교사와 행정가들한테는

✦ 개인이나 기관이 자기가 한 일이나 산출에 대해 기꺼이 책임을 지고, 과오를 수정하는 것. 교육에서는 주로 교사나 행정가들이 학생의 성적이나 교육 프로그램의 실적에 책임지는 것을 말한다. 미국에서 1970년대 초부터 가장 활발히 논의된 이슈 가운데 하나가 바로 교육에서의 책무성이다. 보통 학생들의 성적으로 학교 교육 전반의 교육계획을 평가하는 데 관심을 둔다.

명예와 적절한 급여와 많은 책임감이 주어진다는 사실이다. 만약 교사가 나쁘면 문제를 찾아서 제기할 교장의 책임이 있다. 핀란드에서 종신 재직권이 보장된 교사를 해고하는 것은 어렵다. 또한 핀란드의 거의 모든 교사들은 노조에 가입해 있다.[34] 하지만 그런 문제가 있어도 심각하게 여기진 않는다. 왜냐하면 특정한 교사의 단점이 무언지를 알아내서 추가적인 훈련을 시키는 해법을 선호하기 때문이다. 극단적인 경우 교사를 도우려는 거듭되는 시도가 무산되고 여러 차례 경고가 이어지면, 교사를 해고할 수 있다. 하지만 그런 조치는 거의 필요하지 않다.

핀란드 교육 당국이 가끔씩 표준화된 시험 도입의 가능성을 고려했을 때, 그 목표는 교사의 실력을 평가하는 것이 아니라 모든 학생이 의무교육을 마칠 때의 최종 보고서에 평가가 정당하게 이루어지도록 하기 위함이다. 지금까지의 결론은, 표준화된 시험은 이점보다 단점이 더 많다는 것. 시험은 교사의 독립성(사람들이 교직을 찾는 이유 중 하나)을 해친다. 표준화된 시험은 비싸다. 미국이 시험에 들이는 비용은 매년 17억 달러로 추산된다.[35] 그리고 학교의 재정이나 교사의 경력이 시험과 결부되면, 일부 학교는 성적을 날조하기 시작할 우려가 있다.[36]

가장 큰 문제로서, 표준화된 시험 때문에 학교가 정말로 중요한 것, 즉 학습을 등한시할 수 있다. 그렇다면 21세기에 학습은 정확히 어떻게 이루어져야 할까?

◇◇◇◇◇◇

다음 질문과도 일맥상통한다. 교육의 목적은 무엇인가? 실제로 모든 사회가 이 질문을 논의하는데, 각자의 답을 금세 고치기도 한다. 사회가 어느 특정 시기에 가장 필요하다고 여기는 역할—가령, 상품 제조, 공학, 소프트웨어 개발, 간호—을 행하도록 아이들을 교육해야 하는가? 아니면 뭐든지 간에 한 인간으로서 아이들이 지닌 잠재력을 한껏 실현하도록 교육시켜야 하는가? 예술과 창의적 사고를 가르쳐야 하는가? 아니면 구체적인 기술과 근면성을 가르쳐야 하는가? 자기존중이나 절제를 가르쳐야 하는가? 수학이나 음악을 가르쳐야 하는가? 지금 미국에서 벌어지는 논의를 보면, 21세기 경제에 결정적으로 중요한 업무, 즉 수학과 과학이 필요한 하이테크 업무를 맡을 수 있도록 학교가 학생들을 준비시키지 못한다는 생각이 주를 이룬다.

수학과 과학은 핀란드 학생들이 특히 잘하는 과목이며 핀란드의 경제적 성공에도 일조했다. 1990년대 초 핀란드의 새로운 번영을 이끈 노키아는 휴대전화를 설계하고 제작하는 하이테크 기업이었다. 핀란드 경제는 이외에도 여러 엔지니어링 기반 산업에 오랫동안 기대어왔다. 조선업, 엘리베이터 제조업, 펄프와 제지업 및 임업 등이다. 너무 그러다 보니 예술적 성향의 사람들이 자기 나라를 '엔지니어의 나라'라고 한탄하는 목소리도 종종 들려온다. 최근에 핀란드는 세계에서 가장 인기 있는 모바일 게임과 앱을 제작한 신생 기업들의 새로운 세대에 자부심을 느끼고 있다. 따라서 핀란드 학교들도 미국 학교들처럼 STEM✦ 과목에 우선순위를 둔다고 볼 수 있다. 하지만 실제 상황은 더 미묘하다.

핀란드인이 공교육의 기본 목표라고 여기는 것은 아이들로 하여금 표준화된 시험이나 대학 입학이나 특정 직업이나 산업을 위해서가 아니

✦ 과학(Science), 기술(Technology), 공학(Engineering), 수학(Math) 과목을 일컬음.

라 더욱 넓게 보아 자신들의 삶을 위해서 준비시키는 일이다. 학교는 기술적으로 숙련되었을 뿐 아니라 창조적이기도 한 전인격적인 인간을 배출하는 것을 지향한다. 이런 목적에 맞게 학구적인 과목과 더불어 체육, 미술, 공예 등도 줄곧 교과목의 중요한 자리를 차지하고 있다. 남학생이든 여학생이든 모든 학생은 목공과 바느질, 요리도 배워야 한다.[37]

미국 교육 사조와의 차이가 이보다 더 뚜렷할 수는 없다. 가령 뉴욕 시 브루클린 구역의 상점들이 가게 앞 공간에서 아이들을 위한 방과 후 미술 프로그램을 최근 몇 년간 열고 있다. 핀란드에선 보기 드문 일인지라 처음에는 미국에서 피어나는 예술에 대한 열정이 감탄스러웠다. 하지만 까닭을 알고 보니 이랬다. 지역 공립학교들이 미국 전역에 걸쳐 교과목에서 미술을 완전히 빼버렸던 것이다.[38]

뉴욕 시가 학생들이 치른 표준화된 시험을 바탕으로 교사들 점수를 발표하느라 바빴던 2012년의 바로 그 날, 핀란드 전국교육위원회도 바빴다. 미술, 공예, 사회 및 핀란드어 수업 시간을 더 늘린다는 선언을 하느라고.[39] 하이테크 시대에 제한된 자원으로 그런 과목들을 공교육 체계에서 꼭 유지할 필요가 있냐고 묻는 것도 꽤 합당하다. 실제로 유명한 미국 뉴스 앵커 댄 래더가 핀란드 학교를 소재로 한 다큐멘터리에서 린다 달링-해먼드에게 물었던 질문이다. 해먼드는 스탠퍼드 대학의 교육학 교수이며 핀란드에도 자주 들르는 인물이다. 해먼드는 미술과 공예 과목을 가르치는 이점을 이렇게 설명했다. "우리가 사소하다고 여기는 그런 것들이 능동적이고 유능한 인재를 기르는 핵심입니다. 다른 사람들과 잘 소통하는 데다 예술적 능력까지 갖추고 있으면서 또한 핵심 과제들을 더욱 여유로운 방식으로 해결할 수 있는 사람을 길러주니까요."

해먼드는 그것을 가리켜 '인지적 근육 기르기'라고 불렀다.[40]

확실히 핀란드 학교들이 향상시킬 수 있고 또 향상시켜야 하는 분야들이 있다. 세계는 끊임없이 변하고 있기에 학교도 그래야 마땅하다. 핀란드 교육자들은 애써 국제 비교 시험을 평가절하하지만(어쨌거나 핀란드인들은 표준화된 시험을 신뢰하지 않는다), PISA 보고서에서 핀란드의 순위가 내려가기 시작하자 교육의 미래에 관한 시급한 논의가 벌어졌다. 이런저런 주제 가운데 아이들이 배우고 익히기를 돕는 것과 관련해 경쟁은 좋은 것인가 나쁜 것인가를 따지는 질문이 가장 핵심이었다. 여기서도 핀란드는 미국에 어떤 중요한 교훈을 줄지 모른다.

진정한 승자는 경쟁하지 않는다

나는 7학년부터 9학년까지 3년 동안 에스포 마을의 티스틸래 학교를 다녔다.[41] 당시에는 학교 이름이 지금과 달랐고, 저학년반과 고학년반은 별도의 건물이었다. 하지만 바닥에서 천정까지 통창이 달린 식당과 로비가 있는 빨간 벽돌의 낮은 건물 두 동은 그때와 똑같은 모습이다. 오늘날 그 학교는 유치원부터 9학년까지 약 700명 학생들에게 봉사한다. 최근 어느 가을날 부모님의 창고에서 어릴 적 타던 자전거를 끄집어내 학교에 가보았다. 어린아이들이 구름사다리에 원숭이처럼 매달려 있고 십대들은 복도에서 낄낄대고 있었다. 아주 낯익은 모습이었다. 많이 변했어도 활기찬 분위기와 흥분, 청소년기의 고뇌는 예전과 다름없었다.

미국에서도 부모, 교사, 행정가, 정책입안자 들은 학교가 학생의 삶에 얼마만큼 관여해야 할지를 논의한다. 핀란드에서는 사랑에 관한 노르딕 이론이 핵심적인 지침을 준다. 양질의 교육 제공과 더불어 공립학교가 아이들의 건강과 안전을 보장하는 데 적극적으로 관여할 필요가 있다고 믿는다. 그것이 모든 아이를 부모의 능력이나 재산과 무관하게 자율적인 개인으로 성장시키는 데 대단히 중요한 요소라고 본다. 우선 기본적으로 핀란드 공립학교들은 모든 학생에게 무료 급식, 의료 혜택, 심리 상담, 개별 학생 지도를 실시한다.

더 넓게 보자면, 핀란드 학교는 학생들이 편안하게 느끼는 장소가 되려고 노력한다. 방문객에게는 핀란드의 어린이집과 마찬가지로 매우 느슨하게 보일 때가 많다. 교복도 엄격한 행동수칙도 없으며, 아주 어린 학생들은 교실에 들어오기 전부터 신발을 벗어던진다. 핀란드 아이들 대다수는 다른 나라들과 비교해 규모가 작은 학교에 다니지만, 그래도 절반 이상은 학생 수가 300명 이상인 학교에 다닌다. 1학년부터 9학년까지 학급당 학생 20명 정도 규모인데, 때로는 25명까지도 공부한다.(이는 핀란드 부모들의 주요 불만 중 하나다.)[42] 수업 일수는 짧으며, 휴식 시간은 많은 편이다. 대다수 교사들은 담당 학생들을 45분마다 15분씩 운동장으로 데려 나간다. 비가 오나 눈이 오나 그러며, 점심식사 후에는 그 시간이 더 길다. 그리고 교사들이 숙제를 아주 적게 내준다.(꽤 많은 미국인에게 충격을 안기는 사실이다.) 핀란드의 기본교육법은 학교 수업 및 가정에서 숙제를 마친 후에도 학생이 취미 활동 및 휴식을 누릴 시간이 있어야 한다고 못 박는다.[43]

이 정책들 중 일부는 내가 학교에 다닐 때 이미 시행중이었다. 하지만 새로운 발전도 있었다. 20년도 더 전에 내가 다니던 티스틸래 학교는 학생 구성이 경제적 측면에서는 다양했지만 문화적으로나 인종적으로는 그다지 다양하지 않았다. 오늘날 그 학교 학생의 3분의 1은 이민자 가정 출신이다.

게다가 오늘날의 대다수 학교들에는 새로운 '학생 복지팀'이 있다. 보통 교사와 교장, 의사나 간호사, 사회복지사, 심리학자, 카운슬러 각각 한 명씩으로 구성된다. 이 팀은 함께 모여 문젯거리를 논의하고 학생 및 부모와 만난다. 만약 특정 학생한테 문제가 지속되면, 아이를 특수학교로 보낼지 결정하는 일은 부모가 맡는다.

티스틸래 학생들은 다른 학교 학생들과 마찬가지로 '교내 과외'라는 유연한 방식을 이용할 수 있다. 학생들이 소규모 집단을 이루어 추가로 몇 시간 동안 한두 과목 정도를 지속적으로 배우는 방식이다. 핀란드의 졸업생들 중 약 절반이 학생 시절 동안 어느 시점에서든 이 과외를 이용했다. 따라서 보충 학습에 따른 부끄러움이 없다시피 하며, 개인 과외를 받을 필요가 없다. 개인 과외가 수지맞는 산업이 되고 빈부 간 교육 기회 격차를 심각하게 벌여놓은 미국과 뚜렷한 대조를 이룬다.[44] 핀란드의 접근법은 한국—방과 후 지친 학생들이 터벅터벅 학원으로 향해 늦은 시간까지 공부하는 나라—과 같은 다른 교육 강국과도 확연히 다르다. 대신 대다수 핀란드 지자체는 보조금으로 운영되는 방과 후 클럽을 1학년 학생들에게 제공한다. 부모가 직장에서 돌아오기 전까지 아이를 오갈 데 없이 내버려두지 않기 위해서다. 거기서 학생들은 먹고 숙제를 하고 운동에도 참여하고 그냥 놀기도 한다.[45] 내가 학교에 다닐 때는 없었던 것이다.

핀란드 교사들에게 이렇게 물어보라. 핀란드는 학생들이 다른 OECD

국가 학생들보다 교실에서 지내는 시간이 적은데도 어떻게 국제 평가에서 뛰어난 성적을 올릴 수 있는가?[46] 그러면 교사들은 단순한 설명을 내놓을 것이다. 학교에서 시간을 효율적으로 쓰기 때문이라고. 교사들은 자신들의 수업 계획에 맞게 일정을 자유롭게 정한다. 표준화된 시험은 없지만, 학교는 학교 수업이 중요하다는 명확한 신호를 학생들에게 분명하게 준다. 학교는 학기 중에 수업을 취소하는 일이 거의 없으며(북극에 가까운 곳인데도, 이른바 미국식 폭설 휴교가 없다), 교사는 학생의 발달 과정을 불철주야 살피며 만약 뒤처지는 학생이 있으면 도움을 준다.

지원이 많다 보니 핀란드 학생들은 성공하기 위해 열심히 공부할 필요가 없다는 식으로 비칠지 모른다. 건전한 경쟁과 노력의 긍정적 효과를 놓치고 있는 것이 아닐까?

◇◇◇◇◇◇◇◇

파시 살베리는 자신의 저서에서 사물리 파로넨이라는 핀란드 작가의 말을 인용한다. "진정한 승자는 경쟁하지 않는다." 이보다 더 미국적이지 않은 생각은 찾기 어렵다. 오늘날 미국에서 학교를 개혁하려는 동기는 경쟁의 언어로 가득 차 있다. 학교끼리 교사끼리 서로 다투면 가장 우수한 자들이 등장하리라는 발상이다. 또한 경쟁이야말로 가장 뛰어난 학생을 골라내는 방법이며, (성적이든 스포츠 경기든 명문대 합격이든) 더 큰 성취를 부추기는 방법이라고 여긴다. PISA 평가에서 학생들 성적이 좋은 여러 나라들에서도 높은 기대는 더 치열한 경쟁을 의미한다.

하지만 핀란드 교육의 성공을 볼 때, 경쟁에 관한 핀란드의 태도인 '가능하면 피하기'에는 훌륭한 장점이 있을지 모른다. 핀란드에는 명문 학교나 교사의 목록이 없다. 유일한 예외라면 언론이 취합해서 발표하는 인문계 고등학교 순위가 있는데, 이것은 입학에 필요한 학업 수준과 졸업생의 전국대학입학시험 성적을 바탕으로 만들어진다.[47] 오히려 핀란드의 교육 체계를 작동시키는 원동력은 협동이다. 교사들은 함께 수업을 만들고 수업 계획을 작성하며 심지어 교실에서 함께 가르치기도 한다. 교장들도 서로 조언을 준다. 최근에 핀란드 교사들은 동료들이 마음껏 이용하도록 수업 계획을 온라인에 공유하는 방안을 논의하고 있다.[48]

이번에도 미국인은 놀라겠지만, 핀란드 학교들은 스포츠 팀이 없다. 체육이 교과목에 들어 있지만, 학생들이 스포츠로 겨루고 싶다면 따로 시간을 내서 그렇게 하면 된다. 청소년 스포츠 팀을 지원하기 위한 민영 또는 공영 스포츠 조직의 광범위한 네트워크가 존재하긴 한다. 하지만 학교의 체육 수업은 경쟁을 가르치기 위해서가 아니라, 건강한 생활 방식을 습득하도록 아이들에게 다양한 운동 방식을 알려주기 위해 마련된다. 미국에 살면서 나는 미국 학교의 팀 스포츠가 공동체 정신을 함양하고 팀워크를 배우고 가난한 아이들이 비싼 스포츠에 참여하고 학생들이 공부 외 다른 분야에서도 빛날 수 있는 기회를 준다는 점을 높이 평가하게 되었다. 동시에 팀 스포츠가 교육 예산의 너무 많은 비중을 차지하며, 학생들 간에 불필요한 위계를 조장하며(세계적으로 유명한 스타 학생 선수들이 존재한다), 행정가들로 하여금 교내 운동선수들에게 미심쩍은 자유를 주게 만들고, 전체적으로 학생들과 교원들로 하여금 학교의 우선적 임무를 벗어나 다른 데 정신을 팔게 만든다.[49]

핀란드 학생들도 다른 모든 사람들처럼 실력을 비교하며 서로 경쟁한다. 그리고 적절히 경쟁을 즐긴다. 아이스하키 월드 챔피언십이 진행 중

일 때 핀란드에 와보라! 하지만 교육 기관으로서 학교는 학생들에게 서로 경쟁하기보다는 학생의 본분에 집중하도록 북돋운다. 그렇다고 해서 학생들이 해야 할 일이 쉽다는 뜻은 아니다.

◇◇◇◇◇◇◇

아만다 리플리라는 기자가 외국인 교환학생들(외국으로 간 미국 학생들 및 미국에 온 외국 학생들)을 취재해 『무엇이 이 나라 학생들을 똑똑하게 만드는가』라는 책을 썼다.[50] 여기에 등장한 학생들은 대개 미국 바깥에서 하는 고등학교 생활이 더 힘들다고 여겼다. 수학 문제는 더 어려웠고 시험은 범위가 더 넓었고 평가는 더 엄격했다. 한편, 핀란드 학생 엘리나는 미시간 주의 한 고등학교에서 1년을 보냈다. 엘리나는 미국 역사 선생이 시험을 앞두고 질문과 답을 함께 알려주며 수업하는 것에 깜짝 놀랐다. 그런데도 많은 학생들은 성적이 나빴다. 엘리나는 A를 받았지만, 그렇다고 별로 자랑스럽진 않았단다. 미리 답을 알았는데 어떻게 시험을 망칠 수 있단 말인가? 그 학교에서 가장 어려운 수업이던 대수Ⅱ에서는 첫 시험에서 100점 만점에 105점을 받았다. 엘리나는 그때까지 105점이라는 점수는 수학적으로 불가능한 줄 알았다. 핀란드에서도 엘리나는 우수한 학생이었지만 특출하지는 않았다. 그녀에게 미국 고등학교는 초등학교 같았다. 핀란드에서처럼 긴 역사 논술을 쓰는 법을 배우는 대신에 미국의 역사 수업 숙제는 주로 포스터 만들기였다.

공정을 기하기 위해 밝히자면, 핀란드 교환학생은 대체로 인문계 고등학교 출신이다. 공부에 별 관심이 없는 학생들은 직업학교로 진학한다. 따라서 그런 구별이 없는 미국 고등학생을 핀란드의 교환학생과 비교하는 것은 공평하지 않다. 하지만 학생들을 지원하고 더 잘하도록 돕는 최상의 방법이 뭐냐는 질문과 관련하여, 리플리의 관찰은 학습에 관한 기대 측면에서 노르딕과 미국의 양육 스타일 차이를 일깨워준다.

일단 노르딕 아이가 예닐곱 살 무렵 학교에 다니기 시작하면, 부모와 교사는 아이의 독립심을 북돋지 헬리콥터 양육은 드물다. 이와 달리 미국 부모들은 아이의 공부와 교과 이외의 다른 학습에 깊이 관여해야 한다고 여겨 숙제를 돕고 개인교사를 알아본다. 그래야 좋은 학교에 진학할 수 있다고 여긴다. 이런 방식은 사랑에 관한 노르딕 이론이 방지하고자 하는 불건전한 의존성을 기른다.

좋은 예가 책에 있다. 핀란드에서 1년 동안 공부하고 있던 미국 십대인 킴을 아만다 리플리가 취재했을 때, 킴은 핀란드에서 가장 좋았던 경험은 독립과 자율이었노라고 밝혔다. 핀란드 십대들은 부모나 교사의 감독 없이 스스로 시간 관리를 하고 공부를 책임지는데, 이는 그녀가 다니던 오클라호마의 학교에서는 전혀 기대할 수 없는 일이었다. 핀란드에서는 아주 당연한 일이지만, 여덟 살 난 아이들이 학교에서 혼자 집에 갔으며 열 살 난 아이들이 헬싱키라는 대도시에서 아무 감독 없이 어울려 다녔다. 킴은 핀란드의 십대들이 어른 대접을 받는다고 결론 내렸다.

내가 아는 한 스웨덴 사람은 학교 다니는 연령의 두 자녀를 두고 자신과 영국인 아내의 양육 방식 차이를 설명해준 적이 있다. "아내는 아이들이 뭘 해야 하고 안 해야 하고 뭘 입어야 하고 안 입어야 하고 뭘 공부해야 한다는 등 일일이 지시하는 편이에요. 영국인 시각에서 볼 때 그게 돌봄이란 거죠. 노르딕 사람들은 아이들을 돌볼 생각을 않고 관여를 안 한다나요. 내 시각은 이렇습니다. '얘늘아, 알아서 해라. 매일 너희들을 챙기진 않을 거야. 학교에도 따라가지 않아. 너희들 스스로 해야 돼.'"

　노르딕 부모가 아이한테 자립을 가르치는 것이 다른 이들한테는 소홀함으로 비칠 수 있다. 그리고 다른 이들한테 돌봄이라고 보이는 것이 노르딕인들에게는 감시로 보일 수 있다. 노르딕 부모들은 늘 아이들한테 학교가 중요하다고 말하며, 시험 전에 아이에게 퀴즈를 내거나 숙제를 했는지 묻는 부모도 많다. 하지만 전반적으로는 아이들한테 맡기는 편이다.

　핀란드에서는 학교가 학생의 독립과 자율을 보장하기 때문에 부모는 아이한테 문제가 생겨도 학교가 도와줄 거라고 믿을 수 있다. 어떤 이들은 핀란드 학교가 따뜻한 음식, 보살핌, 많은 휴식, 짧은 수업 시간 그리고 표준화된 시험 배제 등으로 아이들을 '애지중지'한다고 비난하기도 한다. 하지만 사실 핀란드 학생들은 어려운 문제를 해결해나갈 것이라는 기대를 받으며, 실망스러운 결과가 나왔을 때 마냥 칭찬으로 덮어주지도 않는다. 교사들은 유모가 아닌 것이다. 노르딕 사고에서 보자면, 아이들이 잘할 수 있는 조건은 반드시 마련해주어야 한다. 하지만 그 후에는 아이들이 해야 한다. 실제로 이것이 유효한 방법이라는 증거가 나왔다.

　두 명의 미국인 교수가 최근에 행한 조사에서 넌지시 내비치고 있듯이, 학교에서 자원봉사를 하고 숙제를 돕는 부모들은 아이가 학교생활을 잘하도록 돕는 것이 아니다. 미국에서는 대체로 정반대로 알고 있지만 말이다. "핵심 관건은 부모가 학교생활의 가치를 전하는 것이다. 부모는 아이의 삶을 일찌감치 학교에 맡겨야 하며 시간이 흐르면서 그런 태도가 더 굳건해져야 한다는 메시지를 전하는 것이다." 텍사스 오스틴

아이들이 잘할 수 있는 조건은 반드시 마련해주어야 한다.
하지만 그 후에는 아이들이 해야 한다
사진은 핀란드의 한 초등학교 교실 모습.

대학의 사회학 조교수 키스 로빈슨과 듀크 대학교의 사회학 교수인 에인절 L. 해리스는 이렇게 적고 있다. "하지만 이 메시지는 꼭 기존의 행동 방식으로, 즉 학부모-교사 모임에 참석하거나 교사들과 함께 확인하는 식으로 전해질 필요는 없다. (…) 부모는 뭘 해야 하는가? 무대를 마련하고 떠나면 된다."[51]

핀란드의 교육 방법을 지지하는 모든 증거에도 불구하고 큰 질문 하나가 여전히 어른거린다. 결국 핀란드 모델이 미국처럼 복잡다단한 나라에 실제로 적용될 수 있을까? 핀란드의 정책—공급 접근법, 보편적인 탁아 서비스, 야심찬 교사 양성 교육, 표준화된 시험의 부재, 학교 내 과외 교습, 짧은 수업 일수 및 협동—이 핀란드의 교육 성공의 진짜 이유일까? 아니면 실제 이유는 훨씬 더 단순하지 않을까? 즉, 핀란드인들이 전부 엇비슷해서가 아닐까?

부유하고 동질적이고 특수해서라고?

핀란드는 인종적으로 동질적이며 꽤 조용한 작은 나라다. 미국은 방대하고 시끌벅적한 대국이다. 차이가 엄청나기에 많은 미국인이 핀란드의 교육 경험이 미국에도 타당한지 의심하는 것은 분명 수긍할 만하다. 회의적인 시각들을 따르면, 핀란드는 미국에게는 좋은 사례가 아니다. 빈곤 문제가 덜할 뿐 아니라 핀란드인은 전부 엇비슷하기 때문이다. 보수적 성향의 미국기업연구소(AEI)의 교육정책연구 책임자인 프레데릭 M. 헤스도 그런 인물로서, 이 모든 '핀란드 사랑'은 완전히 부풀려졌다고 여

긴다.52

맞는 말이다. 핀란드와 미국은 다르다. 하지만 주가 미국 교육을 대체로 관리한다는 사실을 고려해보라. 핀란드 인구 550만은 미국 한 주의 인구와 비슷하다. 사실, 미국 주의 절반 이상인 30개 주는 핀란드보다 인구가 적다. 규모만으로 보자면, 미국의 어떤 주라도 핀란드와 같은 교육 체계를 시행하지 못할 이유가 없다. 실제로 핀란드는 비교적 동질적인 나라다. 핀란드 거주자의 5퍼센트 조금 넘는 비율만이 외국 출생인데 반해, 미국은 13퍼센트다. 그리고 인종적으로도 핀란드는 훨씬 더 균일하다. 하지만 이 역시 2010년 기준으로 볼 때, 미국의 19개 주가 외국 출신 거주자의 비율이 핀란드보다 낮다. 한편, 핀란드는 인구 구성이 급속하게 다양해지고 있으며, 외국 출신 거주자 수가 2012년 기준으로 10년 사이 두 배로 늘었다.53 그렇다고 교육의 수준이 낮아졌을까? 천만에. 게다가 이민자들은 특정 지역에 몰리는 편이어서, 매우 다양한 구성의 핀란드 학교들도 존재한다. 그런 특정 학교들은 수준이 낮아졌을까? 결코 아니다.

핀란드 학교의 성공이 현명한 교육 정책보다는 주로 동질 문화에 바탕을 둔 것이라는 주장은 노르딕 지역 내의 어떤 흥미로운 증거로도 반박된다. 안타깝게도 모든 노르딕 나라가 교육 성공을 이루진 못했다. 사실, 교육 정책과 학교 체계가 미국과 좀 더 비슷한 나라들은 그다지 성공적이지 않다. 그 나라들이 교육에 문화적 가치를 부여하고 핀란드 수준의 동질성을 지니고 있음에도 말이다.

현재 교육 분석가로 활동하는 새뮤얼 에이브럼스는 뉴욕에서 오랜 세월 교편을 잡았던 인물로, 컬럼비아 대학교의 사범대학 객원 교수로 있는 동안 핀란드와 노르웨이의 교육 정책 차이를 주제로 연구를 실시했다. 노르웨이는 핀란드보다 미국에 가까운 교육관을 택하여, 표준화된 시험을 치르고 교사 양성 방법도 덜 엄격하다. 결과는? PISA 평가에서 썩 좋지 않은 성적을 받았다. 에이브럼스는 교육 정책이 나라의 크기나 인종 구성보다 한 나라의 교육 체계의 성공에 더 중요하다고 평가한다.[54]

그렇기는 하지만, 근래에 노르딕 나라들도 시민에게 더 많은 선택권을 부여하는 실험을 진행하고 있다. 몇몇 정부 자금 지원 서비스에 민간 공급자를 이용하는 선택사항을 허용했는데, 특히 스웨덴은 학교 체계를 민간 기업과 영리 학교에 개방했다. 오늘날 스웨덴 학생의 14퍼센트는 민간 운영 학교에 다닌다. 미국 및 전 세계의 학교 선택 옹호자들은 스웨덴의 학교 바우처 방식을 환호했다. 하지만 그들은 이 방식의 중요한 몇 가지 특징을 종종 오해하거나 무시했다. 스웨덴은 정부의 자금으로 운영되며 정부의 승인을 받은 학교를 부모들이 선택하도록 허용하지만, 이러한 사립학교들은 바우처로 감당할 수 있는 학비만 부과할 수 있으며 국정 교과목을 따라야 한다. 스웨덴도 교육 평등에 훨씬 더 가치를 부여하기 때문이다.[55]

이른바 스웨덴의 '자유 학교들'은 실제로 미국의 차터스쿨을 닮았다. 솔직히 말해, 그 결과는 의심스럽다. 학교 선택은 스웨덴 학교들의 사회적, 인종적 분리를 증가시켰으며, 이 나라의 PISA 평가 결과는 2000년부터 2012년까지 어느 나라보다 많이 하락했다. 스웨덴은 이민자 인구가 상당하지만(2013년 기준으로 인구의 15퍼센트가 외국 출신인데, 이는 미국보다 더 높은 비율이다), 이민이 스웨덴의 실력 하락의 이유는 아니다. 교육을 전적으로 공공서비스로 여기는 핀란드의 더 직접적인 접근법이 결과가 훨씬 낮다. 그래서 이런 질문이 나오지 않을 수 없다. 돈이 정말로 교육을 더 낮게 만드는가?

◇◇◇◇◇◇

몇 년 전에 핀란드 신문 기사에서 놀라운 문장을 만났다. 앞으로는 핀란드 학교들이 학생 부모의 교육 수준에 따라 재정 지원을 받게 될지도 모른다는 선언이었다. 핀란드가 정말로 특권층에 돈을 더 많이 주기로 결정했단 말인가? 기사를 읽어 보니, 지난 몇 년간의 삶(즉, 미국 생활) 때문에 헛다리를 짚었다. 미국의 안타까운 시대착오적 현실에서는 특권층 아이들을 위한 학교는 다른 학교보다 재정 지원을 더 많이 받는다. 핀란드 정부가 발표한 내용은 정반대로, 더욱 미래지향적인 정책이었다. 부모들의 고교 졸업 비율이 낮은 지자체의 경우 학교들에 재정 지원을 더 많이 한다는 내용이다.

학교에 재정을 지원하는 방식은 국제 교육 순위에서 그다지 성적이 좋지 않은 미국과 성적이 좋은 다른 여러 선진국 간에 크게 차이가 난다. 핀란드를 살펴보자. 핀란드 학교들은 강의요강과 행정을 설계하는 데 상당한 개별적 자율성을 지닌다. 하지만 모든 지자체와 중앙정부는 모든 학교 운영에 필요한 재정 지원에 협력해야 한다는 엄격한 규칙이 하달된다. 즉, 핀란드 학교들은 어느 정도 균일한 세금 비율로 그리고 학교가 위치한 마을이나 도시보다는 훨씬 넓은 범위의 사회로부터 재정을 지원 받는다. 지자체는 상이한 학교에 재정을 어떻게 할당할지 재량으로 정할 수 있지만, 각 교과마다 가르쳐야 할 최소한의 수업 시간을 정한 교육부의 지침은 어기지 않아야 한다. 가령 돈을 아끼려고 예술 프로그램을 축소하는 짓은 엄격히 금지된다.

　어떤 학생들에게 불이익을 주는 예산 삭감 조치 대신에 핀란드인들은 '긍정적 차별'이라는 더욱 전향적인 정책을 훨씬 선호한다. 중앙정부는 특정한 문제에 직면한 학교가 포함된 지자체에 추가 자금을 배정한다. 그런 문제에는 학습 차이나 특별한 학습 요구 사항을 지닌 학생 비율이 높은 것, 이민자가 많은 것, 지자체에 실업자 비율이 높은 것, 부모들의 교육 수준이 낮은 것(앞에 언급한 신문 기사가 다룬 것) 등이 포함된다. 확실히 부유한 지자체는 학생에게 더 많은 선택권, 가령 외국어 학습을 제공할 수 있겠지만, 전반적으로 그런 차이는 작다.[56]

　이와 달리 미국은 상이한 학교들이 받는 재정 지원이 엄청나게 다를 수 있다. 그 결과 학군이 상이한 학생들, 심지어 동일 학군 내의 상이한 학교의 학생들을 교육하는 데 드는 금액이 굉장히 차이 날 수 있다. 많은 미국인이 잘 알듯이, 미국 학교들에 재정을 지원하는 방법의 가장 큰 문제점은 지방세에 의존하는 특이한 낡은 관습이다. 구체적으로 가장 두드러진 문제는 재산 소유에 바탕을 둔 심각한 부의 양극화다. 한 보고서에 따르면, "어느 특정 주의 가장 부유한 학군의 1인당 지방세는 가장 가난한 학군의 50배 이상일 수 있다."[57] 따라서 부유한 지역 학교는 가난한 지역보다 훨씬 더 재정 지원을 많이 받으므로, 건물이 더 근사하고 교사 급여가 더 높고 수업 과목이 더 많고 더 새로운 기술을 갖추고 있다.[58]

　미국 의회가 승인한 27명의 전문가로 구성된 연방 차원의 위원회가 교육 평등을 연구한 후 내놓은 것은 지방세를 통해 학교에 재정을 지원하는 미국의 제도—21세기 선진국에 전혀 맞지 않는 제도—에 대한 신랄한 비판이었다. 2013년의 보고서에서 이 위원회는 학교 재정 지원의 격차가 오늘날 미국 교육 불평등의 가장 큰 요인이라고 선언했다. 아울러 위원회는 지방세 체계에 숨은, 종종 간과되는 부당함을 지적했다. 바로 부자들이 돈은 많이 벌면서 세금은 적게 내는 것을 말한다. "두 도시를 상상해보라. 도시 A는 학생당 과세 가능한 재산이 10만 달러고, 도시 B는 30만 달러다. 도시 A가 재산에 대해 4퍼센트의 세금을 물린다면, 학생당 4,000달러를 거둔다. 하지만 도시 B가 2퍼센트로 세금을 물려 학생당 6,000달러를 거둘 수 있다."[59]

미국의 교육 재정 확보 체계는 놀랍도록 노르딕 접근법과 정반대다. 아이가 무엇보다도 부모의 재산에 의존하는 성향을 굳건하게 만드는 것이다. 이는 부유하건 가난하건 학생이 자라면서 자율성과 독립심을 키울 기회를 박탈하여, 미국이 한 국가로서 성공하는 데 필요한 재능을 낭비하게 만든다. 하지만 그게 전부가 아니다. 미국 교육 체계는 끔찍하게 비효율적이다. 2011년에, 만 6세에서 15세까지 아이 한 명당 교육비를 미국보다 더 많이 쓴 나라는 세계에서 네 나라뿐이다. 세계의 교육 강국 대다수는 교육비를 많이 지출한 나라들이 아니다. 현명한 정책 덕분에 핀란드는 미국은 물론이고 노르웨이, 덴마크, 스웨덴보다 모든 수준의 학교에 걸쳐 학생 1인당 더 적은 돈을 지출하고, 그러면서도 성과는 훨씬 더 낫다.[60]

바로 이런 까닭에 핀란드는 예산 감액에 직면해야 하는 모든 나라에게 희망적인 사례다. 미국에도 희소식이다. 핀란드 교육 개혁이 시작되었을 무렵인 1960~70년대는 힘겨운 시기였다. 1990년대에는 금융 위기와 불경기를 심하게 겪었다. 의료와 가족 복지에 대한 공공 예산이 무자비하게 삭감 딩했다. 하지만 학교 전체는 예산 삭감에도 살아남아 정상적으로 유지되었다. 그렇다면 핀란드는 어떻게 미국보다 지출이 더 적을까?

핀란드가 뛰어난 분야는 행정 비용 줄이기다. 교장은 우선 교사이며, 교장직을 맡으면서도 계속 학생들을 가르친다. 개별 학교를 벗어난 관리는 복잡한 소규모 학군 구분 없이 지자체에서 맡는다. 그 이상의 사안은 지자체가 직접 교육부에 답변한다. 댄 래더가 핀란드의 교육 접근법을 다룬 다큐멘터리 〈핀란드가 먼저(Finnish First)〉를 완성했을 때, 그는 핀란드와 로스앤젤레스의 학교 행정을 비교했다. 래더에 따르면, 핀란드 정부는 초등학교부터 대학까지 100만 명 이상의 학생을 감독했는데, 이를 담당한 인력은 약 600명이었다. 이와 대조적으로 로스앤젤레스는 약 66만 4000명의 학생들을 감독했으며, 담당 인력은 약 3700명이었다.[61]

핀란드의 다른 여러 교육 정책도 비용 절감에 도움이 된다. 학습 차이나 특별한 학습 요구 사항이 있는 학생을 일반 교실에 포함시키기, 유급 방지, 교실 규모를 비교적 크게 유지하기, 표준화된 시험 치르지 않기 등을 통해서다.

그렇다면 이런 것들은 미국의 교육 개혁에도 희망의 신호가 아닐까? 분명 모든 미국 아동들의 기회 균등과 성적 향상에 진정으로 관심을 가진 이라면 공교육에 주목해야만 하는데, 핀란드의 사례로 볼 때 예산 확대 없이 이룰 수 있는 일이다. 하지만 실제로 어떻게 해야 가능할까? 핀란드가 성취한 결과를 미국이 할 수 있을까?

◇◇◇◇◇◇◇

희망의 불꽃은 꺼지지 않았다. 알고 보니, 핀란드는 현재 시행중인 교육 정책 대다수를 직접 고안하지 않았다. 미국인들이 고안했다. 아이들 중심 교육, 문제 해결 기반 학습, 사람들에게 민주적인 생활 가르치기…. 이 모두는 미국 사상가들이 내놓은 아이디어. 어느 나라도 교육 체계를 통째로 다른 곳에서 수입할 수는 없지만, 교육 아이디어를 수입해서 자국 실정에 맞게 조정하는 일은 확실히 가능하다. 사실 핀란드 교육자들은 지금도 미국 교육의 여러 측면들에 감탄한다. 미국 학교들이 주변 공동체와 협력하는 방식, 미국 교사들이 학생들을 개인으로서 대하고 학생들의 자신감을 북돋워주는 태도, 학생들이 진행하는 야심찬 프로젝트 등이 그런 예다.[62]

그래도 미국이 핀란드에게서 교육 아이디어를 빌려올 수 있다고 제안해본다. 한편 미국 자체의 뛰어난 지식들―핀란드에서도 매우 효과적이라고 밝혀진 지식들―을 그냥 활용할 수도 있겠다. 아직 다루지 않은 교육의 한 분야가 있는데, 다름 아닌 미국에게 간절히 기대하는 분야이다.

최고의 대학들은 미국에 있지만…

미국 친구들이 대학 시절을 떠올리며 세계적 명성의 경제학자나 과학자, 예술가 들에게서 배웠노라고 별 일 아니라는 듯 말할 때마다 기가 죽은 적이 한두 번이 아니었다. 내가 다닌 핀란드의 평범한 대학에서는 그런 스타급 교수진은 꿈도 못 꿀 일이었다.

영국의 《타임스 하이어 에듀케이션》지는 강의, 연구, 논문 인용, 혁신을 비롯해 교수진·학생·연구의 국세적 범위 등을 포함하는 13가지 지표에서 세계 최상위 대학들의 순위를 매기는데,[63] 여기서 미국은 늘 상위권이다. 2015-16년 조사에서 상위 10개 연구소 중 6개가 미국, 3개가 영국, 1개가 스위스에 있었다. 최초로 순위에 오른 핀란드 대학인 헬싱키 대학은 조금 암울하게도 76위였다. 스웨덴은 사정이 약간 나아서, 스톡홀름의 최고 의과대학인 카롤린스카 연구소가 28위였다. 어떻게 핀란드는 훌륭한 기본 교육 체계를 자랑하면서도 그만그만한 대학밖에 없을까? 반대로, 미국은 기본은 아주 부실한데도 어떻게 고등교육에서 전 세계를 재패할까?

언뜻 보기에 PISA 평가와 대학 순위는 전혀 다른 것을 측정한다. PISA가 한 나라의 15세 학생의 실력을 살핀다면, 대학 순위는 각 나라의 가장 뛰어난 대학을 살피지 모든 대학에서 졸업하는 학생 전부의 실력을 살피지 않는다. 뉴 아메리카 재단의 교육정책 프로그램 소장인 케빈 캐리도 한 기사에서 이런 차이점을 지적했다. "오바마 대통령이 '우리한테는 최고의 대학들이 있다'라고 말했을 때, 그건 '우리 대학들은 평균적으로 최고다'라는 뜻이 아니었다. 많은 사람들이 그렇게 여겼더라도 말이다. 사실은 이런 뜻이다. '최고의 대학들 중 대다수는 우리 것이다.'" 캐리의 설명에 따르면, 이런 차이 때문에 어떤 중요한 정보를 간과하기 쉽다. "국제 대학 순위는 (…) 교육과는 별 관계가 없다. 대신에 노벨상 수상자나 발표 논문 수 등의 척도를 통해 연구기관의 측면에서 대학에 주목한다. 대학이 학부생을 받지 않아도 그 순위에는 아무 영향이 없다."[64]

더 적절한 비교는 대학 졸업생 대상의 PISA 연구다. 2013년 OECD가 처음으로 그런 조사를 발표했는데, 대학 교육을 받거나 받지 않은 여러 나라 사람을 대상으로 현실적인 문제 해결 능력을 살펴서 성인들의 문해력, 수치력, 기술적 능력을 측정했다. 핀란드는 이번에도 상위권에 들었지만, 미국인들은 설령 대학 교육을 받은 이들이라도 OECD 평균 아래였다.[65]

우리는 교육의 목적이 뭐냐고 물어야 하듯이, 대학의 목적이 뭐냐고도 물어야 한다. 핀란드 최고 대학인 헬싱키 대학이 국제 순위에서 변변찮을지 모르지만, 대학 학위가 있는 핀란드 성인 인구는 확실히 교육 수준이 높다. 아마도 더 중요한 질문은 이것이다. 미국과 핀란드의 대학은 무엇을 성취하고 있는가?

미국은 다른 OECD 국가들보다 학생 1인당 교육에 더 많은 돈을 쓴다. 동시에 미국의 상위권 대학들은 대단하긴 하지만 엘리트에 교육 자원이 매우 집중되므로, 대다수의 평범한 시민들로선 그런 자원을 거의 이용하기 어렵다. 더군다나 간신히 대학 문에 들어선 소수의 학생과 가족들한테 미국의 대학 교육은 아찔할 정도로 고액의 학비를 안긴다.

세월이 흐르며 대학 교육이 일반화되어 더 싸고 접근하기 쉬워질 것으로 기대할 법한데, 미국은 정반대 현상이 일어났다. 수업료는 평균 가구 소득보다 더 빠르게 증가했으며, 주와 지역 정부는 학교 지원금을 감축했다. 보조금이나 대출금, 장학금을 신청할 기회야 늘 있지만, 내 미국인 친구들은 아이가 태어나자마자 여건만 된다면 대학 학비를 모으기 시작한다. 더 많은 고용주가 대학 학위를 요구하는 시대건만 평균적인 미국인 중 그런 자격을 갖출 형편이 되는 이들은 점점 줄어들고 있다.[66]

이와 달리 핀란드 대학은 계속 기회 평등을 이루려고 노력한다. 모든 핀란드 대학은 공립이며 수업료가 없다. 헬싱키 대학은 학생들이 내야 하는 액수가 학생회비 명목으로 연간 고작 110달러쯤이다. 한편 대학생

핀란드 헬싱키 대학 중앙 도서관은
세계에서 가장 아름다운 도서관 순위에서 빠지지 않는다.

들은 매달 약 600달러의 생활 보조금을 받는데, 이는 방값과 식료품 구입, 아울러 자율적인 성인이 되는 과정에 도움이 된다. 이 수당의 일부는 세금이 붙으며, 만약 학생이 학기 중에 일을 하거나 어떤 금액 이상의 수입을 올리면 지급액은 점점 줄어든다. 하지만 노르딕 사회는 개인의 독립을 장려하고 가족에 대한 경제적 의존을 지양하기 때문에, 생활비 지급을 두고 왈가왈부하지 않는다.[67]

그렇다면 노르딕 사회의 부모는 어떤 존재일지 상상해보라. 그때그때 아이의 나이에 맞게 그냥 사람을 기르는 데 집중하면 된다. 자녀가 나중에 밑바닥 인생을 살지 않도록 대학에 꼭 보내려고 돈을 충분히 저축해야 한다거나 돈을 많이 벌지 못한다는 자책감을 가질 것도 없이 말이다. 십대의 삶을 일일이 신경 쓰는 대신에, 어엿한 청소년인 자녀들한테 대체로 대학 입학 준비를 알아서 맡겨두면 된다. 모든 면—심리적 경제적 교육적—에서 미국의 상황과는 판이하다.

미국 가정은 돈이 많을수록 학생이 여러 면에서 앞서 나간다. 점점 더 구시대적 방식으로 사회가 운영되면서, 그런 면이 더욱 강화되고 있다. 금융 위기 후 대학 기부금과 공공 자금 지원이 감소하면서, 일부 대학의 입학 경향은 학비를 넉넉하게 댈 수 있는 가정의 학생을 선호하는 쪽으로 바뀌었다. 그리고 누구나 알듯이, 경쟁이 치열한 대학에 동문인 부모가 기부를 하면 자녀의 입학 가능성을 높이면 높이지 결코 손해가 되진 않는다.[68] 이런 관행과 더불어 수업료가 자꾸만 올라가고 대학 입학 과정이 더더욱 치열해지고 복잡해지면서 미국 고등교육의 불평등은 끔찍하게 심화하고 고질화되고 있다.

물론 핀란드는 최고의 미국 대학들에게서 배울 게 많음을 인정한다.

버클리나 예일 같은 데서 공부한 내 핀란드 친구들은 작은 교실 규모, 세계적 명성의 교수들, 교수진과 학생들이 연구와 학업에 쏟는 열정과 에너지에 감탄한다. 핀란드 대학들은 비교적 굼뜨고 활기가 적은 듯 보인다. 핀란드는 대학을 향상시키는 데 초점을 맞출 필요가 있는 반면, 미국은 많은 미국 정책 결정자들이 깨달았듯이 고등교육의 접근성을 향상시키기 위한 먼 길을 나서야 한다. 만약 목표가 궁극적으로 한 나라의 국민들을 교육시키는 것이라면 기회의 균등보다 더 중요한 것은 없다. 또한 목표가 창조적이고 자신감 넘치고 독립적인 사상가를 배출하는 것이라면, 개인의 자율성 함양이 무엇보다도 중요하다.

부모들에게도 평화를

교육 체계 비교는 허튼 짓 같아 보일 수 있다. 국제 평가는 정해진 측정 분야만 알려줄 뿐 교육 체계의 현실 전반을 담아낼 수 없다. 핀란드 교육의 우월함을 뒷받침하는 주된 근거가 표준화된 국제 평가라는 역설을 나는 너무나 잘 알고 있다. 그런 평가가 핀란드의 전반적인 교육관과 어긋나는데도 말이다. 핀란드인들은 자신들의 교육 체계가 결점이 많음을 알고 있다. 혁신과 창의성 부족, 왕따 문제, 너무 큰 학급 규모, 교실 내 갈등과 어수선함, 재능 있는 학생과 실력 부진 학생들 모두에 대한 부적절한 지원, 건강과 면담과 과외를 위한 자원의 불충분함 등. 많은 핀란드 부모들로선 끔찍하게도, 최근 몇 년간 교육 행정가들은 작은 학교들을 통합시켜 비용을 절감하려고 시도했다.

핀란드 학교들은 계속 진화해야 한다. 핀란드 교육 전문가 파시 살베리는 핀란드 학교의 십대 남학생의 실력 부진과 아울러 교육 체계의 미래에 대한 핀란드의 전망 부족을 염려한다. 그는 고학년반의 경우 누구에게나 동일하도록 엄격하게 정해놓은 수업시간을 절반으로 줄이고, 그 시간을 자율적인 공부 및 그룹 프로젝트에 쓰고 싶어 한다.(이때 그룹들은 나이로 학생들을 구분하는 전통적인 방식에서 벗어나야 한다.) 그는 핀란드 학교들이 대체로 무시하고 있는 사회적 교류, 의사소통, 토론 능력에 더욱 주목한다. 마지막으로 그리고 가장 중요한 것으로, 그는 학교가 학생 개개인의 열정을 찾아 그 열정을 다른 모든 과목을 더 잘 배우는 데 쓰도록 돕는 막중한 임무를 거론한다. 그렇게 하려면 교사 양성을 포함해 현재의 핀란드 교육 모델을 전면적으로 다시 생각해야 한다.

또한 핀란드에서 일부 부모들은 더 많은 선택지를 제공하거나 집에서 조금 멀더라도 더 나은 학교에 아이들을 보내기 시작했다. 이유는 여러 가지다. 학교의 다른 아이들이 술을 마시는데 자기 아이가 배울까 봐 또는 이민자 학생 수가 많아 학생 전체의 배움이 느려질까 봐 부모가 걱정할 수도 있다. 한편, 학교들은 선별적 학급 편성 방식을 고안하기 시작했다. 거기에 들어가기 위해서는 시험을 치러야 한다. 그렇다고 학생들이 모든 과목에서 속성 코스를 밟는 영재반 같은 것을 운영하는 것은 아니다. 다만 이러한 특별반은 예를 들어 음악, 무용, 과학 등에 여분의 수업 시간을 추가할 수 있다.

하지만 전반적으로 부모들은 여전히 집 근처 학교를 신뢰한다. 핀란드의 부모와 가정이 비교적 평화로울 수 있는 것은 기본 교육 체계 때문만이 아니다. 의무교육 이후에 고등교육을 받기가 쉽기 때문이기도 하다. 핀란드 사회는 중학교 졸업생 전부가 인문계든 실업계든 다음 단계의 학교에 갈 수 있게 하고, 아울러 25세 미만의 모든 청년이 대학에 가거나 직장에 다니게 한다는 목표를 세웠다.[69] 그리고 핀란드에서는 거액의 학자금 대출을 받을 필요가 없으므로 개인 파산 우려 없이 급여가 낮아도 원하는 일을 선택할 수 있다. 부모들은 아이들이 잘 해나갈 거로 믿는다. 이로써 관련된 모든 사람들이 엄청난 자율과 자유—사랑에 관한 노르딕 이론의 핵심 가치—를 누린다.

평등이라는 핀란드의 교육 목표로 인해 학생 각자는 집안의 형편에 구애받지 않고 세계경제에서 성공하는 데 필요한 교육적 토대를 마련한다. 이와 달리 미국의 교육 상황은 굉장히 안타깝다. 교육에 관한 선택권이 풍부하지만, 현실적으로 선택 폭은 매우 제한적이어서 '기회의 땅'이라는 개념—미국의 핵심 정체성—은 점점 더 허구가 되어간다. 학생들은 성인기로 접어들면서 점점 독립적이 되기는커녕 무력한 의존성을 키운다. 몇몇 차터스쿨과 더불어 소수의 공립학교의 복권당첨식 변덕에 의존하든, 아니면 사립학교와 비싼 가정교사와 그럴싸한 대학에 들어가는 비용을 대줄 부모의 변덕에 의존하든. 어쨌든 미국 가정들은 체계의 불평등성 속에 갇혀 있고 개인의 길은 대체로 예정되어 있기에, 젊은이들은 독립심과 자신감 그리고 자기 운명의 개척자라는 의식이 없다. 이는 가난한 이들뿐 아니라 부자들에게도 나쁘다. 오늘날 미국 교육에 깃든 이 같은 불안감은 교육을 통한 사회이동의 성공적 사례가 드문 것이 현실임을 증명하고 있다. 데이터를 들이대지 않더라도 말이다.

◇◇◇◇◇◇

미국에 정착할 무렵 나는 이미 교육을 마친 데다 아직 아이도 없었다. 그런데도 미국의 교육 현실은 내 삶과 꿈을 침범해 불안감을 안겨주었다. 트레버와 아이를 가질까 이야기할 때, 가장 직접적인 걱정거리는 출산휴가와 육아 및 관련 제반 비용 지불이었다. 아이가 있는 주위 사람과 이야기해볼수록 불안감은 더 커질 뿐이었다. 근처에 괜찮은 학교들이 있는 임대 아파트에 살고 있었지만, 좋은 학군이 있는 곳에 살 집을 마련하는 것은 우리 능력 한참 밖이었다. 사립학교는 꿈도 못 꿀 처지였다. 그쯤에서 우리는 아이가 생기면 핀란드로 이사 가야 할 것이라고 결론을 내렸다. 실제로 내가 아는 여러 핀란드인-미국인 부부도 그렇게 했다. 하지만 아이가 괜찮은 교육을 받기 어렵다는 이유 때문에 가장 부유하고 흥미진진한 나라를 떠나야 한다는 것은 얼마나 슬픈가.

나와 처지가 비슷한 미국인이라면 분명 징징거리길 그만두고 신발 끈을 동여맨 다음 돈 벌러 나갈 것이다. 하지만 아이들이 부모의 선택에 좌지우지되는 것이 옳은가? 그리고 아이들이 좋은 학교에 가기만 한다면 부모가 다른 방식으로 사회에 기여할 바를 잃어도 좋은가? 국가 차원에서 볼 때, 미국 교육 정책의 목표는 지식 기반 경제에 투자함으로써 국가의 미래 경쟁력을 확보하는 것이다. 핀란드의 경험에서 볼 때, 이 게임에서 이기려면 한 나라는 인구의 일부뿐 아니라 전부에게 그런 준비를 하도록 도와야 한다.

선택할 수만 있다면, 내 아이가 두 나라의 장점을 다 누리면 좋겠다. 핀란드에서는 저렴하고 느슨한 탁아 서비스, 잘 훈련된 교사, 집에서 가까운 우수한 학교, 무상 교육을 받아늘이겠다. 미국에서는 학생 구성의 다양성 그리고 학생들로 하여금 개성을 표현하고 자주적으로 생각하고 다른 이들과 의견 및 재능을 주고받게 하는 체계적이고 고무적인 방식을 받아들이겠다. 학창 시절에 미국의 멋진 연극 수업이나 과학 프로젝트, 토론 동아리에 참여했다면 내 삶이 얼마나 달라졌을지 생각해보곤 한다.

불가능한 목표일까? 핀란드의 경험에서 볼 때, 경쟁뿐 아니라 협동에, 선택뿐 아니라 평등에 초점을 맞추어 탁월함을 성취하는 일은 분명 가능하다. 핀란드가 채택한 기본 원리와 정책은 복잡하지 않기에 거의 어디서나 시행할 수 있다. 개개인이 마음껏 꿈을 펼칠 평등한 놀이터를 만들자는 원리 덕분에 핀란드는 경제적 고려 없이 누구에게나 좋은 교육을 제공하게 되었다. 결국 탁월한 성과를 낳은 것은 다른 무엇이 아니라 교육 평등에 헌신한 덕이다.

미국은 학교를 개선하는 데 필요한 모든 자원과 지식을 이미 갖추고 있다. 핀란드와 미국에서 각각 최고의 접근법을 택해서 결합하면 미국은 진정으로 미래지향적인 교육 체계를 마련하게 될 것이다. 그러면 국민은 모든 재능을 한껏 발휘할 수 있고 불건전한 의존 관계에서 벗어날 것이다. 학교는 우리가 인생에서 알아야 할 것을 가르쳐주는 곳일 뿐만 아니라 인생의 첫 관문이기도 하다. 그 관문은 모두에게 열려 있어야 한다.

5장

당신이 미국에서
암에 걸린다면…

웰컴 투 부르키나파소

늦은 4월 어느 화창한 토요일이었다. 뉴욕의 날씨는 유별나게 따뜻했다. 트레버와 나는 초여름을 만끽하러 공원에 갈 참이었다. 하지만 우선 앉아서 그날 온 편지를 훑어보았다. 핀란드에서 건너온 공식적인 느낌의 봉투가 있었다. 별다른 예감은 들지 않았다.

그 무렵 나는 미국에 산 지 넉 달 남짓이었다. 트레버와는 아직 약혼 전이었고 미국의 영구 거주민이 될지도 불확실했다. 세금은 핀란드에 내고 있었고 의료보험도 핀란드에 들어 있었다. 미국에서 응급 상황에 대비해 합리적 가격의 여행자보험에도 들어놓았다. 당분간은 그렇게 지내도 좋을 듯했다.

핀란드에서 온 편지를 뜯자 모든 게 달라졌다. 핀란드 정부 기관이 보낸 편지 내용에 따르면, 나는 해외 체류 중이므로 핀란드 국민으로서의 혜택은 중지된 상태였다. 편지를 읽기 시작하면서 배 속이 새끼줄처럼 꼬였다. 미국에서 살기 시작하면서 이미 불안을 느끼고 있었지만 그 원인은 분명치가 않았다. 하지만 이제 원인이 수정처럼 명확해졌다. 핀란드의 의료보험 이용 권한이 차단되었고 내가 들었던 보충적인 여행자보험도 무효화되었다. 사실상 내 의료보험이 날아가버렸다.

◇◇◇◇◇◇◇

진정하세요, 미국인들은 그렇게 말할 테다. 의료보험이 날아갔다는 걸 미국 지인들에게 말하자 다들 의료보험 없이도 오랜 세월 잘 살았노라고 했다. 어떤 이들은 보험 들 여력이 안 되서 또 어떤 이들은 보험이 필요 없다고 여겨서였다. 내가 들은 조언이라고는, "그냥 지역 보건소에 가면 돌봐줄 거예요."였다.

말할 필요도 없이, 그런 게 실제로 통할 리 없다. 의료보험이 없는 미국인들은 치료비를 전부 자비로 부담해야 한다. 의사 진료비, 앰뷸런스 비용, 입원비, 약값, 검사비 등. 자선 의료기관이 도움이 될 수도 있지만, 그렇다고 의료보험을 대신해주진 않는다. 따라서 실제로 의료보험이 미비한 미국인들은 당연히 받아야 할 중요한 진료, 가령 유방암 검사나 전립선암 검사를 받지 않는 편이다. 아파도 도저히 못 견딜 정도가 아니면 병원에 가길 미루다가, 이미 심각한 상태에서 병원에 가는지라 훨씬 더 공격적이고 비싼 치료를 받아야 한다. 절대 그런 꼴을 당하고 싶지는 않았다.

의료보험 없이 병원에 갔다가 큰 빚을 지게 되진 않을까 차츰 두려움이 생겼다. 어느 날 아침 신문을 읽다가 무서운 기사를 읽었다. 의료보험이 없는 내 또래 젊은 여성이 갑작스러운 소화불량을 겪고 병원에 딱 이틀 입원했더니 치료비가 1만 7000달러 넘게 나왔다, 어떤 사람은 아픈 이를 치료하는 대신에 빼는 게 더 싸니까 그냥 빼버렸다는 등의 이야기였다. 의료보험 없는 미국인 수백만 명은 처방약을 구입하지 못하거나 처방약의 일부만 구입하거나 아니면 친구에게서 남은 약을 얻어 와 자가 치료를 한다고 한다. 모두 돈을 아끼려고 그런다.[1]

정치인들을 포함해 많은 이들이 의료보험 때문에 죽은 미국인은 없다고 주문처럼 외워대지만, 알고 보니 결코 사실이 아니다. 한 연구에 따르면, 의료보험 없이 자동차 사고를 당한 사람들은 설령 응급실로 옮겨지더라도 보험 가입자들보다 치료를 덜 받아 추후 사망할 가능성이 상당히 높았다. 다른 연구들도 추산하기로, 미국의 의료보험 미가입 성인들은 가입 성인들보다 사망률이 25퍼센트 내지 심지어 40퍼센트까지 높았다. 연령, 흡연, 비만 등의 다양한 요인을 다 감안하더라도 말이다.[2]

더군다나 병원 치료를 받았다가 파산할 위험을 피하려고 걸핏하면 죽을 위험을 무릅쓰는 사람들이 얼마나 많은지도 따져보아야 한다. 당연히 미국 응급실은 극심한 고통에 처했거나 직접적인 의료 조치가 필요할 정도로 중증인 사람이 들어오면 반드시 돌봐야 한다. 하지만 무료로 그렇게 해야 할 의무는 없으며, 당뇨병처럼 치명적일 수 있지만 만성적인 병을 가진 사람을 돌볼 의무도 없다. 보험 없는 환자가 응급실 치료 후 받는 악명 높은 청구서(몇 바늘 꿰맸다고 수천 달러)는 위중한 상황에도 운명을 하늘에 맡기고 집에 눌러앉게 만드는 충분한 이유가 된다. 병원은 보험 미가입자에게 치료비를 미리 내라고 요구할지도 모른다. 심지어 대기실에 앉아 있는 환자에게 징수 대행업자를 붙일 수 있고, 치료비를 내지 않으면 나중에 소송을 걸 수 있고, 급여의 세후 금액에서 4분의 1까지 압류할 수 있다.[3]

실제로 미국에서 개인 파산의 가장 큰 이유가 의료비였는데, 이는 매년 수십만이 의료보험 미가입이나 미비 때문에 재산을 잃거나 신용등급이 몰락한다는 뜻이다. 미국에서 보험 미가입자는 아찔한 치료비 청구서를 받고서 병원에 자비를 구하거나 친구나 가족에게 부담스러운 경제적 지원을 부탁한다. 실제로 많은 이들이 가족까지 빚의 수렁으로 빠뜨린다.4

브루클린의 아파트에 앉아 떨리는 마음으로 상상해보았다. 내가 보험도 없이 갑자기 응급실 신세를 져서 치료비조로 5만 달러를 급히 빌려주십사 하면, 갓 사귄 남자친구의 부모님이 나를 얼마나 어여삐 여기실지.

◇◇◇◇◇◇

그 무렵 나는 미국 생활의 여러 면을 무척 좋아하게 되었고, 미국 의사와 병원이 일상적으로 사용하는 최첨단 의료 기술에 깊은 인상을 받았다. 미국 환자들이 받을 수 있는 첨단 임상 시험과 실험적 치료는 분명 특별한 혜택이며, 미국의 의과대학과 연구소는 세계에서 가장 앞서간다. 그렇기는 해도 핀란드처럼 국영 의료 체계가 있는 나라에서 미국으로 건너오는 것이 어떤 의미인지 미국 사람들에게 심지어 트레버에게도 설명하기 어려웠다.

확실히 21세기의 의료는 세계 어디서도 큰 문젯거리이며, 완벽한 체계를 갖춘 나라는 없다. 전 세계 의료 평가에서 최상위권인 나라들조차 지속적으로 상승하는 비용, 병원의 과도한 부담, 긴 대기 시간, 복잡한 행정 업무 등으로 고군분투한다. 하지만 이 문제들을 바라보는 방법은 여러 기지인데, 만약 노르딕 사회의 의료 체계를 경험해본 사람이라면 미국의 그것은 충격으로 다가온다.

몇 년 전 T. R. 레이드라는 미국 기자가 세계 각국의 기본적인 보건 의료 관리 방식을 살펴본 후 4가지 모델로 분류했다.[5] 첫 번째 모델은 오늘날 노르딕 나라들에서(핀란드, 스웨덴, 노르웨이, 덴마크, 아이슬란드) 사용하는 방식인데, 나라마다 조금씩 변형되어 시행된다. 윌리엄 베버리지의 이름을 따 '베버리지 모델'이라고 부른다. 베버리지는 경제학자이자 사회 개혁가로, 1942년에 그가 발표한 보고서는 영국의 국가보건서비스(NHS, National Health Service) 탄생에 촉매제 역할을 했다.

베버리지 모델의 기본 개념은 단순하다. 의료 서비스는 세금을 통해 정부가 제공하고 비용을 댄다. 여러 공공서비스와 마찬가지다. 공립학교에서와 마찬가지로 공공 의료 이용자는 진료를 받을 때 무료거나 약간의 비용 부담만 한다. 그리고 교사처럼 다수의 의사도 중앙정부나 지방정부의 상근 직원이다. 의사는 급여를 정부에서 직접 받으면서 동시에 민간 의료 서비스 공급자일 수 있다. 게다가 스스로 비용만 지불하겠다면 이용자들이 선택할 수 있는 다른 민간 의사, 병원, 보험 정책도 있을 수 있다. 정부가 의사의 급여, 병원 비용, 약 처방 비용 대부분을 지불하기 때문에, 협상을 잘 해서 그런 비용들을 낮출 수 있다. 이 모델은 종종 '사회주의적 의료'라는 무서운 꼬리표가 붙는다.

두 번째 모델은 '비스마르크 모델'이다. 19세기 후반 독일 수상의 이름을 딴 이 모델은 독일을 비롯해 일본, 벨기에, 스위스가 채택한다. 의사와 병원 등 의료 서비스 공급자는 물론이고 의료보험 회사도 민영이다. 고용주와 피고용인이 보험 비용을 분담하며, 실업자의 의료 비용은 정부가 댄다. 하지만(이건 진지한 '하지만'이다) 이 체계는 비영리다. 민간 의료보험 회사는 본질적으로 국가의 규제를 받는 자선기관이다. 보험회사는 법에 따라 모든 이에게 보험 혜택을 주어야 하며, 정부는 의료 서비스와 의료비를 규제함으로써 비용을 통제한다.

세 번째 모델은 '국가의료보험(National Health Insurance) 모델'로서, 캐나다에서 시행되며 호주도 어느 정도 채택한다. 의료 서비스 공급자는 민영이지만, 중앙정부나 지방정부가 단일한 통합 의료보험 프로그램을 운영한다. 여기서는 모든 이용자가 보험금을 납부하고 그걸로 의료비를 지불한다. 그래서 종종 '단일 지불자(single-payer)' 체계라고도 불린다. 이 방식은 정부가 의사 및 병원과 낮은 가격을 협상할 수 있도록 해준다.✦

하지만 레이드가 자신의 책 『미국 치료하기(*The Healing of America*)』에서 지적하듯이, 전 세계 대다수 나라들은 이 세 모델 중 어느 하나라도 시행하기에는 너무 가난하고 체계적이지 않다. 그래서 네 번째 모델에 기댄다. 이걸 '모델'이라고 부를 수 있다면 말이다. 즉, 환자들은 보험 없이 또는 도움받을 정부 계획 없이, 자기 형편에 닿는 만큼 스스로 비용을 대서 무슨 의료 서비스든 받는다. 몇몇 예를 든다면, 캄보디아, 인도, 부르키나파소 같은 나라들이 겪는 참담한 현실이다. 이 체계의 결과는 너무나 뻔하고 잔혹하다. "부자는 치료를 받고 가난한 자는 앓다가 죽는다."

미국의 의료 체계는 독특한 위치에 있다. 위의 네 가지가 뒤죽박죽 섞여 있기 때문이다. 미국 통계국에 따르면, 2014년에 미국인의 55퍼센트가 고용주 지원 의료보험에, 37퍼센트가 일종의 정부 의료 프로그램에, 15퍼센트가 자체적으로 민간 보험에 가입되어 있고, 10.4퍼센트(약 3300

✦ 한국도 이 모델을 채택한다.

만 명)는 보험이 아예 없다.[6]

65세 미만의 대다수 미국인은 비스마르크 모델의 용병 버전에 살고 있다. 고용주는 피고용인의 의료보험에 관해 민간 보험회사와 협상을 하며, 고용주와 피고용인은 비용을 분담한다. 보험회사는 민간 의사와 병원이 제공하는 치료에 비용을 댄다. 하지만 독일과 달리 미국의 보험 회사와 의료 서비스 공급자는 대체로 영리 기업이어서, 비용은 가능한 한 많이 청구하고 혜택은 가급적 적게 줄 온갖 구실을 마련한다. 더군다나 미국 정부는 실업자의 의료비를 대주지 않으며, 의료 서비스의 가격을 규제하지도 않는다.

한편 65세 이상일 경우, 미국은 캐나다의 복잡하고 부적절한 버전이다. 정부는 자체적으로 노인 의료보험 제도인 메디케어(Medicare)를 운영하며 치료비 대부분을 댄다. 그리고 극빈자를 위한 메디케이드(Medicaid) 제도가 있다. 연방정부와 주정부에서 매우 빈곤한 시민들, 특히 아동, 임산부, 장애인, 노령자를 위한 의료 서비스에 자금을 지원하지만, 자격 요건과 정확한 보장 내용은 주마다 다르다. 여러분이 특히 1~3번째 모델의 나라 출신이라면, 미국의 메디케이드가 국가의료보험 체계와 꽤 비슷하다고 결론 내릴지 모른다. 하지만 기억하셔야 할 것이 있다. 미국에서 '가난하다'라는 말은 '극도로 궁핍하다'라는 뜻이다. 재정 면에서 힘겨운 미국 성인 다수는 결코 메디케이드 자격이 될 만한 가난 근처에도 못 가며, 많은 주에서 자녀가 없는 성인은 아무리 가난해도 메디케이드 대상에서 제외한다.[7]

한편 미국에서 제대군인을 위한 의료 혜택은 영국이나 노르딕 나라의 버전에 가깝다. 정부가 보훈보건청 소속 시설들의 의사 급여와 비용을 지불한다. 하지만 2001년 이래 중동에서 미군의 군사 작전이 지속되면서, 보훈보건청은 밀려드는 참전용사들로 큰 압박을 받아왔다. 연방정부 역시 자금 조달과 운영 개혁을 통해 서비스 향상을 도모하려 애쓰고 있다.

마지막으로 대체로 젊거나 자영업자거나 실직자거나 아르바이트를 하거나 의료보험 제공이 안 되는 (또는 엄두가 나지 않게 비싼 보험만 제공하는) 작은 회사에서 일해서 의료보험이 없는 사람들에게 사실상 미국은 캄보디아나 부르키나파소와 별반 다르지 않다. 보험 미가입자는 자기 주머니에서 의료비를 내야 한다. 그럴 형편이 아닌데도 응급실을 이용했다가는 청구서가 날아와 빚더미에 앉고 신용등급이 하락하고 결국 파산으로 내몰리기도 한다. 죽지는 않을 정도의 가볍거나 만성적인 질병일 경우에는 자선병원을 찾거나 마지못해 자비로 일반 병원에서 치료받거나 그냥 앓는 수밖에 없다.

화창한 4월의 봄날 핀란드에서 온 편지를 연 순간, 나는 이 마지막 미국인 그룹에 속하게 되었다. 그 순간 아파트 아래 부산한 거리를 내려다보았더니 브루클린은 보이지 않았다. 보이는 것이라곤 부르키나파소뿐.

◇◇◇◇◇◇

의료보험 상실이 내 존재의 안전과 평안을 얼마나 근본적으로 망가뜨렸는지는 이루 말로 표현할 길이 없다. 핀란드를 포함해 대다수의 현대 산업국가들은 의료를 기본적인 인권으로 본다. 나의 새 보금자리가 된 나라에서 사람들이 의료 혜택을 못 받아도 어쩔 수 없고 받았다가는 파산할 수 있다는 현실을 도저히 납득할 수 없었다. 나는 어리벙벙하다가 실망하다가 무서워졌다가 징징거리다가 화를 냈다가를 반복했다. 당분간 내가 아주 건강했다는 건 중요하지 않았다. 목구멍에 자극이 생겼다 하면 폐렴이고 무릎이나 팔꿈치가 찌릿하면 수술을 알리는 신호요, 목에 덩어리가 만져지면 암이라는 뜻이겠지. 정말로 그랬다가는 어마어마한 청구서가 날아올 테고.

전 세계 수백만이 평생 의료보험 없이 살아가는 처지니, 나는 정말로 행운이었다. 여차하면 핀란드로 돌아가면 그만이다. 게다가 얼마간 저축해둔 게 있었고, 최소한 유사시에 도움을 받을 수 있는 가정이 있다. 미국 기준으로 볼 때 나는 여전히 특권을 누리고 있었다. 하지만 노르딕 기준으로는 그리고 대다수 다른 선진국 기준으로는 사실 궁핍해질 실제적 위험에 처해 있었다.

그렇게 나는 혹사당하는 초췌한 미국인 부류에 합류했다. 여러 혼란스럽고 비싸고 끔찍한 선택사항들 중에서 그나마 덜 나쁜 의료보험을 찾아내려고 시도 때도 없이 관련 정보를 조사하는 사람들 부류 말이다. 하지만 곧 나 혼자 할 수 있는 일이 아님을 깨달았다.

의료보험이 좌지우지하는 삶

처음 미국에 건너와서 미국 사람들이 직장에 '혜택'이 딸려오는지 여부를 논할 때 무슨 뜻인지 궁금했다. 헬스장 회원권이나 점심 식권이겠거니 짐작해보면서, 도대체 왜 그런 걸로 난리법석일까 의아했다. 의료보험을 스스로 들기는 너무 비싸서 일종의 단체—고용주, 노조, 전문 협회—로 가입해야 하며 고용주 지원 의료보험이 가족 전부까지 보장한다는 걸 알고 나서야 모든 게 이해되었다. 혜택(들)이 딸린 직장을 얻느냐 여부는 정상적인 생활과 생사가 위태로운 삶을 가르는 중차대한 문제였던 것이다.

민간 기업이 그런 심오한 사회적 책무를 감당한다는 것이 나로서는 도통 미국적이지 않았다. '사회주의 느낌'이 풍길 정도다. 기업의 목적은 수익을 내는 것이지 피고용인의 의료 문제를 해결하는 것이 아니지 않은가? 한편 미국 사람들은 충실히 세금을 낸다. 따라서 그 대가로 필수적인 사회적 서비스를 제공하는 것이 정부의 목적이 아닌가? 그리고 가장 의료보험이 절실할 이들인 실직자가 의료보험을 잃는다는 것은 잘못되어도 한참 잘못된 게 아닌가?

미국이 개인의 자율성을 존중하고 지원하는 사회라면, 국민의 적어도 절반이 인생의 가장 필수적인 사회 서비스를 고용주에게 의존한다는 것은 합리적이지 않다. 개인의 자유가 심각하게 위축된다. 사람들이 꿈을 찾아 나설 때 자신이나 가족에게 미칠 경제적 의료적 위험성을 저울질하지 않을 수 없다. 무슨 직업을 택하든 이런 고민을 피할 수 없는 것이다. 더군다나 여러분이 작은 기업을 일구는 데 성공해서 쑥쑥 커나가더라도, 그 후에는 직원들 의료보험을 챙기는 사무적 재정적 부담을 또 짊어져야 한다. 노르딕 나라의 기업가들은 의료보험을 전혀 신경 쓰지 않아도 된다. 그들은 이미 보험에 들어 있고 앞으로도 늘 그럴 것이며 적어도 그런 특별한 걱정거리 없이 꿈을 추구할 수 있다. 직원에게 추가 의료 보장을 특전으로 제공하는 기업도 많지만, 미국 기업이 일상적으로 짊어지는 부담에는 근처에도 못 갈 수준이다.

고용주가 의료보험을 마련해주는 것은 다른 면에서도 합리적이지 않다. 이직을 고려할 때마다 미국인은 자신의 의료 보장이 완전히 뒤바뀌는 상황에 직면하는데, 보장 범위가 무진장 차이 나는 경우도 왕왕 있다. 전형적인 예를 들어보자. 지인 중 하나는 이직을 했더니 3개월 동안 의료보험 미가입 상태였다. 새 회사가 즉시 보험을 들어주지 않았던 것이다. 그런 틈새를 매워줄 이른바 코브라(COBRA) 보험은 그가 이전에 받았던 상당한 회사 부담금 없이 혼자서 감당하기엔 너무 비쌌다. 따라서 90일 동안 무방비 상태로 살면서 무사히 지나가기만 바랐다. 미국인들은 직장, 재정 상태, 거주지, 자격 요건 변화에 따라 이런저런 의료보험에 들었다가 나왔다가 한다. 그러다 보니 다들 지치고 혼란스럽고 모든 이의 시간과 에너지와 돈이 비효율적으로 쓰인다. 더군다나 보험회사는 고객 다수가 어느 시점에는 다른 보험으로 갈아타리란 걸 안다. 따라서 장기적으로 비용을 절감할 수 있게 해줄 예방적 의료에 관해 보장할 필요가 없다. 고용주를 통해 의료보험을 제공하는 민간 보험회사로선 지금 가급적 적게 지불하는 것이 최상의 선택이다. 사람들이 장래에 직면할 건강 문제는 안중에도 없이 된다.[8]

미국 사람들의 자유와 독립을 해치는 경우가 또 있는데, 이 역시 의료보험 때문이다. 일하는 미국인을 상대로 한 설문조사에 따르면, 응답자의 절반 이상이 원하는 기간보다 더 오래 일할 계획이었다. 고용주로부터 의료보험을 계속 지원받기 위해서다.[9]

노르딕 나라들에서는 이런 식으로 개인의 자유가 방해받는 일은 결코 용인되지 못할 것이다. 노르딕 나라들의 노동 참여 수준은 미국과 엇비슷하거나 그 이상이다.[10] 하지만 직장 선택이 의료보험에 좌지우지된다

는 것은 상상할 수 없다. 이는 사람들이 점점 더 시간제 노동자나 프리랜
서로 또는 단기적 프로젝트로 일하는 오늘날의 21세기 경제에서는 특히
중요한 문제다. 유연하고 건강한 노동력이 필요한 민첩한 초현대 사회에
서는 의료 보장을 개인의 고용 상황으로부터 분리하는 것이 현명하다.

2014년 초에 시행된 오바마케어(ObamaCare), 즉 숱한 논의를 낳고 지
지와 비난이 극명히 갈렸던 '환자보호 및 부담적정보험법(PPACA, 이하 부
담적정보험법)'이 이런 문제들을 많이 해결하지 않았을까? 적어도 이론상
으로는 문제를 다루려고 시도했다. 이 새 법은 거의 모든 시민과 합법적
거주자들이 민간 보험에 가입하거나 그러지 않으면 벌금을 내도록 했
다. 저렴한 고용주 지원 보험을 들기 어려웠던 저소득층들도 세액공제
혜택을 통해 보험에 가입할 수 있게 지원했다. 또한 개인이 직접 인터넷
웹사이트(처음 시행되었을 때 숱한 문젯거리를 낳았던 악명 높은 '거래소')◆를 통해 직
접 보험에 가입하기 쉽도록 하여, 프리랜서, 실직자 그리고 소기업 소유
자와 피고용인이 보험에 들 수 있도록 했다. 사실 트레버와 나 같은 사
람들을 염두에 두고 만든 법이다. 하지만 실제로는 문제가 많음을 금세
알아차릴 수 있었다.

◇◇◇◇◇◇

트레버와 결혼한 후 나는 '그린카드'를 받았다. 미국 고용주 아래서 자
유롭게 일할 수 있게 해주는 탐나는 거주 허가증이다. 이론상 그것 덕분

◆ 오바마케어는 각 주정부에서 보험상품거래소(Health Insurance Exchange)를 설치해 가입자들로 하여금
여러 보험 상품 중에서 자기에게 맞는 것을 고른 후 가입할 수 있도록 했다. 공화당 소속 주지사들은 집행을 집요
하게 방해했는데, 가령 주정부가 만들어야 할 거래소를 만들지 않았다. 이에 부득이 연방정부가 거래소를 구축하
자 이를 불법이라며 법원에 제소하기도 했다.

에 나는 고용주 지원 의료보험이 딸린 직장을 구할 수 있을 터였다. 게다가 이제는 남편의 공식 배우자로서 프리랜서를 위한 트레버의 의료보험에 포함될 수도 있었다. 나는 직장을 찾기 시작했다. 하지만 핀란드에서의 기사 작성과 편집이 위주인 이력서로는 1930년대 이래 최악의 불경기에서 나를 고용하겠다는 뉴욕의 고용주가 없었다. 트레버와 나는 가만히 앉아서 우리의 재정 상태를 그리고 프리랜서 조합이 제공하는 최신 의료보험 계획을 놓고서 심사숙고했다. 하지만 배우자를 포함시키면 그 비용이 우리 처지에 너무 고가라는 슬픈 결론과 마주했다. 사면초가였다. 그리하여 나는 미국의 의료보험 체계가 사람들을 옥죄는 또 다른 유형의 불건전성을 직접 목격했다. 고용주에 대해서만이 아니라 가족 구성원 간의 불건전한 의존이다. 내가 당분간 그럴듯한 직장을 구할 가망이 별로 없다 보니, 많은 미국인이 하는 짓을 나도 하고 말았다. 남편에게 우리 둘 다 보장해주는 보험이 딸린 다른 직장을 찾아보면 어떠냐고 물었던 것이다.

그 무렵 이미 나는 그런 식으로 사는 미국인 부부를 적잖이 만났다. 이직을 하거나 자영업을 하고 싶어도 부부는 그 직장을 계속 다니는 걸로 합의를 봤다. 온 가족이 거기에 딸린 의료보험에 기댄 처지였기 때문이다. 나에겐 그런 상태가 정말이지 분통 터졌다. 어떤 사람이 자신의 잠재력이나 꿈을 접고 그 배우자와 아이들은 그 사람의 희생에 기대어 살면, 정서적 의미에서 모두가 미묘하게 인질로 잡혀 있는 셈이다. 이처럼 사랑으로 맺어져야 할 관계가 변질되는 것이야말로 노르딕 사회가 피하려는 것이다.

많은 미국인에게 이런 상황이 부조리하게 보이지 않나 보다. 원래 가족은 모든 구성원의 행복을 위해 작동하는 조직 아닌가. 만약 한 구성원이 의료보험이 딸린 직장에서 행복하다면, 전혀 문제될 것 없다. 설령 그가 다른 결정을 하고 싶더라도, 가족을 우선해야 옳은 것 아닐까? 희생은 관계나 가족 이루기의 일부이니까.

물론 노르딕 나라들에서도 어느 정도는 그렇다. 하지만 그러한 의존은 관계의 위험한 비탈길이다. 희생과 분노는 무의식적으로라도 조용히 쌓일 수 있고, 사랑으로 가득했을 관계를 밑바탕에서부터 잠식해간다. 사랑에 관한 노르딕 이론의 목표는 관계의 이러한 부식을 막는 것인데, 그러기 위해 모두가 속박 없이 최대한 사랑을 줄 수 있는 사회적 제도를 마련한다. 누가 빚을 지고 누가 희생하고 같은 계산이 정서적 관계를 표현하는 방정식의 일부가 되어서는 안 된다. 그래야 가족은 각 개인이 독립적인 위치와 권한에서 전체에게 이바지하는 팀이 된다. 오늘날의 현대사회에서는 개인이 기본적인 독립을 확보하면서도 가족과 공동체의 일원이 되기를 기대한다. 하지만 미국의 낡은 접근법은 그런 이상을 갉아먹는다. 안타깝다. 전혀 그럴 필요가 없기 때문이다.

내가 미국에 살면서 의료보험을 갖고 싶으면 트레버에 의존할 수밖에 없다. 그러려면 트레버가 하지 않았어도 될 선택과 희생을 해야 할 터였다. 우리의 관계에 암암리에 원망이 깃들고 내가 그에게 더 깊이 심정적으로 의존하면서 말이다. 다행히도 트레버는 우리 둘 모두 의료보험에 들어주는 강의 일자리를 용케 구했다. 나는 마음이 놓였다. 트레버가 새 고용주와 면담하고 돌아와서 그 보험에도 비용이 들 거라고 알려주기 전까지는.

'고용주 지원(employer-provided) 의료보험' 이야기를 하도 많이 들은 터

노르딕 사회에서 사랑은 인간의 권리로 여겨진다.
따라서 모두가 속박 없이 최대한 사랑을 나눌 수 있는 사회적 제도 마련을 목표로 한다.
사진은 헬싱키에서 매년 성황리에 개최되는 LGBT 프라이드 퍼레이드의 한 장면.

라, 나는 그게 아주 저렴하거나 어쩌면 무료일 거라고 살짝 기대하고 있었다. 그래서 '혜택'이라고 부르는 거 아닌가? 그때까지도 나는 다종다양한 보험 상품과 비용이 존재하니 요령껏 잘 선택해야 한다는 것의 실질적 의미를 충분히 이해하지 못하고 있었다. 게다가 트레버가 새로 얻은 강의 일자리가 핀란드와 달리 미국에서는 그럴듯한 직업이 아니라는 것도 모르고 있었다.

나중에 미국의 고용주 지원 의료보험 상품들의 평균 가격을 살펴보았다. 카이저 가족 재단의 보고서에 따르면, 2015년 기준 연간 평균 총 보험료(고용주와 피고용인 둘 다 내는 보험료)는 1인 보장에 6,251달러이고 가족 보장에 1만 7,545달러였다. 그중 피고용인이 자기 급여에서 내야 하는 금액만 보면 1인 보장에 1,071달러였고 가족 보장에 4,955달러였다. '고용주 지원'인데도, 매년 자기 주머니에서 1만 5000달러까지 내는 가족도 있다고 한다. 게다가 대다수의 보험에는 보험료와 더불어 가입자들이 일정액을 우선 자비로 부담해야 하는 연간 본인 부담금 공제(평균적으로 1인 보장에 대해 1,318달러)가 있다. 또한 진료비와 처방약 값의 일부도 치러야 한다. 차츰 알고 보니, 미국인이 말하는 보험료 월 지불액은 본인 부담금 공제, 진료비 분담금, 공동 보험, 보장 범위를 비롯해 나로선 평생 들어본 적 없는 온갖 계약 조항들을 확인하기 전까지는 사실상 아무런 의미가 없었다.✦ 대체로 큰 회사일수록 피고용인에 대한 혜택이 나았다.[11]

✦ 미국의 의료보험은 크게 다음 4가지 조건으로 가입자가 부담하는 액수가 정해진다. 우선 '진료비 분담금(copay)'이 있다. 진료를 받을 경우 그때그때 정해진 액수를 조금씩 내는 것이다. '본인 부담금 공제(deductible)'란 가입자가 연간 부담해야 하는 의료비의 일정액을 미리 지불하는 것이다. 이를 넘기면서부터 보험사에서 의료비를 지급한다. 본인 공제액을 넘긴 치료비에 대해서는 다시 '공동 보험(coinsurance)'이 적용된다. 진료비를 정해진 비율로 가입자와 보험사가 나눠서 부담한다. 마지막으로, '연간 본인 부담 상한액(annual out-of-pocket maximum)'이 있다. 연간 의료비 총액에서 환자가 부담하는 상한액을 정해놓은 것이다.

트레버의 새 직장, 즉 우리가 기댈 유일한 의료보험 선택지는 가족 보장 방식(배우자만 보장하는 선택사항이 없음)으로, 매달 790달러를 보험료로 내야 했다. 그건 고용주가 전체 비용의 약 절반을 낸 나머지 액수였다. 다행히 우리가 살펴보고 있던 프리랜서용 의료보험보다는 조금 저렴했지만, 그렇다고 내가 기대한 정도는 결코 아니었다. 하물며 당시 가족 보장 의료보험 평균 부담액의 두 배 이상이었고, 우리는 아이도 없었다.

나는 어쨌든 이 마지막 선택지를 기꺼이 받아들이려고 했다. 하지만 연간 9500달러는 엄청난 액수 같았고, 진료비 분담금까지 있었다. 다시 한 번 내가 미국 생활에 맞지 않는다는 느낌이 쇄도하더니 눈물이 흐르기 시작했다. 트레버는 잠시 나를 바라보다 부드럽게 말했다. "내가 자길 너무너무 사랑한다고 말한 거 알지?"

우리는 서로를 꼭 안았다. 의료보험 체계에 상처받은 연인으로서. 울다가 웃음을 터뜨릴 뻔했다. 미국식 사랑 이야기는 그랬다. 나로선 이전과는 꽤 다른 삶이었다.

세계 최고의 의료 선진국?

핀란드에 살 때는 다양한 곳에서 일차적인 의료 서비스를 받았다. 어렸을 때는 학교 보건실, 보건소, 아동 전문 보건소에 가거나 때로는 부모님이 비용을 대고 민간 의사한테도 진료를 받았다. 대학에서는 공적으로 재정 지원을 받는 학생 건강 센터를 이용했다. 나중에 성인이 되어 직장에 다닐 때는 대체로 지역 보건소에 갔다. 가끔씩은 고용주가 비용을 대고 사소한 병을 민간 의사한테 진료를 받기도 했다.

그래서 이 모든 진료에 내가 얼마의 비용을 치렀을까? 보건소에 갈 때는 처음 몇 차례 진료에 대해 본인 부담금을 연간 20달러쯤 냈다. 2016년 기준으로 핀란드의 대다수 의료 서비스—보건소, 응급실, 검사, 수술—에 대한 연간 최대 총 본인 부담금은 어떤 치료를 받든 간에 1인당 약 750달러였다. 처방약 본인 부담금에도 상한선이 정해지는데, 2016년 기준 연간 최대 660달러였다. 가난한 사람은 사회복지 제도가 도와준다. 당뇨병이나 다발경화증, 암과 같은 만성 중증 질환에 대한 약 처방도 특별 가격에 보장이 되는데, 환자가 매 처방마다 치르는 금액은 5달러 미만이다.[12]

한편 고용주 지원 보험으로 진료를 받으면 무료다. 고용주 지원 보험과 무관하게 민간 의사한테 진료를 받으면 비용은 직접 내지만, 이때도 일반적으로 정부가 보조를 해준다.[13]

내가 병원을 고를 때 생각한 것은 어디가 가장 가깝고 진료를 빨리 받을 수 있느냐뿐이었다. 진료의 수준 차 같은 건 전혀 신경 쓰지 않았다. 민간 의료든 공공 의료든 큰 차이가 없기 때문이다. 많은 의사들이 공공 분야와 민간 분야에서 시간을 나누어서 일한다. 지자체는 때때로 민간 의료기관에게서 의료 서비스를 구매하기도 하며, 고용주들이 가끔씩 공공 의료기관에서 구매하기도 한다. 민간 의료기관은 진료를 더 빨리 받을 수 있는 반면에 공공 의료기관은 더 저렴하거나 무료다.

심각한 병이라고 밝혀지면, 이런 모든 1차 의료기관들은 환자더러 상급 공립병원으로 가라고 한다. 핀란드의 민간 의원과 병원은 위중하지 않은 질환을 주로 다룬다. 안과 질환(가령, 백내장), 산부인과 질환, 피부과 질환, 치과 질환 또는 스포츠 상해 수술 같은 것들이다. 위중한 질환에 대한 보다 비싼 치료, 가령 암 치료나 심장 수술 등은 거의 전적으로 공공 영역에서 맡는다. 중증 질환의 경우 국가가 나서서 환자를 돌보며, 환자가 내는 치료비는 근소하다. 고민 끝!

핀란드 및 다른 노르딕 사람들도 자국의 의료 현실에 관해 마땅히 불만은 있다. 공립병원 체계에서 만약 비응급 내지 다급하지 않는 수술을 받으려면 오래 기다려야 할 수 있다. 가령, 2014년에 백내장 수술의 평균 대기 시간은 네덜란드가 약 30일이었고, 핀란드가 거의 세 배였다(포르투갈과 마찬가지). 고관절 대치술은 네덜란드가 약 40일, 핀란드가 약 116일이었다.

이런 수술에 대기시간이 길다는 것은 국영 의료의 불가피한 결과라고 짐작할지 모른다. 하지만 그렇지 않다. 의료 조사 전문 민간 재단인 커먼웰스펀드의 2014년도 연구 결과는 베버리지 모델의 대표 국가인 영국을 전문의 접근성 면에서 미국의 바로 다음인 세계 4위라고 밝혔다. 영국은 과거보다 대기시간을 극적으로 줄였는데, 정부가 적절한 추가 자원을 집중 투입했기 때문이다. 따라서 핀란드로서도 이 문제는 해결이 가능하며, 정부는 이미 조처하고 있다. 이런저런 국영 의료 체계를 갖춘 네덜란드나 독일, 프랑스의 환자들은 비응급 및 다급하지 않은 수술을 미국 환자들보다 빠르게 받는다.[14]

그래도 이렇게 주장할 수 있을 것이다. 미국은 세계 최고의 의사와 가장 발전된 의료 수준을 자랑한다고 말이다. 그래서 자긍심으로 문제투성이 의료 체계를 기꺼이 감내하겠다고?

부유한 국가들 간에 의료 체계의 질이 어떻게 다른지 딱 부러지게 말하기는 어렵지만, 두 가지는 확실하다. 첫째, 부유한 나라들은 가난한 나라들보다 의료 혜택이 더 좋은 편이다. 둘째, 선진국들 중에서 이런 식의 불평등이 가장 극단적으로 나타나는 나라는 미국이다.

누구나 동의하듯이 미국은 세계 최고 수준의 의대, 최고 실력의 의사, 가장 생산적인 연구소, 최고의 장비를 갖춘 병원, 혁신적인 치료 기술의 본고장이다. 미국에서는 돈만 있다면, 두말할 것도 없이 세계적 수준의 치료를 받을 수 있다. 하지만 이런 논의에서 미국인들이 놓치고 있는 것이 있다. 즉, 다른 모든 부유한 산업국가에서는 누구든 세계적 수준의 치료를 받는다(보편적 국가의료보험 체계를 갖춘 나라도 마찬가지다). 근사한 보험에 들었든 아니든, 엄청난 재산이 있든 없든 그렇다.

OECD의 조사에 따르면, 미국은 전체적 의료의 질 면에서 다른 나라들보다 실제로 뛰어나지 않다. 노르딕 나라들을 포함한 다른 선진국에 비해 미국은 평균수명이 짧고, 유아 사망률이 높고, 1인당 의사 수가 적다. 암과 같은 중증 질환을 놓고 보면, 미국은 세계에서 생존률이 가장 높은 편이지만 노르딕 나라들도 앞서거니 뒤서거니 한다. 암 종류에 따라 미미하게 다르긴 하지만 전반적으로 미국과 노르딕 나라들에서 암 환자들은 암 진단 후 생존 기간이 엇비슷하다.

미국이 노르딕 나라들보다 특히 뒤떨어진, 그러나 매우 중요한 측면이 하나 있다. 커먼웰스펀드가 2011년 16개 산업국가를 비교한 결과, 미국은 75세 미만의 성인이 부분적으로 예방 가능하거나 치료 가능한 질병으로 사망할 가능성이 가장 높았다. 이런 질병에는 박테리아 감염, 당뇨병, 심장병, 뇌졸중 또는 흔한 수술 절차상의 합병증 등이 있다. 이 문제에서 미국이 프랑스 정도 수준에 이를 수 있다면, 이런 나이에 죽는 미국인 수가 9만 1000명 줄어들 것이다.(참고로 프랑스는 비스마르크 모델의 변형판인 강력한 국영 의료 체계인데, 공공 및 민간 의료 공급자들과 더불어 정부 규제를 받는 비영리 보험 제도를 갖추고 있다.) 스웨덴과 핀란드, 덴마크는 이 부문에서 미국보다 나은 결과를 얻었다. 한편, 커먼웰스펀드가 의료 서비스의 질, 접근성, 효율성, 형평성, 건강한 삶 등을 기준 삼아 11개 국가의 의료 실태(2011-2013년)를 비교했을 때도 미국은 순위에서 꼴찌였다.(1위는 영국이었다.)

미국 환자들은 다른 나라 환자들보다 비용 때문에 더 자주 치료를 건너뛰며, 미국 의사들은 커먼웰스펀드가 명명한 이른바 '행정 잡무'에 더 많이 시달렸다. 따라서 미국은 TV에서 본 〈그레이 아나토미〉처럼 역동적인 첨단 응급병원에서는 강할지 몰라도, 실상을 들여다보면 심각한 약점을 안고 있는 셈이다.[15]

심장병 전문의였다가 작가로 전업한 샌딥 자우허는 자전적 이야기를 담은 저서『조작: 한 미국 의사가 느낀 환멸(Doctored)』을 출간한 후, NPR 라디오 인터뷰에서 미국의 의료 상태를 다음과 같이 요약했다. "미국 의료는 하이테크 의료 기술에서는 세계 최고입니다. 특이한 병에 걸리면 미국에서 치료받는 게 좋아요. 누구도 안 걸릴 에볼라 열병에는 미국의 학구적인 의료 센터들이 둘째가라면 서럽죠. 하지만 울혈성 심부전증이나 당뇨병 같은 평범한 만성질병 환자한테 미국의 의료 체계는 최상의 치료를 보장하지 않습니다. 이런 게 앞으로 달라져야 해요."[16]

이로 인해 미국인들은 재정 면에서도 자유와 독립을 잃어가고 있다. 의료 비용 면에서 미국의 의료 체계는 국민의 재산을 강탈하고 있다.

병원에서 날아온 청구서

어느 따사로운 봄날, 뉴욕의 한 카페에서 친구와 커피를 마시고 있었다. 친구의 아내는 전해에 아이를 낳았는데 최근 뜻밖의 청구서를 여러 건 받았다고 했다. 출산 후 여섯 달이 지난 시점에서 분만과 관련해 해당 의사와 병원에서 보낸 것이었다. 총액이 수천 달러에 달했다. 그와 아내 는 보험에 들어 있었기에 그런 청구서가 올 줄 몰랐다. 하지만 큰 문제 는 아니었다고 날 안심시켰다. 병원에 전화를 걸었더니 수납 직원이 부 부의 소득을 바탕으로 금액을 낮춰주었다고 한다. 부부는 약 1000달러 의 청구액을 매달 50달러씩 갚아가고 있다. 친구 말로는, 자기 보험은 전반적으로 좋은 편이란다. 몇 년 전에 그 보험으로 수술을 받았는데 비 용이 1만 달러가 넘었지만 본인 부담금은 1500달러 정도였다면서.

그때 나는 핀란드에 들렀다가 돌아온 직후였는데, 딱히 뭐라고 해줄 말이 없었다. 그런 이야기를 들어보지 못해서가 아니었다. 뉴욕에 사는 다른 친구는 사랑니 하나를 빼고 950달러를 냈다고 한다. 치과 보험이 없었기 때문이다. 지인의 아내는 응급실에 가서 발에 박힌 유리 조각을 제거했다. 병원에서 X레이를 찍자더니 아무 이상도 없었는데 담당 의 사는 전문의한테 가보라고 했다. 고작 그러고서 보낸 청구서의 금액이 1244달러였다. 치과 치료도 보장하는 저렴한 회사 보험에 든 친구는 턱 질환을 치료한 담당 의사들이 단 한 명도 보험을 받아주지 않았고, 결국 자기 주머니에서 1600달러를 내야 했다. 내가 어안이 벙벙했던 까닭은 그런 청구서와 금액 때문이 아니었다. 터무니없긴 했지만 말이다. 오히려 내 미국인 친구들이 그런 사실을 당연하다고 여기는 것 같았기 때문이다.

직장이 좋고 우수한 보험에 들어 있는 미국인은 의료비로 많은 추가 비용을 내지 않는다. 하지만 상당한 추가 의료비를 내야 하는 일부 보험은 많은 중산층에게 끔찍한 문젯거리다. 하버드 대학이 질병 때문에 어쩔 수 없이 개인파산을 선언한 사람들을 조사했더니, 대다수는 중년의 중산층이고 대학 졸업자들이었으며, 적어도 시련의 어느 시점까지는 의료보험을 유지하고 있었다. 재정이 악화한 이유는 질병으로 소득을 상실했기 때문이기도 하지만, 아울러 의료보험 자기 부담금과 처방약 값, 수만 달러에 달하는 병원 치료비 때문이었다. 의료보험에 들었더라도 미국인들은 집을 담보로 돈을 빌려 치료비를 내야 하는 처지다.[17]

오바마케어는 이런 문제들 일부를 해결하기 위한 시책이었다. 가령, 예방적 치료에 대해서는 본인 부담금에 한계를 설정했으며, 대다수 치료에 대해 연간 본인 부담 상한액을 정했다. 2016년에 이 상한액은 개인당 6850달러, 가족당 1만 3700달러였다.[18] 그래도 꽤 큰돈이다. 또한 오바마케어는 때로는 피할 도리가 없는 비(非)보장 항목 치료에 대한 비용이나, 보험회사가 보장을 거부한 일부 질환에 대해 환자가 엄청난 치료비를 내야 하는 문제를 해결하지 못했다. 핀란드에서는 없는 문제들이다. 물론 반대로 노르딕 사람들이 부당하게 착취당한다고 짐작하는 경향도 있다. 어쨌거나 노르딕 국민들은 공공의료 체계에 비용을 대기 위해 오랜 세월 많은 세금을 내야 했으니까.

세금이라는 흥미로운 주제를 논의하기 전에(다음 장에서 자세히 다룬다), 의료 지출에 관한 비교 통계를 살펴보자. 의료 비용을 어떻게 대느냐—

세금이냐 민간 보험이냐 환자의 직접 부담이냐—에 상관없이, 각 나라
는 자국민을 위해 예산의 일정액을 의료에 지출한다. 핀란드의 1인당 지
출액은 아이슬란드와 더불어 OECD 국가들 가운데서 평균쯤이다. 미국
은 어떨까? 미국 의료의 질은 이미 보았듯이 노르딕 나라들과 엇비슷하
거나 어느 분야에서는 살짝 나쁘다. 그런데도 1인당 지출액이 핀란드나
아이슬란드의 2.5배다. 사실 미국은 세계 어느 나라보다 의료에 훨씬 많
은 비용을 지출한다.[19]

　어째서일까?

◇◇◇◇◇◇

　2013년 기준으로 미국에서 아이 한 명을 낳는 일반적인 분만에 드
는 돈은 평균 1만 달러인데, 이는 스페인의 4배다. MRI를 한 번 찍으면
1000달러 이상이 드는데, 스위스는 140달러다. 미국에서는 혈관우회수
술에 7만 5350달러가 드는데, 네덜란드의 거의 5배다. 미국에서 평균
입원비는 4000달러 이상인데, 스페인은 480달러다.[20] 똑같은 서비스를
받으면서 미국인들은 어째서 이처럼 무지막지한 비용을 내야 할까?

　미국의 여러 탐사보도 기자들이 이 질문에 답하려고 나섰는데, 취재
결과는 놀라웠다. 우선, 미국 병원들은 아주 사소한 항목에 대해서도 일
상적으로 고액을 부과했는데, (만약 완벽하게 합법적인 경우가 아니라면) 거의
사기에 가까울 정도였다. 스티븐 브릴이 《타임》에 기고한 "쓰디쓴 약:
왜 병원비가 우리를 죽이는가?"에서 자세히 밝힌 내용은 이렇다. 미국
병원은 우리가 아마존에서 1.49달러로 100개를 살 수 있는 일반 진통제
한 알에 1.5달러를, 아마존에서 50개들이 상자 하나당 27.85달러인 개

인 당뇨병 검사 띠 하나에 18달러를 청구했으며, 구입하는 데 4000달러 미만이 드는 암 치료제를 한 번 주사하면서 1만 3702달러를 청구했다.

엘리자베스 로젠탈이 《뉴욕 타임스》에 연재하는 기사 "아플 때까지 치르기"에서도 미국인이 약값, 검사 및 시술 비용에 있어서 다른 선진국보다 구조적으로 얼마나 더 부담하는지 밝힌다. "평균적으로 미국인들은 고관절 대치술을 받는 비용이 스위스나 프랑스의 4배가량이고, 제왕절개 수술 비용은 뉴질랜드나 영국의 약 3배다. (…) 알레르기 치료용으로 코안에 뿌리는 흔한 스프레이인 나소넥스의 평균 가격은 미국에서 108달러인데, 스페인에서는 21달러다." 로젠탈은 이어서 커먼웰스펀드의 보고서를 인용해 미국 병원의 입원 문제도 지적했다. 미국에서 평균 입원 일수는 다른 나라들보다 더 길지 않았는데도, 비용은 3배나 들었다.[21]

미국의 의료비가 높은 이유는 다양한데,[22] 대개는 미국의 의료가 명확한 규제를 통한 현대적이고 합리적인 공적 체계가 아니라 구시대적이고 자유방임적인 사적 체계라는 사실과 관련이 있다. 미국의 보험회사들은 협상을 통해 가격을 최대한 낮추긴 하지만 협상 능력이 종종 제한적이다. 대다수 지역에서 넘쳐나는 병원들이 서로 합병하며 더 강력한 민영 체제가 만들어져 온 데다, 의사들의 진료를 비싸게 확보하고 자체 연구소를 마련함으로써 병원들은 거의 독점에 가까운 구조가 되었다. 따라서 병원들이 보험회사에 목소리를 높이고 결국에는 보험료도 오른다.

게다가 미국 병원들은 여러 의료 사안을 과도하고 비싼 방법으로 다룬다. 반면에 유럽 병원들은 효과적이면서도 덜 공격적인 해법을 종종 선택한다. 가령, 아기를 분만하는 일에서도 미국은 제왕절개 수술 비율이 다른 선진국들보다 훨씬 높다. 미국의 제왕절개 수술 비용이 다른 나라들보다 비싸다는 건 두말할 필요도 없다. 제약회사들도 다른 나라에 팔 때의 가격보다 미국에 파는 약값을 더 높게 매긴다. 한편 미국의 보험회사, 병원, 의사 들은 모두 행정에 엄청난 금액을 지출한다. 미국의 민간 의료 체계가 너무 복잡해 다양한 중개인과 더불어 갖가지 운영 관리가 필요하기 때문이다. 미국의 의료 관련 회사와 공급자들이 비즈니스를 더 키우려 광고 홍보에 엄청난 비용을 퍼붓는다는 사실은 말할 것도 없다.

과도한 의료비를 초래하는 이런 요인들 대다수가 다른 나라에는 애초에 없다. 공립병원에서 의료를 제공할 때나 단일한 공공 의료보험 공급자가 비용을 치를 때에는 청구서의 종류나 서식, 까다로운 항목이 훨씬 적고, 더군다나 광고를 할 필요도 없다. 《뉴욕 타임스》가 언급했듯이, 미국 의료산업에서 소비자의 주머니를 강탈하는 전형적인 여러 직종—몇 가지만 말하자면, 의료 비용 평가사, 청구액 조정자, 보험 가입 도우미—는 불필요하며 다른 나라에서는 들어본 적도 없다.

이제 의사들을 살펴볼 차례다. 미국 의사들은 다른 나라보다 더 많은 검사를 지시한다. 환자들은 장비 이용료 및 약값과 더불어 이런 검사에 또 비용을 부담한다. 미국 의사들은 다른 유럽 의사들에 비해 그런 비용에서 훨씬 많은 이득을 취하며, 종종 연구소나 장비 제작자, 제약회사의 재정 문제에 광범위하게 관여하여 그쪽 업계가 의학적으로 필요한 정도를 넘어 더 비싼 의료 형태를 선택하도록 부추기기도 한다.

의사와 치과의사로 이루어진 핀란드 가정을 하나 안다. 넉넉한 수입을 올리는 가정이지만, 그 집은 교외의 평범한 일반적인 집이나 아파트와 다를 바 없고 포르셰를 몰지도 않는다. OECD 보고서에 따르면, 일반 개업의인 핀란드 의사들은 핀란드인 평균 급여의 두 배를 번다. 전문의들은 더 낫다. 핀란드인 평균 급여의 2.5배를 번다. 이와 비교해 미국 의사들의 소득은 매우 높다. 미국의 일반 개업의들은 미국인 평균 급여의 3.5배, 전문의들은 5.5배를 번다.

미국 의사들은 핀란드 의사들보다 근무 시간이 더 길긴 하지만, 그래서 더 많은 수입을 얻는다고 할 수는 없다. 왜냐하면 캐나다와 프랑스의 의사들도 비슷한 시간을 일하지만 수입은 더 적기 때문이다. 미국 의사들이 고액의 소득을 정당화하면서 내세우는 가장 큰 이유는 자신들이 받았던 비싼 교육에 대한 빚을 갚아야 하기 때문이라는 것이다. 분명 핀란드에서 교육받는 의사들은 걱정할 필요가 없는 비용이긴 하다. 핀란드 의대들은 무료이기 때문이다. 미국 의사의 고수익이 적절하다고 보는 또 한 가지 이유는 그들이 가입해야 하는 비싼 의료과실 보험이다. 핀란드에서 그런 비용은 무시할 정도다.

하지만 공정히 말해서, 미국 의료계에서 가장 돈을 많이 버는 부류는 의사가 아니다. 이 탐탁지 않은 영예는 미국 의료업계의 진정한 윗선한테 돌아간다. 즉, 병원 관리자와 보험회사 중역들이다. 이 모든 돈은 누가 내는가? 바로 보통의 미국인들이다.

◇◇◇◇◇◇

얼마 전에 '스티브 H'라는 한 미국인이 등에 신경자극장치를 이식받아야 했다. 보험에는 들어 있었고, 하루 동안 수술을 받으려고 어느 병원에 갔다. 놀라우면서도 아주 흔한 이 수술 이야기는 스티븐 브릴이 《타임》에 쓴 기사 "쓰디쓴 약"에 소개되었다. 수술은 잘 되었다. 하지만 스티브 H는 청구서를 받았다. 청구서에는 "일반적이고 관습적인 과잉 청구가 잔뜩" 들어 있었다. 가령, 여러 항목 가운데 'STRAP OR TABLE 8X27 IN'이라는 것이 있었다. 브릴의 설명에 의하면, "그것은 스티브를 수술대에 묶는 끈이다. 그 아래 항목에는 'BLNKT WARM UPPER BDY 42268'에 32달러라고 적혀 있었다. 이건 수술 받는 환자를 따뜻하게 해주는 담요다. 물론 재사용이 가능하고 새것을 이베이에서 13달러면 살 수 있다. 몇 줄 아래에는 'GOWN SURG ULTRA XLG 95121'에 39달러라고 적혀 있다. 외과의사가 입은 수술 가운이다. 30벌을 온라인으로 180달러에 살 수 있다. 어떤 의료 제도도 어떤 거대 보험회사도 그런 끈이나 수술 가운 비용을 별도로 병원에 내지 않을 것이다. 그런 비용은 몽땅 병원에 지불해야 할 시설 사용료에 포함될 것이다." 스티비 H가 하루 수술에 든 총 금액은 8만 6951달러였다. 그가 든 보험에서 내주기로 합의한 액수는 고작 4만 5000달러였다. 저렇게 과잉 청구된 금액에 대해 그 자신이 병원에 내야 할 총액은 이제 4만 달러. 게다가 진찰료는 아직 포함되지도 않은 금액이다.

이것을 핀란드에 사는 내 지인의 사례와 비교해보자. 그는 마비 증상, 등 통증, 손에 화끈거리는 감각으로 힘들어했다. 고통이 사라질까 해서 몇 주를 기다리다가 마침내 의사를 만났더니 수술해야 한다고 말했다. 수술을 민간 병원에서 할 수도 있었지만, 헬싱키 대학 부설 공립병원에서 하기로 선택했다. 중환자실에서 몇 시간을 보낸 후에 병원의 일반 병동에서 하룻밤을 지냈다. 이튿날 퇴원했고, 6주의 병가를 얻었다. 그 또한 수술비 청구서를 받았다. 청구서에 너무나 격하게 반응한 나머지 작정하고 페이스북에 이렇게 올렸다. "방금 병원에서 치료비 청구서를 받음. 목의 MRI 사진을 찍은 다음 신경외과의 진료비가 29유로. 핀란드의 목 질환 분야 최고 숙련 신경외과의가 한두 개의 탈출 척추 디스크 제거 ＋병원 하룻밤 입원비 69.6유로. 총 98.6유로."

4만 달러 대 99유로(약 105달러). 내 지인은 치료에 아주 만족했다. 특히 가격에.

누가 공공 의료를 두려워하는가

공공 의료라고 하면 이런 점을 가장 우려한다. 즉, 공공 의료 체계를 시행하는 나라들에서는 정부가 부당하게 (그리고 어쩌면 은밀히) 사람들이 받을 수 있는 의료 혜택을 제한하지 않겠느냐고. 이런 우려를 신랄하게 드러낸 사람이 전직 알래스카 주지사이자 2008년 미국 대선에서 공화당 부통령 후보였던 세라 페일린이다. 그는 미국의 의료 개혁은 관료들의 '사망선고 패널(death panel)'을 초래할 것이라고 주장했다.[23] 사망선고 패널이란 '의료 혜택을 받을 가치가 있는' 사람인지를 판정하는 관료들을 가리켰다. 곧 페일린의 주장은 틀렸음이 밝혀졌다. 미국의 새로운 부담 적정보험법(오바마케어)에는 어떤 개인의 치료받을 가치 여부를 판정하도록 하는 조항이 포함되지 않았다. 나중에 정치인의 공약과 발언의 사실 여부를 검증하는 온라인 매체인 폴리티팩트(PolitiFact)에서 페일린의 그릇된 주장을 으뜸가는 "올해의 거짓말"이라고 선언했다.

그래도 많은 미국인이 페일린의 말이 옳다고 계속 믿는다. 노르딕 나라들이 의료비를 줄일 수 있는 이유에는 페일린이 말한 것과 비슷한 어떤 것, 말하자면 사망선고 패널까지는 아니더라도 적어도 너무 비싼 생명 구조 절차를 배제하는 정부 관리 때문이라고 짐작하면서 말이다. 얼토당토않은 소리다. 미국에서처럼 노르딕 나라들에도 환자가 치료를 받을지 여부를 판정하는 위원회는 존재하지 않는다. 그런 결정은 환자와 상의하는 개별 의사의 몫이다. 물론 노르딕의 의사와 환자들은 제약에 직면하기도 한다. 이는 미국의 의사와 환자들이 민간 의료보험 회사들을 다룰 때 직면하는 제약, 즉 어떤 치료나 약을 보험에서 보장할 것이냐 여부와 마찬가지다. 차이가 있다면, 노르딕 나라들은 어떤 치료와 약을 보장할지를 결정하는 과정이 합리적이며 시민에게 투명하게 공개한다. 가격 매기기도 마찬가지다. 미국의 일처리 방식과는 판이하다.

터무니없게 들릴지 모르지만, 미국에서는 어느 누구도, 소비자든 전문가든, 검진이나 시술 비용이 얼마가 될지 미리 알기란 거의 불가능하다. 마침내 내가 트레버의 새 직장을 통해 미국의 의료보험에 처음 들었을 때, 보험회사에서 보낸 두꺼운 보장 내역서를 읽어보아도 무슨 소린지 알 수가 없었다. 용어가 혼란스러웠고 규정은 더 혼란스러웠으니까.

이리저리 물어보니, 나의 당혹감은 결코 특이한 것이 아니었다. 미국에서는 크고 작은 의료 문제에서 환자들은 대체로 사후에야 대체로 치료비 액수를 알게 된다. 자비로 부담해야 하는 경우에도 말이다. 아이오와 대학의 한 연구팀이 미국 병원 100군데 이상(워싱턴 DC를 비롯해 각 주당 2개씩)에 전화를 걸어, 가상의 62세 할머니의 고관절 대치술에 관해 병원 시설 이용료와 의사 진료비를 포함해 최저 확정 가격이 얼마인지를 물었다. 그랬더니 10군데당 고작 1군데 꼴로 총 예상 비용을 알려주었는데, 그것도 가격 범위가 1만 1000달러에서 12만 5000달러까지로 판이

했다.[24]

미국의 혼란스럽고 복잡하고 낡아빠진 구닥다리 의료 및 보험 공급업자들에 발목 잡혀, 치료비를 대랴 어떤 치료를 어떻게 받을까 고민하랴 귀중한 시간과 자원을 낭비하는 이들은 환자만이 아니다. 의사들도 점점 그러고 있다.

미국인 지인 중에 유전자 관련 상담역을 하는 이가 있다. 그녀가 미국의 의료 가격 책정 문제를 자신의 관점에서 설명해주었다. 환자마다 의료보험이 다르기 때문에 의사는 어떤 검사나 치료가 환자에게 얼마의 비용을 초래할지 모를 때가 많다. 그리고 의사가 모든 환자의 보험회사와 종일 통화하고 있을 수도 없다. 설령 의사가 그러고 싶어도 어쩔 수 없을 때가 많다고 한다. 그녀가 페이스북에 올린 내용이다.

"금요일에 나는 10분 동안 심장병전문의 한 명과 펠로우 한 명과 함께 환자를 입원 상태에서 유전자 검사를 할지 아니면 외래 환자가 될 때까지 기다릴지 논의했다. (…) 우리는 그 가족이 막대한 치료비를 물지 않도록 애썼지만, 그러려면 가족이 그 해의 본인 부담금 공제 기준을 충족하는지, 그 해의 본인 부담 상한액에 맞출 수 있는지와 더불어 만약 그렇지 않다면 보험회사가 검진비의 몇 퍼센트까지 보장해주는지를 알아야 했다. 금요일 밤인지라 그런 질문들에 답을 얻을 도리가 없었다. 게다가 그러는 건 정말 고약한 시간 낭비였다."

그래도 많은 미국 의사들은 보험회사가 보장해주길 꺼리는 비싼 약에 대해 사전 승인을 받으려고 보험회사에 수시로 전화를 건다. 커먼웰스펀드의 한 보고서는 미국 의사 중 절반 이상이 환자에 대한 약이나 치료 보장 여부를 확인하는 시간이 큰 문젯거리라고 밝혔다.(조사한 나머지 10개

나라보다 훨씬 높은 비중이다.)[25]

환자는 치료비가 얼마나 들지 몰라도 딱히 큰 문제가 되지 않을 때도 있는데, 특히 고용주가 든든한 보험을 들어준 경우가 그렇다. 그래도 큰 문제가 될 때가 있다. 내 친구의 이야기를 들어보자. 의사가 친구의 갓난아기를 보고 의사 말로는 '일상적인' 심장 검사를 권했다. 만사불여튼튼이라면서. 친구 내외도 동의했다. 누군들 안 그럴까? '일상적'이라는 단어가 '보험 적용이 되는'이겠거니 하고서. 알고 보니 그 검사는 친구가 든 보험이 보장하는 것이 아니었고, 나중에 1000달러짜리 청구서가 날아왔다.

이제 미국인 다수는 의료비가 얼마나 나올지 알 수 없는 이유가 별 것 아니라고 여기게 되었다. 스티븐 브릴의 표현대로, 영리 추구 병원들이 "일상적이고 습관적인 과잉 청구를 잔뜩" 하기 때문에, 영리 추구 보험회사들도 일단 모든 청구를 부정한 다음에 피청구자가 항변할지 그리고 얼마의 금액을 주장할지를 느긋이 기다린다.

솔직해지자. 이런 식의 행태는 문명화된 현대 국가에서 용납될 수 없으며, 특히 의료와 같이 필수적인 서비스일 경우에는 더더욱 그렇다. 미국의 의료는 아주 야만적인 상태로 퇴보했다. 가뜩이나 병이나 건강 문제로 고통받는 환자들이 보험이 보장하는 기본적인 권리를 얻어내려고 엄청난 시간과 에너지를 쏟으면서 좌절, 불안, 분노까지 감내하고 있으니 말이다.

◇◇◇◇◇◇

오늘날 모든 노르딕 사회는 현대 국가에서 의료란 기본적인 인권이며, 따라서 의료를 기본적인 사회복지로 제공하는 것이 지극히 타당하다고 결론 내렸다. 이것은 정부가 의료 서비스와 약의 가격을 중앙집중적 방식으로 규제함으로써 의료 비용 책정에서 모든 불합리를 예방함을 의미한다.

가령 핀란드의 약 처방을 보자. 이 경우에는 정말로 '패널'이 존재하는데, 매우 중요한 사안이어서 그 결정이 공적인 조사를 받아야 하기 때문이다. 패널은 사망 여부를 결정할 관료가 아니라 의료 전문가들—의사, 교수, 약사—로 구성되며, 신약을 공공 체계로 보장받게 해달라는 제약회사의 신청을 검토한다. 패널은 약효에 대한 연구를 바탕으로 최고 도매가격과 아울러 승인된 약에 대한 배상 비율을 결정한다. 만약 약이 승인되면, 공공 의료 체계가 그 가격의 상당액을 지불하게 된다. 2013년에 위원회와 제약회사들과 협상 끝에 신청의 95퍼센트가 승인되었다.[26]

그렇다고 핀란드 환자들이 국가가 보장해주지 않는 약을 자비로 살수 없는 것은 아니다. 어떤 약이 유럽연합 또는 핀란드의 의약품 감독 기관(미국의 FDA에 해당하는 기관)에서 판매 승인을 받으면, 해당 제약회사는 그 약을 어떤 값으로도 팔 수 있고, 누구든 처방전과 돈만 있으면 살 수 있다. 미국과 똑같다. 가격은 공적 체계로 보장되는 약에 대해서만 규제를 받는다.

하지만 정책 결정이 대중에게 공개되기 때문에, 납세자들이 문제 제기를 할 수 있다. 이것을 무엇을 얼마나 보장할지에 관한 계산이 대체로 민간 보험회사에서 은밀히 이루어지는 나라 즉, 미국과 비교해보자. 배

상액은 환자도 심지어 의사도 알 수 없는 이유로 천차만별이어서, 대책 없는 환자들은 자신의 의료보험이 왜 어떤 치료는 보장하고 다른 치료는 보장하지 않는지 그리고 자기 옆의 다른 환자는 두 치료 모두 보장하는지 의아하기 짝이 없다. 미국인들은 공공 의료 개념을 무척 싫어하는데, 역설적이게도 그 이유는 정부가 국민들에게 결정을 강제할 것이라고 여기기 때문이다. 하지만 민주 사회에서 투명해야 하고 공개적으로 검사를 받고 해명을 내놓아야 할 일이 바로 정부의 복지 서비스다. 딱 들어맞는 예가 미국의 보훈 행정이다. 여기서 주관하는 의료보험 제도가 최근에 감사를 받았는데, 그 결과 현재 개혁이 진행 중이다. 정부도 실수를 하고 실패한 정책을 애매하게 덮으려고 할지 모른다. 하지만 앞서 '온갖 일상적이고 관습적인 과잉 청구' 사례들을 보았듯이, 미국에서 도저히 못 믿을 곳은 무엇보다 민간 의료 공급자들이다.

대체로 미리 계산하기를 피하는 미국의 의료 방식이 처음에는 좋게 보일지 모른다. 사람들은 설령 비싸더라도 의사가 가장 효과적인 치료를 해주길 당연히 바란다. 하지만 미국인들은 지불한 돈보다 적은 가치를 얻는다. 왜냐하면 가격을 가늠하지 못하는 바람에 값싼 치료로 충분한데도 비싼 치료를 받기 쉬운 구조이기 때문이다. 어떤 환자들은 치료를 결정할 때 의사들한테 가격도 고려해달라고 부탁하기 시작했다. 가만히 있다가는 엄청난 청구서를 받는다는 걸 점점 많은 이들이 알아차리고 있다.

하지만 의사에게 부탁한다는 것 역시 사람들에게 좌절감을 맛보게 할 뿐 아니라 의심을 키우는 일이다. 미국의 의료계에 만연한 제멋대로 가격과 다른 여러 불공정은 미국 의료 체계의 근간, 즉 의사에 대한 신뢰를 무너뜨리기 시작했다.

최근에 확산되는 백신 거부 운동은 이런 경향의 뚜렷한 징후로 볼 수 있다. 나도 여러 미국 지인의 일상에서 그런 불신을 목격했다. 의사들이 돈 욕심에 필요 이상으로 과도한 진료, 비싼 검사, 몸에 칼을 대는 수술을 부추긴다는 볼멘소리가 점점 자주 들렸다. 인터넷에 들어가서 식이 요법이나 비수술적 치료 같은 대안들을 찾는 이들도 많다. 2014년 하버드 대학의 연구에 의하면, 대다수 미국인은 최근에 받은 의사의 진료에 만족했지만, 미국의 의료직 전반에 대한 신뢰는 1960년 이래로 추락해 왔다. 성인을 대상으로 한 의사 신뢰도 조사에서 29개 나라 가운데 미국은 24위였다.[27]

의사들에게도 이런 식의 의심은 좌절감을 안겨줄 수 있다. 그들은 오래, 어쩌면 수십 년 걸려 기술을 터득했고, 매우 열심히 일한다. 환자들을 해치는 게 아니라 치유하고자 애쓰는 자신들을 향한 비난을 부당하다고 여길 수 있다. 그렇더라도 점점 늘어나는 의심에는 근거가 없지 않다. 가령, 미국은 제왕절개 수술 비율이 유달리 높다. 다른 여러 나라에 비해 임신과 분만을 좀 더 의료적 관점에서 대하기 때문이다. 일부 환자들은 이를 괜찮다고 여길지 모른다. 하지만 OECD가 언급했듯이, 산부인과 의사 대신에 조산사가 주도하는 분만 방식도 마찬가지로 효과적이다. 사실 여러 연구 결과를 살펴보면, 조산사가 이끄는 분만이 산부인과 의사가 이끄는 분만보다 합병증이 더 적다.[28]

미국 의사들은 다른 나라보다 검사를 훨씬 많이 권한다. 표면적으로는 그것도 괜찮은 것 같다. 검사를 더 많이 받아 더 나은 치료를 받을 수도 있다. 하지만 OECD가 제시한 증거로 보면, 미국인들은 CT와 MRI

검사를 단지 남용한다. 다음은 OECD 보고서의 내용이다. "미국에서 CT와 MRI 검사가 상당히 증가한 것이 의료 측면에서 가시적인 이득을 낳았는지 평가하려는 연구가 많이 있었다. 하지만 그런 이득이 있다는 결정적인 증거는 찾지 못했다." 또한 미국 의사들은 항생제도 비교적 많이 처방한다. 하지만 항생제를 많이 처방할수록 박테리아 내성은 더 커진다.[29]

그런 면에서 완전히 자유로운 나라는 없다. 노르딕 나라들에서도 온라인으로 방대한 의료 정보에 접근할 수 있게 되면서 환자가 의사를 의심하는 새로운 경향이 생겨났다. 그렇지만 의사가 윤리보다 이윤을 우선시할지 모른다는 의심은 별로 하지 않는다. 핀란드 환자들은 의료 예산 감축이 대기 시간 증가나 의사들의 업무 폭증으로 이어질 수 있다고 우려하는 편이다. 하지만 공적 체계 안에서 일하는 의사가 특정한 의료 결정으로 이득을 볼 수 있다고 의심하지는 않을 것이다. 대다수 의사들은 그저 급여를 받는 피고용인이며, 주로 자신들이 행하는 검사나 수술 횟수를 통해 보상을 얻지도 않는다.

의사들에 대한 불신이 커지다 보니 당연히 미국 사람들은 마음에 드는 의사를 찾느라 필사적이다. 사실, 그런 의사를 찾을 수 있다는 것은 미국식 의료 체계의 몇 안 되는 장점이기는 하다. 핀란드와 같은 공공 의료 체계를 도입하면 이런 자유를 잃을 것 아닌가.

과연 그럴까? 누가 우리에게 의료 서비스를 제공할지를 선택할 자유, 그리고 그 서비스를 어떻게 제공받을지를 선택할 자유가 있다는 것이 무슨 의미일까? 그런 자유가 우리를 실제로 자유롭게 만들까?

선택할 자유의 미로

내가 뉴욕으로 건너가기 1년 전쯤, 오빠 미코가 핀란드의 아름다운 시골 마을에서 결혼식을 올렸다. 어머니가 거의 50년 전 오하이오 교환학생 시절부터 가깝게 지낸 가족이 예식에 참석하러 미국에서 날아왔다. 향기로운 과수원의 긴 식탁에 앉아 그 가족의 두 자매와 이야기를 나누었다. 내가 미국에서 살 가능성이 차츰 자라나고 있던 때라 알고 싶은 게 참 많았다. 대화를 하다 보니 의사 이야기가 나와서 그 둘에게 의사를 선택할 수 있다는 것이 얼마나 중요한 것인지 물어보았다.

"저는 의사를 선택할 수 있는 게 정말 좋아요." 둘 중 한 명이 재빨리 말했다. 이어서 자신이 큰 병에 걸렸을 때 어떻게 집중 탐색 과정에 돌입했는지 들려주었다. 인터넷으로 병에 관해 온갖 정보를 검색하고, 치료법을 모아서 분류하고, 친구와 친척들에게 연락해 최고의 의사를 찾게 조언을 구하고, 자신이 최적이라고 여긴 치료법을 강하게 옹호한 이야기를 풀어놓았다. 자신의 운명을 제 손으로 결정하고 싶었노라고 그녀는 힘주어 말했다.

나는 의사를 그런 식으로 생각해본 적이 없었다. 갑자기 큰 병에 걸리면 불안과 불편을 달래기도 버거울 텐데, 의사와 치료법과 병원과 치료비를 수소문하는 불길한 일은 도무지 하고 싶지 않다. 그런 건 내가 아니라 전문가가 할 일이다.

이러한 태도는 미국 손님들과 비교할 때 나약하고 여린 모습으로 비쳤다. 분명 나는 스스로 나서지 않고 낯선 이의 손에 무턱대고 내 인생을 맡기고 말 것이다. 미국인들이 어떤 상황이든 남한테 도움을 바라지 않고 일관되게 스스로 책임지는 자세는 존경스럽다. 분명 미국을 위대하게 만든 것은 이런 자기결정의 태도가 한몫했으리라. 자기결정 능력 상실이야말로 많은 미국인이 가장 걱정하는 것 중 하나다. 두 자매와 대화를 나누고 몇 년이 흐른 후 미국 언론사 웹사이트에서 이런 논평과 마주쳤다. 가이 톰프토라는 온라인 논객이 쓴 글이었다. 내가 깊은 인상을 받았던 까닭은 그도 나처럼 소련의 국경 지대에서 자랐기 때문이다. "때로는 자유를 무더기로 빼앗긴다. 탱크들이 동유럽으로 굴러왔을 때가 그랬다." 그는 이렇게 운을 떼더니 곧바로 의료 문제를 꺼냈다. "자유가 한 번에 한 겹씩 벗겨질 때도 가끔 있다. 여러분이 원하는 의사를 마음껏 선택하거나 어떤 가격을 기꺼이 치르거나 여러분과 가족한테 무슨 항목이 필요한지 결정할 자유를 빼앗길 때가 그렇다. 가끔씩 사람들은 그런 자유들을 빼앗기는 것은 우리 자신에게 때로는 불우한 이들한테 좋은 일이라고 말한다. (…) 그 말에 반대하면 탐욕스럽다는 말을 듣거나 종종 무식하다는 말도 듣는다."[30]

내가 핀란드에서 너무 응석받이로 자란 탓에, 정부가 나를 대신해서 내리는 선택을 곧이곧대로 믿었던 것일까? 설상가상으로, 내게 의사를 선택할 권리가 있다는 생각조차 못 할 만큼 세뇌를 당했던 것일까? 그런 점이 개인의 자율성, 개인주의 및 독립, 사랑에 관한 노르딕 이론에 어떻게 합치될까? 이제 미국에서 내 의사를 선택할 수 있게 되었음을 자축하고 이 새로 얻은 자유가 어떤 것인지 알아봄이 마땅했다.

알고 보니, 예상보다 더 복잡했다. 나는 금세 뉴욕 시 전역의 의사, 의원, 병원 들의 불가해한 미로에서 길을 잃었다. 친구들에게 필사적으로 추천을 받고 여러 군데 연락을 취해봤지만, 내 보험이 적용되지 않거나 새로 환자를 받지 않는다는 말뿐이었다. 지난 여러 해 동안 트레버의 회사가 보험회사를 바꾸거나 트레버가 이직을 하면 우리는 어쩔 수 없이 진료받던 의사를 떠나야 했다. 매번 보험 종류, 비용, 의사, 의사 평가서 및 서류들을 낱낱이 살폈다. 의사 선택하기는 별 소득도 없이 진만 빠지는 일이었다. 다행히 마음에 드는 좋은 의사를 찾아 오랫동안 신뢰 관계를 맺으며 살 수 있어서 마음이 놓인다는 이들도 많을 테다. 하지만 일이 그렇게만 풀리지는 않았다.

핀란드에 살 때는, 어떤 의사를 만나느냐는 나한테 별로 중요하지 않았다. 공공 의료 체계에서 내가 만난 의사들이 하나같이 좋았다. 어쨌든 내가 공립병원에서 특정 의사를 선택해서 매번 그 의사한테 진료받고 싶었다고 하자. 지난 10년 이래, 그런 일이 훨씬 쉬워졌다. 노르웨이와 덴마크는 이미 영국 모델을 선택했다. 그래서 1차 진료 의사는 민영으로 운영되지만, 납세자들이 모든 환자를 위해 비용을 댄다. 환자들은 원하는 의사를 선택할 수 있고, 의사는 자기에게 배정된 환자 명단의 인원수를 통해서뿐 아니라 자신이 실제로 진료한 환자들을 통해서도 급여를 받는다.✦ 병원 치료는 여전히 대체로 공공서비스이며, 보통은 1차 진료 의사의 소견이 있어야 전문의한테 갈 수 있다. 그렇기는 해도 덴마크인 상당수는 고용주가 제공하는 추가적인 민간 보험이 있는데, 그걸로 다른 선택사항이 주어진다. 스웨덴 환자들도 민영이든 국영이든 1차 진료 의사를 선택할 수 있으며, 납세자의 돈은 어떤 의사를 선택하든 환자

✦ 노르딕 나라에서 모든 시민은 실제 아픈지 여부와 상관없이 자신이 진료받을 의사를 지정한다. 모든 의사에게는 배정된 환자 명단이 있고 그 수에 따라 일단 정부로부터 급여를 받는다. 이에 더해 실제로 환자가 찾아와 받은 진료에 대해서도 정부가 급여를 지급한다. 즉 배정된 의사가 있어도 다른 의사를 선택할 수 있다는 이야기다.

유럽 사람들은 자국의 의료 체계에 자부심을 가지고 있다. 특히 영국은 NHS를
큰 자랑으로 여긴다. 최근 NHS 재정 축소로 인한 부실 서비스에 불만이 고조되는 가운데,
런던 시민들이 NHS 재정 확대를 요구하며 시위하고 있다(2017년 3월, 위).
미국 노스캐롤라이나 애슈빌에서 오바마케어 지지자들이 트럼프 대통령과 일군의 공화당
정치인들이야말로 '사망선고 패널'이라고 비난하며 시위하고 있다(2017년 2월, 아래).

의 치료비에 쓰인다.

핀란드의 경우, 정부에게서 아니면 소속 병원 소유주에게서 급여를 받는 민간 의사들을 선택할 권리는 오래 전부터 있었다. 아울러 오늘날 핀란드인은 국가에 소속된 의사, 보건소, 병원을 자유롭게 선택할 수 있는데, 몇 가지 제약은 있다. 가령, 이용하는 보건소를 일 년에 두 번 이상 바꿀 수는 없다. 과도한 행정 비용 발생을 예방하기 위해서다. 게다가 핀란드를 스웨덴 모델에 근접시키자는 논의도 있어왔는데, 그러면 환자들은 납세자의 자금 지원을 받는 여러 선택사항을 더 풍부하게 누리게 될 것이다.[31]

핀란드와 미국의 의사들을 만난 경험을 비교해보고서 나는 이런 결론에 이르렀다. 어떤 면에서 나는 핀란드보다 미국에서 더 많은 의료 혜택을 받았다. 내 미국 의료보험은 연례 검진 및 온갖 방식의 일상적 검사들을 보장했는데, 이는 핀란드에서는 없었던 일이다. 그곳 의사들은 그런 검사가 필요 없다고 여겼기 때문이다. 하지만 동시에 나는 수많은 사항을 직접 챙기고, 엉킨 실타래 같은 보험 유형과 의료 비용, 좋은 의사와의 진료 기회를 일일이 살피고 찾아야 해서 늘 스트레스에 시달렸다. 심지어 미국에 와서 아직 크게 아프거나 다친 적도 없었는데 말이다.

나는 다른 종류의 자유를 갈망했다. 내 고용 상태가 어떻든 국가 의료 체계가 늘 나를 챙겨줌을 아는 데서 오는 자유 말이다. 모든 의사가 평균 이상이고, 그의 목표가 이윤 획득이 아니라 나를 이롭게 해주는 것임을 아는 데서 오는 자유. 의료 체계가 나를 자동으로 받아들여 우수한 보살핌을 제공한다는 것을 알고 싶었다. 내가 힘들고 약해진 순간에 스스로 자신의 선택권을 옹호하느라 지치는 일 없이 말이다. 그것이 진짜 자유다. 어떤 것도 나를 망가뜨리지 않을 것을 아는 데서 오는 자유다.

핀란드에 온 미국인

사람들 누구나 자국의 의료 체계에 불만이 있다. 심지어 가장 잘하고 있는 나라들도 개선할 점은 여전히 있다. T. R. 레이드는 여러 나라의 의료 방식을 연구하러 다닌 자신의 체험을 소개하면서, 프린스턴 대학의 정책분석가 충-메이 챙을 인용한다. 챙은 세계 각국에서 효과적인 의료 체계 마련의 어려움을 관찰하고 나서 자신이 명명한 세 가지 "의료 체계의 보편적 법칙"을 내놓았다. 이런 것들이다. "⑴자국의 의료 체계가 아무리 좋아도 국민은 불평하기 마련이다. ⑵의료에 아무리 많은 돈을 쏟아도, 의사와 병원은 충분하지 않다고 주장한다. ⑶마지막 개혁은 언제나 실패했다."[32]

핀란드에도 자국의 의료 체계가 재앙이라고 여기는 사람이 많다. 어떤 핀란드 직장인들은 고용주한테서 받는 의료 특전 덕분에 대기 시간 없이 1차 진료 의사를 만날 수 있다. 반면에 실직자나 자영업자, 퇴직자들은 보건소에서 오랜 시간 기다려야 한다. 게다가 공적 체계로부터 자금 지원을 받는 민간 의료 덕분에 핀란드의 가진 자들은 덜 가진 자들보다 더 빠르게 원하는 수술을 받을 수 있다. 미국 기준에서 보면, 핀란드의 민간 의료 가격이 터무니없이 높진 않지만, 그럴 형편이 되는 핀란드인은 그렇지 못한 이들보다 의료 서비스를 받기가 수월하다.

미국인들은 힘들게 일하면 그만큼 보상을 해주고 여러 혜택이 딸린 직장에 취직하도록 자극하는 것이 바람직하다고 여길지 모른다. 물론 원한다면 더 나은 치료를 자비로 받을 수 있기에 충분한 소득을 얻는 게 좋다는 건 당연지사다. 하지만 오늘날 핀란드에서 그런 경향이 일어날지 모른다는 사실은 대체로 불명예로 여겨진다. 자유주의적이고 민영적인 방식이 생활의 다른 영역과 마찬가지로 핀란드의 의료에도 이바지할 거라 여기는 사람들도 있지만, 대다수는 21세기 핀란드의 성공은 무슨 일이 있어도 기회의 진정한 평등이 사회의 모든 구성원에게 확장되어야 가능하다고 믿는다. 그 일환으로 강력한 전 국가적 공공 의료 체계가 필요하다고 믿는다.[33]

의료 혜택이 평등하게 제공될 수 있도록 핀란드 정부는 진료 대기 시간을 줄이기 위한 규칙을 정했다. 이제 모든 비응급 사안들은 환자가 보건소와 접촉한 지 사흘 안에 평가가 이루어져야 하며, 비응급 사안에 대한 일반의나 전문의 진료는 최초의 평가 후 90일 이내에 이루어져야 한다. 선택적 수술은 6개월 이내에 일정을 잡아야 한다. 응급 처치가 필요한 사람이나 극심한 통증을 호소하는 사람은 언제나 본인 부담금 45달러 미만으로 응급실을 이용할 수 있다. 게다가 핀란드 정부는 의료 행정 개선과 더불어 효율과 평등을 향상시키기 위해 더욱 중앙집권적 체계 마련을 위한 자금 조달을 추진하고 있다.[34]

미국인이 왜 군이 노르딕 방식의 의료 체계를 생각해봐야 하느냐고 의아해할 수도 있겠다. 모르는 악마보다는 차라리 익숙한 악마가 낫지 않을까? 파멜라도 바로 그런 생각이었다. 다발경화증 진단을 받기 전까지는 말이다.

◇◇◇◇◇◇◇

헬싱키에서 한 시간 반을 자동차로 달리면, 농장 사이로 구불구불 이어지는 도로와 빨간색 헛간들을 지나쳐 라미라는 핀란드 마을에 닿는다. 청명한 시월의 어느 날, 땅에는 얇은 서리가 덮였고 낮게 뜬 해는 가을의 노란 풀밭 위에서 밝게 빛났다. 라미에 도착해 길게 늘어선 집들의 끝에서 초인종을 누르자, 미국 앨라배마 출신의 마흔아홉 살 파멜라가 문을 열었다.

파멜라는 흑갈색 머리카락에 밝은 눈을 지닌 잘 웃고 푼수 끼 있는 여자였다. 얼룩고양이 요다와 큰 앵무새 시벨리우스(유명한 핀란드 작곡가의 이름을 따서 지은 이름)를 무척 아꼈다. 우리가 산책하는 동안에 두 애완동물도 함께했다.

파멜라가 핀란드의 작은 시골 마을에 온 이야기는 수십 년 전 플로리다의 알타몬테 스프링스로 거슬러 올라간다. 거기서 파멜라는 웨이트리스 일을 하고 있었다. 어느 날 밤 한 핀란드 학생이 왔고, 금세 데이트를 시작했다. 둘은 결혼해 미국에서 20년을 살았는데, 파멜라는 앨라배마 주 버밍엄의 한 병원에서 사무직으로 일했다. 남편이 고국에서 직장을 얻자 함께 핀란드로 건너왔다. 우리가 처음 만났을 때 파멜라는 5년째 핀란드에 살고 있었다. 하지만 남편이 일했던 회사가 문을 닫는 바람에, 그녀와 남편 모두 안정적인 직장을 찾으려 애쓰고 있었다. 미국으로 다시 건너갈까 싶었지만, 그 계획에는 장애물이 있었다. 파멜라가 최근에 다발경화증 진단을 받은 것이다.

그 즈음 미국에서는 부담적정보험법 시행이 초읽기에 들어간지라 파멜라는 새 법안이 제공하는 개인 의료보험 제도의 선택사항들을 살펴보았다. 하지만 어느 주에 거주할지 또 세금 보조가 어떻게 작용할지 알기 전에는 신청 자격 여부를 미리 알 수 없었다. 이미 병이 든 처지여서, 상당 기간 의료보험 없는 위험을 감수할 수 없었다.

핀란드에서는 그런 걱정을 하지 않아도 되었다. 미국과 달리, 부부가 현재 일정한 직업이 없다는 사실이 의료 혜택을 못 받는다는 걸 뜻하지 않았다. 진단을 받자마자 파멜라는 핀란드의 공공 의료 체계의 보살핌을 받게 되었다. 보장 범위는 거의 100퍼센트였으며, 고용 상태나 거주지와도 무관했다. 어디에서는 40달러 또 다른 곳에서는 20달러를 자비로 부담했지만, 모든 핀란드인에게 적용되는 연간 본인 부담 상한액이 파멜라에게도 적용되었다. 그녀는 신경외과의, 안과의, 비뇨기과의, 간호사, 물리치료사를 만나고 있었고, 보조금을 지원받는 운동 교실에도 다니고 있었다. 진료 예약을 하기가 시간이 많이 걸릴 때도 있었지만 대체로 치료가 만족스러웠다. "많은 사람들을 만났어요. 치료를 잘 받고 있다는 느낌이 들어요." 파멜라가 해준 말이다. 주방 수납장을 뒤지더니 자기처럼 손가락에 힘이 안 들어가는 사람들을 위해 설계된 특수 손잡이가 달린 치즈 절단기를 꺼냈다. "작업치료사가 이걸 줬어요. 멋진 칼이랑 가위랑 샤워할 때 앉는 의자도요." 마지막으로 덧붙였다. "저는 한 푼도 안 냈죠."

미국 병원에서 일했던 적도 있고 다발경화증 진단 전에도 건강 문제들을 겪은 적이 있었기에 파멜라는 미국의 의료 체계를 상당히 잘 알고 있었다. 미국의 의료보험과 병원을 겪으면서 경험했던 파란만장한 이야기들이 술술 흘러나왔다. 배우와 상황과 장애물이 너무 많아서 주인공으로서도 그걸 다 뒤쫓기가 어려운 이야기였다. 자신의 경험을 바탕으로 파멜라는 핀란드 병원의 의료 질이 최고라고 평가했다. 한번은 2인용 병실에서 근소한 비용으로 혼자 지낸 적이 있었다. "5박 6일간 입원했는데, 훌륭한 치료를 받았어요. 앰뷸런스를 두 번 탔고 X레이와 CT 촬영에 이어 의사 진료 등 이 모든 것에 300달러가 들었어요." 여전히 놀라는 표정으로 그때를 회상했다. 미국 병원에서 받았어도 치료야 마찬가지로 훌륭했겠지만, 엄청나게 비싼 치료비가 나왔을 것이고 훨씬 많은 번잡한 일과 스트레스가 뒤따랐을 테다.

미국 사람들은 공공 의료 병원이라고 하면 종종 과거 소련의 병원을 연상한다. 황량하고 음침하고 낡고 부족한 시설에 게으른 의료진과 더러운 개수대⋯. 파멜라가 보기에 핀란드 병원의 인테리어는 실제로 다소 소박하고 실용주의적으로 비쳤다. 일반적인 대기실이 따로 있지 않고 대신 진료실 옆 복도에 대기용 의자가 길게 줄지어 있었고, 미국 병원들이 흔히 그렇듯 자원봉사자나 예배실, 선물가게 등으로 북적대는 분위기가 아니었다. 어느 병원의 청승맞은 선물가게에 들렀을 때는 자신이 나서 병원을 번듯하게 새로 단장하는 모습을 상상했다고도 한다. 미국인 특유의 도전정신이 솟구쳤다. "다그쳐서라도 제대로 만들어놓고 싶다는 생각이 들더라고요!"

선물가게 얘기는 이쯤 하고⋯. 파멜라는 미국 사람들이 지닌 공공 의료에 대한 오해를 바로잡고 싶어 한다. 핀란드 병원들은 미국 병원만큼 청결하고 현대적이며, 때로는 더 낫다. 그렇지만 의료 혁신은 어떨까? 미국으로 건너갔더라면 더 나은 최첨단 치료를 받을 수 있지 않았을까? 아니라고 파멜라는 대답했다. 핀란드에서 부족한 게 없다고 했다. 게다가, 안타깝지만, 비교할 대상이 생겼다. 미국에 있는 파멜라의 자매도 다발경화증을 앓았던 것이다. 파멜라는 나직하게 말했다. "방글라데시에서보다는 첨단 치료를 받겠지만, 핀란드보다 낫진 않을 거예요."

나중에 핀란드인과 결혼한 또 다른 미국인 미셸을 만났다. 미셸도 다발경화증을 앓고 있었고, 파멜라와 매우 비슷한 경험을 했다. 다른 점이 있다면, 이미 병이 많이 진행된 상태라 미셸은 파멜라에겐 아직 필요하지 않은 고가의 약을 복용했다. 미국에서 다발경화증 치료약은 다른 나라들보다 훨씬 비싸다.[35] 미국에 살았을 때 미셸은 보험이 있는데도 필요한 약 한 가지에 매년 600달러를 부담해야 했다. 우리가 각자 브루클린과 핀란드에서 온라인으로 이야기를 나눴을 때, 그녀는 처방전을 가지고 약국에 다녀온 직후였다. 핀란드에서는 같은 약 값이 연간 14달러 든다고 했다.(이는 핀란드 정부가 모든 처방약에 연간 본인 부담 상한액—2016년에 55달러—을 새로 정하기 전이었다.)

파멜라는 미국의 친구들과 가족을 그리워했고, 자신으로선 더 수월했던 미국 생활의 여러 측면을 회상했다. 널찍한 주차장, 대형 식료품점, 큰 집, 이동에 어려움을 겪는 사람들에 맞게 설계된 도시들을 추억 속에 떠올렸다. 하지만 자신의 현재 입장에서, 의료의 질만 보자면 두 나라 모두 좋다. 정작 관건은 그 의료 혜택을 받을 여건이 되느냐. 파멜라의 사례는 물론 조금 이례적이라고 볼 수 있다. 그런 장기적인 중증 질병은 흔하지는 않으니 말이다. 하지만 어느 누구도 피할 수 없는 질환이 하나 있다.

지구상에서 가장 늙기에 좋은 곳

21세기를 살아가는 우리의 희망은 건강하게 오래 사는 삶, 독립적인 삶, 그리고 사랑하는 이들에게 애정과 관심을 쏟고 하루하루를 원하는 대로 보내는 삶이다. 노르딕 의료 체계는 이런 희망을 현실로 만들어주지만, 미국의 의료 체계는 종종 사람들을 의존 관계 속으로 내몬다.

미국에서는 메디케어 제도 덕분에 65세 이상의 노인은 원하는 의료 혜택을 받을 수 있다. 하지만 장기적인 노인 의료에는 메디케어가 다루지 못하는 빈틈이 굉장히 많다. 사실 가장 지출이 큰 문제 몇 가지를 해결하지 못한다. 요양원이나 어시스티드 리빙✦ 입주 및 숙식, 24시간 간호 서비스 및 식사 배달이나 목욕 보조, 식료품 구입, 집 청소 등을 돕는 가정 의료 지원 등이 그것이다. 미국에서 이런 서비스 비용은 노인들 자신이 감당한다. 재산이 거덜 나고 궁핍해질 때까지.[36]

이에 관한 미국의 전통적인 지혜는 퇴직 전에 최소 100만 달러를 저축해야 한다는 것이다. 불행히도 대다수 미국인은 이 최소 기준에 턱없이 못 미친다. 2013년 추산에 따르면, 55세에서 64세까지 은퇴를 앞둔 가장을 둔 미국 가정의 순 재산 가액의 중앙값은 집과 자동차를 제하면 6만 달러를 조금 넘었다.[37] 한편 2013년에 미국 사설 요양원의 연간 이용 가격 중앙값은 8만 달러가 넘었다.[38] 만약 노년에 돈이 완전히 바닥나면, 메디케이드(극빈자 대상)가 도움을 주긴 하겠지만 서비스 질이 미심쩍은 요양시설로 옮겨야 할 수도 있다. 일부 주에서는 메디케이드 재정을

✦ assisted living, 노인과 거동이 불편한 이들을 위한 거주 시설이지만, 일반 요양원과 달리 거주자의 독립적 생활을 존중하며 의료와 생활에 필요한 서비스를 지원한다. 독립 주거와 요양원의 중간 단계 정도로 여겨진다.

축소하고 자격 요건을 변경하는 바람에, 수급 자격을 잃은 사람들은 이제 스스로 해결할 수밖에 없게 되었다. 사정이 이렇다 보니, 여러 연구 결과에서 드러나듯, 수많은 미국 대중에게 심지어 부유한 이들에게조차 가장 만연한 두려움은 은퇴 즈음에 돈이 바닥나는 것이다.[39]

노인들이 필요한 모든 의료 서비스의 비용을 부담할 수 없으므로 결국 장성한 자녀들이 돌보게 된다. 단지 비용 대는 걸 도울 뿐만 아니라 말 그대로 간호사와 요양사, 나아가 부모의 의료 코디네이터 겸 대변인 역할까지 맡는다. 물론 자녀들에겐 이미 지고 있는 짐들—자기 자녀 돌보기, 자기 가족 건강 챙기기, 자기 자신의 의료비 지출—이 있다. 그렇다 보니 성인 자녀와 노년 부모는 이 심오하고 매우 사적이며 종종 불편한 새로운 역할 전환을 두고 줄다리기를 벌이게 마련인데, 이때 살면서 줄곧 자율성에 익숙해 있던 부모들은 때로 고통스럽게 자녀에게 의존하게 된다. 이 새로운 관계는 가끔씩 새로운 정서적 유대를 쌓는 경이로운 기회가 되기도 한다. 하지만 자기 아이를 키우며 부모까지 돌보는 가정은 돈과 시간 모두 늘 허덕이고, 그러느라 팍팍해질 대로 팍팍해져 있다. 주말이나 공휴일에 늙은 부모와 함께 시간을 보내는 일이야 더할 나위 없는 기쁨이겠지만, 부모의 생활을 돌보고 의료비를 감당하는 일은 전혀 다른 문제다.

미국 지인과 친척들의 삶을 살펴보다가 직장과 아이를 가진 사람들이 자기 형제자매와 번갈아가며 노부모 돌보는 일이 아주 흔하다는 사실을 알고 할 말을 잃었다. 어떤 이들은 부모에게 매달 수천 달러를 보내고 있었으며, 직장에서 한창 전성기인 여성들이 늙고 병든 가족 구성원을 돌보려고 직장 생활을 포기했다.[40]

이런 일들은 전통 사회에서는 놀랄 일이 아닐지 모른다. 이를테면, 삼대가 함께 사는 집에서 며느리는 하루 세 끼 식사를 마련하고 시부모 수발을 들어야 하는 사회 말이다. 하지만 현대 서구에 사는 사람 대다수가 21세기에 바라마지 않는 사회는 그런 것이 아니다.

노르딕 가정도 여느 나라 못지않게 늙은 부모를 사랑한다. 바로 그렇기 때문에 부모 자식 간 의존 관계에서 생길 수 있는 원망으로 늙은 부모에 대한 사랑이 오염되지 않길 바란다.

노르딕 지역은 세계에서 인구 노령화가 가장 급속한 편에 속한다. 여전히 자녀가 노인 부모의 의료비를 대주길 기대하는 사회들도 있지만, 노르딕 나라들은 그런 기대를 하지 않는다. 오늘날과 같은 시대에는 사회가 완벽한 노후 보장을 기본적인 사회복지로 제공해야 타당하다고 믿는다. 덕분에 노르딕 가족은 서로 구속받지 않고 지낼 수 있으며, 아울러 모든 개인은 사적인 부 그리고 가족의 상황과 무관하게 위엄과 안녕을 보장받는다. 자녀가 부모의 자비에 맡겨져서는 안 되듯, 마찬가지로 부모도 자녀의 자비에 맡겨져서는 안 된다.

이런 철학에 입각해, 노르딕 나라들은 공공 의료 체계를 마련하던 때와 거의 같은 방식으로 노인 의료 계획을 마련했다. 즉, 세금을 통해 누구나 누릴 수 있는 근본적인 정부의 복지 서비스가 되도록 말이다. 주된 목표는 노인들이 가능한 한 자기 가정에서 지내도록 돕는 것인데, 이를 위해 지자체가 가정 방문 간호, 음식 배달, 집 청소, 장보기 도우미 등의 서비스를 무료 또는 저렴한 비용으로 제공한다. 노인이 요양원이나 어시스티드 리빙 시설에 들어갈 경우 그 비용은 각 거주자의 연금이나 은퇴 소득에서 일정 정도 부담하며, 이 자비 부담액에는 합리적인 상한액이 정해져 있어서 거주자는 얼마간의 재정적 독립을 유지할 수 있다. 나머지 금액은 공적 체계에서 조달받는다. 그 결과 요양원 거주자의 재산은 그대로 보존되며, 자녀들한테도 비용을 청구하지 않는다. 노르딕 나라의 지인들은(나이 든 친인척을 자주 만나는 이들을 포함해서) 대개 노인 의료 체계의 세부사항과 비용을 잘 모른 채 지낸다. 그런 문제는 대체로 지자체가 알아서 관리해주므로 가족 구성원이 직접 관여할 필요가 없어서다.

여기서 꼭 짚고 넘어가야 하는데, 노르딕의 노인 의료 체계에도 문제점은 많다. 의료의 질과 비용에 대해 논쟁이 끊이지 않으며, 언론은 민간 및 공공 요양원의 열악한 실태를 폭로한다. 특히 핀란드의 경우, 정치인들은 인구가 계속 노령화함에 따라 부유한 베이비부머들도 앞으로 노인 의료 보장을 충분히 기대할 수 없다고 차츰 내다보고 있다. 게다가 핀란드는 노인이 가능한 한 오래 자택에서 생활하도록 돕자는 주의여서, 최근에는 자택에서 더 이상 생활을 꾸릴 수 없는 이들이 요양원 입주에 어려움을 겪는다는 비판이 일었다. 이런 사안들에도 불구하고 국제 조사에서 일관되게 드러나듯이, 노르딕 나라들, 특히 노르웨이와 스웨덴은 지구상에서 늙기에 가장 좋은 곳에 속한다.

노르딕의 전반적인 의료 체계와 마찬가지로, 노인 의료에도 상당한 선택권이 존재한다. 자비를 들여 민간 서비스를 받을 수 있으며, 아니면 민간 어시스티드 리빙 시설에서 살 수도 있다. 그리고 장성한 자녀들이 많은 시간을 할애해 늙은 부모를 돕기도 한다. 하지만 사전 지식 없이 돌보기에 나서고 비용을 치르는 대신에, 부모 및 지자체의 담당자들과 상의해 최상의 해법을 얻고서 시작한다. 가족 구성원이 노부모를 직접 돌보기를 선호하는 경우, 국가가 필요하면 관여한다. 가령, 주로 돌

노르웨이와 스웨덴은 지구상에서 늙기에 가장 좋은 곳으로 꼽는다.
사진은 노르웨이 북부의 항구도시 트롬세에서 라플란드 전통 복장을 한 노부인(왼쪽)과
스웨덴 국경일을 맞아 전통의상을 입고 광장에 나온 노부인(오른쪽),
그리고 아기를 안고 있는 스웨덴 할머니(아래).

보는 이한테 휴식을 주기 위해 주말이나 휴가 기간에 가족 구성원을 대신할 가정 방문 요양사를 지자체가 보내줄 수 있다. 때론 지자체가 병든 가족을 돌보는 구성원에게 일종의 수당을 지급하기도 한다.

노인 의료에 대한 미국과 노르딕의 접근법을 비교하면, 마치 노르딕 방식은 가족 구성원 간 유대를 약화시켜 가정을 해체하는 듯한 인상을 줄지 모른다. 하지만 조사 결과를 보면 그 반대다. 덴마크의 올보르 대학에서 노르딕 가족 정책을 전문적으로 연구하는 티네 로스트고르 교수는 이렇게 설명해주었다. "우리는 든든한 대비책을 마련해두었기 때문에, 오히려 누구든 선뜻 비공식적인 돌보기를 맡겠다고 나설 수 있는 겁니다. 현실적으로 가능한 일이거든요. 시간이 너무 많이 들지도 않을 뿐더러, 힘겨운 일을 혼자 감내하지도 않습니다."

달리 말해, 근본적이고도 가장 어려운 측면들을 담당하는 공공 체계가 마련되어 있으므로 실제로 가족 구성원들은 아주 힘들거나 지치는 일 없이 노부모에게 참된 관심과 마음을 쏟을 수 있다. 덕분에 모두 만족스럽고, 나쁜 관계에서 오는 원망이 생기지 않는다. 이번에도 노르딕 접근법은 모든 이의 삶의 질을 지켜준다.[41]

아플 때 힘이 되는 국가

오바마케어(부담적정보험법)가 2014년 초에 시행되었을 때 다른 나라에서는 미국의 의료 체계가 새로 마련되었다는 인상을 받기도 했다. 핀란드에서 뉴욕에 찾아온 친구와 대화를 나누는데, 내가 의료 문제를 우려하자 친구는 순진무구한 소리로 내 말을 가로막았다. "하지만 이젠 오바마케어가 있잖아!" 유럽인의 관점에서 보면, 미국의 의료 상황은 아주 오랜 기간 희한하게 구시대적이었으므로 이제 개선할 때도 되었다고 여기는 편이 합리적이다. 하지만 실제는 그렇지가 않았다.

부담적정보험법은 문제의 일부를 다루기는 했다. 보장 대상을 수백만에게 확대했으며, 보험 정책이 이전보다 더 많은 사람을 포함하도록 했으며, 보험에 든 사람의 지출 비용에 얼마간의 제약을 부과하도록 했다. 하지만 그 법은 보험 가입의 단순화라든지 치솟는 비용에 관한 전반적인 문제는 해결하지 못했다. 어쩌다 보니 나는 오바마케어 시행 후 연간 본인 부담 상한액이 내려갔는데도 본인 부담금 공제와 진료시 분담금 액수는 올라간 절망스러운 사람들에 속하는 신세가 되었다. 오바마케어는 내 두려움을 누그러뜨리지도 못했다. 즉, 만약 의료비 지출을 많이 하게 되면 내 청구액의 절반을 보험회사가 지급 거부할 것이라는 두려움 말이다. 미국의 비평가들이 지적했듯이, 오바마케어는 터무니없이 복잡하고 비효율적이고 성가시며, 근본적으로는 단순한 해결책(즉, 모든 이에게 의료 혜택 제공)을 피해 가는 타협적인 방법이다.[42]

민간 의료산업의 정치적 영향력은 제쳐두고, 미국이 대다수 부유한 산업국가들이 이룬 것을 성취하여 진정한 공공 의료 체계를 마련하지 못할 합법적인 이유가 도대체 무엇이란 말인가?

내가 아는 한, 미국이 고용주와 민간 보험회사를 통해 대다수 의료보험을 제공하는 주된 이유는 세 가지다. 첫째, 그렇게 하면 새로 세금을 거둘 필요가 없다. 둘째, 현제도에서 사람들은 원하는 의료보험과 의사를 직접 선택할 수 있다. 셋째, 많은 이들이 민간 보험회사와 의료 공급자들이 서로 경쟁하면 소비자에게 이득이라고 가정한다.

사실, 미국인들은 자신들이 받는 많은 의료 서비스 비용을 이런 저런 방식으로 세금을 통해 이미 치르고 있다. 메디케어, 메디케이드 그리고 제대군인을 위한 모든 보훈 의료 혜택은 세금으로 운영된다. 오바마 케어로 신설된 보조금도 세금으로 마련된다. 심지어 민간의 고용주 지원 의료도 세금이 뒷받침해주고 있다. 고용주와 피고용인이 함께 내는 의료보험료는 세금이 면제된다. 따라서 피고용인들은 과세 전에 실제로 상당한 보상을 받고 있다. 고용주 지원 의료는 사실상 연방 세법에서 가장 큰 세금 감경 조치 중 하나가 되었다. 다시 말해서, 그것은 세금의 형태로 환수하지 않는 공공 지출인 셈이다. 그러다 보니 세금이 끔찍하게 비효율적으로 쓰이는 결과가 초래된다. 왜냐하면 가장 큰 수혜자는 소득이 아주 높고 가장 좋은 의료보험에 든 사람들이기 때문이다. 소득이 낮고 불안전한 보험에 든 사람들 그리고 보험이 아예 없는 사람들은 세금 감면이 훨씬 적거나 아예 없다. 이런 정책은 임시변통식 뒤죽박죽 조치들의 결정판으로, 결국 사람들은 각자의 보험 보장 범위에 따라 차별적으로 취급받게 된다.[43]

의료 서비스의 구입과 판매에 관한 문제도 마찬가지다. 한 구매자가 어떤 거래에서 필사적일 때 (치료가 필요할 때 우리 대다수가 그렇듯이) 판매자는 굉장히 불공정한 이득을 보기 쉬운데, 이는 자유시장의 합리성을 왜곡시킬 수 있다. 사적인 영리 추구 모델을 고수하느라 미국은 시대에 뒤떨어졌다. 그리하여 보통 국민이 점점 더 막대한 대가를 치르고 있다.

만약 한 사회에 돈이 무제한 있다면, 모든 사람이 끊임없이 고가의 검사를 받고 의사와 의료산업 중역에게 천문학적인 급여가 지불되어도 아무 문제 없다. 치료가 의료상 정당한 이유에서 이루어지고 가난한 자들이 버림받지 않는다면 말이다. 어쨌든 우리 대다수는 의료에 관해서도 다다익선이 제일 좋다고 여긴다. 하지만 상황은 그리 간단치가 않다. 인구가 노령화되고, 기대치가 높아지고, 새로운 기술과 약이 등장해 이전에는 발견되지 않았거나 다루지 않았던 질환을 더 많이 검사하고 치류하게 되면서, 의료비 지출은 세계 어디서든 증가하고 있다. 어떤 면에서한 나라가 아무리 돈을 많이 써도 의료는 늘 밑 빠진 독에 물 붓기일 수있다. 언제나 더 할 것이 있고, 이미 수십 년 전 심지어 몇 년 전보다 뭔가를 훨씬 많이 하고 있다. 하지만 바로 그런 이유로 21세기의 현대 국가는 돈을 지혜롭게 써야 한다. 사회는 효과적인 의료에 합리적인 비용을 지출해야 하며, 그러기 위한 기준은 명확하고 투명해야 한다.

만약 미국의 무분별한 지출이 실제로 의료의 질을 극적으로 향상시키는 계기가 되었다면 정당화될 수 있다. 하지만 국영 의료 체계를 갖춘다른 선진국에 비추어 보면, 딱히 그렇지도 않다. 노르딕 지역의 의료는미국과 엇비슷하거나 심지어 낫다고 할 수도 있다.

미국의 의료비 지출이 전반적인 경제성장이나 대다수 가계소득보다훨씬 빠르게 증가해 사실상 더는 감당해낼 수가 없다. 슬프게도 역설적인 상황이다. 미래지향적인 신기술과 신약이 끊임없이 쏟아지는데도 대다수 국민은 부자들만 의료 혜택을 볼 수 있던 먼 과거의 상태로 후퇴하고 있으니 말이다. 커먼웰스펀드의 2015년도 보고서는 이렇게 설명하고있다. "의료보험 비용을 낮추려고 고용주들은 점점 피고용인이 분담하는 보험료 비중을 높이고, 여기에 더해 본인 부담금 사전 공제와 진료비 분담금도 늘리고 있다.✦ 그 결과, 피고용인의 비용 부담과 함께 재정적 리스크가 급속하게 증가했다."

2013년까지의 10년 동안 고용주 지원 의료보험의 보험료는 임금 인상률의 세 배나 올랐다. 피고용인들의 보험료 지불액과 본인 부담금 공제액은 두 배로 늘었다. 그 결과, 미국인들은 10년 전보다 임금의 훨씬 더 높은 비율을 의료 관련 비용으로 지출한다.⁴⁴

소비자를 이롭게 할 의도인 의료 제도가 소비자의 목을 조르고 삶을 위태롭게 만든다. 안타깝게도 많은 미국인이 아프고 난 후에야 이 사실을 알아차린다.

◇◇◇◇◇◇

텍사스 오스틴 출신의 48세 간호사인 제니는 2014년에 결장암 3기 진단을 받았다. 담당 의사는 즉시 복잡한 치료 과정을 밟아야 한다고 했고, 그래서 두 달 가까이 입원했다. 방사선 치료 및 여러 외과 치료를 받았으며, 이후에는 열두 차례 화학요법을 받았다. 치료는 고통스러웠고, 그녀는 기나긴 날을 참혹한 불편 속에서 보냈다. 죽음의 공포가 어른거렸고 남편과 젊은 딸도 함께 떨었다. 게다가 의료보험의 악몽까지 가세했다.

병을 알았을 때 제니는 남편의 회사를 통해 보험에 들어 있었다. 보험회사는 다국적 대기업이었으며 보장 범위도 좋았다. 오랫동안 제니 가족은 부지런히 건강관리를 했고 매년 건강검진을 받았다. 그동안은 아

✦ 그러면 총 보험료가 낮아진다.

무런 문제가 없었다. 그래서 제니가 치료를 시작했을 때 처음에는 모든 게 괜찮을 듯했다. 본인 부담금을 내고 기타 소소한 비용 부담을 했지만, 대다수 치료비는 보험회사가 치렀다.

여러 차례 수술과 오랜 입원에서 벗어난 후에도 정기적으로 후속 치료를 받아야 했다. 아직 아물지 않은 상처가 있었고 카테터(몸속에 삽입하는 관)와 정맥 주사선도 몸에 달려 있었으며, 여전히 통증이 심했다. 남편은 아내를 돌보려고 휴직한 지 오래된 터라 직장에 다시 복귀해야 했다. 간병 대행사에 연락해 보험 정보를 알려주고서 간병을 받기 시작했다. 세 달 후 보험회사에서 연락이 왔다. 간병도 일반적으로는 보험 적용을 받지만, 그 대행사가 무허가 업체여서 보험금 지급을 해줄 수 없다는 거였다.

그 무렵 제니는 화학요법을 시작했는데, 여러 달에 걸친 치료 도중에 이상한 안내까지 받았다. 보험회사에서 온 서류에 그녀가 각 회기의 화학요법에 대해 1만 5000달러의 책임이 있다고 적혀 있었다. 사전 경고도 없이 말이다. 지난 수차례의 치료비 명목으로 제니가 암센터에서 받은 액수는 총 6만 달러쯤에 이르렀다.

화들짝 놀라 여러 상황을 종합해보았다. 화학요법 시작 한 달째, 남편 회사가 동일 보험사의 다른 상품으로 갈아타기로 결정했다. 제니와 남편은 회사에서 통보를 받긴 했지만, 동일 보험사이고 이전부터 보장도 좋았던 데다 여러 모로 경황이 없어 특정 치료와 관련해 변경 사항이 있는지 확인하지 못했다. 그런데 알고 보니, 제니가 이제껏 이용하던 암 전문의와 암센터는 새로운 상품에서 보장해주지 않았다. 암센터의 어느 누구도 그 사실을 알려주지 않아서 수만 달러의 청구서를 받기 전까지 그녀는 까맣게 모르고 있었다.

설상가상, 남편이 실직하고 말았다. 부부는 소득도 없는 처지에다 의료보험마저 몽땅 잃을 위기에 직면했다. 남편 회사가 추가로 6개월 동안 보험료를 내주기로 했지만, 그 후에는 직접 감당해야 했다.

내가 제니와 만났을 땐, 처음 진단받은 지 거의 1년 후로 화학요법 치료가 끝나갈 무렵이었다. 건강에 관한 한 다행히도 상황이 좋아지고 있었다. 남편은 새 직장을 얻었고 보험도 새로 들었다. 하지만 제니는 여전히 이전 보험회사와 남은 문제로 씨름하고 있었다. "우체통에서 그 보험회사 우편물을 볼 때마다 가슴이 철렁해요."

그 무렵 제니는 보험회사에서 수십 통의 문서를 받았는데, 이해불가인 규정과 혼란스러운 비용 청구로 가득했다. "감을 잡으시라고 알려드리자면, 각각의 화학치료에 열네댓 가지 비용이 별도로 청구돼요. 전부 같은 날 받은 치료지만 비용 청구도 별개이고 보장도 각각 별개죠. 종종 중복되는 청구액도 있고, 또 동일한 서비스에 청구액이 다를 때도 있어요." 몸 상태가 조금 좋을 때면 제니는 서류를 훑어보느라 숱한 시간을 보내고, 더 많은 시간을 천문학적인 청구액을 놓고 보험회사와 전화로 입씨름을 하느라 보냈다. 나도 문서 작업을 조금 거들었는데, 문서를 읽는 것만으로도 머리가 폭발할 지경이었다.

제니는 치료 중단을 피하기 위해 암센터에 월부로 비용을 치르고 있었다. 신용카드로 매달 수천 달러씩 긁은 것이다. 다행히 어느 사회단체가 나서서, 제니와 보험회사가 일종의 합의에 이르도록 다리를 놓아주고 있었다. 여전히 제니는 치료비가 최종적으로 얼마가 나올지 몰랐으며, 총 비용을 산출해볼 엄두를 못 내고 있었다. "절망스럽고 무서웠어요. 뭐는 보장되고 뭐는 안 되는지가 완전 제멋대로인 것 같아요. 비용이 얼마일지 아무도 몰라요. 뭐든 이해가 안 돼요. 제 암과 남편 실직만으로도 견디기 힘들었는데 말이에요."

얼마 후 제니는 기쁜 소식과 나쁜 소식을 함께 받았다. 항변 끝에 보험회사가 마침내 제니의 병원을 보험 대상 의료기관으로, 단 특정 기간 동안만, 삼기로 했다. 즉, 화학요법의 적어도 일부에 대해 보험이 적용되었다. 하지만 간병은 여전히 보장되지 않았다. 이제 가장 터무니없는 치료비는 면했지만, 그동안의 온갖 고초에 분통이 터졌다. 왜 안 그렇겠는가! 이런 일은 부유한 선진국에서 현대적인 삶을 살 정도로 운 좋은 사람들한테 일어나서는 안 된다.

핀란드에 사는 내 가까운 친구의 남편 또한 결장암 투병 생활을 했다. 여러 해 동안의 일련의 복잡한 수술, 입원 치료, 화학요법 등이 이어졌다. 의사들은 가능성이 낮다고 솔직히 시인하면서도 결코 노력을 멈추지 않았다. 한번은 핀란드의 일류 신경외과의에게 뇌수술도 받았다. 국제적으로 명성을 날리는 전설적인 뇌수술 전문의였다. 필요한 경우 지자체가 나서서 집으로 간병인을 보내주었고, 생명이 꺼져갈 때도 민간의 비영리 호스피스 병동에서 지내도록 비용을 대주었다. 온갖 치료를 다 받았는데도 고통에 지친 채 다가오는 죽음을 맞이하는 상황은 환자 자신도 아내와 어린 두 자식에게도 너무나 참혹했다.

가족의 재정도 걱정거리였다. 내 친구(환자의 아내)가 일을 하고 있었지만, 남편은 진단 후로는 간헐적으로만 일할 수 있었다. 하지만 공공 체계가 제공하는 현금 수당으로 그럭저럭 지낼 수 있었다. 그리고 엄청난 치료비를 걱정할 일도 없었다. 대신에, 둘은 치료 덕에 주어진 하루하루를 소중하게 보내고 아직 살아 있을 때 서로를 사랑하는 데 에너지를 집중할 수 있었다.

미국도 비슷한 방식으로 전환하지 못할 이유가 실제로 없다. 더 적은 비용으로 양질의 의료를 제공할 수 있다. 보편적 공공 의료는 다양한 방식으로 시작할 수 있다. 연방정부나 주정부가 새로운 의료 체계에 따라 공공 의료보험 제도를 가동할 수 있다. 투명하고 공정한 혜택 꾸러미를 원하는 누구에게나 제공할 수 있으며, 참여자가 많이 모이면 정부는 의료 서비스 공급자들과 더 나은 가격을 협상할 수 있다. 이런 개념은 새로운 것이 아니다. 사실, 미국에서도 여러 차례 제안되었는데, 특히 부담적정보험법 시행 초기에 그랬다. 여러 설문조사에서도 드러난바, 미국인 절반 또는 그 이상이 그런 제도 마련에 찬성하고 있다.[45]

일부 주와 카운티는 이미 팔 걷고 나섰다. 가령 버몬트 주는 캐나다식의 단일 지불자 방식으로 전환하려고 준비 중이다. 가장 최근의 계획은 모든 거주자에게 보험을 보장하고 공적으로 자금을 대는 체계를 2017년부터 시행하자는 것이었다. 하지만 예정했던 시행 몇 년 전에 버몬트 주지사가 비용 문제로 당분간 계획을 보류한다고 발표했다. 비슷한 계획을 추진하려는 법안이 매사추세츠와 오하이오를 포함한 여러 주에서 제출되었다. 캘리포니아의 일부 카운티는 새로운 공적 제도를 마련하거나 기존 제도의 기능을 확대하려고 계속 노력하고 있다. 모든 주가 저마다 자체 체계를 마련하는 것은 연방정부가 전 국민을 대상으로 공공 의료보험을 제공하는 것보다 더 혼란스럽고 복잡하긴 하다. 하지만 캐나다에서는 공공 의료보험 제도를 각각의 주 정부가 마련한다. 비슷하게, 미국 주들의 다양한 노력이 변화를 촉진하고 전국적인 개혁의

발판 역할을 할 수 있다.[46]

이외에 단기적으로는 무엇을 할 수 있을까? 미국이 대다수의 치료와 의약품 가격을 규제하지 않거나 보험 보장을 결정할 때 그 효과를 고려하지 않는다는 사실에 이제 전 국민이 당혹감을 느끼고 있다. 오늘날 자국의 의료 체계를 민간 공급자 및 보험사에 맡기는 경향이 늘고 있기 하지만, 그래도 전력 등 여느 공공 분야에 대해 그러듯이 의료계에도 요율을 정하거나 의료 서비스 공급자와 보험회사들과의 요금 및 기본적인 혜택 패키지를 협의한다. 가격 규제가 있는 유럽에서도 미국 제약회사들은 여전히 약품을 흔쾌히 팔며 사업할 가치가 있다고 여긴다. 물론 제약회사들은 미국에서의 수익이 줄어들면 혁신 능력이 감소할 거라고 경고하지만, 주요 미국 제약회사들 경우에 연구개발 비용은 엄청난 수익의 극히 일부에 지나지 않는다. 제약회사들은 약품 개발보다 광고에 훨씬 더 많은 돈을 쓴다. 공교롭게도 미국은 처방약 광고를 직접 소비자에게 허용하는 몇 안 되는 국가 중 하나이기도 하다. 스티븐 브릴이 《타임》 기사에서 말했듯, 이런 회사들이 다른 나라보다 미국에서 더 비싼 약값을 받게 내버려둘 아무런 이유가 없다.[47]

현재의 미국 체계를 바꿀 방법은 많다. 오바마 대통령이 의회에 요청해 메디케어 담당 공무원들이 제약회사들과 가격 협상을 하도록 했다.[48] 놀랍게도 현행법에서는 금지되어 있는 지극히 합당한 조치를 취한 것이다. 몇몇 주에서는 제약회사가 약품 가격 및 그 근거를 공공 기관에 보고하도록 요구하는 법안 채택을 검토했다.[49] 가격이 계속 치솟으니 정부가 조만간 다른 선진국들처럼 가격 통제에 나설 수밖에 없는데, 위의 조치들이 그 시발점이 될 수 있다.

◇◇◇◇◇◇

타당한 규제를 받는 공공 의료를 제공해서 얻는 혜택은 엄청날 것이다. 기업은 보편적 보험 보장 덕분에 더욱 경쟁력이 높아질 것이다. 현재 출산휴가나 의료보험을 피고용인에게 제공하는 미국 회사들은 그러지 않는 회사들에 비해 불리하다. 또한 공공 의료가 마련된 다른 나라의 회사들과의 경쟁에서도 불리하다. 이미 많은 미국 회사가 건강보험을 제공하는 짐을 벗어던지고 대신에 임금을 더 많이 주거나 피고용인이 직접 보험을 구매하도록 하는 편이 더 낫겠다는 분위기를 조성하고 있다. 오바마케어는 고용주들이 계속 의료보험을 제공하도록 강제했지만, 사람들 사이에는 노사 양측을 '고용에 묶인 의료'에서 벗어나게 하자는 의견도 존재한다.[50]

의사들은 보다 통합적인 공공 체계가 시행되어 모든 것의 가격이 미리 정해지고 명확히 정의된 일괄 수당 프로그램이 생기면 일이 더 수월해진다. 환자마다 제각각인 보험의 보장 내용을 확인하느라 시간을 낭비하지 않아도 되며, 온갖 보험회사와 보험 상품을 다루는 상당한 문서 작업에서도 해방될 수 있다. 노르딕 의사들도 관료들과 상대해야 한다느니 급여가 적다느니 볼멘소리를 하지만, 미국 1차 의료기관 의사들이 하는 공장식 진료는 하지 않는다. 이런 내과나 치과 의원에서는 간호사와 치위생사들이 일 대부분을 하고, 의사는 방마다 겨우 몇 분씩 머리를 들이밀 뿐이다. 그렇게 일해야 온갖 보험 청구 관련 업무를 처리하기 위해 고용한 행정 보조원들에게 월급을 줄 수 있다.

개별 시민들을 위해서도 공공 의료는 각자의 자유, 자율, 독립을 엄청나게 향상시킬 것이다. 고용주에게서, 가족 간 불건전한 의존 관계에서, 의료 관련 정보를 알아내느라 겪는 불가피한 시간 낭비로부터 자유로워질 것이다. 자유를 옹호하는 나라 미국에서 지금의 구시대적 의료 체계는 그런 자유를 앗아가버린다. 하지만 여기서 끝이 아니다. 지금의 체계로 인해 망가지는 또 하나의 피해자가 있다. 바로 공동체다.

◇◇◇◇◇◇

2011년 공화당의 대통령 후보 선출을 위한 CNN의 방송 토론에 하원의원 론 폴이 등장했다. 론 폴은 유명한 의사이자 자유주의자로 당시 대권에 도전하고 있었는데, 이런 질문을 받았다. 만약 좋은 직장을 가진 건강한 서른 살 성인이 의료보험에 가입하지 않기로 선택했는데, 갑자기 혼수상태에 빠져 6개월의 집중치료를 받아야 할 상황이라면 누가 치료비를 대야 하는가? "그게 바로 자유라는 겁니다." 폴이 말했다. "스스로 위험을 감수하는 것이죠." 토론 사회자가 확인 차 물었다. "사회가 정말로 그 사람을 죽게 내버려둬야 합니까?" 이번에는 폴 대신에 청중이 아주 열정적인 외침으로 답했다. "네!"[51]

청중들이 내보인 '그냥 죽게 놔두라'라는 태도를 처음 접했을 때 나는 격분했다. 문명사회의 인간이 어떻게 저런 생각을 할 수 있는가? 이해가 된 건 몇 년이 지나서였다. 재정 위기를 아슬아슬 면해가면서 몇 년 동안 의료보험료를 내고 있던 와중에 우연히 어떤 기사를 읽었다. 한 자영업자가 의료보험에 들 수 있는 여건이었지만 안 들고 있다가, 전립선암이 상당히 진행되어 있음을 나중에야 알았다. 역설적이게도 암이 초기에 발견되지 않은 까닭은 비용이 겁나서 의사를 피해왔기 때문이었다.

기사에서 그는 자신이 멍청이였다고 고백하고, 아울러 50만 달러에 육박한 치료비 대부분을 탕감해주고 자신을 치료해준 병원에 무한한 감사를 표했다.[52]

그런 상황을 접하니 나도 론 폴의 청중들에 공감이 갔다. 의료비 미지급으로 인한 부담은 (정부 돈이 자선병원의 보조금으로 흘러들어) 납세자한테 돌아가거나, (손실을 만회하기 위해 병원이 치료비를 올리거나 보험회사가 보험료를 올리는 식으로) 다른 개인들에게 돌아간다. 그 사람은 스스로 선택했다. 왜 내가 그 사람을 구제해야 하지? 하지만 핀란드에 살던 나는 결코 그런 식으로 생각하지 않았다. 미국의 현 의료 체계는, 우리가 실감하지 못할지는 몰라도, 의료 서비스 자체로는 그렇게 나쁘지 않지만, 대신에 국가의 사회적 바탕을 말 그대로 무너뜨린다.

누진 소득세를 통해 자금을 조달하는 의료 체계에서는 모든 이들이 저마다의 능력에 따라 사회에 기여할 수 있다. 또한 의료 관련 결정들을 민주적으로 만들며 사람들을 의료 체계의 능동적 주체로 만든다. 만약 정부가 별다른 서비스 향상도 없이 의료 비용 때문에 세금을 많이 올린다고 하면 사람들이 들고 일어설 것이다. 하지만 민간 보험회사가 매년 보험료를 엄청나게 올린다 해도 사람들은 불평만 할뿐 대체로 그냥 넘어갈 것이다.[53] 바로 그런 일이 미국에서 늘 일어난다.

자국 의료에 관해 노르딕 사람들과 인터뷰를 해보니, 그들은 비용 절감도 필요하지만 동시에 가장 곤궁한 이들에게 의료 서비스를 제공해야 할 필요성도 충분히 이해하고 있었다. 누구나에게 공평한 의료 체계를 유지하기 위해 세금을 낸다고 여기기 때문에, 그에 따른 부담도 책임져야 한다고 수긍하는 듯했다. 미국의 지배적인 시각은 정반대 같았다. '보험회사는 공공의 적이므로 최대한 한 푼이라도 더 짜내야 한다.' 한 의료 분야 연구자는 일반 미국인으로 구성한 표본 집단을 조사한 결과를 두고, 그들이 보험회사에 "거의 복수심어린" 태도를 보였다고 표현했다. 사람들은 보험이 적용되는 한 가장 비싼 치료를 결단코 받겠다는 입장이었다. 제도가 나를 부당하게 대하면, 나 역시 공정할 필요가 없는 것이다.[54]

미국인들이 무엇을 놓치고 있는지 스스로 깨닫기는 어렵다. 유럽 사람들은 자신들의 의료 체계에 엄청난 자부심을 느낀다. 자기네 세금으로 일군 체계이며, 자신들에 의해 그리고 자신들을 위해 만들어진 체계라고 진정으로 여기기 때문이다. 따라서 체계가 제대로 작동하지 않으면 격렬한 비판이 터져 나오며 변화를 요구 받는다. 우수한 공공 의료 체계를 마련하는 데 성공하는 일은 올림픽에서 금메달을 따는 것이나 달에 사람을 보내는 것과 같은 국가적 성취와 어깨를 나란히 한다. 미국도 곧 이런 자부심을 가질 수 있을 것이다. 최근 젊은 세대를 필두로 미국인 다수가 스스로를 위해 공공 의료 체계를 원하기 시작했으니 말이다. 퓨 리서치 센터에 따르면, 밀레니얼 세대의 절반 이상이 모든 미국인에게 의료를 보장하는 것이 연방정부의 책임이라고 믿는다.[55] 미국처럼 큰 나라가 그것을 달성하지 못할 이유가 없다. 심지어 부르키나파소도 보편적 의료 보장에 관한 잠정적 법안을 통과시켰다.

국가들 사이의 이런 차이를 보니, 미국에서 큰 인기를 모은 TV 드라마 〈브레이킹 배드〉의 기본 전제를 비웃는 패러디물이 떠오른다. 〈브레이킹 배드〉는 주인공이자 고등학교 화학 교사인 월터 화이트가 암에 걸리고 나서 자신의 보험이 치료에 적용되지 않음을 알게 되는 장면에서 시작한다. 그는 치료비로 10만 달러가 예상되자 돈 벌 계획을 세우는데, 마약성 각성제인 메탐페타민을 만들어 파는 것이었다. 인터넷에 떠도는 패러디는 이 드라마가 보편적인 국가의료보험 체계의 나라에서는 어떻게 진행될지를 그린다. 월터와 그의 캐나다 의사가 등장하고, 의사가 이런 소식을 전한다.

"암에 걸렸습니다. 치료는 다음 주에 시작합니다."

끝.

6장

국가가 당신을 위해
무엇을 할지 물어라

정부의 역할

미국에 건너오기 전에는 '큰 정부'라는 말을 들어본 적이 없었다. 육아에 서부터 의료까지 모든 걸 정부가 챙기는 '사회주의' 유럽 국가 출신인 내 가 큰 정부가 무슨 뜻인지 모른다고?! 그건 약과다. 나는 대다수 미국인 이 끔찍하다고 몸을 사리는 용어인 '복지국가(welfare state)'란 말도 들어본 적이 없다. 내가 듣기로, 복지국가는 '복지 여왕' 즉 불건전한 의존 상태 로 살아가면서 다른 사람들의 노동에 기댈 뿐 스스로는 아무 일도 하지 않으려는 사람들을 배출하는 나라라고 한다. 밋 롬니가 2012년 대통령 선거 기간 중 무방비로 카메라에 포착되었을 때 내뱉은 말로는, 당시 그 런 식으로 살고 있는 미국인 비율이 무려 47퍼센트라고 한다.[1] 이런 온 갖 궁핍한 상태를 상징적으로 보여주는 사례가 바로 푸드 스탬프✦인 듯 하다. 공화당의 대통령 후보 예비선거(경선) 기간 동안 뉴트 깅리치가 그

✦ food stamp. 극빈자에게 일종의 바우처(쿠폰) 또는 카드 형태로 식비를 지원하는 제도를 일컫는다.

주제에 관해 한 흑인 단체를 상대로 강연을 했다. 그는 많은 이들이 품고 있는 견해를 다만 입 밖에 꺼냈을 뿐이다. 즉, 푸드 스탬프가 아니라 봉급을 요구하라는 것.[2]

한편 롬니는 그런 생각에서 한 걸음 더 나아가 짐짓 오바마 대통령이 과연 미국인이 맞느냐는 의문을 던졌다. 예비선거 토론에서 롬니가 꼬집기를, 미국의 한 대통령은 "우리가 유럽 방식의 복지국가로 전향하기를, 그리고 정부가 어떤 이들에게서 뭔가를 빼앗아 다른 이들에게 주기를 원합니다." 롬니는 여기서 멈추지 않는다. "그러면 영광스러운 미래를 실현하고 자유를 확보하고 독립선언서와 헌법에 따른 권리들을 보장하는 미국의 능력은 말살될 것입니다. 내가 믿는 미국은 기회와 자유의 나라이지 오바마 대통령의 사회복지국가가 아닙니다."[3]

처음 들었을 때는 아리송했는데, 조금 후에야 무슨 뜻인지 이해했다. 미국에서 복지(welfare)라는 용어는 '복지에 의존하는(on welfare)'이라는 뜻이었다. 즉, 가난하고 무직이며 사회의 짐이 된다는 의미였다. 이와 대조적으로 핀란드어에서 '복지국가'에 가장 가까운 용어는 (미리 경고하는데, 적어 놓으면 아주 괴상하게 보인다) hyvinvointivaltio(휘빈보인티발티오)이다. 하지만 문자 그대로 풀자면 이 용어는 '웰빙(well-being) 국가'를 뜻한다. '복지에 의존하는'을 뜻하는 말은 전혀 다른 표현으로 '살려고 도움을 얻는'이란 뜻의 핀란드어가 있다. (위의 용어보다 좀 더 웃긴데) saada toimeentulotukea(사다 토이멘툴로투케아)이다.

2013년에 이러한 궁여지책의 혜택을 받은 핀란드인의 비율은 고작 7퍼센트이다. 미국과 직접 비교할 수는 없지만, 같은 해 미국에서 일종의 푸드 스탬프를 받은 사람의 비율은 두 배 이상인 15퍼센트이다.[4] 한편 노동 가능 인구 중에 실제로 고용된 사람의 비율도 핀란드가 미국보다 높았다.[5] 하지만 그 비율만으로 어느 나라가 실제로 '복지국가'인지 말하기는 조금 어렵다.

노르딕 사람들한테 이른바 웰빙 국가는 일하지 않고서 돈을 그저 얻는 것을 연상시키지 않는다. 웰빙 국가의 존재 이유는 모든 국민이 웰빙, 즉 행복을 추구하고 자유를 누리고 성공을 거두는 삶을 위한 동등한 기회를 갖도록 보장하는 것이다. 아주 긍정적인 의미이며, '큰 정부'가 하사해주는 것이 결코 아니다. 우리 자신의 노력으로, 그리고 우리의 세금을 통해, 우리 스스로 달성하는 어떤 것이다.

물론 세금이라는 말만 나오면 대다수 미국인은 가슴이 철렁한다. 왜냐하면 유럽의 세율은 미국보다 훨씬 높고, 특히 노르딕 나라들에서는 더 그렇다. 이 문제를 살펴보자. 핀란드에서 상근으로 잡지사 편집자 일을 했을 때 내 연봉은 달러로 환산하면 6만 7130달러였다. 핀란드의 급여 중앙값보다 훨씬 높은 액수였다. 몇 가지 표준적인 공제를 거치고 나면 과세 가능한 소득은 6만 1990달러였다. 그렇다면 세금은 얼마 냈을까? 국세와 지방세를 합쳐 1만 8973달러로, 소득의 30.6퍼센트였다. 액수에 관한 결론을 내리기 전에 그 액수 외에 내가 더 치를 게 별로 없었다는 점을 유념해야 한다. 가령, 핀란드의 재산세는 미국보다 타격이 훨씬 약하다. 그리고 핀란드에서 낸 세금으로 내가 얻은 몇 가지를 소개하자면 이렇다. 원활하게 작동하는 포괄적인 의료보험, 급여의 일부를 받고 1년간 주어지는 노동불능휴가, 아이 한 명당 거의 1년의 유급 출산휴가 및 (아기 어머니나 아버지가 아이와 집에 더 오래 머물려고 휴직을 할 때) 추가로 2년 간 매달 주어지는 육아휴가 수당, 저렴한 양질의 의료 서비스, 세계 최고의 K-12 교육과정,✦ 무료 대학 및 대학원 교육. 핀란드에서 내가 낸 세금은 복지에 의존해 사는 게으른 빈대들한테 나눠주는 돈이 아니었다. 대신에 '나'를 위한 양질의 서비스에 쓰이는 돈으로, 일종의 거래였다.

여기에 이 체계의 비밀이 있다. 즉, 한 나라의 모든 국민이 참여하므로 그 체계는 모두에게 저마다의 이익을 가져다줌이 분명하다. 어떤 괴상망측한 '복지국가'와 달리 이타주의의 제단 앞에 무릎을 꿇고 불운한 이들을 돕고자 자신의 발전을 희생하지 않아도 된다. 그 체계는 개인들 각자의 자유, 자율성 및 자신의 운명을 스스로 결정할 능력을 뒷받침해준다. 우리 각자의 잠재력을 실현하는 데 필요한 근본적인 서비스들을 받으려고 부모나 배우자 또는 고용주의 재정적 호의에 기대지 않아도 되기 때문이다. 게다가 잘 드러나지 않는 혜택도 있으니, 모두에게 기회의 평등이 실현되는 사회에 참여한다는 자부심과 만족감도 빼놓을 수 없다.

미국인들은 자국 정부와 정부가 제공하는 서비스를 자신과는 무관하다고 여겨 때때로 반대하기도 하는데, 노르딕 사람들은 정부와 정부의 서비스를 자신들이 만든 것이라고 본다. 웰빙 국가는 우리 각자로부터, 우리 각자에게로, 우리 각자를 위하여, 우리 각자에 의해 존재한다. 핀란드에서도 웰빙 국가가 어떻게 해야 최상으로 작동하는지를 두고 늘 논쟁하긴 하지만, 사람들이 왈가왈부하는 까닭은 전체적으로 봐서 그런 국가가 이득이라고, 그것도 한 집단에게가 아니라 각 개인에게 이득이라고 여기기 때문이다. 형편이 좋은 사람들도 이 협약에 참여하는데, 덜

✦ K-12는 유치원(kindergarten)과 12년에 걸친 초·중·고등학교 교육을 일컫는다.

부유한 이들을 도우려는 이타적인 마음이 아니라 자신은 물론이고 가까운 친구, 동료, 가족도 삶이 더 나아질 거라는 생각에서다.

노르딕 관점에서 보면, 미국인들도 실제로 비슷한 선택을 했다. 특히 사회안전망의 여러 측면을 유지하는 방법에 관해서 그렇다. 하지만 아직도 많은 미국인이 자신들이 이미 그런 선택을 했다는 것을 모르고 있는 듯하다.

◇◇◇◇◇◇◇

2012년 초에 《뉴욕 타임스》가 불가사의한 현상을 조사했다. 국민이 정부 프로그램을 통해 분명 혜택을 입고 있는 미국에서 유권자들은 대체로 정부 지출을 줄이겠다고 약속한 공화당 후보들을 지지했다. 부유한 사람들이 정부 지출에 반대했으리라고 결론 내릴지 모르겠다. 왜냐하면 그런 사람들은 무임승차꾼들을 돕고 싶어 하지 않으니까. 하지만 사실은 정부 지출이 많아져야 형편이 나아지는 사람들 다수가 지출을 줄이자는 데 찬성표를 던졌다.

기자들이 미네소타 주의 치사고 카운티에 사는 저소득 주민들을 인터뷰했더니, 많은 이들이 화가 난다고 말했다. 왜 화가 났을까? 정부가 자격이 없는 사람들한테 돈을 퍼주기 때문이란다. 비록 자신들 중 다수가 메디케어나 사회보장제도(Social Security),✦ 무상 학교급식 등의 프로그램을 통해 실제로 그 돈을 얻고 있는데도 말이다. 그들은 자신이 정부에 의존

✦ 미국 연방정부 차원의 노령, 유족, 장애 보험 프로그램(Old-Age, Survivors, and Disability Insurance, OASDI)을 지칭한다. 1935년 제정된 사회보장법(Social Security Act)에서 비롯했으며, 이후 수정을 거치며 다양한 사회복지 및 사회보험 프로그램을 포괄하게 되었다. 재원은 고용인의 임금에서 원천 징수하는 금액과 고용주의 부담액으로 구성된 사회보장세로 마련하고, 사회보장신탁기금에 적립되며, 사회보장청이 관장한다.

하는 처지임에 분통을 터뜨렸지만, 정부의 도움 없이 살아갈 방법은 알지 못했다.[6]

치사고 카운티 주민들의 진짜 문제는 무엇일까? 미국인들은 정부 혜택이 오직 가난한 자와 게으른 자를 위한 것이라고 여기지만, 현실은 극적으로 달라졌다. 1979년만 하더라도 전체 정부 복지 지출의 절반 이상이(54퍼센트) 소득 수준 하위 20퍼센트의 가계에 쓰였다. 하지만 2007년에는 그 용도에 쓰인 정부 지출은 34퍼센트로 낮아졌다. 오늘날 미국 정부가 가장 많이 돕고 있는 사람들은 중산층이다.[7]

왜 미국 중산층은 그렇게나 도움이 필요할까? 지난 28년 동안, 소득이 가장 높은 1퍼센트 미국인의 세후 소득은 275퍼센트 증가했다. 중산층은 고작 37퍼센트였다. 소득 하위 20퍼센트는 그보다 더 낮은 18퍼센트 증가에 그쳤다. 두말할 것도 없이, 열심히 일하는 많은 미국인이 쪼들리는 신세다. 이처럼 불평등의 골이 깊은데도, 미국이 기회 평등 사회라는 말을 지금도 모두가 듣고 있다. 그 결과, 자신이 그럭저럭 살아가는 데 정부 개입이 필요하다는 사실에 죄책감이 따라붙는다.

미국이 그리는 자화상에서 사회는 공정하고 공평한 것으로 인식되며, 그런 사회를 스스로 만들지 못하는 것은 수치스럽다고 여겨지지만, 현실은 가난한 자들과 중산층에게 불리하게 작용한다. 그 결과 모두가 싫어하는 체계가 자리 잡았다. 많은 돈이 중산층 지원에 쏟아지건만, 그런 지원에는 오명이 뒤따르기 때문에 제공되는 혜택에 감사하기도 심지어 인정하기도 어렵다. 대신에 사람들은 당연히 그러한 체계와 지원에 대해 분개한다. 사회가 그들에게 수치심을 안겨준다고 여기기 때문이다. 유일한 탈출구는 그런 정책에 반대표를 던지는 것이다. 설령 그런 정책이 도움을 주려는 대상이 자신들이라고 하더라도.

설상가상으로, 미국은 코넬 대학교 교수 수잔 메틀러가 '잠수 국가 (submerged state)'라고 일컬은 미심쩍은 기술에 통달했다. 수혜자들에게 정부 수표를 발급하는 대신에 민간 회사나 세법을 통해 처리함으로써 정부 정책을 드러나지 않게 만드는 기술을 말한다. 실제로 소득공제, 세액공제 및 세금감면은 현금 수당과 마찬가지로 특정 집단을 대상으로 세금을 거두지 않는 형태로 제공하는 정부 지원이다. 하지만 많은 사람들은 그런 현실을 인식하거나 인정하지 않고서, 자신들이 정부로부터 혜택을 받고 있는데도 받지 않고 있다고 짐작한다. 미국의 세금은 엄청나게 비정상적으로 복잡한지라, 극소수만이 세금을 제대로 이해하고 각각의 세금 우대 조치가 현금으로 치면 얼마의 이득이 되는지 파악한다. 따라서 많은 이들이 세금 신고서를 제출할 때 비용을 들여 전문가에게 맡긴다. 그러다 보니 회계의 세부사항을 갈수록 더 모르게 된다.

이런 잘못된 인식은 사람들이 세금을 뺏기는 돈으로, 세금 우대 조치를 (비록 부적절하지만 상황을 바로잡을) 정당한 행위로, 반면 현금 수당은 그냥 받는 돈으로 여기면서 더욱 악화된다. 현실적으로 차이는 없지만, 인식의 차이는 엄청나다. 핀란드의 사례를 보자. 핀란드 정부가 가정마다 아이 한 명 당 매달 100달러 이상을 지급하면, 모든 가정은 자신들이 지원을 받고 있음을 분명히 안다. 하지만 미국이 아이를 둔 가정에 (자격 기준에 맞을 경우) 근로소득 세액공제 또는 자녀 및 피부양자 돌봄 비용 세액공제를 제공하면, 많은 수혜자가 자신들이 정부로부터 직접적인 현금 혜택을 받는지를 알아차리지 못한다.

이런 식의 오해가 미국에 만연해 있다. 한 연구에서 수잔 메틀러가 미국 국민 1400명에게 정부의 사회복지 프로그램을 이용한 적이 있는지 물었다. 57퍼센트가 그런 적이 없다고 대답했다. 이어서 그녀는 21가지의 구체적인 연방 정책들 중 하나를 이용했냐고 물었다. 가령, 근로소득 세액공제, 자녀 및 피부양자 돌봄 비용 세액공제, 고용주가 지원하고 (따라서) 세금이 면제되는 의료보험, 메디케어, 사회보장제도, 실업보험, 담보대출 이자에 대한 세금공제, 학자금 대출 등을 열거하고 이 중 하나를 이용했는지 물었다. 알고 보니, 정부 프로그램을 이용한 적이 없다고 한 사람 중 96퍼센트가 실제로 열거한 프로그램 중 적어도 하나를 이용했으며, 전체 응답자가 평균 4가지를 이용했다. 누가 정부 프로그램을 통해 혜택을 받는지에 관한 한 인식과 현실의 명백한 불일치 때문에 '복지 국가'를 흉측하다고 여기는 편견이 계속 유지된다.[8]

노르딕 사람들은 자신들이 낸 세금이 어디에 쓰이는지 훨씬 더 잘 안다. 애초에 정부가 왜 존재하는지 정부의 역할이 무엇인지 분명히 알고 있다는 뜻이다. 핀란드의 보건소에서 진료를 받을 때 나는 합당하지 않은 혜택을 받는다고 느끼지 않았다. 나는 세금으로써 이미 그 혜택에 대한 값을 치렀고, 만약 심하게 아프면 사실상 추가 비용 없이 치료를 받을 권리가 생김을 알고 있었다. 내가 내는 세금은 다른 사람들을 치료하는 데에도 쓰이기 때문이다. 보편적인 공공 의료보험 제도는 이처럼 공평하기 때문에 나로서는 아주 좋은 체계라고 여겼다. 평등을 확실하게 보장하는 체계—따라서, 결정적으로, 사람들이 자기 능력에 따라 성공할 수 있는 체계—에 동참한다고 여겼기에 결코 부끄럽지 않았다.

핀란드의 목표는 특정 집단에게 보조금을 주는 것이 아니라 사회 전반에 걸쳐 기본적인 지원 구조를 평등하게 마련하는 것이다. 이와 달리,

오늘날 존재하는 전형적인 미국 정책들 다수는 놀랍도록 특화된, 선별된, 그리고 대다수의 경우 모욕감을 주는 것처럼 보인다. 가령 노인에게 제공하는 메디케어 또는 가난한 자들에게 (현재는 이전에 중산층이었던 사람들 다수를 포함하여) 제공하는 푸드 스탬프, 학교 급식 및 메디케이드 등이 그렇다. 이러한 방식은 의존 관계를 조장한다. 한편 자녀가 없는 젊은 사람들과 그런대로 먹고살 만한 사람들은 이 거래에서 별 이득을 얻지 못하는데, 설령 이득이 있더라도 잘 알아차리지 못한다. 반면 큰 부자들은 막대한 이득을 올린다. 가령, 세금을 회피할 세법상의 모든 빈틈을 이용해서 말이다.

이토록 '비사회주의적' 복지

더불어 노르딕 접근법은 대다수 국민뿐 아니라 전체 경제에도 좋은 것임이 드러났다. 보통 미국의 논자들과 정치가들은 유럽식 모델을 전반적으로 거부하면서 유럽 국가들이 파산 직전이라는 근거를 댄다. 나는 이 비판을 다루고자 하는데, 그러려면 몇 페이지에 걸쳐 조금 전문적인 내용을 살펴볼 필요가 있다.

　확실히, 그리스, 포르투갈, 스페인 등의 경제를 망가뜨린 최근의 유로존 위기는 심각했으며, 많은 유럽 정부는 사회의 특정 영역(아울러 일부 국가들의 탈세 문화)에 대한 기존의 관용을 재고해야 할 것이다. 하지만 스칸디나비아 3국인 덴마크, 스웨덴, 노르웨이는 (세 나라 모두 유로 회원국이 아니다) 세계 금융 위기와 유럽 위기를 다른 이웃 나라들보다 훨씬 거뜬히 헤처 나왔다. 아이슬란드는 어려움을 겪고 있지만, 그건 정부의 복지 확대로 생긴 일이 아니다. 문제는 아이슬란드의 민영화되고 탈규제화된 (그리고 알고 보니) 무책임한 은행에 대한 감독 소홀과 통화 정책 실패로 인한 것이었다.[9] 아이슬란드 빼고 다른 노르딕 나라들은 세계 금융 위기로 큰 타격을 입지 않았다.

노르딕 경제도 여느 나라들처럼 경기 순환을 겪고 실수를 저지른다. 1980년대와 1990년대에는 끔찍한 불경기로 몸살을 앓았는데, 대체로 금융시장 규제를 완화한 정책이 실패한 탓이었다. 핀란드는 이웃 나라인 소련의 붕괴가 영향을 미쳤다. 나중에 유로존 위기가 지속되자 거기에서도 영향을 받았다.(핀란드는 유로존 회원국이다.)

하지만 대체로 세계 금융 위기와 유럽의 경제 파국이 한창인 와중에도 노르딕 지역은 경제적 역동성, 자유, 안정성의 피난처로 남았다. 기본적인 복지가 든든히 받쳐준 까닭에 이 지역은 교육 수준이 높은 노동자들, 발전된 기술을 갖춘 회사들을 계속 배출하고 무역에 대한 낮은 장벽을 유지함으로써 시장이 기업 활동에 더 자유롭게 집중할 수 있었다. 경제의 경쟁력이나 자유에 관한 국제 순위에서 노르딕 나라들은 줄곧 최상위에 속했고, 심지어 미국보다 앞섰다.[10]

핀란드가 최근에 겪은 재정상의 곤경들이 과도한 정부 지출의 결과였을까? 전혀 그렇지 않다. 오히려 국제기구들이 행한 조사는 다른 이유들을 거론했다. 수출 수요 약화, 인구 노령화, 기술산업의 시장 점유율 감소(휴대전화 분야의 공룡 기업 노키아의 몰락), 임업 분야의 문제점, 그리고 비교적 유연성이 덜한 노동시장이 원인으로 지목된 것이다. 한편, 전혀 다른 요인 탓도 있다. 즉, 핀란드가 '팀 배팅' 전략을 취했던 때문으로, 러시아에 대항하기 위해 다른 여러 서구 자본주의 국가들 편을 들었던 것이다. 미국을 포함한 서양 국가들은 러시아에 경제 제재를 가해 블라디미르 푸틴을 압박했다. 이웃 나라라는 이유로 러시아는 핀란드의 최대 교역국이었다. 그래서 핀란드의 경제도 이 제제로 인해 타격을 받았다. 게다가 핀란드가 좋든 싫든 1999년에 채택한 유럽연합의 공통 화폐인 유로가 가진 더욱 포괄적인 문제점도 있었다. 미국 경제학자 및 경제 전문가들이 지적하기를, 핀란드가 재정 정상화를 위해 온갖 합당한 노력을 다했지만 경제적 어려움을 겪은 이유는 바로 유로존 회원국이라서 자국의 통화를 평가 절하할 수 없었기 때문이다. 확실히 핀란드 산업은 갱생이 필요한데, 유로화가 그런 회복을 훨씬 어렵게 만들었다.[11]

핀란드 회사들이 노동자를 해고하고 핀란드 재정이 점점 암울해지자, 몇 년 전만 해도 핀란드에 쏟아지던 국제적 찬사는 분명 과도했던 것으로 비치기 시작했다. 핀란드인 스스로도 다시 경제성장을 이룰 방법을 놓고 격론을 벌였다. 이 논쟁은 전 세계에서도 벌어지고 있는 주제를 다루었다. 즉, 긴축이냐 부양이냐? 핀란드는 전반적으로 일부 복지에 대한 긴축과 감축으로 나아갔는데, 그 결과는 두고 볼 일이다. 하지만 이런 특별한 경제적 굴곡이 실제로 노르딕 모델 자체가 곤경에 처했다는 신호는 아니다. 이는 다른 노르딕 나라들의 경제가 건실한 반면에, 유로존 및 (노르딕과) 상이한 산업구조를 지닌 나라들은 그렇지 못한 것을 보면 알 수 있다.

일각에서는 노르딕 나라들이 분수에 맞지 않게 산다고 짐작하는 편인데, 전혀 그렇지 않다. 노르딕 정부들은 예산 균형을 맞추는 데 일반적으로 (미국보다는 훨씬) 능하다. 2014년에 미국 정부는 GDP 대비 100퍼센트 이상의 빚을 졌다. 반면에 핀란드는 70퍼센트, 덴마크는 60퍼센트, 스웨덴은 50퍼센트였고 노르웨이는 30퍼센트를 조금 넘었다. 지난 10년 동안 노르딕 강국들은 꾸준히 예산 흑자를 달성했다. 반면에 미국은 OECD 국가에서 가장 큰 적자를 쌓아왔다.[12]

◇◇◇◇◇◇◇

노르딕 나라들의 장기적인 재정 건전성은 결국 사랑에 관한 노르딕 이론과의 함수 관계에 있다. 경기 침체나 다른 문제점에 직면했을 때, 노르딕 나라들은 기꺼이 사회복지를 개혁하고 비용을 축소했지만, 개인의 자율성과 기회 평등을 뒷받침한다는 궁극적인 목적은 결코 내던지지 않았다. 고용주와 피고용인 사이에 기업 활동과 직접 관련이 없는 사안에 대한 재정적 의무를 가볍게 해줌으로써(공공 의료보험이 가장 명백한 예다), 노동자들은 경제 변화에 동반되는 위기에서 더 나은 보호를 받으며 회사들은 더 자유롭게 운영된다. 개인의 자유와 독립성을 이렇게 보존하는 것은 자유시장의 역동성을 위한 훌륭한 처방임이 입증되었다. 덕분에 노동자들이 더 유동적이고 생산적으로 되었다.

게다가 노르딕의 많은 사회적 혜택에는 놀랍도록 '비사회주의적인' 측면 하나가 있다. 실제로 사람들을 열심히 일하도록 북돋우는 것이다. 많은 혜택들의 보장 정도가 개인의 소득과 맞물려 있기 때문이다. 이것은 아프거나 실직 상태일 때 받는 수당뿐 아니라 유급 출산휴가 수당, 퇴직 수당에도 적용된다. 더 많이 벌수록 실직이나 퇴직했을 때 더 많이 받는다. 물론 적절한 한계가 있지만, 복지 체계의 기본적인 구조는 일할 수 있을 때 많이 일하도록 강력한 동기를 부여한다. 그래서 일할 수 없을 때에도 충분히 안락하게 살 수 있도록 해준다. 바로 이런 이유 때문에 부유한 노르딕 시민들조차 이 체계를 반기는 편이다. 자기들한테도 이익이니까.

마지막으로, 노르딕 접근법을 흠집 내기 위해 종종 제기되는 또 하나의 비판이 있다. 즉, 노르딕 사회의 의료나 교육이 뛰어난 것은 다만 풍부한 천연자원과 높은 GDP 덕분이라는 것이다. 이런 오해는 주로 오늘날 노르웨이의 독특한 상황에 기인한다. 노르웨이는 근래에 귀한 석유와 천연가스가 넘쳐나기 때문이다. 이와 달리 핀란드는 삼림과 일부 광물 빼고는 실질적인 천연자원이 없다. 대체로 노르딕 사람들은 열심히 일해서 오늘날과 같은 부를 이루었다. 웰빙 국가 건설 초기부터 부유했던 것이 아니다. 심지어 노르웨이의 석유도 1960년대 후반까지는 발견되지 않았다.

달리 말해서 노르딕 중산층은 무임승차꾼이 아니다. 노르딕 시민들은 치르는 값만큼 복지를 누리는 것이다. (노르웨이의 석유와 가스를 제외하면) 숨겨진 노다지는 존재하지 않으며, 부자의 몫을 강탈해가는 사악한 공산주의자들도 존재하지 않는다. 노르딕 나라들은 강한 공공 복지 체계 마련이 경제성장의 견인차임을 증명하고 있다. 아울러 누구나 살면서 마주치는 위험과 필요한 안전을 모든 사람이 자금을 대는 하나의 체계 안에서 다루는 것이 각자가 개인적으로 저축하는 것보다 더욱 효과적이며 효율적임을 증명하고 있다. 특히나 오늘날과 같은 전 지구적 경제 불안정과 경쟁의 시대에서는 더더욱.

이렇게 볼 수도 있다. 큰 정부가 문제 해결의 최선책이 아니라는 점에서는 미국인들의 말이 옳다. 노르딕 성공의 비결은 큰 정부가 아니다.

똑똑한 정부가 비결이다. 작지만 똑똑한 정부야말로 미국에 절실한 것이다.

'큰 정부'에 관한 오래된 미움

미국에서 얼마간 살고 나니, 왜 많은 국민이 정부와 관련된 것이면 뭐든 싫어하는지 납득하게 되었다. 우체국은 재앙이며, 세법은 엉망진창이요, 기차는 정시에 오는 일이 없고, 도로는 구멍이 숭숭 뚫렸고, 교통 당국은 악몽이다. 이 점을 꼬집은 로널드 레이건의 유명한 말이 있다. "영어에서 가장 무서운 아홉 단어짜리 문장은 이렇다. I'm from the government, and I'm here to help.(정부에서 나왔습니다만, 제가 도와드리겠습니다.)"

미국 정부 시책들의 열악한 성적은 누가 봐도 충격이다. 2013년에 미국 의회가 정부 운영비에 관한 합의에 실패해 연방정부를 2주 이상 폐쇄하는 바람에 약 80만 공무원이 일손을 놓는 것을 전 세계가 목격했다. 어안이 벙벙했다. 이런 낭패 직후에 나온 조사를 보면, 미국인들은 의회보다 치아 신경치료, 머릿니, 대장내시경 및 바퀴벌레에 더 관심이 높았다고 한다.[13] 솔직히 왜 그런지 슬슬 이해가 된다.

미국에서는 해법이 명백하다. 즉, 줄일 수 있는 만큼 정부를 줄여라. 미국인들은 굳건하게 자리 잡은 전통에 입각해, 정부는 문제를 해결하기보다 더 꼬이게 한다고 주장한다. 도대체 정부가 왜 필요하단 말인가?

◇◇◇◇◇◇◇◇

일찍이 400여 년 전에 영국 철학자 토머스 홉스가 그 질문에 답을 내놓았다. 홉스는 자신의 유명한 저서 『리바이어던』에 이렇게 적었다. 인간은 본디 만인에 대한 만인의 영원한 투쟁 상태이므로 독재적인 지배자와 강력한 국가—리바이어던이라고 알려진 성서 속 괴물처럼 무시무시한 국가—가 있어서 법과 질서를 마련해야 비로소 사람들이 안전하게 살 수 있다고.[14] 하지만 곧바로 프랑스 철학자 장 자크 루소가 물론 사람들은 법과 질서를 위해 얼마간의 자유를 포기해야 하지만 그렇다고 지배자를 따라야 한다는 뜻은 아니라고 반박했다. 사람들 스스로 법을 제정할 수 있다는 것이다.[15] 그런 이상에 영향을 받아 미국 건국의 아버지들은 자국을 민주공화국으로 선포했다. 나중에 에이브러햄 링컨이 멋지게 선언한 "국민의, 국민에 의한, 국민을 위한 정부"가 바로 그런 민주공화국이다.

이처럼 미국이 정부가 왜 존재하는지 무엇을 해야 하는지에 관한 선진적인 개념에 도달한 때는 1700년대 후반이었다. 유럽 국가들은 여전히 제왕적이거나 독재적인 통치자들의 지배를 받았지만, 새로운 미합중국은 지구상에서 가장 민주적이고 평등한 나라였다. 물론 노예제라는 크나큰 빈틈이 하나 있기는 했지만. 미국은 서서히 낡은 정부 구조를 전복해나감으로써 전 세계적 민주 혁명의 선구자가 되었다. 1800년대에 또 한 명의 철학자가 나타나 미국에 한층 깊은 영향을 주었는데, 바로 영국 사상가 존 스튜어트 밀이었다. 『자유론』에서 밀은 사람들이 언론과 교역의 자유와 더불어 다른 국가의 간섭으로부터 자유를 갖는 한, 성공이든 실패든 자신의 능력에 따라 거둘 수 있다고 주장했다.[16] 1830년대에 프랑스 사상가 알렉시 드 토크빌은 자신의 고전적인 저서 『미국의 민주주의』에서 미국이 현대적인 정부에 기여한 바를 극찬했다.[17] 민주주의의 여러 개념—고대 그리스의 민주주의는 물론이고 계몽주의와 프랑스 혁명—은 유럽에서 나왔지만, 그런 이상을 실제로 구현한 최초의 근대 국가는 바로 미국이었다. 오늘날 전 세계 사람들은 민주적인 자치와 정부의 역할 제한이라는 이 기나긴 유산을 미국에 빚졌다.

21세기로 훌쩍 들어선 이 시점에서 우리는 정부에 관한 몇 가지 새로운 개념을 살펴보아야 할지 모른다. 2014년에 (자유시장을 오랫동안 옹호했으며 미국의 팬으로 자처했던) 영국 잡지 《이코노미스트》의 두 기자가 오늘날의 정부를 재고해보는 문제의식을 담은 책 『제4의 혁명』을 썼다. 여기서 존 미클스웨이트와 에이드리언 울드리지는 무엇보다도 미국에게 큰 영향을 준 19세기 영국 철학자 존 스튜어트 밀의 사상을 깊이 들여다본다. 국가의 간섭으로부터의 자유에 관한 밀의 사상은 가급적 국가의 역할을 축소하려는 많은 미국인들에게 여전히 영향을 미치고 있기 때문이다.

하지만 역설적이게도 밀은 인생의 후반부에 자신의 이전 사상들이 오류였음을 깨달았다. 밀이 마음을 바꾼 까닭은 영국의 불평등과 사회적 문제들을 살펴보았기 때문인데, 미클스웨이트와 울드리지는 이를 다음과 같이 요약하고 있다. "얼간이가 명문 대학에 가고 천재가 굴뚝 청소부가 되는 마당에 어떻게 각 개인을 저마다의 능력에 따라 판단할 수 있단 말인가? 사회가 삶의 든든한 발판을 마련해주지 않으면 어떻게 각 개인이 저마다의 잠재력을 충분히 발휘할 수 있단 말인가? (…) 가난한 자에게 좋은 교육을 거부한 국가는 그의 잠재적 행복과 자유를 억압하고 있는 것이 아닌가?" 그들이 보기에 밀의 사상이 진화한 방식은 정부의 특정 기능들을 자유를 가로막는 장애물로 보는 사람들과 자유를 실현할 기본적 토대라고 보는 사람들 간의 논쟁을 대변한다.[18] 밀은 실제로 후자의 관점으로 돌아섰고, 나중에 노르딕 나라들도 그런 노선을 따랐다.

정부의 역할 면에서 미국인들이 좋아하는 또 한 명의 사상가로 스코틀랜드 출신 철학자 애덤 스미스가 있다. 널리 알려졌듯이, 스미스는 만약 모두가 자신의 이익을 위해 행동하면 마치 '보이지 않는 손'이 주관하는 것처럼 자원이 모두의 이익을 위해 가장 알맞게 나누어질 것이라고 주장했다.[19] 오늘날 스미스의 이론은 자유시장이 제대로 작동하려면 정부 역할이 축소되어야 한다고 주장하는 이들에게서 여전히 사랑받고 있다.

하지만 밀과 마찬가지로 1700년대에 나온 스미스의 이론은 세월이 흐름에 따라 문제점을 드러냈고, 여러 사회에서 드러난바 '보이지 않는 손'은 상당한 기술적 어려움에 직면했다. 스미스가 예상한 대로 작동하지 않은 것이다. 가령, 미클스웨이트와 울드리지가 상기시켜주듯, 산업화의 잔혹한 시대에는 자유시장을 원만하게 굴러가게 하려면 (자본주의가 계속 돈을 벌 수 있으려면) 공장 노동자들이 보호를 받고 병이 치료되고 아이들이 교육을 받아야 한다. 점점 많은 나라들이 스미스 이론의 과도하게 단순화된 해석에서 벗어났고, 대신에 국가는 발전을 보장하기 위해 심판이나 수혜자의 역할을 맡을 수 있다고 주장하게 되었다. 알고 보니, 이쪽이 급변하는 현대 세계의 복잡성과 어려움에 훨씬 더 잘 부합했다.

밀과 스미스를 배출한 영국은 실제로 현시대의 정부 역할에 있어 더 미묘한 접근법으로 전향한 나라들의 선구자였다. 20세기 초에 영국 기업가의 딸로, 런던 정경대학의 창시자 중 하나였던 베아트리체 웹은 영국 정부에 관한 기념비적 보고서를 작성했다. 영국이 더 나은 사회로 발전하기를 바라며 웹은 새로운 사상을 옹호했다. 즉, 국가는 "문명 생활의 국가적 최소한"을 보장해야만 한다는 것인데, 여기에는 음식과 아이들 교육, 의료, 장애인 및 노인의 소득 보장, 노동자를 위한 최저생활임금 등이 포함된다. 나중에 이 생각은 노르딕 사고의 핵심 요소가 된다. (영국 그리고 이후에 노르딕 나라들이 도입한 의료 모델에 자신의 이름을 붙인 사람인 윌리엄 베버리지도 웹과 같은 단체의 일원이었다.)

미국 사회도 비슷한 노선을 따르기 시작했다. 이른바 19세기의 대호황시대(Gilded Age)가 심각한 불평등과 불공정을 초래했기에 정부는 미국이 귀족 독재의 암흑 시대로 후퇴하는 것을 막기 위해 무슨 조치든 취해야 했다. (어쨌든 미국의 독립전쟁도 그런 시대를 벗어나기 위한 투쟁이 아니었던가!) 그리하여 프랭클린 루스벨트는 뉴딜 정책을 통해 금융시장을 규제하고 최대 노동시간과 최저임금을 정했으며 공공 토목사업에 자금을 댔고 실직자를 돕기 위한 식량 원조와 같은 정책을 시행했다. (훗날 린든 B. 존슨 대통령은 '위대한 사회' 및 '가난과의 전쟁' 프로그램으로 교육과 의료 등 핵심 영역에서 정부 역할을 한층 강화시킨다.)

하지만 20세기가 진행되면서 서구의 몇몇 정부들이 미쳐 돌아갔다. 독일은 히틀러의 제3제국이 철권을 휘둘렀고, 소련에서는 과도한 공산주의가 엄청난 재앙을 초래했다. 심지어 미국 그리고 어느 정도까지 영국도 길을 잃었다. 미국 정부는 계속 비대해졌는데, 일례로 사회보장제도는 일부 프로젝트는 성공적이었지만 너무 거추장스럽게 확대되어 너무 많은 표적 집단에 대해 너무 많은 삶의 영역에서 너무 다양한 프로젝트에 세세하게 개입하게 되었다. 이 모든 것은 기회의 평등을 신장하는데 아무런 이득이 되지 않았다. 미클스웨이트와 울드리지는 이렇게 말하고 있다. "간단히 말해, 큰 정부가 스스로를 과도하게 확장시켰다."[20] 그러다 보니 1980년대에 집권한 로널드 레이건과 마거릿 대처는 최대한 정부의 역할을 줄이겠다고 약속하여 자국민의 환심을 샀다. 이후 큰 정부는 미국의 어휘 목록에서 비속어가 되고 말았다. 그럴 만도 했다.

문제는 많은 사람이 중간 지대가 없다고 믿게 되었다는 것이다. '큰' 정부 대신에 '똑똑한' 정부가 제 역할을 할 수 있다는 인식이 없었다. 정부는 어떤 형태든 간에 적이라고 보았다. 최근의 어느 설문조사는 미국인의 3분의 1이 가까운 장래에 정부가 시민의 자유를 침해하면 무장 반란을 일으켜서라도 막아야 한다고 여긴다고 밝혔다.[21] 이런 상황이니 미국 사람들이 정부가 자기에게 돈을 요구하는 것을 반길 턱이 없다.

세금의 대차대조

2011년 미국 대통령 예비선거 운동이 시작되었을 때 나는 공화당의 후보 중 한 명에 환호하고 있었다. 전직 텍사스 주지사이자 유명한 반정부 인사 릭 페리가 무진장 단순한 엽서 크기의 소득세 신고서를 만들겠다고 공약했을 때였다. 손을 흔들며 그에게 이런 말을 해주고 싶었다. 핀란드가 그렇다고요! 매년 터무니없이 복잡한 미국의 세금 신고서를 작성하면서 핀란드에서 세금을 내던 시절이 한없이 그립기만 하다.

핀란드의 세금 신고서는 달랑 한 장 길이다. 거기에 내야 하거나 환급받을 세액에 관한 계산 내역을 포함해 나의 소득과 납부한 세금이 미리 적혀 있었다. 그냥 모든 내역이 맞는지 확인하고 필요하면 수정하면 그만이었다. 월급쟁이로 사는 여러 해 동안은 대체로 세금 신고서를 대충 훑어보기만 했다. 프리랜서로 지낼 때에는 내 지출액을 기입해서 보내야 했는데, 그 과정도 아주 간단했다. 모든 개인은 결혼 여부와 무관하게 각자 세금이 부과되었고, 부부 공통의 공제액도 배우자 각각에게 나누어졌다.

나는 유럽의 세금이 미국보다 훨씬 더 많다고 알고 있었다. 그런데 깜짝 놀라게도 내가 미국에서 연방세, 주(州)세, 시(市)세, 사회보장세 및 메디케어 세금을 다 내고 보니 총 세율이 아주 높았다. 물론 모든 미국인이 시세를 내진 않으며, 일부는 주세도 내지 않는다. 하지만 대다수는 상당한 재산세를 내는데, 핀란드의 경우 재산세가 미국의 극히 일부에 지나지 않는다. 2011년에, 그러니까 뉴욕 시에서 프리랜서 기자로 일하던 두 번째 해의 끝 무렵에, 지출 경비를 제한 내 소득은 그다지 대단치 않은 3만 3900달러였다. 그런데 핀란드에서보다 뉴욕에서 내야 할 세금이 더 많았고 환급액은 상당히 적었다. 핀란드에서 프리랜서로 일할 때는 내가 낸 세금으로 값진 혜택을 얻었다. 한편 미국에서는 온갖 세금을 다 내고 나서도 의료보험에 들기 위해 수천 달러를 더 써야 한다. 핀란드에서 기본 의료 혜택은 이미 내가 낸 세금에 포함된다.[22]

물론 소득 흐름이 다른 (그리고 더 나은 회계사를 둔) 사람은 상황이 다를지 모른다. 2012년 대통령 선거운동은 미국 세법의 괴상망측함을 논의 주제로 올렸다. 밋 롬니 부부는 2010년에 2170만 달러의 소득을 올렸지만 고작 14퍼센트의 연방세를 냈다. 이는 연간 소득 8만 달러 가정의 전형적인 세율이다. 이와 대조적으로 오바마 가족은 170만 달러 소득의 약 26퍼센트를 세금으로 냈다. 이런 계산에는 주세나 지방세가 포함되지는 않지만, 롬니의 세율이 낮은 까닭은 소득 대부분이 투자 활동에서 얻은 자본소득이고 이는 임금소득보다 세율이 낮기 때문이다.[23]

의료 체계와 마찬가지로 나라 간 그리고 한 나라 안에서 상이한 처지의 사람들 간의 세금 체계를 비교하기란 아찔할 정도로 복잡하다. 어떤 나라들은 임금에 중과세를 하지만, 미국에서는 사회보장세 및 메디케어세를 임금에서는 거의 떼어 가지 않는다. 정반대로 하는 나라들도 있다. 어떤 나라는 모두에게 동일한 소득세율이 적용되는 반면(일률 과세), 어떤 나라는 소득 구분에 따른 누진세율을 적용한다. 어떤 나라는 국세 하나만 있는 반면, 또 어떤 나라는 지방세도 추가로 거둔다. 거의 모든 나라가 아이를 가진 가정에는 독신자보다 더 낮은 세율을 적용한다.[24] 이런 다양성 때문에 나라 또는 납세자 간 세금 비교는 종종 쓸모가 없고, 혼란스러우며, 심지어 의도적인 오해의 소지가 있다.

가령, 미국 사람들은 노르딕 사람들이 총 소득의 70퍼센트쯤을 세금으로 낸다고 짐작한다. 사실이 아니다. 물론 스웨덴의 한계세율✦이 1980년대에 그런 수준이긴 했지만, 그 수치는 이후로 크게 낮아졌다. 그리고 그 세율은 모든 이의 총 소득에 적용되는 것이 아니라 특정 소득 수준을 넘는 이들에게만 적용되었다. 하지만 세금을 내고서 무엇을 얻는지를 비교하지 않고 금액만 단순 비교해서는 사실상 아무 것도 알 수 없다. X나라의 한 가족이 세금으로 40퍼센트를 내고 Y나라의 한 가족이 세금으로 고작 25퍼센트만 낸다고 하자. 하지만 만약 Y나라의 가족이 소득의 25퍼센트를 따로 떼어 의료보험과 교육비로 쓰고 X나라의 가족은 그러

✦ 소득 증가액 중에 세금으로 내야하는 금액의 비율

지 않는다면, 서비스의 질이 동일하다고 가정할 때 X나라의 가족이 분명 더 이득이다.

그렇다면 노르딕 나라별로 실제 소득세율은 얼마일까? OECD가 34개 선진국에서 아이 없는 독신인 개인에 대해 연방세, 지방세와 더불어 사회보장 서비스 부담액을 포함한 평균 세율을 비교했다. 2014년에 덴마크는 세 번째로 높은 38.4퍼센트였지만, 이는 벨기에와 독일보다 낮은 수준이었다. 핀란드는 9위로 30.7퍼센트였고, 충격적이게도 스웨덴은 OECD 평균인 24.4퍼센트보다 아래인 데다 미국의 24.8퍼센트보다 낮은 수치였다. 노르딕 사람들이 세금을 내서 받는 혜택이 얼마나 큰지를 고려하면 정말로 믿기 어려운 결과이다.

전반적으로 노르딕 나라들은 미국보다 GDP 대비 세금을 더 많이 걷는다. 핀란드, 노르웨이, 스웨덴의 경우 미국에 비해 고용주는 피고용인의 임금과 더불어 사회보장에 더 많은 돈을 내야 하며 피고용인들도 더 많은 자기 부담금을 내야 한다. 그리고 당연히 노르딕 나라들은 미국보다 부자들에게 더 많은 세금을 부과한다. 또한 음식, 가스 및 전자제품과 같은 소비재에 대한 세율이 더 높은 편이다. 특히 이런 경향은 자동차 운행이나 술과 같이 환경이나 사람들의 건강에 해를 끼치는 행위나 상품에 세금을 부과하는 세법을 통해 현명한 사회적 목표를 달성한다는 노르딕 철학에 따른 것이다.

이번에도 이런 온갖 세율 논의는 사람들이 낸 돈으로 무엇을 돌려받는지 살피지 않으면 별 의미가 없다. 노르딕 사람들이 세금에 대한 보상으로 받는 매우 양질의 신뢰할 만한 복지 혜택들—가령, 보편적 공공 의료, 저렴한 육아 서비스, 보편적 무상 교육, 후한 유급 병가, 1년간의 유급 출산휴가, 연금 등등─을 받는 데 비해, 미국인들은 이런 혜택을 받으려면 세금을 낸 후에도 따로 수만 달러를 더 내야 한다. 결론은 이렇다. 미국과 노르딕 나라들을 비교할 때 중산층의 가처분소득은 결국 서로 엇비슷하거나 노르딕 나라가 더 낫다.

"미국에서 소득세와 급여세를 떼인 후에도 가처분소득이 조금 남긴 합니다만, 미국의 재산세가 사람을 잡습니다." 핀란드 출신으로 뉴욕 시 웨스트체스터에 산 적이 있는 두 아이 아버지 빌레 씨의 말이다. 그는 이후 핀란드로 되돌아갔다. "그리고 미국에서는 은퇴 후를 대비해 저축을 해야만 했는데, 핀란드에선 공공 은퇴기금이 있기 때문에 안 해도 됩니다. 어쨌거나 핀란드에 돌아오니 미국보다 가처분소득이 더 많아요. 가스비와 식비를 더하면 얼추 비슷하긴 합니다. 그런 건 여기가 더 비싸니까요. 하지만 미국에서는 의료비가 훨씬 더 많이 들지요."

그러나 이런 계산은 빌레 씨의 두 아이가 대학에 들어갈 무렵이면 달라진다는 점을 명심해야 한다. 미국 대학 학비를 고려하면 노르딕의 사정은 특히 더 좋아 보인다. 미국에 사는 많은 노르딕 사람들은 아이가 생기면 고국으로 돌아간다. 고국에서 살기가 더 수월하고 저렴해서다.

◇◇◇◇◇◇◇

세금에 대한 태도 차이는 세금이 사용되는 방식의 차이에서만 기인하지 않는다. 또한 공정성의 문제이기도 한 것이다. 미국의 세법은 집요하게 부자들을 편드는데, 21세기에 경쟁력을 유지하려는 어느 국가에서 보더라도 결코 합리적이지 않은 경향이다. 게다가 이 경향은 지난 몇 십 년 동안 계속 악화해왔다. 여기서 문제는 사람들이 부유해지도록 허용하느냐 여부가 아니다. 물론 그래야 한다. 오히려 문제는 미국에서 '훨씬 더' 안정을 누리는 사람들이 사회의 모두가 함께 누려야 할 기본적인 생활 유지를 위해서는 비율상으로 세금을 '훨씬 덜' 낸다는 것이다. 노르딕 나라들에서는 부자가 비율상 더 많은 세금을 내는 건 당연한 일이다. 국세와 지방세 그리고 피고용인의 사회보장 부담액을 포함한 최고 한계소득세율은 대략 50퍼센트다. 이번에도 이 세율은 특정 구간 이상의 소득에만 적용되는데, 2014년 기준으로 1인당 덴마크의 약 6만 3000달러에서부터 핀란드의 약 11만 5000달러까지 나라별로 다양하다. 미국에서는 최고 세율이 대다수 노르딕 나라보다 조금 낮은데(노르웨이와 아이슬란드보다는 높지만), 약 40만 달러를 넘는 소득에만 적용된다.[25]

　이런 수치들은 얼핏 무섭게 보일지 모르지만, 잠시 숨을 고르고 그런 세금 정책이 실제로 누구에게 영향을 미치는지 살펴보자. 미국 국민의 95퍼센트가량은 핀란드의 최고 한계세율 규칙을 도입하더라도 영향을 받지 않으리라는 건 장담할 수 있다. 2011년에 미국 세금정책센터의 데이터에 따르면 미국 개인 96퍼센트는 소득이 10만 9000달러 미만이었다.[26]

　미국인 다수가 실제로는 노르딕 방식에 동의하는 듯하다. 여러 조사에서 미국인들은 부자에게 세금을 인상해야 한다고 말하고 있다.[27] 하지만 현실은 그렇게 되기는커녕 그 반대다. "이 나라에서 가장 부유한 자들에 대한 실효세율(면제, 공제 및 기타 특혜 조치를 고려한 후에 실제로 내는 세액)은 극적으로 감소했다." 2012년에 상원 예산위원회 의장 켄트 콘래드의 말이다. "사실 최고 부유한 납세자 400명의 실효세율은 1985년 거의 30퍼센트에서 2008년에는 18.1퍼센트까지 감소했다."[28]

급기야 최근에는 콘래드의 말에 수긍하고 얼마나 더 내야 할지 알아보는 부자들까지 등장하고 있다. 억만장자 투자가 워런 버핏과 소설가 스티븐 킹은 칼럼을 통해 자신들에게 더 높은 세율을 부과해달라고까지 했다. 만약 모든 국민에게 동일한 세율을 적용한다면 그건 다른 문제일 것이다. 하지만 그렇지가 않다. 오바마 대통령이 밝혔듯이, 자신과 워런 버핏 둘 다 그들의 비서들보다 세율이 낮다.[29]

노르딕 나라들은 부자 및 특정한 소비재에 세금을 높게 매겨도 한 나라가 경쟁력 있고 부유하며 행복할 수 있음을 보여주는 산증인으로서, 미국의 정치 토론에서 걸핏하면 떠드는 소리의 허위성을 까발린다. 특히 부자에게 세금을 많이 매기면 기업 활동 및 혁신, 경제성장이 위축된다는 주장 말이다. 사람들이 가장 의미를 두는 것은 사실 상대적인 부와 지위, 성취감, 생활의 질과 같은 요소들이지 절대적인 부가 아니다. 여느 나라와 마찬가지로 핀란드에도 세금 제도를 싫어하고 회피하려는 사람들이 있지만, 전반적으로는 세금 제도가 어느 정도 공정하다고 여긴다. 그들은 (부자들조차) 자신들이 낸 세금에 걸맞은 혜택을 얻으므로, 원한다면 이웃보다 더 많은 소득을 추구할 수 있다. 미국도 똑똑한 정부를 구성해 공정한 세금 제도를 추진하면 될 일이다.

우리의, 우리를 위한, 우리에 의한

미국과 노르딕 나라들의 차이를 단순한 한 문장으로 요약하자면 이렇다. 미국은 불공정한 세금 제도와 큰 정부를 지닌 반면에, 노르딕 나라들은 공정한 세금 제도와 똑똑한 정부를 지녔다. 또 달리 표현하자면, 미국은 과거에 묶여 있고 노르딕 나라들은 이미 미래에 살고 있다. 《이코노미스트》 기자인 미클스웨이트와 울드리지가 말한 핵심이 바로 그것이다. 둘은 책의 마지막 장을 "미래가 먼저 다가온 곳"이라는 제목으로 시작한다. 그리고 거침없이 말한다. 분명히 미래가 먼저 일어난 곳은 노르딕 나라들이며, 그것을 최상의 모범으로 삼는 것이 오늘날 모든 나라의 관심사라고.

　노르딕 나라들이 미래에 먼저 도착한 이유 중 하나는 이렇다. 1990년대의 금융 위기 이후 노르딕 나라들은 21세기에 맞게 자본주의를 육성하려고 정부를 개조함으로써, 덜 비대하면서도 훨씬 효율적이고 재정상으로 합리적인 정부를 만들었다. 공공 지출과 세금을 감축하면서도 아울러 국민에게 투자했다. 게다가 납세자가 자금을 대는 복지 서비스에 관한 선택권을 넓혔고 기업을 육성하기 위한 새로운 체계들을 마련했다. 가령 덴마크는 오늘날 '유연안전성(flexicurity)' 체계로 유명하다. 기업은 급변하는 국제 경제에 대응할 수 있으면서도 노동자는 삶을 망가뜨리지 않게 하는 제도로서, 고용주들은 노동자들을 비교적 쉽게 해고할 수 있지만 또한 해고된 사람들에게는 새 직장을 구하는 일과 더불어 최대 2년까지 적절한 여러 혜택이 보장된다.

　미클스웨이트와 울드리지가 가장 존경하는 노르딕 나라는 스웨덴이다. 우선 스웨덴 정부는 한 번의 경기 순환 동안 엄격한 예산 흑자—최소 1퍼센트—를 유지하고, 정부가 특정 연도에 쓸 수 있는 금액에 한계를 정해둔다. 이 모델은 유연하면서도 불경기 동안에는 지출 증대를 허용하지만, 규정은 엄격하다. 즉, 불경기 동안의 손실은 그 다음 경기 호

덴마크 수도 코펜하겐 시내의 옛 증권 거래소 건물. 세계에서 가장 오래된 증권 거래소로,
1640년에 완공되어 1974년까지 증권 거래소로 사용되었다.

전 때 반드시 만회해야 한다.[30]

　노르딕 정부 지출이 부풀려져 있기에 비효율적임이 틀림없다는 가정은 GDP 대비 정부 지출이 미국보다 상당히 많다는 통계로 인한 것이다. 실제로 노르딕 정부는 GDP 대비 미국보다 지출이 훨씬 많다. 당연한 일이다. 세금 수입과 정부 지출을 통해 의료 및 연금, 탁아 서비스를 제공하는데, 그 때문에 정부 지출이 명백히 증가하기 때문이다. 반면에 미국은 국민이 그런 서비스를 민간 업자들을 통해 해결하도록 하고 있다. 게다가 그런 통계치는 일반적으로 효율성을 비교하기에는 조악한 도구이다. 그것은 단지 얼마나 많은 돈을 한 정부가 세상에 내놓는지를 알려줄 뿐, 정부별로 제공하는 복지 서비스가 다른 까닭에 그런 지출의 성격까지 알려주지는 않는다.

　효율성을 비교할 더 나은 방법은, 누가 비용을 지불하는지는 논외로 하고, 비교 가능한 특정 서비스 패키지에 각 나라가 얼마를 지출하는지를 살펴보는 것이다. OECD가 바로 이 과제를 수행했다. 조사 결과에 의하면, 의료, 연금, 실업 수당, 탁아 또는 아이를 가진 가정에 대한 소득공제를 포함한 특정한 일군의 복지 서비스에서 미국은 GDP 대비 스웨덴과 거의 똑같은 지출을 기록했다. 핀란드, 덴마크, 노르웨이 모두 GDP 대비 지출액이 미국보다 적었다. 결국 노르딕 나라들이 이런 핵심 복지 서비스 제공 면에서 미국보다 더 효율적이라는 말이다. 지출은 더 적으면서도 복지의 질과 결과는 여러 면에서 미국과 비슷하거나 심지어 더 낫기 때문이다.[31]

　전반적으로 노르딕의 성공 비결은 복잡하지 않다. 노르딕 사회는 정부의 일을 진지하게 여겼다. 실수도 하고 곤경에도 처했지만, 계속 수정해나가면서 향상을 추구했고 수입과 지출을 맞추려고 애썼다. 그 결과 민간 영역보다 정부가 사회복지를 제공하는 데 덜 효율적일 태생적인 이유가 없음을 입증해냈다.

◇◇◇◇◇◇

기술, 과학, 오락 및 창업 분야에서 미국인들은 가장 똑똑하다. 하지만 정부를 놓고 보면, 적어도 당분간은 꼴찌라고 할 수 있다. 그러나 이런 상황을 개선하지 못할 이유가 없다. 알렉시 드 토크빌의 헌사인 『미국의 민주주의』를 읽어본 사람이라면 초기 미국 정부가 얼마나 옳았는지 알 수 있다. 미국이 필요한 것은 더 큰 정부가 아니라 더 똑똑한 정부다. 21세기에 맞는 더 단순하고 더 투명한 정부, 기본적 사회복지와 규제를 제공하는 정부, 그러면서도 지금 미국이 표적을 정해 악명 높게 행사하는 온갖 간섭으로부터 시장을 자유롭게 놓아주는 정부 말이다. 전반적으로 미국인이 정부에 좌절하는 분위기가 팽배해 있긴 해도, 그런 목표는 충분히 실현 가능하다. 사실 똑똑한 정부를 위한 제안과 행동은 이미 미국 전역에 퍼지고 있다.[32]

연방정부의 정치적 교착 상태를 돌파하기 위해 주와 지역 정부가 추진한 새로운 입법과 정책들이 미국의 여러 곳에서 이미 성공을 거두었다. 많은 주와 도시들이 교육 제도에서 놀라운 조치를 취했으며, 여럿은 이미 자체적인 출산휴가, 최저임금 또는 의료 제도까지 마련했다. 주와 지역의 행동을 통해 정치에서 돈의 역할을 규제하자는 제안이 이런 변화를 더욱 촉진시킬 수 있다.

선거구 획정을 독립 위원회에 맡기면 정치인들이 자신들의 이익을 위해 선거구를 조작하는 일을 방지하고 선거구를 더욱 공익적인 차원에서 정하는 데 도움이 될 것이다. 의회의 여러 거부권 행사를 제한하면 효과적인 입법이 촉진될 것이다. 최신 IT 기술을 이용해 현재의 정부 서비스를 더욱 효율적으로 만들 수도 있다. 연방정부도 이미 꽤 성공적인 여러 조치들—사회보장 프로그램, 메디케어 등—을 시행 중이며, 어려움에도 불구하고 새로운 정책들을 밀어붙이고 있다.

부자들이 정당하게 자기 몫의 세금을 내면 미국 경제가 망할 거라는 생각은 여러 번 반박되었다. 클린턴 행정부가 1990년대에 세금을 인상했을 때 경기가 좋아졌다. 정부는 레이건 정권에서 그랬듯이 임금소득과 비슷한 세율로 자본소득에 세금을 매겨나갈 수 있다. 또한 이른바 버핏 법안을 통과시켜 모든 100만 달러 이상의 소득자들이 적어도 소득의 30퍼센트를 세금으로 내게 할 수 있다. 아니면, 세법에 숨어 있는 엄청난 감세 조치와 회피 조항을 제거할 수도 있다.[33] 그런 것들 때문에 세법은 아주 복잡하고 부당할 정도로 부자들에게 유리하며 나머지에게는 매우 큰 부담을 지운다.

겨우 몇 가지 사례와 아이디어를 냈을 뿐이다. 하지만 애초에 자유와 민주주의를 완성하려고 실험했던 나라에서 21세기의 정부를 재고하는 일이 어째서 가능하지 않겠는가? 그러니 시작하라. 국가가 당신을 위해 무엇을 할 수 있는지 물어라.

7장

원스 어폰 어 타임,
아메리칸 드림

두 도시 이야기

사내는 두 벌의 바지를 포함해 여러 벌의 옷을 껴입었고, 얼굴은 수염과 엉킨 실타래 같은 머리카락과 때로 뒤덮여 있었다. 사내는 짐을 잔뜩 담은 넝마 같은 가방들을 온몸에 걸치고서 혼잣말을 중얼거렸다. 그러더니 바지에 오줌을 쌌다. 우리는 앞자리의 다른 이들과 마찬가지로 벌떡 일어나 멀찍이 자리를 옮겼지만, 진동하는 지린내 때문에 구역질을 참으려 코와 입을 틀어막았다.

19세기의 헐벗은 사람들을 묘사하는 찰스 디킨스의 소설 속 한 장면일까? 제3세계의 지지리도 가난한 이들을 그린 장면일까? 아니, 그 장면만 없었다면 깔끔하고 질서정연했을 21세기 뉴욕의 지하철에서 일어난 일이다. 내가 미국에 건너온 지 그리 오래 되지 않은 때였는데, 이후 며칠 동안 그 불편한 장면이 뇌리를 떠나지 않았다. 물론 전에도 노숙자를 본 적은 있었다. 하지만 그토록 철저하게 망가진 모습은 평생 처음이었고, 내 고향 헬싱키에서는 결코 보지 못했던 것이다.

노르딕 나라에도 정신질환자, 알코올중독자, 약물중독자 및 실업자가 있지만, 그 사내와 같은 상태로 핀란드 수도나 다른 노르딕 도시의 길거리를 배회하는 사람은 상상할 수 없다. 보통은 누구든지 설령 공공 건물은 아니더라도 적절한 안식처에 머물 자리가 있다. 그리고 가끔씩 공공장소에서 혼잣말을 하는 사람이 보이면, 정신질환자를 담당하는 의료체계가 작동된다. 뉴욕 지하철의 경험을 통해 나는 미국에서는 뭐든 자기 일은 자기가 알아서 대처해야 한다는 생각이 확실히 들었다.

노숙자도 자주 보다 보니 마침내 익숙해졌다. 대신 내 관심은 스펙트럼의 반대쪽 끝단으로 향했다. 근사한 옥상 테라스를 갖추었거나 맨해튼 스카이라인이 내다보이는 멋진 로얄층 아파트 또는 뒷마당에 정원을 가꾸는 부유한 저택에서의 행사나 모임에 가끔 초대를 받고 사람들을 만나기 시작하면서 차츰 이런 생각이 들었다. 이 사람들은 어떻게 죄다 누릴 형편이 되는 걸까? 그 사람들 중에 변호사, 의사, 금융계 인물 등은 부자인 게 쉽게 이해되었지만, 예술가, 비영리단체 직원 또는 혼자 일하는 프리랜서 등은 이해가 되지 않았다. 그들의 번듯한 생활 방식이 아리송하긴 했지만, 미국이 각자의 재능에 보답해주는 고무적인 사례이구나 하고 감탄과 기쁨을 느꼈다. 아메리칸 드림이 생생하게 실현되고 있는 것 같았고, 나라고 못할 게 없을 듯싶었다.

그런데 알고 보니, 소득이 낮은 직업에 종사하면서도 고급스러운 생활을 하는 사람들은 넉넉한 집안의 돈에 기대고 있었다. 그렇다고 나 같은 고루한 유럽 출신 사람은 재산을 스스로 일구기보다 물려받는 것이 아메리칸 드림의 정반대라며 지적할 입장은 아니다. 미국은 독립국가로서 낡은 시대의 뿌리 깊은 귀족주의를 버리고 누구나 자수성가할 수 있는 기회를 어느 정도 보장하고 있기 때문이다.

나는 세계 곳곳을 여행했고 핀란드 외에도 프랑스와 호주에서 직접 살아보기도 했다. 이제 미국에서 토머스 제퍼슨, 에이브러햄 링컨 그리고 마틴 루터 킹의 땅에 도착했다고 느끼지만, 한편으로는 말로만 들었던 19세기의 '바나나 공화국'(한편으로는 든든한 부와 권력과 특권이, 다른 한편으로는 가난과 노숙과 불행이 지배하는 나라)에 있다는 느낌도 든다. 물론 상투적이기는 하지만, 다분히 냉혹한 현실이다. 일찍이 나는 산업화된 현대 세계의 다른 어떤 나라에서도 이처럼 노골적인 불평등은 본 적이 없다.

◇◇◇◇◇◇

노르딕 출신 사람은 미국에서 겪는 이런 식의 소득 불평등이 잘 이해가 안 된다. 상위 25위 안에 드는 미국의 헤지펀드 매니저들이 2013년에 각자 거의 10억 달러를 번 데 반해,[1] 미국 가계소득 중앙값은 5만 달러 부근이었다.[2] 동시에 노숙자 숙소는 밀려드는 기록적인 수의 사람들로 넘쳐났는데, 그들 다수는 약물중독자나 정신질환자가 아니라 일하는 가정의 일원이었다.[3] 미국은 록펠러, 카네기, 그리고 『위대한 개츠비』의 시대로 되돌아갔으며, 그런 방향으로 향하는 속도가 늦춰질 기미가 없다. 금융 위기 이후 가장 부유한 자들의 소득은 다시 재빨리 치솟았지만, 대다수 미국인의 삶은 별로 나아지지 않았다. 2009~2012년 사이에 상위 1퍼센트가 미국 전체 소득 증가의 90퍼센트 이상을 가져갔다. 이것은 단지 금융 위기와 관련된 문제가 아니다. 가장 부유한 미국인—상위 1퍼센트 또는 심지어 상위 0.1퍼센트—에게 가는 소득의 몫이 최근 수십 년 이래 급격하게 증가한 반면에, 나머지 미국인은 소득 정체 내지

감소에 직면했다.[4]

이런 변화를 설명하기 위해 흔히 거론되는 원인들은 이제 식상하기까지 하다. 국제화, 자유무역, 규제 완화 및 신기술로 인해 가장 재능이 뛰어난 이들이 더 많은 영역을 장악하고 더 많은 부를 끌어 모은다는 것. 오늘날은 상위 50위 중역들이 중소기업들을 운영하기보다는 선견지명이 출중한 CEO 한 명이 거대 다국적기업을 이끄는 세상이다. 최상의 제품은 전 세계 어디서나 팔리며 지역 상품들을 대체한다. 기술이 발전하고 저숙련 노동은 가난한 나라로 외주화되는지라, 선진국 노동자들은 더더욱 기술이 있어야 살아남는다. 필요한 기술을 지닌 소수는 이득을 본다. 그렇지 못한 다수는 궁지로 내몰린다. 또한 노동 조건은 더욱 열악해졌다. 기술 발전으로 생산의 최적화가 가능해지고 노조의 힘이 쇠퇴함에 따라 시간제 및 저임금 노동이 더욱 흔해졌다.[5]

하지만 걸핏하면 거론되는 이런 이유들이 전부가 아니다. 미국만이 아니라 부자 나라들은 어디든 이런 혼란스러운 변화를 겪고 있다. 하지만 노르딕 지역은 분명 다르게 대처했다. 시대상에 맞춘 똑똑한 정부를 통해 새로운 미래에 적응하기 위해 진지한 노력을 기울였다. 불평등 심화는 단지 자유시장의 불가피한 변화 때문이 아니다. 이러저런 방식으로 직접적인 변화를 일으키는 특정한 정책들로 인해서다. 시대가 정반대의 요구를 하고 있음에도 미국의 세금 제도는 부자에게 더욱 우호적인 방향으로 흘러왔다. 이런 근시안적 변화 때문에 미국의 사회 정책들은 극빈자들을 챙기는 데서 벗어나 중산층을 지원하는 일에 더욱 치중해야 했다. 소득 불평등은 세계 어디서나 커지고 있지만, 미국에서 더욱 두드러진다. 왜냐하면 세금 제도 등 미국의 정부 서비스가 시장 변화의 파급을 완화시키는 일을 제대로 수행하지 못하기 때문이다.

　나처럼 노르딕 출신 관찰자만 미국의 새로운 현실에 혼란을 느끼는 것이 아니다. 미국 국민도 그렇다. 한 연구에서 현재 미국의 부의 분배에 관해 평가해달라고 일반 시민에게 요청했더니, 응답자들은 수준을 놀라울 만큼 낮게 보고 있었다. 이어서 분배를 통해 '더 나은 미국을 만들려면' 각자가 생각하는 이상적인 수준을 묻자, 앞서 자신들이 실제 불평등 수준이라고 '잘못' 평가했던 것보다 훨씬 높은 수준을 대며 이를 해소할 수 있을 만큼의 평등한 분배 실현을 주장했다. 마지막으로 응답자들에게 이름을 밝히지 않은 두 나라의 소득 분포를 나타낸 그래프를 보여주고서, 어느 나라에서 살고 싶은지 물었다. 이때 공정한 사회를 결정하는 기준으로서 다음과 같이 '롤스 제약조건(Rawls constraint)'을 제시했다. "이 질문을 고려할 때, 만약 당신이 이 나라에 살겠다고 하면, 분포 곡선의 임의의 위치에 할당될 것이므로 가장 부유한 데서부터 가장 가난한 데까지 어디에나 위치할 수 있다." 그래프가 어느 나라 것인지 몰랐는데도 응답자의 90퍼센트 이상이 미국의 그래프를 외면하고 스웨덴 그래프를 선택했다.[6]

　뜻밖에도 평균적인 미국인은 이미 사랑에 관한 노르딕 이론의 기본 개념에 충분히 공감하고 있는 것 같다. 유럽뿐 아니라 미국에서도 불평등 심화는 기술 발전의 결과 나타난 21세기의 피할 수 없는 상황이라고 주장하는 목소리들이 꾸준히 존재한다. 그러나 사실상 수많은 연구 결과가 가리키는바, 국제화 및 자유무역, 규제 완화, 신기술이 전통적 관계들을 뒤집어버린 지금의 초현대 사회에서, 현재 성공하고 있고 앞으로도 계속 성공할 사회는 노르딕과 같은 사회다. 즉 똑똑한 정부 정책을 통해 인적 자본의 안녕을 보장할 수 있는 사회다. 앞으로 더 많은 시민이 더 높은 교육 수준을 원하고 나아가 프리랜서로 기업가로 또는 오늘날의 역동적 경제에 맞게 단기 계약 및 프로젝트 참여자로 일할 것이므로, 노르딕의 정부 유형은 국가의 성공을 여는 열쇠가 된다.

　많은 미국인이 여전히 소득 불평등이 불가피하며 어쩌면 바람직한 상태라는 생각을 고수한다. 이해할 만도 하다. 미국은 모두가 운명을 스스로 개척할 기회를 가진 곳이라고 오랫동안 알려져 있었다. 그것이 바로 아메리칸 드림이다. 신발 끈 동여매고 분발해 누더기 신세에서 부자로 올라서는 것 말이다. 열심히 일하는 자들은 더 많은 보상을 받는다. 모두가 공평한 성공 기회를 갖는다면야 누가 더 부유하더라도 문제될 것이 없다. 문제는 기회 면에서 미국이 점점 다른 방향으로 옮겨가고 있다는 것이다.

　성공 기회가 점점 줄고 있다.

아버지에서 아들로

미국은 스스로를 기회의 땅으로 오랫동안 자처했다. 하지만 그게 무슨 뜻일까? 기회를 정량화할 가장 좋은 방법은 상향 사회이동—생활수준을 향상시켜 자식이 더 잘살도록 만드는 사람들의 능력—을 측정하는 것이다. 미국은 자랑스러운 유구한 유산 하나를 지니고 있다. 미국이 탄생한 이래 오랫동안 나를 포함해 수백만의 이민자에게 새로운 삶을 선사했다는 것. 하지만 근래의 여러 조사 결과, 상향 사회이동은 미국에서 감소했으며, 다른 나라 특히 북유럽에서 그중에서도 노르딕 지역에서는 증가했다.

왜 그런지를 설명할 설득력 있는 증거는 부족하지 않다. 가령, 아버지의 소득과 아들 소득의 상관관계를 살펴보자. 마일스 코럭이라는 캐나다 교수가 알아낸 바로, 사회이동이 '가장 적은' 사회인 미국과 영국에서는 아버지가 자기 시대에 얻었던 이득의 거의 절반이 성인기 아들한테 물려지는데, 이는 아들의 노력이나 개인적 성공의 결과가 아니라 집안을 잘 만난 덕분이다.

반면, 노르딕 나라들에서는 이런 식의 부당한 이득이 훨씬 적다. 이 주제에 관해 가장 많이 인용되는 몇몇 연구를 수행한 사람이 핀란드인 마르쿠스 옌티이다. 헬싱키 대학의 경제학 교수인 그는 동료들과 함께 상속된 불이익을 살펴보았다. 달리 말해서, 저소득 가정에서 태어나면 성공 가능성이 얼마나 낮아지는지를 조사했다. 그랬더니 미국에서 최저소득 구간에 있는 가정 출신의 사람들 40퍼센트가 그 구간에 다시 머물렀다. 노르딕에서는 그 수치가 25퍼센트였다.

이런 차이가 생긴 데에는 명확하고 단순한 이유가 있다. 여러 연구가 입증했듯이, 소득 불평등이 적은 사회는 상향 사회이동성이 더 크다. 미국은 과거에 워낙 심하게 머물러 있는 사회인지라, 오바마 대통령의 경제고문인 앨런 크루거가 기회 평등 문제에 관해 '위대한 개츠비 곡선'이라는 용어를 내놓았다. 불평등 심화와 사회이동성 감소의 관련성을 설명하기 위한 개념이다. 분명 미국에서도 가난하게 시작해 결국에 부유해질 수 있지만, 그렇게 하기가 다른 선진국에서보다 훨씬 어렵다.[7]

미국은 더 이상 기회의 땅이 아니고 오히려 북유럽이 그렇다. 이런 현실을 절감하고서 영국 노동당의 수장인 에드 밀리밴드는 2012년에 놀라운 선언을 하기에 이른다. "아메리칸 드림을 원한다면 핀란드로 가십시오."[8]

아메리칸 드림이 물거품이 된 이유를 놓고 논의가 분분했지만, 가장 큰 주범은 소득, 의료, 교육 그리고 가정이 이용할 수 있는 자원의 불평등이다. 왜 그런지는 뻔하다. 미국이 기회 평등을 보장해줄 기본적인 공공 정책들을 등한시했기 때문이다.

핀란드에서는 양질의 K-12 학교 체계를 통해 교육을 통합하는 일에 전념함으로써 엄청난 성과를 거두었다. 두 나라는 GDP의 동일한 비율을 교육에 쓸지 모르지만, 마일스 코럭이 언급했듯이, 만약 이 지출이 보편적인 양질의 유아 교육과 초중등 교육에 쓰인다면 소수만을 위한 양질의 사립대학 수준 교육에 쓰이는 것보다 훨씬 더 기회 평등을 이룰 가능성이 크다.[9] 분명 핀란드는 21세기의 도전 과제에 대처하기 위해 전자의 방법을 의도적으로 채택했던 반면에, 미국은 후자의 방법을 고수하는 바람에 수백만 아이들에게 직접적이고 심각한 손해를 입혔다.

저렴한 의료 및 탁아 서비스, 초중등 및 대학 교육은 기회 평등을 뒷받침하지만, 미국에서 그런 서비스의 이용 가능성은 매우 제한적일 뿐 아니라 근래 수십 년 동안 퇴보해왔다. 한마디로, 좋은 교육을 받기가 점점 더 어렵고 비싸지고 있다.

성공한 부모가 자녀에게도 비슷한 성공 의욕을 고취하는 사회가 잘못은 아니다. 하지만 그것은 소수의 가정이 엄청나게 많은 경제적 물질적 자원을 독점하고 자녀들의 앞길에 수시로 다양한 이득을 안겨줄 수 있는 사회와는 다르다. 미국에서 내가 만난 성공한 사람들은 가족 덕분에

핀란드는 국가원수인 대통령과 행정부 수반인 총리가 행정권을 분점하고,
점차 대통령의 권한을 약화시키고 행정부 및 국회의 권한을 강화시켜왔다.
사진은 헬싱키 마켓광장과 항구에 인접한 대통령궁(위)과
세네트 광장에 위치한 정부청사(아래). 소박하고 누구나 쉽게 접근할 수 있다.

성공했다고 보는 편이 더 현실에 부합한다. 미국 사회의 모든 계층에 걸쳐 다종다양한 재능의 아이들이 태어난다. 하지만 이런 수많은 아이들 중에서 특히 부유한 집안 출신이 아닌 아이들은 그런 재능이 드러나지 않고 사장되기 십상이다. 달리 말해, 재능이 버려진다. 노르딕 사람들은 자신이 어떤 운명에 처하든 자녀의 잠재력을 내다버릴 수는 없다고 여긴다.

◇◇◇◇◇◇◇

카리나(앞서 116쪽에서 남편이 출산휴가를 받고 아이와 유대감을 쌓는 걸 보며 얼마나 마음이 홀가분했는지 말해줬던 등장인물)는 아직 아이들이 어렸을 때 참혹한 가정사를 겪었다. 남편이 암으로 세상을 떠난 것이다. 생명보험도 들지 않았던 데다, 친정에서도 그다지 큰 도움을 받지 못했다. 카리나는 대출금 갚기와 어린 두 아이 돌보기를 혼자 감당해야 했다.

이런 끔찍한 심리적 타격을 미국의 중산층 가정이 겪는다면 또한 끔찍한 경제적 타격이 될 것이다. 하지만 핀란드에서 카리나는 남편의 병과 죽음을 겪고도 아무런 빚을 지지 않았다. 우선, 당연히 남편의 암 치료비가 많이 나오지 않았다. 그리고 카리나와 두 자녀는 정부로부터 유족연금을 받았고 아울러 이런 가정에 주어지는 온갖 일반적인 혜택도 받았다. 두 자녀도 당연히 좋은 공립학교에서 무료로 공부할 수 있었고 정부 보조금으로 운영되는 방과 후 클럽에도 다녔다. 큰아들이 외교관이나 부잣집 자녀들이 주로 다니는 근처의 영어고등학교에 다니고 싶다고 결정했을 때도 시험에 통과하기만 하면 되었다. 수업료가 무료인 데다 대중교통을 이용해 통학할 수 있었다. 아이들은 원하는 취미 활동을 계속했다. 공립학교에서 수영을, 지역의 스포츠클럽에서 일주일에 네 번 유도를, 학교 시설에서 체육 활동을, 그리고 무료인 시립 스포츠센터에서 종합격투기를 했다. 어떤 활동도 비싸지가 않았다. 대체로 시에서 자금을 대고 누구나 이용할 수 있도록 운영되기 때문이다. 나중에 아이들이 대학에 가더라도 수업료는 무료이다. 그리고 부부가 아이를 기르면서도 계속 일할 수 있었기에, 남편이 죽은 후에도 프리랜서로 일하며 살림을 든든히 꾸려나갔다.

사별을 겪은 사람인지라 그녀에게 무척 마음이 쓰였다. 또한 궁금증도 일었다. 그래서 어느 날 물어보았다. 그런 시련을 겪었을 때 핀란드의 사회복지 정책이 그녀에게 어떤 의미였냐고. "저는 뒷받침해줄 가족과 직장이 없는 사람이 어떻게 되는지를 알려주는 좋은 예랍니다." 카리나가 말했다. "노르딕 이외의 다른 나라였다면 나 자신의 경제적 사회적 상태는 물론이고 내 가족의 삶과 아이들의 미래는 판이하게 그리고 영구적으로 달라졌을 거예요. 지금 이 나라에서는 결심만 굳으면 자기 혼자만의 아픔으로 그친답니다. 만약 역사상 다른 시대였다면 우리 아이들은 엄청난 비극에 직면하고 미래도 암울했을 거예요."

개인의 자율성을 지원하고 아이들의 독립을 보장하고 재능을 개발하는 의도적인 사회정책들은 이렇게나 값지다. 미국에서는 만약 여러분이 운이 좋다면 곤경에 처해도 사적인 자원을 이용해 헤쳐 나갈 수 있을지 모른다. 하지만 같은 상황에서 남들은 고통받는데 나만 부당한 이득을 누렸음을 나중에야 알고서 가책을 느낄지도 모른다. 그렇게 되면 개인은 자기 운명의 주인이며 성공은 스스로 일구는 것이라는 인식이 안타깝게도 허물어질 수 있다.

개인적으로 나는 핀란드에서 살면서 자신의 성공에 자부심을 느낄 뿐
아니라, 모두에게 공평한 성공 기회를 널리 보장하는 사회계약에 참여
한다는 데서도 자부심을 느꼈다. 부모의 죽음으로 인한 고통이나 정신
질환, 중독, 폭력 등 가정 내의 여러 곤경이 만드는 트라우마로부터 아
이들을 완전히 차단할 수 있는 사회란 없다. 아이들은 좋기도 하고 나쁘
기도 한 다양한 상황에서 자란다. 하지만 나는 나 자신의 성취에 만족
할 수 있었다. 왜냐하면 나의 사회가 (적어도 세계의 여느 나라만큼은) 모두에
게 동일한 기회를 제공하려고 최선을 다한다는 것을, 그리고 내 자신의
성취가 스스로 일군 것이지 다행히도 부유한 가정환경의 결과가 아님을
알았기 때문이다. 게다가 나는 오늘날 대다수 미국인이 줄기차게 걱정
하는 한 가지, 즉 돈에만 신경 쓰지 않고서도 내 꿈을 이룰 수 있었다.

중산층의 미래

이런 말이 있다. '미국은 세계에서 가장 부유한 나라이며, 미국의 중산층
이 세계에서 가장 잘사는 중산층이다.' 앞부분은 사실이다. 뒷부분은 한
때는 사실이었지만 지금은 그렇지 않다. 여러 나라의 소득 데이터를 35
년간 연구한 결과, (2000년에는 미국 중산층 가정보다 상당히 뒤쳐졌던) 캐나다 중
산층 가정의 세후 소득이 바로 남쪽의 이웃 나라 중산층의 소득보다 더
높다. 많은 유럽 나라들의 소득 중앙값은 여전히 미국보다 뒤처지지만,
노르웨이와 스웨덴을 포함한 여러 나라에서 그 격차는 10년 전보다 훨
씬 작다. 이런 경향은 놀랄 것이 못 된다. 미국 경제가 지난 몇 십 년 동

안 상당히 성장하긴 했지만, 2013년에 보통의 미국인 가정은 1988년보다 더 많이 벌지 못했다. 미국의 가난한 사람들은 훨씬 형편이 나빠졌다. 소득 분포 하위 다섯 번째 구간에 속한 가정은 캐나다, 스웨덴, 노르웨이, 핀란드, 네덜란드의 비슷한 가정보다 상당히 소득이 적다. 35년 전에는 그 반대였다.[10]

하지만 이런 수치들은 이야기의 일부만 들려준다. 실수령액이 축소되는 바람에 미국에서는 중산층도 의료, 육아, 교육에 드는 비용이 상승해 애를 먹고 있다. 노르딕 나라들의 경우 사람들은 미국의 저소득층이나 중산층보다 더 벌든 덜 벌든 간에, 실수령액에서 다시 얼마를 내서 생활의 다른 영역에 지출하지 않아도 된다. 미국은 지금도 엄청난 부자가 될 기회를 제공하긴 하지만, 대다수 미국인에게는 사는 데 별 지장 없는 중산층 수준 생활조차 점점 도달하기도 유지하기도 어려워지고 있다.

⬦⬦⬦⬦⬦⬦

아메리칸 드림의 활력을 회복할 방법은 잘 알려져 있고 실현 가능하다. OECD는 노동시장을 불안하게 만든 어려움을 타개할 3단계를 권고한다. 첫째, 교육, 의료, 육아 서비스 접근성을 높임으로써 노동력에 투자. 둘째, (특히 소득 사다리 하단에 있는 사람들의) 임금 수준을 높여 더 나은 일자리 창출. 셋째, 불평등을 해소하고 기회를 확대할 수 있도록 잘 설계된 세금 제도 마련.[11]

미국 사람들은 이런 변화에 준비가 되어 있다. 퓨 리서치 센터가 실시한 2014년 조사에서 응답자들은, 종교적 인종적 증오나 환경오염 문제보다 커지는 빈부격차를 오늘날 세계를 가장 위협하는 요소로 꼽았다.[12]

스웨덴의 수도이자 물의 도시 스톡홀름의 시청 건물로 1923년 완공되었다.
매년 노벨상 시상식 후 축하 연회가 열리는 곳으로도 유명하다.

여러 주와 도시에서 최저임금을 자체적으로 인상했다. 패스트푸드 체인들은 수익을 올리면서도 직원에게 더 많은 임금을 지급하기 시작했다(어떤 곳은 심지어 시간당 15달러).[13] 노벨상 수상 경제학자인 폴 크루그먼이 지적했듯이, 사실상 미국은 가장 많이 버는 사람들과 가장 많은 재산의 소유자들에게 세금을 더 많이 걷는 유구한 전통을 지닌 나라다.[14]

노르딕 나라들은 미국의 불평등 증가 문제를 해결할 분명한 로드맵을 제공한다. 노벨상을 수상한 또 한 명의 경제학자 조지프 스티글리츠가 언급하기를, 스웨덴과 핀란드와 노르웨이는 미국과 같은 속도로 또는 더 빠르게 1인당 소득 증가를 달성하는 데 모두 성공했으면서도 빈부 격차는 훨씬 적다.[15] 미국의 계층 구분이 훨씬 고착화되고 사회이동이 점점 하나의 신화가 되어가는 반면에, 노르딕 나라에서는 상향 사회이동이 생생한 현실이다.

이런 구조를 마련하려면 모두에게 얼마간 돈이 든다. 그리고 당연히 아주 잘사는 사람들은 조금 더 내라는 요청을 받는다. 왜냐하면 대단한 부자의 생활은 이미 매우 훌륭하며, 특정한 수준을 넘는 여분의 부는 개인적 만족을 감소시키는 효과가 있기도 하니까.(이는 여러 연구 결과로 점점 더 사실로 뒷받침되고 있다.)[16] 며칠 동안 헬싱키나 스톡홀름의 거리들을 돌아다녀보면 부자들이 신형 BMW, 포르셰, 심지어 페라리를 운전하는 모습이 보일 것이다. 그렇다고 대체로 부자들이 페라리를 네다섯 대씩 갖고 있지는 않다. 솔직히 말해, 대신에 노르딕 세계는 좋은 의료 체계와 좋은 학교를 갖추려고 한다.

전반적으로 노르딕 시민들은 그런 사회 환경을 지지한다. 왜냐하면 명백히 공평하며 일반적으로 잘 작동하기 때문이다. 핀란드와 이웃 나라들이 하는 일은 미국인들이 지금 말로만 떠들고 있는 기회의 길을 실제로 걸어가는 것이다. 사실이다. 오늘날 핀란드, 노르웨이, 덴마크 사람들은 부모들의 사회경제적 지위보다 더 높이 올라갈 가능성이 미국인들보다 훨씬 크다. 실제로 스스로 부를 창출할 수 있다는 말이다. 정부는 일종의 심판으로서 경기장이 고른지 규칙이 지켜지는지만 살피고 빠진 다음, 최고 점수를 누가 내는지는 경쟁자들한테 맡긴다. 만약 심판이 경기를 중단시키고 승자의 점수를 빼앗아 패자에게 준다면, (이는 일부 미국인들이 노르딕 나라에서 벌어지는 일이라고 여기는 듯한데) 당연히 아무도 경기를 하고 싶지 않을 것이다. 노르딕 사람들은 사회 체계가 자신들에게 가장 이로우려면 그런 식으로 작동되지 않아야 함을 잘 알고 있다. 물론 노르딕 나라들이 그런 성향을 선천적으로 가지고 있었던 것은 아니다.

　미국은 여전히 전 세계 사람들이 우러러보는 나라다. 미국은 세계의 많은 사람들이 오직 꿈만 꿀 수 있는 생활 방식을 창조했다. 개인적 자유, 물질적인 부, 그리고 쇼핑에서부터 종교 나아가 일상적인 생활양식에 이르기까지 모든 것을 마음껏 선택할 수 있는 권리로 충만한 생활 방식을 말이다. 미국은 여전히 이민자들을 환영하며, 수백만 명이 미국이 약속하는 기회와 더 나은 삶에 이끌린다. 미국이 지닌 그런 경이로운 특성들을 잃어서는 안 된다. 오히려 미국은 그런 특성들을 보전하기 위한 노력을 더 할 수 있고 해야만 한다. 미국은 자신의 이상에서 멀어졌다. 기회의 땅은 다시 기회를 되찾아야 한다.

8장

21세기 경영의
노르딕 모델

세금이 성공의 척도라면

헬싱키의 시월 날씨는 최악이었다. 줄기차게 비가 내렸고 온 세상이 축축하고 차가운 회색 외투에 감싸인 듯했다. 아침 아홉 시에 젖은 아스팔트를 바라보며 평범하기 이를 데 없는 사무실 건물 사이를 걷노라면, 수많은 핀란드인이 긴 겨울을 건너느라 왜 그토록 애를 먹는지 이해하고도 남는다.

하지만 그날 나는 전혀 다른 세계로 향하는 문을 열었다. 밝은 오렌지색 벽, 병아리색과 숲색이 섞인 의자, 분홍빛 커튼, 옷걸이 옆에 아무렇게나 쌓인 운동화들이 보였다. 마치 십대들로 가득 찬 집안에 들어온 느낌. 실내 한가운데에는 'SUPERCELL(슈퍼셀)'이라는 흰색의 커다란 상호가 보였다. 이 회사는 최근에 자사 주식 51퍼센트를 일본의 거대 통신회사 소프트뱅크가 15억 달러에 매입했다고 발표했다. 고작 직원 100명쯤을 둔 온라인 신생 게임업체로서는 엄청난 액수였다.

어떻게 보자면, 슈퍼셀은 전 세계 신생 기업들에 전형적인 성공 신화이다. 게임 개발자 여섯 명이 2010년 헬싱키에서 창업했다. 슈퍼셀이 만든 첫 게임은 실패했지만, 2012년 여름에 애플 태블릿과 스마트폰용 '헤이데이'라는 게임을 발표했고, 몇 달 후에는 '클래시 오브 클랜'이 뒤따라 나왔다. 이 게임들은 엄청난 성공을 거두어 전 세계 앱 차트에서 최상위에 올랐고 슈퍼셀은 2013년에 하루 200만 달러 이상의 수익을 거두었다. 이듬해에는 더 나아졌다. 매출이 세 배로 늘었고 순수익은 두 배로 늘었다. 슈퍼셀의 사업 모델은 미국을 포함해 전 세계 언론의 찬사를 받았다. 2015년 초에는 굴지의 기업으로 우뚝 서, 영화배우 리암 니슨을 출연시킨 슈퍼볼 광고에 거액을 쏟아 부을 정도였다.

슈퍼볼 광고가 흥미로웠던 까닭은 미국인이 노르딕 생활 방식에 관해 품는 가장 고질적이고도 그릇된 믿음, 즉 '유모 국가'가 도전 정신과 혁신을 말살한다는 신화를 불식시켰기 때문이다. 노르딕 정부들은 자국민에게 뭐든 다 갖다 바치므로 사람들이 수동적이고 비창의적이 된다, 더 심하게는 진취성이 말살된다는 오해가 있다. 어쨌든 만사가 편안한데 누가 열심히 일하려고 하겠는가? 게다가 끊임없이 높은 세금을 감당하고 직원들은 온갖 권리를 요구한다면 창의성은 고사하고 어느 회사가 성공할 수 있겠는가? 노르딕 나라들은 중산층한테 안전한 삶을 마련해주고 아이들에게 기회 평등을 제공해주었는지는 모르나, 미국식 기업가 정신에 관한 한 확실히 불모의 사막에 다름 아니다.

흠. 이런 논리에 따르면 슈퍼셀은 결코 성공할 가망이 없던 기업이다.

◇◇◇◇◇◇◇

슈퍼셀 직원들은 오후 5시 퇴근이 권장된다. 창업자와 관리자들뿐 아

'클래시 오브 클랜'을 만든 게임회사 슈퍼셀의 CEO 일카 파나넨.
슈퍼셀은 사랑에 관한 노르딕 이론의 기업 버전이라고 해도 좋다(위).
'마인크래프트'를 만든 게임회사 모장의 직원들이 스톡홀름에서 매년 열리는
LGBT 프라이드 퍼레이드에 참여해 'BUILD A BETTER WORLD'라고 적힌
펼침막을 앞세워 행진하고 있다(아래).

니라 모든 직원이 스톡옵션을 받는다. 그들은 작은 팀(cell, 셀)을 이루어 일하는데, 팀은 게임을 자율적으로 개발하며 각 팀의 소관 업무는 자체적으로 관장한다. 만약 그들이 개발 중인 게임이 대단치가 않아서 몇 달간의 작업을 날리더라도 제작을 중단해야겠다고 결정하면, 그렇게 할 수 있다. 단지 진행 과정에서 알게 된 내용을 회사의 나머지 동료들과 공유만 하면 된다. 30대의 연쇄 창업자✦ 일카 파나넨이 이 회사의 공동 창업자 겸 CEO이다. 그는 슈퍼셀의 성공 열쇠가 관료성 부재, 작고 민첩한 조직, 헌신적이면서도 독립적인 노동자들, 즉 자율성에 바탕을 둔 협력 관계라고 믿는다. 사랑에 관한 노르딕 이론이 구현한 기업 정신인 셈이다.

파나넨은 핀란드에서 혁신적인 기업을 시작하고 운영하는 데 아무 문제가 없다고 본다. "핀란드는 교육과 의료 제도가 훌륭합니다." 나와 만난 자리에서 핀란드의 장점을 거론하며 한 말이다. "기업을 시작하고 운영할 때 생기는 행정상의 문제가 거의 없어요. 기본 인프라가 정말 탄탄하죠. 내가 종사하는 업계에서는 공공 자금 지원도 잘 마련되어 있는데, 아마 세계 최고 수준일 겁니다. 노동자들은 미국보다 부족하겠지만, 단언컨대 우리는 적은 시간으로 더 높은 효율을 달성하지요. 미국인들이 말하듯이 일과 생활의 균형이 잘 맞아야 효율도 올라가는 법이잖아요." 파나넨은 미소를 띠며 말을 맺었다. "그 외에 뭐가 더 필요할까요? 이상이 우선 떠오르는 생각입니다."

파나넨이 언급한 공공 자금 지원이란 핀란드의 단점—민간 투자자

✦ serial entrepreneur, 한 번 성공한 사업에 만족하지 않고 계속 창업을 시도하는 기업가를 일컫는다.

금 부족—을 만회하기 위한 연구개발 및 혁신에 투자하는 핀란드 정부의 자금을 말한다. 물론 오늘날 많은 핀란드 회사들은 외국 투자자로부터 상당한 자금을 조달받는다. 슈퍼셀의 초기 투자자에는 액셀파트너스와 더불어 핀란드의 게임 회사인 로비오(Rovio) 등을 꼽을 수 있다. 액셀파트너스는 특히 페이스북에 투자한 것으로 유명한 실리콘밸리 벤처캐피털이고, 로비오는 세계적으로 유명한 모바일 게임 앵그리버드의 제작사이다.

높다고 하는 핀란드의 세금도 파나넨의 견해에 재를 뿌리지는 못한다. 그는 말하기를, 핀란드의 법인세율은 사실상 비교적 낮으며(2015년에 20퍼센트인 데 비해 미국은 39퍼센트), 핀란드에서는 회사가 세금을 내고 나면 그걸로 끝이다. 직원들에게 의료보험이나 연금 혜택을 제공하지 않아도 된다. 내가 방문했을 때, 100명 남짓이 일하는 슈퍼셀에서 핀란드 국내 운영의 행정 업무는 사무직원 단 두 명이 담당할 수 있었다. 반면에 미국 지부에는 두 명의 사무직원이 더 필요했다. 지부에서 일하는 직원은 고작 스무 명인데 말이다. "결국 이렇게 볼 수 있어요." 파나넨이 말했다. "만약 사회가 이런 문제를 맡지 않으면, 회사가 떠안아야 하죠." 만약 미국이 기업가 정신과 혁신의 말살을 그토록 우려한다면, 우선 신생 기업 및 기존 회사가 국민의 생활을 챙겨야 하는 부담부터 덜어주면 좋을 것이다.

파나넨은 미국의 실정도 잘 안다. 미국의 게임회사 디지털초콜릿에서 다년간 일한 적이 있기 때문이다. 그 회사가 파나넨의 이전 회사를 인수한 후의 일이었다. 그가 기억하는 미국 회사의 문제점 하나는, 직원들을 지키기 위해 늘 고군분투해야 했다는 것이다. 그나 회사가 나쁜 고용주라서가 아니라 미국 사회가 사람들로 하여금 돈을 우선시하도록 부추기기 때문이다. 실리콘밸리의 직원들은 늘 더 나은 대우를 얻으려고 경쟁하는데, 그런 자리가 생기면 바로 회사를 옮기는 편이다. 핀란드의 경우 직원들은 선택권이 더 적을지 모르지만, 파나넨 생각에 그런 차이는 대체로 노르딕 사회에서는 사람들이 늘 돈 걱정을 하지 않아도 살 만하기 때문이다. 고용주의 관점에서 보면, 이는 피고용인이 회사에 더 충성한다는 뜻이다. 즉, 일이 마음에 들기만 하면 장기적으로 한 회사에 오래 머물 가능성이 높다. 따라서 고용주로서는 계획 수립도 더 쉽고 직원 채용과 교육에 드는 비용도 아낄 수 있다.

파나넨은 직원들의 긴 유급 정기휴가나 아이가 생겼을 때의 출산휴가에 개의치 않는다. "저는 이렇게 생각합니다. 아주 재능 있는 사람을 채용해놓고서, 그 사람이 아이가 자라는 모습을 보려고 1년간 휴가를 갖고 싶다는 이유로 인연을 끊는다는 것은 정말 수치스러운 일이라고요. 장기적으로 보아 우리의 목표가 20년 동안 함께 일하는 것이라면, 1년이 무슨 큰일이겠습니까?"

◇◇◇◇◇◇◇

세금이 주제라면, 파나넨과 그의 슈퍼셀 동료들은 사랑에 관한 노르딕 이론의 대변인이라고 해도 좋다. 그들이 슈퍼셀을 소프트뱅크에 아주 값비싸게 매각한 후 했던 일은 사람에 투자하는 사회에 속한다는 것이 어떤 의미인지를 적확하게 증언해준다. 자축의 말에 뒤이어 그들은 세금 부담을 최소화하기 위해 부자들이 늘 써먹는 회계 수법을 결코 이용하지 않겠노라고 공개적으로 선언했다. 실제로 파나넨은 2013년 그의 소득 2억 1500만 달러에서 세금으로 6900만 달러를 냈는데, 세율이 32 퍼센트였다.(핀란드에서도 자본소득은 임금소득보다 세율이 낮다.) 비슷한 상황에 처한다면 대다수 미국인은 (워런 버핏은 제외하겠다) 파나넨과 동료들이 아무 저항도 없이 자기들 돈을 그렇게 정부에 갖다 바친 것을 바보짓으로 여길 것이다. 하지만 이 사안을 보는 파나넨의 입장은 분명했다. 그들은 이미 사회에서 받은 것이 아주 많다. 공평한 기회와 더불어 신생 기업에 대한 정부의 자금 지원 및 지속적으로 공급되는 교육을 잘 받은 인력 풀 등의 혜택을 받았으니 이제 자기들이 되돌려줄 차례라는 것이다. 그들로서는 많이 되돌려줄 수 있는 능력 또한 분명 성공의 일부이고, 그래야 마음이 뿌듯하다고 했다.

확실히 노르딕 나라들에는 탈세를 위해 온갖 수법을 동원하는 잘난 양반들이 적고 심지어 다른 나라에 가서 살 때조차도 그렇다. 따라서 파나넨과 슈퍼셀 동료들의 공공선을 지향하는 태도가 그다지 특이하지는 않다.[1]

파나넨의 이야기를 들으면서 예전에 만났던 또 한 명의 성공한 노르딕 기업가를 떠올렸다. 스웨덴 패션 브랜드 아크네 스튜디오스(Acne Studios)의 CEO 겸 공동 소유주인 미카엘 실러다. 아크네의 맵시 있는 의류는 전 세계에 팔리며, 유행에 민감한 젊은 층에 미치는 영향은 이 회사의 크기를 훨씬 능가한다. 이 회사 창업자들은 앤디 워홀의 '더 팩토리'✦와 같은 미국식 아이콘에서 영감을 받았다. 그들은 큰돈을 벌면서도 예술가처럼 행동하는 기술을 터득했다. 《월스트리트 저널》은 그들을 다

✦ 앤디 워홀이 뉴욕 시에서 작업한 스튜디오 이름이다.

룬 기사에 이런 제목을 붙였다. "너무 애쓰지 않고서도 패션 업계에서 성공하는 방법."[2] 가령, 아크네는 광고하기를 꺼리면서도 독특한 감각의 잡지는 발간한다. 파나넨처럼 실러도 정부의 막중한 역할은 좋은 교육, 의료, 도로, 고속 인터넷망 등의 기본적 사회 인프라를 제공하는 것이라고 여겼다. "덕분에 우리는 단지 돈보다 다른 가치 위에서 마음껏 우리 회사를 세울 수 있는 거예요." 스톡홀름의 고풍스러운 올드타운에 자리 잡은 개성 넘치는 아크네 본사에서 만났을 때 실러는 이렇게 말했다. "뭐든 그렇지만 세금도 단순성이 핵심입니다. 누구든 자신이 뭘 해야 할지 알아야 하고, 규칙이 늘 변하지 않아야 하죠."

공정성에 관해 파나넨과 실러 둘 다 한목소리를 냈다. 회사 소유주가 피고용인인 관리자보다 더 낮은 세율로 세금을 내면 회사는 망가지기 쉽다고. 그러면 직원들의 사기가 떨어져 기업 활동에 나쁜 영향을 미친다고 말이다. 둘은 각각 하지만 취지는 동일하게 이렇게 말했다. 설령 제 몫의 세율이 오르더라도 세금은 더 공정한 편이 낫다.

노르딕 지역에서 기업가의 역할을 평가할 때 모두가 파나넨과 실러처럼 긍정적이지는 않다. 좀 더 전통적인 업계의 핀란드 기업인들은 직원 고용에 돈이 많이 든다고 불평하며, 많은 기업가들은 핀란드의 이웃 나라인 에스토니아의 낮은 세율을 갈망한다. 걸핏하면 불평하는 대상에는 직원 해고의 어려움, 노조의 힘, 정부의 관료주의 그리고 당연히 세금도 포함된다. 하지만 파나넨이 한 말은 부인할 수 없는 진실이다. 향상의 여지가 있긴 하지만, 노르딕 모델은 혁신이나 진취적인 기업가 정신을 결코 말살하지 않고 오히려 북돋운다.

기업 혁신도 결국엔 가화만사성

노르딕 사람들이 세우고 운영하는 회사와 브랜드로 전 세계에 유명한 것이 많다. 이케아, H&M, 스포티파이(음악 스트리밍 서비스 회사), 볼보, 에릭손(종합통신회사), 테트라팩(음식 포장용기 회사) 같은 스웨덴 회사들을 떠올려보라. 덴마크에도 레고, 칼스버그, 운송 및 에너지 분야의 거대기업 몰러-머스크(Moller-Maersk), 세계 최대 제약회사 중 하나인 노보 노르디스크(Novo Nordisk)가 있다. 인터넷 통신회사 스카이프는 에스토니아 엔지니어들의 도움하에 스웨덴인과 덴마크인이 공동 설립했다.

핀란드도 뒤지지 않는다. 핀란드의 노키아는 지난 10년 이상 세계 최대 휴대전화 회사였다. 일시적이긴 했지만 유럽 전체에서 시가총액이 가장 높은 회사이기도 했다. 이제는 코네(KONE)와 같은 기업을 자랑한다.[3] 코네는 세계 최대 엘리베이터 제조사로서 4만 7000명의 임직원을 두고 있다. 코네는 단지 제조 대기업만이 아니다. 최첨단 혁신 기업으로서, 이 회사 제품들은 1킬로미터 높이(엠파이어스테이트빌딩의 두 배)의 기록적인 마천루를 지을 수 있게 해준다.[4] 스토라 엔소(Stora Enso)와 UPM과 같은 핀란드의 펄프와 제지 업체들은 전 세계를 대상으로 활약한다.

슈퍼셀과 로비오, 엄청난 인기 게임 마인크래프트의 제작사인 스웨덴의 모장(Mojang, 마이크로소프트가 2014년에 25억 달러에 인수했다)과 같은 신생 업체들은 온라인 게임의 판도를 바꾸었다. 의류 업계에서는 아크네 스튜디오스, 덴마크의 말레네 비르예르(Malene Birger) 그리고 핀란드의 마리메코와 같은 작지만 탄탄한 회사들이 전 세계에 매장과 고객을 두고 있다. 노르딕의 디자인과 가구 그리고 건축은 전 세계에서 선망하며, 최근에는 노르딕의 범죄소설과 TV 드라마도 큰 인기를 누리고 있다.

　외진 곳에 자리한 소국들임을 감안할 때 노르딕 나라들은 어떤 기준에서 보더라도 성공적인 국제적 기업과 브랜드들을 상당히 많이 배출했다. 다른 여느 지역과 마찬가지로 어떤 회사들은 결국 몰락하여 사라질 테고, 또 어떤 회사들은 제대로 꿈을 펼치지도 못할 것이다. 반면, 어떤 회사들은 수십 년간 시장을 지배할 것이다. 자유시장의 자본주의 경제에서는 마땅히 그런 법이다. 하지만 한 가지는 확실하다. 노동자들이 일과 가정을 함께 지킬 수 있게 하고 양질의 보편적 교육을 보장하고 모든 이를 위한 의료와 모든 아이들을 위한 탁아 서비스를 제공하며 소득 불평등을 줄이는 일은, 혁신을 위한 잠재력을 위축시키지 않았으며 개인들로 하여금 기업 제국을 건설하는 데 방해가 되지 않았다. 오히려 전반적으로 기업이 부유해졌고, 일부 기업은 막대한 부를 얻었다.

　세계은행이 기업하기 쉬운 나라의 순위를 매길 때 이런 기준을 따른다. 회사를 창업하기가 쉬운가, 사업 승인이 까다롭지 않은가, 신용 대출이 수월한가, 국제 교역이 원활한가, 계약 이행이 원만한가, 과세 체계가 합리적인가. 노르딕 나라들은 일관되게 전 세계에서 가장 기업 친화적인 국가에 속했다. 그러한 기준에서 보면 미국 기업가들은 사실상 덴마크에서 더 잘 해나갈 수 있을 것이다. 덴마크는 2015년에 미국보다 순위가 높았으며, 스웨덴, 노르웨이 및 핀란드가 바짝 뒤를 쫓으며 전부 10위 안에 들었다.[5]✦

　노르딕 기업들의 성공 이유는 복잡하지 않다. 사랑에 관한 노르딕 이

✦ 싱가포르 1위, 덴마크 3위, 미국 7위, 스웨덴, 노르웨이, 핀란드가 각각 8~10위를 차지했다. 대한민국은 4위였다.

론에 따라 의도적으로 선택한 정책의 결과일 뿐이다. 가정이 화목하면서도 독립적인 개인으로 구성되도록 하는 것, 노동자들이 건강하고 좋은 교육을 받고 또한 고용주에게 과도하게 의존하지 않게 하는 것, 훌륭한 인프라를 구축하는 것, 제도를 투명하게 운영하는 것, 사법제도를 공공의 이익에 이바지하도록 하는 것, 부패를 줄이는 것, 기술이 사회 전반에 스미게 하는 것, 교역이 자유롭게 하는 것, 규제가 합리적이게끔 하는 것 등이 그러한 정책의 목표이다. 달리 말하자면, 노르딕 나라들은 사회가 21세기에 가질 수 있는 가장 소중한 한 가지 자원 즉, 인적자본을 키워왔다. 역동성과 혁신성 그리고 번영이 뒤따르는 것은 당연한 결과다.

사실 노르딕 모델은 당사자가 인식하든 못 하든 간에 모든 노르딕 기업가를 든든하게 뒷받침해준다. 가령, 노르딕 접근법은 창업의 위험을 줄인다. 교육과 의료와 같은 기본적인 서비스들이 갓 창업한 회사의 운명과 무관하게 기업가 및 그 가족에게 보장되기 때문이다. 그리고 만약 기업가가 성공한다면, 임금소득에 대한 세율보다 낮은 자본소득에 대한 세율로 보상을 받는다. 미국의 기업가에 비해 노르딕 나라에서 직원을 고용하는 기업가들은 사회가 노동자를 위해 마련해둔 많은 보호 장치와 맞닥뜨린다. 분명히 개별 노동자를 해고하기가 더 어렵고, 출산휴가 등 몇몇 권리를 보장해주어야 하고, 사회보장을 위한 고용주의 부담이 더 많다. 노동자에게 제공하는 기본적인 보호와 관련해 거의 모든 현대 국가보다 뒤떨어진 곳은 이번에도 역시 미국이다. OECD가 여러 나라들의 노동자 해고의 수월성을 비교했더니, 어떤 기준으로 보아도 미국은 가정 사정을 봐주지 않고서 노동자 해고가 가능한 일등 국가로 꼽혔다.

노르딕 회사들도 수습 기간(몇 달 또는 심지어 반년) 동안에는 어떤 이유로든 노동자를 해고할 수 있기는 하다.[6]

　미국과 비교해 노르딕 나라에서 기업가와 회사가 겪을지 모르는 어려움으로 또 어떤 것이 있을까? 그렇다. 노르딕 노조는 강하다. 하지만 노사 관계는 아주 협조적이고 서로 공손하다. 전통적으로 노동자와 고용주는 상호 공동 이익을 염두에 두고서 노동 계약을 협의해왔다. 고용주는 파업이나 다른 노사 문제에서 비교적 자유롭게 안정적인 생산 일정을 보장받는 대신에 피고용인들과 부를 공유한다. 그렇다면 이런 협상의 결과는 어떤 모습일까? 노동자를 기업 활동에 해로운 존재로 취급하는 것일까?

◇◇◇◇◇◇

　근래에 노동운동가들은 미국의 연방 최저임금을 시간당 7.25달러에서 15달러로 올리려고 투쟁해왔다. 이 투쟁의 한가운데에는 패스트푸드 산업이 자리하고 있다. 이 업계 노동자들은 법정 최저임금을 간신히 넘는 임금을 받는다. 노르딕 나라들은 자국의 최저임금 규정이 없다. 대신에 모든 고용주들이 준수해야 하는 최저 수준이 단체 협상에 의해 정해진다. 그 결과, 가령 덴마크에서는 패스트푸드 식당은 노동자에게 시간당 20달러를 지급한다. 핀란드 맥도날드 노동자의 평균 임금은 2014년에 시간당 약 14달러였다. 이외에도 노르딕 나라의 패스트푸드 체인들은 다른 업종의 회사들과 마찬가지로 노동자에게 동일한 유급 휴가와 넉넉한 유급 출산휴가를 주어야 한다.

　그러면 이제 소비자에게 끔찍한 비용이 전가될까? 2015년에 핀란드

핀란드는 노동조합의 힘이 무척 강하고, 조직률인 70퍼센트를 넘는다.
그에 걸맞게 5월 1일 노동절은 바푸(vappu)라고 부르며 연중 가장 큰 축제가 열린다.
봄맞이 축제이자 대학생의 축제이기도 하다. 바푸 이브에는 수많은 시민이 고등학교 졸업 모자를 쓰고
거리에 나온다. 맥주 소비량 1위 나라답게 엄청난 양의 술이 소비되는 날이기도 하다.

와 미국의 빅맥 가격은 똑같았다. 덴마크의 빅맥 가격은 미국보다 1달러쯤 비싸다. 노르딕 나라의 패스트푸드 업계는 몰락했을까? 그러기는커녕 맥도날드부터 지역 프랜차이즈에 이르기까지 패스트푸드 산업이 번성하고 있다. 지속가능하지 않는 것은 노르딕 접근법이 아니다. 결국 망하게 될 것은 미국의 접근법이다. 왜냐하면 미국은 패스트푸드 노동자의 절반 이상이 어떤 형태로든 공적 보조에 의지해 살아가고 있다. 달리 말하면, 미국 납세자들이 실제로 자국의 패스트푸드 산업에 무려 연간 수십억 달러까지 자금을 대주고 있는 것이다.[7] 사회주의를 실천하는 나라를 찾아보라면, 미국이 두드러진 후보로 보일 지경이다.

미국 기업가들은 자기 회사의 직원 다수가 어느 특정 시점에 일을 줄이거나 휴가를 가거나 출산휴가를 받는다면 어떻게 회사를 경쟁력 있게 운영할 수 있을지 모르겠다고 한다. 수십억 달러짜리 신생 기업인 슈퍼셀 같은 특이한 회사도 아닌데 말이다.

노르딕 나라에서도 이런 사안들이 어렵게 다가올까? 물론이다. 하지만 영리하게 조직을 구성하고 효율에 우선순위를 두면, 경쟁력을 유지하기가 그리 어렵지 않다. 실제로 그렇게 하고 있는 사람들에게 물어보자.

유연성과 안전성의 연결고리

세계 최대의 인슐린 제조사로서 75개국에 직원 4만 명을 둔 노보 노르디스크는 본부를 덴마크 코펜하겐 외곽의 저지대 산업공단에 두고 있다. 바깥에서 보면 평범해 보이지만, 안에 들어가면 밝고 새하얀 유선형 세계가 펼쳐진다. 로비에는 손님들이 기다리며 간식으로 먹을 수 있게 끔 과일 접시도 마련되어 있다. 당시 인사부 전무인 라르스 크리스티안 라센과 함께 자리에 앉으니, 한 직원이 진짜로 덴마크식 점심인 스뫼레 브뢰드(smørrebrød)를 가져왔다. 호밀빵 위에 그래블락스✦와 계란을 올린 음식이다. 라센에게 질문 하나를 던졌다. 덴마크 회사는 국가가 요구하 는 노동자 보호 정책으로 인해 어느 정도 부담을 질 수밖에 없는데, 어 떻게 노보 노르디스크 같은 회사가 엄청나게 역동적이고 수익성이 좋은 미국 제약회사들과 경쟁할 수 있는가?

"만만치는 않지만 가능합니다." 라센이 답했다. 기이해 보이는 짙은 눈썹에 헝클어진 머리가 활기찬 느낌을 주는 사람이다. 그가 믿기로, 노 르딕 노동자가 일에 헌신하고 독립성을 유지하는 것이 그들이 여러 휴 가로 일을 떠나 있는 시간을 충분히 만회한다. "회사에 있을 때 우리 직 원들은 책임과 몰입을 보여줍니다. 그들은 일을 통해 성과를 내고 싶어 합니다." 그가 보기에, 직원에게 바람직한 고용주로 인식되면 회사는 그 로부터 이익을 본다. 아무렴. 그 자신이 증거 아닌가. 원래 그는 코펜하 겐 대학에서 의학 박사학위를 딴 후 6개월간 연구휴가차 노보 노르디스 크에 왔으나, 결국 눌러앉았다. 우리가 만났을 때는 벌써 20년간 재직 중이었다.

라센은 집에서 아들에게 저녁을 차려줄 순번일 때는 오후 4시에 어렵 잖게 퇴근할 수 있다. 노르딕의 대다수 가정이 그렇듯, 아내도 일을 한 다. 물론 필요하면 저녁식사 후에 나머지 일을 할 때도 있다. 긴 출산휴

✦ gravlax. 소금과 설탕, 딜(허브) 등을 뿌려 절인 연어로 스칸디나비아 지역에서 많이 먹는 요리.

스뫼레브뢰드는 호밀빵에 버터를 바르고 토핑을 올려 만드는 덴마크식 오픈 샌드위치로,
덴마크 사람들이 가장 즐겨 먹는 가정식이다. 어떤 재료를 빵 위에 올리느냐에 따라 달라지지만,
훈제연어를 올리는 그래블랙스 스뫼레브뢰드가 가장 대표적이다.

가가 개별 직원의 경력에는 말할 것도 없고 회사 운영에도 차질을 빚지만, 그렇다고 기업 활동이나 혁신을 방해하지는 않는다. 1년짜리 휴가는 짧은 휴가보다 실제로는 관리하기가 더 쉽다고 라센은 말했다. 1년의 공백을 메우기 위한 임시직원을 채용하기는 어렵지 않다. 게다가 노르딕 회사들은 부재중인 직원의 급여를 지급할 책임이 없다. 출산휴가 수당은 세금으로 자금을 조달하기 때문이다. 휴가 쓸 일정을 일찌감치 알려주기만 한다면, 회사로서는 직원이 언제 복귀할지 정확히 알기 때문에 미래를 계획할 수 있다. 노르딕 회사의 직원들은 대개 제때에 복귀하지만, 미국에서 출산휴가를 마친 여성들은 늘 그렇지는 않다. 십중팔구 휴가가 너무 짧기 때문이다.

"우리는 사람들이 사무실에 있는지 여부로 판단하지 않고 실적으로 판단합니다." 라센이 말했다. "아이를 집에 데려오려고 4시에 퇴근한다고 직원을 해고하는 회사가 아니에요. 해고는 결실을 내지 못했을 때의 이야기죠."

노르딕 지역의 다른 기업 관리자들도 비슷한 취지의 이야기를 들려주었다. 비라 실비우스는 업무 강도가 특히 센 직업에 종사한다. 그녀는 스페이스 시스템 핀란드(Space Systems Finland)라는 회사의 CEO이자 공동 소유주인데, 이 회사는 다음과 같은 매우 중요한 과제 두 가지를 수행한다. 위성 운영 소프트웨어 제작 그리고 핵발전소, 기차 및 다른 첨단 중장비의 전자 안전 시스템 점검. 여러 나라 출신 인력 약 75명을 고용하고 있으며 유럽뿐 아니라 미국에도 고객사를 두고 있다. 그녀의 말에 의하면, 어느 시점에 남녀를 아울러 직원 다수가 출산휴가 중이거나 아픈 아이를 돌보느라 회사에 나오지 못했다고 한다. 며칠 쉬는 사람, 몇 달

쉬는 사람, 그리고 일 년을 쉬는 사람도 있었다. 모두 다 고학력의 엔지니어나 물리학자, 소프트웨어 개발자였다. 실비우스는 그렇다고 해서 자신의 기업 운영이 위협받았다고 여기지는 않았다.

"아이를 갖고 직장 밖의 생활을 잘하는 것은 아주 중요하기 때문에 사람들이 그럴 수 있도록 허용되어야 해요. 어떤 고용주들은 출산휴가가 회사에 너무 큰 부담이 된다고 주장하지만, 제 생각엔 그렇지 않아요. 기업이 제대로 운영되고 있다면 누군가가 아이를 돌본다는 이유만으로 허물어지지 않습니다. 기업이 그 정도도 대처하지 못하면 비즈니스 모델이나 운영에 문제가 있다고 봐야 해요."

그 자신도 아이가 둘 있고, 아이마다 1년 반 정도의 출산휴가를 썼다. 역시 소프트웨어 업계에서 일하는 남편도 그녀가 직장에 복귀한 후 여섯 달 동안 첫 아이를 돌봤다. 이후로 둘 다 때론 벅차지만 결실 가득한 직업 활동을 계속하고 있다.

덴마크의 경우 사회정책들은 더 한층 진화하여 노보 노르디스크 같은 회사들이 국제적으로 경쟁하게 도우면서도 한편으로는 노동자의 권리를 보호해준다. 덴마크의 혁신적인 '유연안정성' 제도는 고용과 해고를 비교적 쉽게 할 수 있게 하면서도 동시에 실직자에게 최대 2년의 실업수당을 보장하고 아울러 직업 유지 및 취업 알선을 돕는다. 노보 노르디스크의 라센은 자기 회사의 그러한 운영 방식이 지닌 손실과 혜택을 솔직히 터놓았다. "우리는 세금을 많이 냅니다."라고 그는 인정했다. "하지만 그 세금의 일부가 실직자들의 기본적 생활을 보장해주지요. 그건, 뭐랄까, 우리가 노조와 맺은 사회계약인 셈입니다."

외국의 인재를 고용할 때 노르딕 체계는 견인차가 되기도 방해가 되기도 한다. 일부 외국인은 덴마크의 높은 세금에 움찔한다. 그 나라는 외국 연구 인력과 핵심 직원에게 여러 해 동안 세금 감면을 해주는데도 말이다. 하지만 노르딕 나라의 안전하고 느슨하며 가족친화적 생활 방식은 큰 유인책이 된다. 노르딕 회사의 중역들은 다른 나라보다 수입이 적지만,[8] 그렇다고 외국으로 직장을 옮기려 애쓰지 않는다. 아마도 봉급을 더 받는 것보다는 삶의 질을 더 소중하게 여겨서일 테다. 물론 눈에 띠는 예외도 있다. 가장 유명한 세금 회피자는 이케아 창업자인 잉바르 캄프라드다. 그는 1970년대에 스웨덴의 세금을 피해 스위스로 건너갔다가 결국 2013년에 다시 스웨덴으로 돌아왔다.

라센은 또한 노르딕의 사회 정책들이 안정의 토대를 마련해주기 때문에 실제로 직원들이 위험을 무릅쓰고 혁신을 추구하도록 북돋운다고 했다. 기업가와 마찬가지로 일반 노동자도 길바닥에 나앉을 위험이 전무하면 새로운 접근법을 시도할 수 있다. 혁신은 다양한 종류의 환경에서 나올 수 있다. 분명 미국 회사들은 혁신의 세계적 선구자이고, 이는 꼭 직원이 혜택을 많이 받아야 혁신이 이루어지는 것은 아님을 말해준다. 비록 미국의 실리콘밸리의 대기업과 제약회사들은 직원 혜택 면에서도 남다르긴 하지만. 그러나 혁신에 관한 한 노르딕 나라들도 결코 뒤지지 않는데, 이는 인간적인 업무 환경과 유연한 작업 관행 또한 혁신을 촉진함을 입증한다.

◇◇◇◇◇◇◇

노르딕 노동자들이 누리는 유연성은 직장에 더 많은 유연성이 필요하다고 주장하는 미국의 전문가들이 예상하는 수준조차 넘어선다. 특

히 스웨덴인과 노르웨이에는 엄청난 자유가 있으며 심지어 핀란드보다
더 많다. 그들의 작업 일정을 이해하려고 하면 어지럼증이 생길 정도다.
2014년 이전에 태어난 아이를 둔 스웨덴 부모는 아이가 8세가 될 때까
지 언제든지 부부 합산 총 480일(대략 16개월)의 출산휴가를 쓴다. 2014년
이후로는 규칙이 조금 달라지긴 했지만, 오늘날 새내기 부모는 아이가 4
세가 될 때까지 언제든 480일의 출산휴가를 쓸 수 있으며, 그중 5분의 1
을 아이가 12세가 될 때까지 쓸 수 있다. 부모 둘이 각자 적어도 3개월은
출산휴가로 써야 하는데, 그러지 않으면 그 몫의 혜택을 잃는다. 내 스
웨덴 지인 대다수는 여러 해에 걸쳐 출산휴가를 나누어 썼다. 그러기 위
해 일주일에 2~3일만 일하거나, 정기휴가 이외에 몇 년간 겨울마다 한
달씩 휴가를 쓰거나, 배우자 간에 다양한 조합으로 나누어 썼다. 미리
두어 달 전에 원하는 휴가 일정을 회사에 알려야 하며, 그렇게 했을 때
고용주는 휴가를 거부할 수 없다.

　어떻게 회사를 그렇게 운영할 수 있는지 크리스틴 헤이노넨에게 물어
보았다. 그녀는 스웨덴에서 작은 디지털 설계 회사를 운영하고 있었다.
"별 문젯거리가 아니에요." 그녀는 잠시 생각하더니, 이어서 말했다. "여
기 문화에 배어 있는 것이죠. 우리 회사는 무사히 잘 돌아가요. 누가 휴
가에서 돌아오면 다른 누가 휴가를 써요. 때로는 아주 유용하기도 해요.
요새처럼 일거리가 적은 불경기에는요. 제 동료 둘이 공교롭게도 함께
출산휴가를 받은 적이 있었는데, 회사로서는 평소보다 급여 지출이 줄
어서 득을 봤죠."

　미국은 노동 시간당 GDP 면에서 일반적으로 생산성이 높지만, 덴마
크와 스웨덴도 효율 면에서 미국을 바짝 뒤쫓고 있다. (노르웨이는 석유 생

산국이라서 이런 척도에서는 미국보다 생산성이 높다.) 핀란드는 조금 쑥스럽지만 위의 나라들 중에서 효율이 제일 떨어진다.[9] 그런데, 어떻게 보자면, 일을 적게 하는 것이 곧 게으름과 비효율의 신호라는 미국식 견해는 그릇된 것이다. 한 회사나 나라가 잘 운영되고 함께 나눌 부가 충분하다면, 노동자는 자신의 몫을 돈으로도 여가시간으로도 받을 수 있다. 노르딕 노동자들은 종종 돈보다 시간을 더 좋아하는데, 더 나은 삶의 질을 얻기 위해서는 어쩌면 돈을 더 버는 것보다 휴식을 택하는 편이 나을 수 있음을 알아챘기 때문이다. 노르딕 사람들이 4~5주의 유급 정기휴가를 제대로 즐긴다는 것은 고용주가 열한 달치 급여를 열두 달에 걸쳐 지불한다는 의미일 따름이다.

고용주 관점에서 보면, 돈보다 여가를 더 좋아하는 피고용인을 두는 것이 문젯거리일 수도 있다. 각자 일하는 시간이 들쑥날쑥하면 업무를 분담하기가 더 수고롭기 마련이다. 또한 근무 시간이 긴 직원 한 명을 두는 것이 파트타임으로 일하는 직원 두 명을 두는 것보다 나은 직종도 있다. 특히 집중적인 교육이나 특별한 재능이 필요한 분야는 더더욱 그렇다. 노르딕 나라들은 대학 교육이 무료이므로, 파트타임으로 일하는 의사 두 명보다 풀타임으로 일하는 의사 한 명을 교육하는 편이 분명 납세자의 돈을 더 효율적으로 쓰는 일일 테다. 하지만 노동자의 기술이 너무 전문적이어서 대체 인력을 찾기가 어려운 경우는 그다지 많지 않다. 그리고 어떤 직종은 더 짧게 일하는 노동자 여럿을 두는 편이 더 효율적일지 모른다. 특히 얼마간의 시간이 지나면 집중력이 떨어질 수밖에 없는 작업이라면 말이다.

유연한 업무 환경은 회사에도 도움이 될 수 있다. 2012년《월스트리트 저널》과의 인터뷰에서 H&M 인사부장 예아네테 스킬리에가 말하길, H&M에서는 출산휴가를 직원들이 이전과 다른 직무를 시도해보고 새로운 직무능력을 개발하는 기회로 여긴다. H&M의 모든 직원은 휴가를 갔을 때 일을 대신해줄 사람이 지정된다. 사람들은 자신들이 대체 불가능하다고 여길지 모르지만 사실 그런 사람은 아무도 없다. 여름 정기휴가와 출산휴가는 남은 직원에게 자신이 다른 무엇을 할 수 있는지 엿볼 절호의 기회다. 고용주로서는 새 직원과 기존 직원의 재능과 앞으로의 성장 가능성을 시험해볼 기회이기도 하다.[10]

이는 모든 회사가 그렇게 할 때라야 가장 효과가 크다. 유연한 업무 관행을 채택하는 회사가 늘어날수록 어느 한 회사가 받는 부담이 줄어든다. 2013년에 미국 백악관이 내놓은 「대통령 경제 보고서」에도 비슷한 내용이 들어 있다. "어느 한 고용주가 유연한 업무 환경을 마련하려 해도, 다른 회사들이 직원의 업무 충성도가 낮아질까 염려하여 동일한 정책을 채택하지 않으면, 그 역시 결국 시도를 접을 가능성이 농후하다."[11] 바로 그런 까닭에 노르딕 나라들은 관행의 변화를 개별 회사에 맡기기보다 국가적 정책의 문제로 만든다. 그렇게 하는 편이 기업에도 전반적으로 좋다. 노르딕 접근법은 개인을 우선 보호하는데, 그 근거는 개인이 강해지면 기업도 강해진다고 보기 때문이다. 모든 회사에 동일한 지침을 제도화함으로써 회사도 보호한다.

연구 결과, 유연하고 가족친화적 직장은 직원들의 사기를 북돋우고 이직을 줄이고 새로운 직원을 유인하고 업무 스트레스를 줄이며, 일반적으로 노동 만족도와 생산성을 향상시킨다. 이와 관련해 OECD의 한 보고서에 따르면, 가족친화적 정책을 도입한 회사들은 이직과 결근이 상당히 줄었으며 어머니들이 출산휴가 후 원래 직장으로 복귀할 가능성이 높아졌다고 한다. 또 다른 연구는 미국이 모든 여성에게 15주의 유급 출산휴가를 제공하면 생산성이 높아질 수 있다는 결론을 내리기도 했다. 세계경제포럼이 밝힌 바로는, 가족친화적 정책들은 여성 근무 증가로 다양한 업무 환경을 촉진함으로써 혁신을 이끌어낼 수 있다. 전반적으로 직원들에게 충분한 휴가와 병가를 줘 스트레스를 줄여주고 잠 잘 시간을 충분히 보장해 건강을 향상시키면, 기업의 비용이 절약될 뿐 아니라 생산성이 치솟고, 아울러 삶의 질도 높아진다.[12] 하지만 이 모든 일이 저절로 생기지는 않는다. 유럽 지역에서 직장 성평등에 관한 연구를 실시했는데, 많은 경우 회사들은 직원들에게 더 나은 일과 삶의 균형을 제공하지 않고서도 그럭저럭 운영되면서 수익을 올릴 수 있었다.[13] 따라서 만약 한 사회가 그 구성원들—그리고 회사들—이 그런 혜택을 누리며 번영하도록 만들고 싶다면, 모든 기업이 그런 진보적인 조치들을 동시에 채택하도록 돕는 법을 마련해야 한다.

그래야 하는 이유는 간단한데, 매사추세츠 주 상원의원(민주당) 엘리자베스 워런이 다음과 같이 근사하게 밝혔다. "이 나라에서 스스로 부자가 된 사람은 아무도 없습니다. 당신이 공장을 하나 지었다 칩시다. 잘한 일입니다. 하지만 분명히 말해두고 싶군요. 그 공장의 제품을 시장으로 옮겨줄 도로는 우리 모두의 돈으로 지은 것입니다. 당신은 약탈꾼들이 나타나 공장의 모든 것을 앗아가는 걸 막으려고 누군가를 고용할 걱정을 하지 않아도 됩니다. 왜냐하면 우리 모두가 그걸 막고 있기 때문입니다. 아, 당신이 공장을 하나 지었는데 대박이 났다고요. 축하드립니다. 마음껏 누리세요. 하지만 기본적인 사회계약은 당신이 그 결실의 일부는 갖되 다른 사람들에게 나머지를 내미시라는 겁니다."**14**

　가족, 일, 교육, 건강, 사랑, 돈 등 삶의 가장 중요한 영역에서 노르딕 사람들은 개인주의, 자유, 사회이동성, 독립 등을 누리는데, 사실 이 모두는 본질적으로 미국적인 것들이다. 노르딕 모델을 연구하는 일은 자기 나라를 규정했던 가장 기본적인 사상(즉, 개인주의)의 가치를 회복하고 부활시키는 일일 수 있다. 단지 그 모델에 관련된 사람들인 우리를 조금 믿어보기만 하면 될 일이다.

비영리적 야심과 인간 정신

미국인은 다른 어떤 나라 국민보다 자신의 운명을 개척하는 개인 각자의 능력을 믿는다. 부자가 되는 것도 물론 아메리칸 드림의 일부지만, 좀 더 고상한 사상에서도 자극받았음을 볼 수 있다. 그들은 사심 없는 영웅들과 자선 행위에 각별한 애정을 갖고 있다. 타인의 생존과 안녕과 행복을 우선하는 행위를 고귀하게 여기는 것이다. 나 역시 주변 공동체뿐 아니라 해외 다른 지역을 위해서 훌륭한 프로젝트를 추진하는 미국인들을 보며 그들의 용기와 열정과 자발성에 깊은 감명과 존경을 느꼈다. 하지만 사회경제적 정책을 놓고서는 인간 정신에 관한 그들의 믿음이 송두리째 사라지는 것 같다.

　『파운틴 헤드』와 『아틀라스』를 쓴 작가 에인 랜드는 자유주의적 사상과 자기 이익을 옹호하는 대표적인 미국인이다. 그녀는 일찍이 소련에서 가장 악독하고 파괴적인 사회주의 형태를 경험했다. 공산주의 독재

체제하에서 사람들은 일할 의욕을 잃었다. 왜냐하면 모든 독립성과 자율성을 빼앗겼으니까. 하지만 오늘날 미국도 노르딕 나라들도 모두 자유시장 자본주의 민주국가이다. 시민에게 넉넉한 복지 혜택을 주고 노동자에게 관대한 권리를 허용하고 성공한 이들에게 자기 몫을 사회에 되돌려주라는 요청이 사람들의 노동 의욕을 빼앗을지 모른다고 우려하는 것은 정말이지 인간 본성을 오해한 결과이다.

이 장에서 우리는 노르딕 기업들의 방식을 살펴보았다. 확실히 민간 부문에서는 돈을 벌려는 소망이 강력한 동기로 작용한다. 하지만 노르딕 사회는 공적인 비영리 부문에서도 선구적인 혁신을 이루었고, 그것이 또한 역동적인 경쟁과 번영에도 이바지해왔다. 노르딕 정부와 비영리 부문이 보여준 창의성과 야심은 자본주의적 민주국가에서 국민이 단지 탐욕이 아니라 더 큰 가치를 위해 일할 수 있음을 보여주는 생생한 증거이다.

다시 덴마크를 살펴보자. 이 나라는 기후변화 문제를 해결하고자 전 세계에서 가장 야심찬 공학적 해결책을 추진하고 있다. 코펜하겐은 2025년까지 탄소 배출 없는 도시가 되려는 목표를 세웠다. 그 일환으로 연료 소비를 줄여 에너지를 절약하면서도 교통 흐름을 더욱 효율적으로 만들어주는 스마트 가로등과 신호등의 최첨단 무선망을 설치하고 있다. 이 사업은 환경에도 비영리 공공 부문에도 민간 부문에도 다 이익이 된다. 2050년 이전에 화석연료 없는 국가가 되겠다는 목표를 세움으로써 덴마크는 풍력 산업의 세계적 선구자가 되었다.

한편 스웨덴은 일찍이 1997년에 교통사고 사망률 제로라는 야심찬 목표를 세운 다음, 이를 위해 도시계획 및 도로 건설, 교통 법규를 새로 마런하고 교통안전 관련 기술 개발에 나섰다. 이후로 교통사고 사망률이 절반으로 줄었다. 오늘날 스웨덴은 연간 교통사고 사망자가 10만 명 중 3명에 불과하다(미국은 11명가량).¹⁵ 이제 전 세계 교통 담당 공무원들이 교통 안전에 관해 스웨덴의 조언을 듣기 시작했으며, 뉴욕 시장 빌 더블라지오는 거리 안전 계획을 스웨덴 방식에 입각해 마련했다.

물론 노르딕의 가장 큰 혁신 중 하나는 웰빙 국가의 전체적인 개념과 실행이라고 주장할 수도 있겠다. 따라서 전 세계적으로 기술 분야에서 핵심이 되는 요소 일부가 노르딕에서 시도된 비영리적 혁신의 결과라는 점에 놀라는 사람도 있을 것이다. 가령 리눅스✦의 핵심 프로그래밍 코드는 헬싱키 대학 재학생 리누스 토르발스가 개발한 것이다. 그는 리눅스를 오픈소스 프로그램으로 무료로 공개했다. 나중에 얼마간의 스톡옵션을 받았는데, 몇몇 소프트웨어 개발사들이 준 감사 선물이었다.¹⁶ 핀란드인들은 전 지구적인 오픈소스 소프트웨어 운동에도 기여했다. 일군의 프로그래머들이 자발적으로 나서서 무료 소프트웨어들을 만든 것이다. 세계에서 가장 유명한 오픈소스 데이터베이스 중 하나인 MySQL은 핀란드 출신인 몬티 비데니우스와 그의 스웨덴 동료들이 제작했다. 오늘날 구글, 페이스북, 트위터, 월마트 등을 비롯해 대다수 미국 대기업이 MySQL을 사용한다. 비데니우스와 동료들은 전 세계가 그 소프트웨어를 무료로 사용하게 놔두고서도 오랫동안 돈을 꽤 벌었다. 관련 기술 지원이나 다른 서비스를 제공해서 말이다.

국제적 인기를 얻은 오픈소스 소프트웨어와는 꽤 다른 종류의 생산품

✦ Linux, 전 세계의 서버, 대형컴퓨터, 슈퍼컴퓨터 들에서 작동하는 선도적인 컴퓨터 운영체제.

리눅스를 개발해 오픈소스 프로그램으로 공개한 리누스 토르발스.

도 노르딕이 갖고 있다. 이른바 노르딕 누아르 범죄소설과 TV 드라마다. 인간 내면과 심리를 파고드는 어두운 주제를 지닌 여러 작품들 또한 노르딕 사회가 창의성과 혁신을 어떻게 바라보는지 우리에게 알려준다.

◇◇◇◇◇◇◇

『여자를 증오한 남자들』로 시작하는 스티그 라르손의 밀레니엄 3부작 소설은 전 세계적으로 베스트셀러다. 스웨덴에서는 물론이고, 할리우드에서도 대니얼 크레이그 주연의 영화로 만들어졌다. 하지만 라르손은 처음부터 베스트셀러 작가는 아니었다. 그는 수십 년간 기자이자 비영리 단체의 연구자였고, 전문 분야는 인종차별 반대자들의 소송 사건이었다. 밀레니엄 3부작은 그가 죽기 직전 출판사에 넘어갔고, 사후에 출간되었다. 이 작품의 힘은 세계의 부정의를 뜯어고쳐야 한다는 라르손의 깊은 인식에서 비롯되었다.

라르손과 마찬가지로 국제적 인기를 끈 다른 노르딕 누아르 작품도 수익이 우선적인 동기가 아니었다. 덴마크 TV 드라마 〈더 킬링〉은 혁신적인 범죄물이다. 한 젊은 여자의 살해 미스터리를 지역 정치와 연결시킨 이 작품은 희생자 가족이 겪는 아픔을 가슴 뭉클하게 그려낸다. 미국에서도 리메이크되어 상당한 인기를 끌었으며, 영국에서는 덴마크 버전으로 사랑을 듬뿍 받았다. 이 드라마는 덴마크의 BBC 격인 덴마크방송공사(DR)에서 제작했다. 근래에 이 방송사는 전 세계가 시청하는 일급 TV 드라마의 산실로 부상했다. 적어도 전형적인 미국식 관점에서 보자면, DR의 성공은 전혀 납득이 되지 않는다. 왜냐하면 공영 방송사인 DR은 경쟁할 필요가 없으며 수익을 내지 않아도 되기 때문이다. 이 방송사는 세금, 구체적으로는 TV 시청 도구를 지닌 덴마크 가정이라면 모두 내야 하는 수신료로 운영된다.

DR의 성공은 기업이 최상의 성과를 내는 동기에 관한 몇 가지 기본적인 가정과 상충하는 듯하다. 나는 〈더 킬링〉의 제작자인 쇠렌 스베이스트루프가 어떻게 그 작품을 만들게 되었는지 궁금했다. 코펜하겐에서 처음 만났을 때, 군인 같은 체구에 머리를 빡빡 민 남자가 검정 데님 셔츠에 녹색 건빵바지 차림으로 나타났다. 그는 덴마크의 영화 학교에서 공부했으며 영화 시나리오 쓰는 일을 하다가 DR에 입사했는데, 미국 영화와 드라마의 열렬한 팬이라고 했다. 클린트 이스트우드의 작품이 특히 자기 취향이라고. 기본적인 범죄 드라마는 미국에서 완벽하게 틀이 잡혔다고 여겼기에, 그의 야심은 기본적 구성에 혁신을 일으키는 것 그리고 사회 비판적 성격을 가미하여(노르딕 범죄소설의 오랜 전통이다) 범죄 드라마의 품격을 높이는 것이었다.

그는 덴마크에서 제작 예산이 영국이나 미국에서 비슷한 TV 드라마 제작비의 극히 일부임을 잘 알고 있었다. 하지만 그는 덴마크나 DR이 독창적인 시도를 하는 이에게 다른 종류의 혜택을 준다고 여겼다. "덴마크 체계는 아주 좋은 것 같아요. 우리 삶은 복에 겨워요. 미국과 비교하면 정말 그렇죠. 전반적인 복지가 끝내주니까요." 그는 자신처럼 불안정성이 큰 직종에 있는 사람도 누릴 수 있는 전반적인 삶의 질과 사회 안전망을 이야기했다. "작가로서 또는 기업가로서 나는 다른 나라보다 덴마크에서 성공 가능성이 더 높다고 봐요. 공적인 자금 지원 덕분에 예술가들이 자력으로는 하지 못했을 일을 할 수 있으니까요."

〈더 킬링〉을 작업하고 있을 때 그는 자료 조사를 하고 대본을 쓰면서

월급을 받았으며, 노르딕 사람답게 대체로 일을 일찍 마치고 아이들을 어린이집에서 데려와 가족과 함께 저녁을 먹었다.

　미국 관점에서는 작품을 망치기 딱 좋은 상황일 수 있다. 예술가랍시고 책임감도 없이, 특히 광고주조차 아랑곳하지 않고서, 자기 좋은 일에 국민 세금을 갖다 쓰니 말이다. 하지만 그가 믿기로는, 다양한 환경에서 다양한 작품이 제작될 수 있다면, 멋진 작품을 만들려는 동기와 야심은 금전적 물질적 측면과는 결국 별 관계가 없다. 노르딕 스타일의 웰빙 국가에서 작업하든 가장 잔혹한 자본주의 국가에서 작업하든, 그것은 내부에서 온다고 그는 강조한다.

　"제 경험상, 훌륭하고 극적인 작품은 일종의 내면적 굶주림이나 간절한 창작 욕구에서 나옵니다. 작가나 감독에게 물어보면, 그건 일종의 아픔과 관계가 있어요. 멋진 작품을 만든 사람 중에 만사태평한 사람은 본 적이 없어요. 어떤 식으로든 꿈을 품게 되는 것은 그 사람의 과거, 어린 시절과 청년 시절에서 비롯된다고 봐요. 그 사람은 삶의 쓴맛을 봤을 수도 있고 아닐 수도 있어요. 또 어쩌면 주목을 받고 싶거나, 잃어버린 어떤 것을 되살리고 싶을 수도 있죠. 그런 것은 복지국가와는 아무 관계가 없어요. 오히려 창조적인 삶을 위한 보편적인 자극이지요. 그리고 만사태평한 사람은 뭘 쓰고 자시고 할 게 아예 없고요."

　나는 미소를 지었다. 그야말로 노르딕 사람다운 말이었기 때문이다. 노르딕 나라들이 삶의 질과 행복 면에서 세계 순위를 석권하고는 있지만, 사람들은 다분히 침울한 기질이기 때문이다. 그리고 내 생각에도 그의 말에 노르딕의 성공 비결이 일부 담겨 있었다. 웰빙 사회 건설로 모든 노르딕 사람의 삶이 훨씬 안락해졌지만, 무언가를 창조하고 지위와 권력을 얻고 돈을 벌려는 마음은 세계 어디의 누구든 마찬가지다. 한편, 뛰어나고자 하는 인간의 욕구는 이윤 추구에 관한 믿음과 마찬가지로 결코 약하지 않다.

어쩌면 미국에도 돈보다 더 소중한 삶의 가치는 있다.

9장

특별하지 않기에 관하여

노르딕 쿨? 얀테의 법칙

2012년 6월 1일 데이비드 매컬로 주니어가 매사추세츠 주 웰즐리 고등학교의 졸업식 연단에 올라섰다. 지금까지도 회자되는 유명한 졸업 축사를 할 참이었다. 퓰리처상을 수상한 작가 데이비드 매컬로의 아들이자 그 학교의 영어 교사이니 축사를 하기에 더할 나위 없어 보였다. 더군다나 평소에 자상하면서도 학생들이 삶을 새로운 시각으로 보게 만드는 뛰어난 교사였다. 그가 연단에서 청중을 둘러보자 돋보기안경이 코끝까지 내려갔다. 졸업모와 졸업복을 착용한 학생들은 햇살 아래 서서 그가 전할 말을 숨죽여 기다리고 있었다.

매컬로는 몇 가지 웃기는 이야기로 분위기를 띄웠다. 하지만 곧 거두절미하고 본론으로 들어갔다. "보통 저는 상투적인 말이라면 그 근처에 얼씬도 하지 않습니다만, 여기 이곳은 정말이지 평평하기 이를 데 없는 운동장이군요." 운동장이란 졸업식 장소인 학교의 미식축구장을 가리켰다. "저게 의미심장합니다. 우리한테 뭔가를 말해주니까요. 그리고 여러

분의 졸업식 복장, 개성 없고 획일적이고 누구한테나 같은 사이즈의 복
장도 마찬가지입니다. 남학생이든 여학생이든 키가 크든 작든 공부벌레
든 농땡이든 춤에 빠진 날라리 여학생이든 초절정 게임 고수든, 여러분
도 아시겠지만, 모두 똑같은 차림입니다. 그리고 여러분의 졸업장도 이
름만 빼고 죄다 똑같습니다. 뭐 그럴 수밖에요. 여러분은 아무도 특별하
지 않으니까요."[1]

미국에서 이런 말은 딴죽 걸기나 다름없다. 이 강연 동영상은 삽시간
에 퍼졌고 언론의 집중 조명을 받았다. 한쪽에서는 매컬로가 졸업생들
의 미래를 축해해야 할 마당에 과한 어깃장을 놓았다고 비판했다. 물론
지지자들도 있었는데, 이들은 안도감을 표하는 편이었다. 과잉보호로
삐뚤어지고 자기도취에 빠진 젊은 세대에게 드디어 진실을 말해주었다
면서 말이다.

어떻게 보자면, 강연을 통해 매컬로는 미국의 가장 소중한 믿음 하나
를 겨냥했다. 모든 이가 특별할 수 있다고 (즉, 남과 달라야 하고 남보다 뛰어나
야 하고, 자신만의 고유한 행복과 성공을 추구해야 한다고) 보는, 나아가 그러기를
기대하는 태도 말이다. 이는 물론 미국의 위대한 정신에 속한다. 외부인
도 그런 자세에 감탄해 마지않는다. 노르딕 사람들 중에도 미국처럼 자
신의 특별함을 붙돋워주길 바라며 부러움을 느끼는 이들이 적지 않다.
노르딕 나라에서는 자율성이 매우 존중되지만, 누구도 특별하다고는 여
기지 않으며 특별해지길 기대하지도 않는다. 매컬로의 강연 동영상을
보며, 어쩐지 반가운 생각이 들었다. 저 분은 핀란드 사람이네!

◇◇◇◇◇◇

얼마간 미국에서 살다 보니 미국의 여러 장점을 분명하게 볼 수 있고 아울러 노르딕 지역의 단점들도 짚어낼 수 있게 되었다. 개인의 고유한 재능이나 행복과 성공을 추구하는 저마다의 특성을 경시하는 노르딕의 경향은 옹졸하고 실망스럽게 보인다. 특수성을 경시하는 태도가 사회에 워낙 깊이 스미고 만연한지라 스칸디나비아인(스웨덴, 덴마크, 노르웨이) 사이에는 이런 경향을 묘사하는 말도 있다.

이른바 '얀테의 법칙'이다. 1933년에 출간된 악셀 산데모세의 소설 『도망자, 자신의 자취를 가로지르다(En flyktning krysser sitt spor)』에 등장하는 십계명을 일컫는데, 얀테라는 가상의 마을 사람들의 마음가짐을 나타낸 것이다. 이 계명들은 스칸디나비아인 일반의 기질을 포착한 것으로 널리 인정받았다.

1. 당신이 특별하다고 생각하지 마라.
2. 당신이 다른 사람들처럼 선하다고 생각하지 마라.
3. 당신이 다른 사람들보다 똑똑하다고 생각하지 마라.
4. 당신이 다른 사람들보다 더 낫다고 확신하지 마라.
5. 당신이 다른 사람들보다 더 많이 안다고 생각하지 마라.
6. 당신이 다른 사람들보다 더 중요하다고 생각하지 마라.
7. 당신이 뭔가를 잘한다고 생각하지 마라.
8. 다른 사람들을 비웃지 마라.
9. 누구든 당신한테 관심을 갖는다고 생각하지 마라.
10. 다른 사람들을 가르칠 수 있다고 생각하지 마라.

핀란드에서는 잘 알려져 있지 않지만, 핀란드 사람들도 분명 이런 정서를 잘 알고 있다. 그렇다고 노르딕 사람들이 얀테의 법칙을 자랑스러워하는 것은 아니다. 오히려 저 십계명은 때론 너무하다 싶을 정도인 노르딕 기질의 다소 우울한 측면에 대해 비평적으로 접근하려 했다. 이곳에서 남다른 면모를 보인다든지 자신감을 드러내려는 태도는 전통에 깊이 물든 사람들에게는 자기도취나 이기심으로 비칠 수 있다. 성공한 핀란드 사람들은 흔히 남들이 자신의 성취를 질투하거나 깎아내리려 한다는 느낌을 받는다. 심지어 성공한 사람이 위기에 빠진 걸 보면서 남의 불행이 가져다주는 추한 쾌감을 무심코 드러내는 사람들도 간혹 있다.

동질성을 지향하는 노르딕 습성은 특히 이민자들에게 가혹할 수 있다. 스웨덴은 너그러운 이민 정책으로 널리 존경받지만, 대체적으로 노르딕 지역으로 건너온 많은 이민자에게는 그 땅의 원래 주인들이 차갑고 적대적이고 폐쇄적으로 보인다. 이런 인상은 단지 오해일 때도 있지만 충분한 근거가 있을 때도 있다. 노르딕 사람은 악의나 편견을 품은 것이 아닌데도 다른 문화권 출신들한테 곁을 잘 내주지 않는 듯 보인다. 어쨌든 동질성을 추구하는 정서는 매우 뿌리 깊고, 노르딕의 규범들은 그 지역에서 완벽하게 당연시되기 때문에 노르딕 사람들은 자신들이 다른 문화권의 사람들에게 얼마나 생경하게 비칠 수 있는지 잘 깨닫지 못하는 편이다. (물론 이 규범들이 노르딕 사람들에게도 제약으로 느껴질 수 있다.)

개인의 성취나 특별함을 낮잡아 보는 이런 인식 속에도 긍정적인 세계관이 깃들어 있긴 하다. 즉, 뽐내는 마음이 없을 때 사람은 더 매력적이며, 성공이나 업적과 무관하게 우리는 모두 하나의 인류라고 여기는 세계관 말이다. 하지만 만약 사람들 사이에서 튀지 말고 자기를 낮추라는 사회적 압력이 매우 강해 억압적으로까지 느낀다면 사람들이 진정으로 행복할 수 있을까? 만약 모두가 복제품처럼 살라고 강요받는다면 노르딕 지역이 개인주의와 독립, 자유, 기회의 땅이라고 감히 주장할 수 있을까? 많은 결점에도 불구하고 미국이 인간의 행복을 증대시키고 개인의 자유와 성공을 축하하기에 훨씬 더 좋은 나라가 아닐까?

몇 가지 점에서는 그렇다. 나는 미국의 사회구조가 나아질 여지가 다분하다고 보며, 미국 사람들과 그들이 삶을 대하는 방식이 마음에 든다. 그들은 내가 이제껏 만나본 가운데 가장 적극적이고 열정적이며 배려심이 많은 사람들이다. 어떤 일에서나 서로를 격려하고, 생각을 행동으로 옮길 방법을 찾는 자세도 존경스럽다. 미국 사회는 정말로 다양하다. 비록 불평등과 인종차별이라는 문제로 고심하고 있지만. 어쨌든 나로서는 온갖 배경을 지닌 사람들과 한데 어울려 살아가는 것이 지극히 새롭고 기쁜 경험이다. 이런 다양성과 긍정적 에너지에 이끌려 나는 미국인이 되고 싶은 것이다.

하지만 이런 문제가 있다. 노르딕 사람들이 '고유성'이나 '특별함'에 불편해하는 까닭은 그 말에 어떤 사람들은 다른 사람들보다 더 소중하다는 생각이 깔려 있기 때문이다. 미국 사람이든 노르딕 사람이든 처음에는 생각이 비슷하며 각 개인의 내재적 가치를 인정할지 모른다. 하지만 미국에서는 뛰어난 성취를 이룰 개인의 능력을 강조하며 그런 전망을 실현시키는 사람들에게 축하를 쏟아내는 경향이 있다. 이런 연유로 미국은 소득이나 직함을 비롯해 지위를 드러내는 지표를 바탕으로 한 위계에 익숙하다. 왜냐하면 그런 위계가 능력에 따른 것이라고 인식되기 때문이다. 이와 달리 노르딕 사람들은 각자의 성취와 무관하게 개인의 평등한 가치를 강조한다. 따라서 그런 위계라든가 성공의 찬양을 싫어한다.

이처럼 태도에 차이가 나는 배경은 무엇일까? 오늘날에도 미국인들은 대체로 개인이 자신의 운명을 책임져야 한다고 여긴다. 동시에 개인의 성공이나 실패가 출생의 우연에 의해 어느 정도 영향을 받는지를 놓고 갑론을박이 벌어진다. 노르딕 사람들은 오래전에 이미 그런 논란에서 벗어났다. 모든 개인의 성공은 일정 부분 자신이 스스로 창조하지 않은 요인 덕분이다. 그렇기에, 누가 성공한다면 분명 그 사실에 자부심을 느끼긴 하겠지만, 자신의 성공에 감격하거나 또는 다른 이들의 성공에 감탄할 이유는 더 적은 셈이다. 스스로 이룬 성공도 아닐뿐더러 종종 운이 따라 주기도 해서 생긴 결과이니 말이다.

감히 주장하건대, 얀테의 법칙이 표방하는 노르딕의 자세는 낡은 것이다. 사람들은 남들과 같아야 한다고 강요받지 않고, 자기를 있는 그대로 드러내고 저마다의 꿈을 추구할 자유를 누려야 마땅하다. 누구든 자신의 성취를 드러내놓고 자랑할 자유가 꼭 있어야 한다. 특히 모두에게 진정으로 평등한 기회를 마련한 사회에서라면 더더욱 그래야 한다. 어쨌든 바로 그런 평등 때문에 모든 개인은 자신의 성공에 대해, 그 성공이 가령 부모의 재력이나 연줄이 아니라 스스로의 노력에서 얻어진 정도만큼 자부심을 느낄 수 있어야 한다.

개인의 자율성이라는 개념에 논리적으로 부합하려면, 노르딕 사회는 상이한 선택들을 더 많이 지지하고 시민 각자가 다양한 방식으로 행복을 추구하도록 허용해야 할 것이다. 노르딕의 사회구조가 사람들의 자율성과 안녕을 뒷받침하는 데 훌륭한 역할을 하므로, 그 사회의 문화는 다양성과 특이성을 분명 더 잘 받아들일 수 있다.

한편 매컬로의 "여러분은 특별하지 않다" 강연은 분명히 미국의 민감한 곳을 건드렸다. 그걸 본 사람들은 만약 남다른 성공을 위해 개인의 잠재력을 애지중지하고 들쑤시고 부추기고 칭송하며 모두가 필사적으로 애쓴다고 해서 실제로 모두가 행복해지긴 하는지 의심하기 시작했다. 어쩌면 미국에 필요한 것은 성공의 정의를 철저하게 다시 생각해보는 일일지 모른다.

특별해져야 행복할 수 있을까?

미국 신문과 잡지는 성공한 기업가, 경영자, 운동선수, 그리고 온갖 종류의 특출한 신동들 이야기로 가득하다. 이런 이야기는 불안과 흥분 둘 다의 원천이다. 나는 상태가 아주 좋을 때면 그것들을 한껏 흡수하여 기분이 마냥 고무된다. 핀란드에서 살 때는 그런 감동적인 사례들은 좀체 접하지 못했다. 핀란드인은 내가 아는 한 전반적인 자기존중감이 세계 최악인데, 그래서인가 보다. 이탈리아나 스페인으로 가보라. 그곳 사람들은 자기 나라 음식, 기후, 풍경, 사람들이 얼마나 대단한지 쉴 새 없이 떠들어댄다. 프랑스로 가보라. 자국 음식이며 역사며 문학 이야기를 끊임없이 쏟아낸다. 미국으로 가보라. 미국은 세계 최고의 나라임을 확신하게 될 것이다. 핀란드로 가보라. 군이 왜 이런 델 다 왔냐는 질문을 받을 것이다.

뉴욕 집 식탁에 앉아 미국의 대단한 인물들 이야기를 읽다가 가끔씩 낙담하고 마는 것은 어느 정도 나의 핀란드인 기질 탓이리라. 분명 나도 늘 열심히 일하고 때로는 창의적이기도 했지만, TV 보고 잠자고 소일거리로 뭔가를 읽고 가족이나 친구들과 어울려 놀고 파자마 차림으로 드러누워 초콜릿 먹기를 좋아한다. 나는 경쟁, 서둘러 일하기, 빡빡한 일정, 과한 운동을 싫어한다. 미국에서 매일 엄청나게 많은 일들을 해치우는 무진장 바쁘고 빠르고 정열적이고 자신만만하고 뛰어난 사람들 이야기만 들어도 때론 힘이 빠진다. 그런 사람이 존재한다는 사실과 더불어 그들이 받는 칭송이 내 존재 전부를 나무라는 듯하다.

미국에서 평균적이라는 것은 썩 좋지는 않다는 뜻이다. 부모들은 자녀들에게 '너희는 특별하다'라고 늘 말하는데, 자녀를 사랑하고 자녀가 정말 특별하다고 진실로 믿기 때문이다. 하지만 아이들로서는 그런 부모의 기대가 스트레스와 압박감의 원천일 수 있다. 특히 아이들이 커가면서 이룬 성취가 부모가 심어준 자아상에 부합하지 않을 때 더욱 그렇다. 미국인은 한계를 극복하고 안전지대를 벗어나 끊임없이 새로운 영역을 개척해야 하는 존재들이다. 이런 태도가 발전을 가속화시키고 지구상 모두의 삶에 이바지하긴 했지만, 현재의 모습에 만족하는 삶은 야심이 없다거나 심지어 게으르다고 여겨지는 건 문제다.

주변의 워낙 잘난 미국 사람들 이야기를 매일 듣다 보니 일을 대하는 나의 자세도 조금은 달라졌다. 핀란드에 살 때는 일이 의미 있는 것이길 늘 바랐고, 많은 시간을 기꺼이 쏟아 부었으며, 심지어 필요하다면 주말에도 일했다. 그러면서도 일은 그냥 일일뿐이라고 여겼고 일 바깥에서 일어나는 삶을 중요시했다. 삶은 친구와의 저녁식사, 긴 휴가, 승마, 호수에서의 수영, 가족과 함께 시간 보내는 것이기도 했다. 나는 휴가 때 혼자서 뭘 할지 모르거나 심지어 휴가를 쓰지 않는 미국인들이 안타까워 보였다. 그런 미국인들은 일의 감옥에 갇혀 진짜 삶이 무언지 잊은 것 같았다.

미국 사람들은 자기 일을 향한 열정을 자주 이야기했다. 미국인의 수사법은 핀란드인에게는 과장이 심하게 들리긴 하지만 나도 차츰 이해가 되기 시작했다. 일은 정말 사랑해야 할 중요한 것, 단지 삶을 즐기기 위해 하는 어떤 것이 아닐 수 있다. 일 그 자체가 행복의 원천이지, 우리를 행복하게 만들기 위한 어떤 것을 위해 치르는 수단이 아닐 수 있다는 말이다. 그런 식으로 보면, 많은 핀란드인처럼 주말이나 휴가를 하염없이 기다릴 필요가 없겠다.

이제 일을 바라보는 미국식 사고가 이해는 되지만, 오늘날 성공을 추구하는 미국식 태도는 여전히 문제가 많다. 이 문제들이 행복을 갉아먹고 때론 사람들의 건강과 삶까지도 망가뜨린다. 그렇지만 사랑에 관한 노르딕 이론이 이런 문제들에도 새로운 빛을 던져줄지는 분명하지 않다.

◇◇◇◇◇◇

어느 조사에서 미국인들에게 성공적인 삶의 구성 요소들을 정의해보라고 요청했다. 응답자들은 건강, 좋은 결혼 생활 또는 좋은 인간관계, 돈을 현명하게 쓰는 법, 일과 생활의 적절한 균형, 좋아하는 직업을 갖는 것 등을 우선적으로 꼽았다. 돈을 많이 버는 것은 순위가 아주 낮았는데, 22가지 항목에서 겨우 20위를 차지했다. 또 다른 연구에서는 부모가 자녀에게 가장 물려주고 싶은 기질을 물었다. 솔직함과 진실함, 믿음직함, 가족애, 교육열 등이 답으로 나왔다. 또한 부모들은 자녀가 열

심히 일하고 경제적으로 독립하기를 희망했다. 반면 부유하고 영향력이
센 사람이 되는 것은 별로 가치가 없다고 여겼다.

그러면 미국의 젊은이들은 어떨까? 하버드 대학 연구자들이 청년들
에게 무엇이 가장 중요한지 물었다. 놀랍게도 응답자의 약 80퍼센트가
부모들이 바랐던 사심 없는 가치들과는 완전히 배치되는 답을 내놓았
다. 청년들은 개인의 큰 성취 또는 행복을 맨 윗자리에 올렸다. 부모들
이 바랐던 덜 이기적인 종류의 목표들, 가령 공정함과 다른 사람을 배려
하는 마음 등은 아랫자리에 놓았다. 또한 청년 절대다수가 밝힌 부모님
에 관한 견해는 부모들 스스로가 밝힌 것과는 사뭇 달랐다. 자녀들이 보
기에 부모들의 최고 우선순위 또한 개인적 성취와 행복 같은 이기적인
목표였다. 미국의 부모들이 자녀들에게 가르치고 싶어 하는 가치와 자
녀들이 실제로 배우고 있는 가치 사이의 이 놀라운 불일치는 왜 생긴 것
일까?[2]

두 가지 가능성이 있다. 첫째, 미국 성인들이 온정과 사랑을 높이 산
다는 말은 거짓일지 모른다. 왜냐하면 현실에서 그들은 부와 권력에 가
치를 두는 것처럼 보인다. 둘째, 그들이 내세우는 우선순위는 진실일 테
지만, 무언가의 압박 때문에 실제로는 자신들의 가치에 반하는 삶을 살
지 모른다. 어느 경우든, 어떻게 행동과 말이 그렇게나 다를 수 있는가?
너무 달라서 실제로 자녀들조차 잘못 알아볼 수 있단 말인가? 젊은 세
대는 어쩌다 개인적 성취를 무자비하고 이기적으로 추구하는 것을 가장
중요하게 여기게 되었을까?

부모가 자녀에게 바라는 바와 달리, 오늘날 미국의 잔혹한 현실에서
는 대단한 성공을 거둔 특별한 사람이 되는 것만이 훌륭한 삶을 보장하

는 유일한 방법으로 점점 더 굳어지고 있다. 인생의 핵심적인 가치들은 내팽개치고서 말이다. 미국인 기자 앨리나 터겐드의 말에 귀 기울여 보자. "부모들은 앞으로 자리가 충분하지 않을 거라며 점점 더 안절부절못하는 듯하다. 좋은 대학이나 대학원 또는 최고의 회사에 들어갈 자리가 부족하다는 것이다. 심지어 전 과목 성적이 A이고 피아노를 잘 치는 데다 운동까지 잘하는 학생이라도 뾰족한 수가 없다고 여긴다. 그리하여 마침내 평균적으로 했다가는 우리가 바라는 미래에 한참 못 미치는 삶으로 아이들을 내몰 것이라고 확신하게 된다."[3] 미국인들은 각 개인으로 보자면 일상 행동과 속 깊은 마음가짐 면에서 세계에서 가장 너그러운 사람들일지 모르지만, 기본적인 중산층의 안정을 얻는 데 필요하고 중요한 기회들을 전혀 보장하지 않는 사회에 갇혀 있다. 따라서 특별해야 살아남는다는 불안한 긴장에서 벗어날 길이 없다. 국민들에게 너무 스트레스를 많이 안겨서 자신들의 가치에 반하는 삶을 억지로 살게 만든다는 면에서, 미국은 선진국들 가운데서 남다르다.

언젠가 잡지에서 어떤 종류의 금융 상품에 관한 광고를 보았다. 거기에는 아름다운 말을 타고 먼 곳을 향해 질주하는 한 여자가 나오는데, 여자의 등에는 이렇게 적혀 있었다. "돈은 세상더러 사라지라고 말할 수 있다는 뜻이다." 핀란드에 살 때 나는 돈을 많이 모으지 않고서도 언제든 내가 원하면 세상더러 사라지라고 마음껏 외칠 수 있었다. 나는 매년 5주의 유급 정기휴가를 떠났는데, 대체로 휴가 중에는 업무 관련 이메일을 읽지 않았다. 나는 성공적이고 만족스러운 삶을 위해 부와 권력을 얻어야겠다고 느낀 적이 없었다. 미국으로 건너온 후 그 광고를 종종 떠올렸다. 미국에서는 자신에게 가장 중요한 것—가족과 함께 시간 보내기,

자녀에게 좋은 교육 시키기, 가족의 건강 지키기 등—을 할 수 있으려면, 실제로 상당한 액수의 돈이 있어야 한다. 하지만 그건 뜨거운 감자 잡기와 다름없다. 큰돈을 벌게 해주는 직업 경력을 쌓은 미국인들은 대체로 여가 시간을 많이 낼 수 없다. 많은 시간을 요하지 않는 직업을 가진 사람은 대체로 돈을 많이 못 벌어서 불안하고 종종 부업을 한다.

적어도 매우 특별하고 아주 큰 성공을 거두었고 굉장히 부유한 미국인 한 명이 이런 문제들을 숙고해보았다. 《허핑턴 포스트》 창립자인 아리아나 허핑턴인데, 최근의 저서 『제3의 성공』에서 미국인들은 성공을 새롭게 정의해야 한다고 썼다. 모두가 열심히 일하기보다, 성공의 더 건전한 버전을 추구해야 한다, 또한 우리 자신의 개인적인 안녕, 지혜 함양, 경이로움을 느끼는 능력, 서로 나누는 삶을 지향해야 한다는 것이다. 그 말을 듣고 나는 움찔했다. 분명 좋은 목표이고 허핑턴의 마음은 올바른 자리에 있는 듯하다. 하지만 그녀가 제시한 방법은 문제를 해결할 것 같지가 않았다. 미국인에게 필요한 것, 대단한 성공을 거두려고 버둥거리는 삶을 멈출 방법은 간단하다. 저렴하면서도 질 좋은 의료, 탁아 서비스, 교육, 그리고 최저생활임금과 유급 휴가다. 여러 연구에 의하면, 미국인 대다수는 기꺼이 지금보다 더 적은 시간 일하겠다고 밝혔으며 소수만이 더 책임감이 큰 직업을 갖고 싶다고 했다.[4] 허핑턴의 생각과 달리, 미국인들은 휴식이 필요함을 모르지 않는다. 그럴 여건이 안 될 뿐이다.

물론 기본적인 수준의 경제적 안정과 숨 돌릴 여유를 얻었다고 해서 행복이 꼭 따라오지 않는다는 건 인정해야 한다. 사실 연구자들이나 미디어에 등장하는 논평가들은 종종 기이한 역설 하나를 지적한다. 즉, 가난이나 기타 어려운 상황 속에 사는 사람들이 좋은 형편을 다 갖춘 듯한 사람들보다 종종 인생을 더 긍정적으로 본다.

멀리 찾을 것도 없이, 미국인과 핀란드인의 차이를 보라. 미국인들은 늘 낙관적이고 핀란드인들은 별로 그렇지 않다. 뿌루퉁한 노르딕 사람들이 국제 조사에서 세계에서 가장 행복하다고 평가받는 것은 도대체 무슨 뜻일까?

낙관주의자 VS 비관주의자

때때로 미국인 지인들은 내가 노르딕 나라를 칭찬하면, 다음과 같은 문제를 들먹이며 설명을 요구한다. 만약 핀란드가 그렇게 좋은 곳이라면, 왜 자살률이 높은가? 사람들이 행복하지 않다면 훌륭한 복지 제도와 일 잘하는 정부가 다 무슨 소용인가? 희한한 역설이 아닐 수 없다. 물론 미국인들은 불안정하고 스트레스 가득한 삶을 살면서도 자신들을 주체할 수 없는 낙관주의자로 규정한다. 노르딕 사람들, 특히 핀란드인은 미국인들보다 안정감을 느끼고 훨씬 살기가 좋은데도 비관주의에 기운다.

여러 면에서 나는 미국인의 긍정적인 사고를 좋아한다. 가장 좋을 때면, 그것은 열정과 환희를 가져다주고 무엇이든 할 수 있다는 정신을 북돋운다. 핀란드에서는 사람들이 불평하고 기회 대신에 불가능성을 보는 태도 때문에 힘이 빠진다. 그래서 심지어 어떤 프로젝트를 추진해야 할 때에도 뒷걸음치곤 한다. 미국에서 살다가 핀란드로 되돌아간 친구들은 돌아온 고국에서 가장 견디기 어려운 것이 사람들의 부정적 성향이라고 입을 모은다. 하지만 반대로 미국에서 살면서 고국을 되돌아보는 나로서는 미국의 이토록 긍정적인 사고가 어떻게 그토록 가파른 비탈길을 낳았는지 의아하지 않을 수 없다.

미국은 낙관주의가 흘러넘치다 보니 부정적 느낌은 환영받지 못할 때가 많은 문화다. 미국에서는 암 환자에서 실업자와 극빈자에 이르기까지 모두 긍정적인 면을 보라고, 더 나은 미래를 꿈꾸라고, 무슨 변변찮은 혜택을 받든 감사를 표하라는 분위기다. 이런 것이 나쁠 게 뭐 있나?

◇◇◇◇◇◇

부정적 느낌은 발전을 위해 꼭 필요한 촉매일 수 있다. 과도한 낙관주의는 실제로 목표 추구를 방해할 수 있다. 뉴욕 대학과 함부르크 대학의 심리학 교수인 가브리엘레 외팅겐과 동료들이 실시한 연구에서는 피실험자들을 다양한 상황에 두고서 자신들의 목표에 대해 어떤 마음가짐인지를 알아보았다. 살을 빼려는 여성들, 낫기 바라는 아픈 사람들, 좋은 성적이나 데이트 기회 또는 일자리를 얻으려는 학생들. 연구자들은 이들에게 결과가 어떻게 나올지 다양하게 상상해보라고 한 후, 나중에 실제 생활에서 어떤 일이 벌어졌는지 조사했다. 낙관적인 사람일수록 결과가 나빴다. 외팅겐 교수가 설명하기로, 긍정적 사고는 우리의 마음을 속여 이미 우리가 목표를 달성했다고 여기게 만듦으로써 목표 추구 의지를 약화시킨다. 그리고 다른 골치 아픈 결과를 야기할 수도 있다. 한가지 예를 들어보자. 베스트셀러 작가 바버라 에런라이크는 긍정적 사고라는 미국의 복음이 근래의 금융 위기를 거들었다고 주장한다. 가난한 이들을 부추겨서 감당도 못할 담보대출을 받게 만들었고 또한 부자

들이 합리적이지 않은 위험을 감수하게 만들었기 때문이다.5♦

역경이 닥쳤을 때 발휘되는 긍정은 존중받을 만한 자질이며, 그런 사람은 늘 부정적인 사람보다 가까이 하기에도 훨씬 즐겁다. 반면 마음을 누그러뜨려 상황을 개선시키기 위해 필요한 변화를 추구하기 어렵게 만들기도 한다. 불평은 불쾌하고 무용한 듯하지만, 때로는 진정한 변화를 (단지 개인 차원만이 아니라 세계적 차원까지 포함한 변화를) 위한 첫걸음이라는 점에서 정당화될 수 있다.

그럼에도 나는 왜 많은 미국인이 근거가 다분한 불평 대신에 근거 없는 낙관을 택하는지 이해가 된다. 삶이 언제라도 파탄날 수 있다고 느끼는 사람은 사소한 부정적 기미조차도 마지막 잎새로 보일 수 있다. 미국에서는 때때로 낙관주의가 자신에게 허락할 수 있는 유일한 사고방식이다. 설령 자기기만에 걸터앉는다 해도 말이다. 어쨌든 생활의 안정이 없으니 할 수 있는 일이라고는 우울증에 빠지거나 개인적인 보호 장치—요가나 명상, 식이요법 등—에 의존하는 것뿐이다. 그것도 아니면 패스트푸드나 먹으면서 TV 리모컨으로 만사 시름을 잊을 수밖에 없다.

의심스럽고도 해롭기까지 한 자기계발 관련 산업—불운한 사람들에게 헛된 장밋빛 희망을 팔아서 수익을 올리는 산업—이 미국에서 성황인 이유가 다 있다. 실제로 핀란드에는 자기계발을 외치는 구루가 거의 존재하지 않는다. 필요가 없으니까. 그 사안은 노르딕 사회의 다른 영역들과 마찬가지로, 사랑에 관한 노르딕 이론의 기본적인 목표—모든 개인에게 독립을 제공하는 것—에 따라 자유의 문제로 귀결된다. 여기서

♦ 바버라 에런라이크가 자본주의와 철저한 공생 관계를 맺고 있는 긍정 이데올로기의 문제점을 전방위적으로 파헤친 저작『긍정의 배신』(2011, 부키)은 출간 직후 베스트셀러가 되었고 격렬한 논쟁을 불러일으켰다.

말하는 자유란 거짓 희망에 에너지를 투자하지 않을 종류의 자유다. 희망적 사고는 아무래도 한계가 있다. 궁극적인 희망은 기회가 실제로 존재할 때 생기는 것이다. 그리고 진짜로 기회가 있다면, 심리적 에너지나 열정에 대한 끝없는 요구라든가 온갖 어려움에도 살아남는 영웅적 이야기의 남발이 굳이 필요하지 않다.

◇◇◇◇◇◇

　미국에서 종종 받았던 질문 "왜 핀란드인들은 그렇게나 훌륭한 사회에 산다면서 더 낙관적이지 않으요?"에 관해 곰곰이 생각하다가, 그것을 조금 다른 질문으로 바꾸어보았다. 나한테는 이쪽이 대답하기에 더 적합할 것 같다. '핀란드인들은 부정적 성향에도 불구하고 어떻게 그처럼 훌륭한 사회를 이루어냈는가?' 답은, 아마 핀란드인들은 비관주의에도 '불구하고'가 아니라 비관주의 '때문에' 훌륭한 사회를 이룬 것이리라.

　핀란드인들이 어떤 부당함을 알아차릴 때마다 쏟아내는 숱한 분노와 불평은 특히 그런 부당함이 사소하게 여겨지는 나라 사람들에게는 성가시게만 보일 테다. 그렇기는 해도 이런 부정적 반응 능력이야말로 핀란드의 성공 비결의 하나다. 핀란드 사람들은 사회 환경을 개선할 실질적인 변화를 재빨리 요구한다. 오늘날 미국인은 내면으로 향하고 명상하고 긍정적 사고를 함양하는 쪽으로 기울고 있지만, 핀란드인은 문제가 있으면 고쳐질 때까지 정치인들한테 고함을 칠 것이다. 누구도 자신의 문제와 과제에만 집중하자고 권유하지 않을 것이다. 하지만, 앞서 언급한 외팅겐의 연구에 근거할 때, 우리의 목표를 이룰 최상의 방법은 긍정적 사고를 현실주의와 결합시키는 것이다. 달리 말해, 핀란드인과 미국인의 중간 지대를 찾자는 말이다.

노르딕 지인들의 삶과 미국 지인들의 삶을 비교하면, 설령 어느 나라 국민이든 겪게 되는 저마다의 고충을 감안하더라도, 한 가지는 분명하다. 내가 아는 노르딕 사람들이 훨씬 여유롭고 스트레스가 없다. 그것이 행복의 최종적 정의는 아닐지 모르지만, 훌륭한 출발점임은 확실하다.

우리는 언제 진실로 자유로운가

라르스 트래고드와 사랑에 관한 노르딕 이론을 놓고서 스카이프로 처음 대화를 나눈 지(67쪽 참조) 1년쯤 지나서 나는 스톡홀름으로 가서 그와 점심을 함께 했다. 스톡홀름에서 요즘 잘나간다는 쇠데르말름 지역의 유명한 식당에서였다. 미국에서 오래 살다가 스웨덴으로 돌아온 소감이 어떤지 물어보았다. 어쨌거나 그는 십대이던 1970년대에 다시는 돌아오지 않을 거라며 스웨덴을 떠났던 사람이다. 그는 당시 스웨덴 사회에서 구속감을 많이 느꼈고, 지금도 미국식 자유에 애착을 갖고 있다.

"나는 각별히 서쪽을 좋아합니다." 우리가 처음 스카이프로 대화할 때 그가 내게 했던 말이다. "그런 식의 자유를 좋아하는 자유주의자 기질이 있어요. 노르딕의 사회계약이 대다수 사람에게 매우 좋다고 아무리 이성적으로 생각할 때조차도 내 안에 있는 아주 강한 미국식 자유주의자는 어떤 구속도 싫다고 합니다."

그날, 미트소스와 으깬 감자와 월귤로 구성된 오늘의 요리를 먹으면서도 트래고드는 미국에 여전히 그리운 것들이 많다고 되뇌었다. 그는 늘 인맥을 늘려가는 미국식 사교 방식이 좋지, 스웨덴처럼 허구한 날 옛 친구들하고만 어울리는 건 별로라고 했다.

하지만 귀국해보니 스웨덴은 많이, 더 나은 쪽으로 달라져 있었다. 훨씬 개방적이 되었고 흥미로운 도시 생활과 다양성이 존재했다. 미국 또한 달라졌다. 처음 미국에 도착했을 때 그 나라는 '사랑의 여름'✦으로 대표되던 1960년대에서 막 벗어난 참이었다. 이후 그는 미국인의 가치관 변화를 목격하고 혼란스러웠다.

"내 아이 또래 자녀를 둔 뉴욕 친구들을 보면 스웨덴으로 돌아오길 잘했다 싶어요. 그들은 벌써부터 시험 때문에 큰 압박을 받고 있어요. 여기서는 아이들한테 독립심을 길러주고 실컷 놀게 하고 아이로 지내도록 하는 걸 중시합니다. 뉴욕은 그렇지가 않아요. 네 살배기한테 시험을 치르게 한다는 발상 자체가 병적인 겁니다."[6]

트래고드는 대학생 때 장학금을 받는 등 미국에서 좋은 기회들을 얻었지만, 자기 아이들은 그때와는 또 다른 미국을 접하게 되었다고 한다. 스웨덴은 점점 더 그에게 우호적으로 비쳐졌지만, 미국은 그 반대가 되어갔다.

"스웨덴처럼 사람들이 느긋하게 살 수 있는 상황에서는 사회가 원만하게 돌아갑니다. 계급 문제가 생기지도 않고, 사람들이 돈을 많이 쓰지도 않고, 작은 집단 속에 고립되지도 않지요. 아이들을 일찍부터 심각한 경쟁 체제 속에 밀어 넣지 않아도 되고요. 아이가 생기면 정말 그게 중요합니다. 그리고 자녀 교육에는 경제적 측면이 동반되죠. 뉴욕 시에서

✦ Summer of Love. 1967년 미국에서 일어난 사회현상으로, 자유롭고 반항적인 히피 문화를 추구했다.

스톡홀름의 '올드 타운' 감라스탄(위)을 지나 깍아지른 언덕을 오르면 요즘 '잘나가는'
쇠데르말름 지구가 펼쳐진다(아래). 저자가 이야기한 곳은 쇠데르말름에서도 소포 거리로,
서울 가로수길처럼 개성 넘치는 가게와 카페, 식당이 즐비해 젊은이들이 많이 모여든다.

학계에 종사하는 내 친구들도 그런 불만을 토로하더군요. 소득이 꽤 넉넉한 교수들조차 그렇습니다. 자녀의 대학 공부를 위해 일찌감치 저축을 시작해야 하죠. 그렇다 보니 구속감을 느끼지 않을 수가 없습니다."

식사를 하면서 다양한 사회과학 서적과 연구 자료들을 살펴보았다. 그는 내게 여러 나라 사람들의 가치관과 믿음을 측정하는 국제 조사 프로젝트인 '국제 가치관 조사(World Values Survey)'의 결과 그래프를 보여주었다. 그 데이터를 연구하면서 트래고드는 두 가지를 알아냈다. 첫째, 개인의 자아실현과 자율성 면에서 스웨덴이 스펙트럼의 가장 높은 자리에 위치한다. 정말로 스웨덴을 나타낸 점들은 그래프의 오른편 위쪽에 높게 솟아 있었다. 다른 노르딕 나라들은 그 아래에 바짝 붙어 있었다. 미국은 그래프 상에서 상당히 아래쪽에 위치하는데, 이는 미국인들의 가치관이 꽤 구시대적이고 집단주의에 기울어 있다는 뜻이다.

그래프에서 특별한 위치에 있는 스웨덴을 보면서 자연스레 이런 생각이 들었다. 정말 스웨덴이 모든 나라들이 따를 훌륭한 모범국가일까, 어쩌면 그저 자기 식대로 사는 독특한 나라일 수도 있지 않나? 트래고드는 이런 답을 내놓았다. "이런 연구들은 1980년대 이후 실시되었는데, 만약 이것이 정지된 그림이 아니라 동영상이었다면, 전 세계가 이쪽으로 움직이는 것이 보일 겁니다." 그는 손을 스웨덴을 표시하는 점으로 움직였다. 노르딕 나라들은 그냥 특이한 것만이 아니라 흐름을 주도하고 있었다. 21세기의 모든 선진국들이 핵심적인 사회 가치 면에서 노르딕과 비슷한 방향으로 이동하고 있다. 트래고드에 따르면, 그 이유는 어디에 살건 누구나 자유가 적은 것보다 많은 걸 좋아하기 때문이다. 반면, 오늘날 미국 사회는 느림보다. 세계적 추세를 수용하지 않고 다른 선진국들이 향하는, 즉 자유가 더 많은 방향으로 나아가지 못하고 있다.

"개인의 자유 추구를 촉진하지 못하는 사회 체계는 늘 불리한 상황에 놓이게 됩니다. 한때 미국의 강점은 사회이동성과 아메리칸 드림이었어요. 하지만 사회적 투자 없이는 사회이동이 가능하지 않습니다. 따라서 공립학교와 같은 공공 체계를 포기하기 시작하면, 불평등과 폐쇄적 공동체, 신뢰의 붕괴, 나아가 비틀거리는 정치 체계로 귀결되고 맙니다. 이 모든 게 지금 미국에서 벌어지고 있고요."

◇◇◇◇◇◇◇

어느 여름, 트레버와 나는 와이오밍으로 여행을 갔다가 극적인 의견 일치를 봤다. 우리는 처음으로 로데오 구경을 해보고 싶었다! 자갈 덮인 주차장에 차를 세운 뒤 철제 관람석에 앉으니, 햇살 가득한 오후에 말과 흙 내음이 뒤섞여 우리를 휘감았다. 경기는 로데오 여기수가 말을 타고 경기장을 돌면서 커다란 성조기를 휘돌리는 것으로 시작했다. 이어서 미국 국가가 울려 퍼졌다. 다부진 체구의 로데오 기수들은 펜스를 따라 줄지어 선 채 카우보이모자를 벗어 가슴에 댔다. 국가 제창이 끝나자 아나운서가 관객들에게 일깨워주었다. 이 위대한 나라에서 모두가 누리는 자유에 감사해야 한다고.

로데오가 끝난 후 우리는 천천히 차를 달려 숙소로 향했다. 캄캄한 도로는 숲과 평원을 어슬렁대던 사슴들이 점령한 상태였다. 돌아가는 길에 나는 국가 제창 후 아나운서가 했던 말을 곰곰이 되새겨보았다. 미국인들이 누리는 자유가 얼마나 감사한 것이냐…. 미국인들이 좋아하는 정서이며, 종종 표현하기도 한다. 미국에 온 이민자들은 언론의 자유와 같은 기본적인 자유를 보장하지 않는 나라 출신이 많다. 그렇지만 한편으로는, 미국은 자기네와 마찬가지의 자유를 누리면서도 그처럼 난리법석 떨지는 않는 나라도 전 세계에 아주 많다는 사실을 모르는 것 같다. 나아가 미국에 없는 새로운 종류의 자유를 누리는 시민들이 있다는 사실도 알아차리지 못하나 보다.

창밖으로 와이오밍의 광대한 밤을 보고 있노라니 로데오 경기의 흥분과 광활한 서부의 풍경이 새삼 감탄스러웠다. 나는 스스로에게 물었다. 우리는 언제 진정으로 자유로울까?

초원에 홀로 사는 다부진 카우보이처럼 아무도 당신에게 무언가를 달라고 하지 않고 동시에 누구도 내게 무언가를 주지 않을 때 자유로울까? 세상과 담 쌓고 자급자족 생활을 하면서, 간혹 도움이 필요하면 가족과 이웃에게 기댈 수 있는 정도면 자유로울까? 아니면 부모의 재력이나 능력과 무관하게 스스로 원하는 삶을 선택할 수 있다는 걸 알 때, 그리고 자기나 가족이 비틀거릴 때 사회가 나서서 도와줄 수 있음을 확신할 때 자유로울까?

첫 번째와 두 번째 시나리오가 솔깃하다. 왜 아니겠는가? 그렇게 사는 사람들은 여러 면에서 자유롭다. 하지만 나는 로데오 경기장을 다시 떠올려보았다. 본 행사가 끝나자 아나운서는 관객 중에서 아이들을 전부 경기장 안으로 불러 와주서 고맙다고 한 뒤, 아이들이 꼬마 카우보이처럼 경기장을 달리며 양 세 마리를 쫓도록 해주었다. 미국은 자유를 사랑하고 또 분명히 아이들을 사랑한다. 하지만 현실 생활에서 그 두 가지 모두를 챙기기란 극히 어렵다. 로데오 경기장을 떠나면 아이들은 다시 찬밥 신세다.

21세기로 진입한 요즘 나라들은 자유를 이전보다 더 풍성한 어떤 것으로 여긴다. 모든 개인에게 진정한 기회가 보장되므로 좋은 삶을 스스로 마음껏 추구할 수 있고, 뜻밖의 불운으로부터 참된 보호를 받을 수 있어 불필요한 두려움과 불안을 겪지 않아도 된다는 심리적 확신을 자유라고 여긴다.

핀란드에 갔다가 친구 몇몇과 술집에 들른 적이 있었다. 여행 애호가이자 두 아이의 아버지인 한 친구가 질문을 던졌다. "노르딕 모델은 엄청난 일을 해냈어. 그건 기정사실이야." 그는 힘차게 말문을 열었다. "하지만 핀란드에 온 김에 '우리'한테 좀 알려줘봐. 왜 미국이 세계에서 다른 어느 나라보다 압도적으로 뛰어난 건지. 경제 면에서도 군사력 면에서도 예술 면에서도 말이야. 사실 그래. 근데 왜지? 그리고 왜 보통 미국인의 생활은 그렇게 안 보이지?"

질문의 첫 번째 부분은 내가 대답할 수 있었다. 미국은 풍부한 천연자원을 가진 대국이다. 자국 내에서 수백 년 이상 처참한 전쟁 없이 그리고 처음에는 원주민들을 몰아내고 이후에는 노예 노동을 이용한 덕분에 사회를 건설할 수 있었다. 미국은 마치 자석처럼 전 세계에서 사람들을 끌어 모았으며, 사람들을 일하고 창조하도록 격려하는 데 뛰어났다. 노예제와 지속적인 인종차별 문제를 제외하면(사실은 큰 결점이지만), 미국은 민주주의와 기회, 자유 면에서 전 세계를 선도했다. 1800년대 초 프랑스인 알렉시 드 토크빌이 미국에 도착했을 때 그는 이 젊은 나라의 발전과 성취에 깜짝 놀랐다. 당시 유럽은 여전히 왕과 차르와 대지주 상류계층의 대륙이었으니까. 토크빌은 미국을 세계의 다른 나라들이 종국에는 따라야 할 모범이라고 보았다. 모든 사람이 자유롭고 평등하며 스스로 벌어서 생계를 유지하는 민주주의 국가 말이다. 오랫동안 미국은 국민을 교육하고 부를 국민 대다수에게 퍼뜨리는 면에서도 앞서갔다. 따라서 미국의 우월성은 국민의 일상생활에서도 저절로 드러났다. 미국인은 가장 자유로웠고 가장 부유했다.

친구의 두 번째 질문은 답하기가 어려웠다. 왜 미국의 우월성이 더는 보통 사람들의 생활에서 드러나지 않을까? 세계의 다른 선진국들은 저마다 국제화와 기술 발전이 초래한 유사한 21세기적 문제들을 안고 있지만 적어도 중산층은 삶의 질 면에서 미국 중산층을 따라잡았으며 여러 면에서 능가했다.

내가 할 수 있는 대답은 이것이었다. 미국은 언제부턴가 평등한 기회, 민주주의, 말로만 자유를 외치는 것으로는 충분하지 않음을 잊고 말았다. 그런 것들은 구체적 행동을 통해 보호하고 뒷받침해야 하는데, 최근 수십 년간 미국인들은 그러기를 소홀히 했다. 그 여파는 심대했다. 여러 사례로 볼 때, 미국인이 어렵게 생활하며 느끼는 자책감, 좌절감, 불안은 십중팔구 어떤 개인적 실패에서 비롯한 것이 아니다. 심지어 잘사는 사람들까지도 심각한 스트레스를 동반하는 경제적 어려움으로 내몰린다. 사람들은 진이 다 빠진다.

왜 이런 걸 감내해야 하는가? 다 합쳐 2600만 명의 노르딕 시민에게 이미 효과가 검증된 다른 삶의 방식이 존재하는데도 말이다. 요즘 내 노르딕 친구들을 보면 다들 아주 자유로워 보인다. 일하고 아이를 갖고 취미 활동을 하고 세계를 여행하면서도 경제가 파탄날까를 전혀 걱정하지 않는다. 그들에겐 의료 혜택과 탁아 서비스와 연금이 있다. 원하는 교육은 뭐든 받을 수 있고, 그런다고 해서 재정 상태가 위험에 빠질 염려도 없다.

노르딕 나라들에도 경제 방면에서 보수주의자와 자유주의자가 존재한다. 이들은 공공 복지를 축소하고 민간 부문으로 이전하길 원한다. 일부는 노르딕이 나아가야 할 방향의 빛나는 모범으로 미국을 지목한다. 그런 견해를 들을 때면 걱정스럽다. 물론 노르딕이 미국에게 배울 게 많다. 그러나 동시에 노르딕 나라들은 사회안전망을 갖춘 자유로운 사회를 거뜬히 만들어냈다. 결코 완벽하지 않지만, 이 모든 성취를 간과해서는 안 된다. 특정한 상황이나 고유한 문화의 부산물로 치부되어서도 안된다. 오해하지 말자. 이런 성취는 사랑에 관한 노르딕 이론에서 영감을 받은 것일지 모르지만, 문화의 성취가 아니라 정책의 성취다. 그리고 어떤 나라든지 특히 미국도 똑똑한 정책을 도입할 수 있다.

◇◇◇◇◇◇◇◇

미국에 오래 살수록 이곳에서의 새로운 삶의 많은 측면들이 더 좋아졌다. 사람들, 즉 미국인 가족과 친구들이 좋다. 다양성이 있다. 자연의 아름다움이 있다. 가족을 사랑하고 이웃을 돕고 낯선 이들에게도 친절과 너그러움을 베푸는 따뜻한 미국의 가치가 있다. 그리고 전 세계에서 이 나라에 몰려온 인재의 바다가 있다. 그들은 상상 가능한 인간 활동의 모든 분야에서 놀랍도록 뛰어난 성과를 일구어낸다. 미국에 건너온 후비로소 내가 세계의 일부가 된 것 같았고 그 느낌에 가슴이 벅찼다. 마치 작고 조용한 오두막집에서 사는데 갑자기 창문이 모두 열리면서 바깥세상의 축제가 눈앞에 펼쳐진 것 같았다. 근사한 오두막집에 사는 것도 좋지만 야외의 축제에도 참여하고 싶었다.

나는 미국 생활의 장단점을 심사숙고해보았다. 단점은 앞으로 내가 가족을 꾸리고 중산층으로 살아가는 모습을 그려보았을 때, 거의 일상적으로 느끼게 될 무거운 부담감이다. 핀란드에서 누릴 수 있었던 삶의 질, 즉 사회안전망이 갖추어져 있고 잡다한 행정상의 어려움이 거의 없고 사랑하는 이들과 함께 보낼 시간이 많은 그런 삶을 살기에 충분한 돈을 벌 수 있을지 늘 신경이 쓰인다. 장점은 내가 미국을 좋아하는 모든 측면이다. 그리고 내가 가장 몰두하고 있던 질문은 이것이다.

'그 두 가지 중에서 꼭 하나만 선택해야 하나?'

개인주의는 서구 문화의 위대한 토대 가운데 하나다. 하지만 사회가 개인적 독립과 기본적인 안전을 보장해주지 않으면 불만, 불안, 혼돈이 초래될 수 있다. 오랫동안 미국은 발걸음을 거꾸로 돌려 과거의 서부시대로 되돌아갔다. 반면 노르딕 나라들은 개인주의를 논리적 방향으로 이끌어 진일보했고 미래로 나아갔다. 세계 언론이 노르딕 나라들에 늘어놓은 찬사의 일부는 분명 과장되고 지나치게 긍정적이긴 하지만, 높은 삶의 질과 건전한 사회가 21세기에 어떤 모습이어야 하는지에 관한 하나의 모범을 창조해냈음은 분명하다.

빌 클린턴이 핀란드 대통령 타르야 할로넨에게 던진 질문, 즉 다른 나라에게 어떤 조언을 해주겠냐는 질문은 좋은 것이다. 노르딕 나라들은 미국도 따를 수 있는 모범을 마련했다. 그것을 따르는 과정에서 미국은 다시 세계 최고의 나라였던 과거의 영광을 되돌릴 수도 있다. 그렇게 된다면 나로서도 미국에 영원히 머물고 싶을지 모른다.

에필로그

2013년 11월 6일 수요일. 브루클린 도심의 연방지방법원 소속 뉴욕동부지원에 들어섰다. 미국인 남편 트레버와 핀란드인 친구 알리가 내 뒤를 따라 들어왔다. 나는 근엄한 얼굴들의 초상이 줄지어 걸린 실내로 들어가서 긴 나무 의자에 앉았다. 내 왼쪽에는 나이가 지긋한 한국 남자가 앉았고 오른쪽에는 젊은 중국 남자가 앉았다. 다른 자리들은 카리브 해지역 출신 여자들, 연령대가 다양한 아시아계 남녀들, 노령의 금발 여인 한 명이 차지했다. 금발 여인은 귀고리를 하고 진녹색 턱시도를 입은 대머리 사내와 러시아어로 이야기를 나누고 있었다. 머리에 수건을 둘러 쓴 한 늙은 여자는 앞줄에서 몸을 숙인 채 꾸벅꾸벅 졸고 있었고, 히잡을 쓴 한 여자는 유모차에 탄 아이와 색연필과 종이로 놀아주고 있었다.

우리 모두는 한가운데에 자리한 테이블로 한 명씩 차례로 불려나가 문서를 제출하고 증명서에 들어갈 서명을 한 다음 다시 기다렸다. 나는 가지고 온 책 『앵무새 죽이기』를 읽었고 왼편에 앉은 사람과 이야기를 나누었다. 한국 출신인 그는 1970년대에 미국으로 와서 4년간 미군에서 복무한 다음, 내가 사는 곳에서 그리 멀지 않는 곳에서 줄곧 사업을 하다가 은퇴했다고 한다. 내 오른쪽 남자는 영어를 잘 못하는 듯했다. 등록 서류가 전달되었을 때 그는 중국어 버전에 기입 사항을 적었다.

드디어 가족과 친구들도 우리가 있는 방으로 안내되었고 곧 판사가 들어왔다. 모두 일어섰고 판사의 인도에 따라 새로운 시민이 되기 위한 충성 선서를, 이어서 '국기에 대한 맹세'를 낭송했다. 판사는 자신도 그리고 여러 동료 판사들도 영어도 못하는 어린 나이에 미국에 와서 지금은 연방판사에 올랐노라고 말했다. 또한 지금 우리들이 미국 정부에게 느낄지 모르는 불신을 십분 이해한다면서도(미국 정부가 그 즈음 내놓은 전자감시 제도를 가리켰다) 미국은 여전히 기회의 나라라고 힘주어 말했다. 판사의 말이 끝나자 우리는 한 명씩 호명되어 증명서를 수령했다. 그것으로 나는 미국 시민이 되었다.

트레버랑 알리와 함께 법원 문을 나와 서늘한 가을날 속으로 걸어 들어가면서 나는 마냥 들떴다. 어떻게 여기에 왔지? 핀란드의 작은 변두리 출신이 미국 시민이 되었단 말이야? 나보다 훨씬 이 시민권이 필요한 전 세계의 수백만 명을 생각했고, 미국에 사는 수십만 불법 이민자들을 생각했고, 그들 다수가 어렸을 때 이 나라에 왔지만 여전히 시민권을 얻기가 어렵다는 현실을 생각했다. 하지만 햇빛에 눈을 찡그리며 또 생각했다. 미국의 위대함에 자부심을 느끼면서 동시에 잔혹한 불평등에 당혹해하는 이런 마음이 오늘날 미국 경험의 본질이 아닐까?

한편 미국 시민이 되려고 준비하면서 얼마나 열심히 미국 역사를 읽고 헌법과 독립선언서를 공부했는지도 떠올렸다. 그러자 이 사회의 구성원이 된다는 것이 얼마나 대단한 일인지 실감이 났다. 나는 미국의 기본적 이상들, 자유와 정의의 근본적인 가치들을 받아들이기 위한 능동적인 선택을 했던 것이고, 내가 해야 할 일은 그것뿐이었다. 누구도 나더러 종교나 식사법 또는 습관을 바꾸라고 요구하지 않았다. 누구도 내가 추수감사절에 칠면조를 먹는지 미식축구를 좋아하는지 묻지 않았다. 영어를 쓰라고 요구하긴 했지만 그거야 기본적인 요건이었다. 나는 본래의 나로 지낼 수 있다. 그리고 누구든 본래의 자기를 바꾸지 않아도 될 권리를 지닌다는 미국식 사고방식을 인정하기만 하면 나는 이 사회에 받아들여진다. 그럴 수 있는 나라는 세계에서 그리 많지 않다.

우리가 법원 문 밖에서 기념사진을 찍고 주변을 둘러보고 있을 때였다. (근처에 애플파이 먹을 만한 데가 어디 있지?) 한 남자가 새로 미국인이 된 아내와 함께 법원에서 나왔다. 그는 들떠서 아내를 연신 껴안았고 아내는 나와 마찬가지로 손에 증명서를 쥔 채 수줍은 미소를 지었다. 트레버가 그 부부의 사진을 찍어주었다. 우리와 헤어져 반대 방향으로 향하던 남자가 나를 돌아보며 말했다. 빙긋 웃으며.

"미국을 즐기세요. 당신 마음에 들면 좋겠네요."

감사의 말

2008년 말에 미국으로 건너왔을 때만 해도 나는 이 광대한 나라에 아는 사람이라고는 고작 몇 명뿐이었다. 핀란드에서 일할 때 나는 책을, 그것 도 영어로 쓸 생각은 꿈도 꾸지 않았다. "(사람은) 낯선 이의 친절에 기댄 다."라는 말은 상투어가 되긴 했지만, 내가 한 일이 바로 그것이었다.(테 네시 윌리엄스의 『욕망이라는 이름의 전차』에 나온 대사다. 이 유명한 구절을 처음 말했던 블랑슈 뒤부아에게는 사실상 통하지 않았던 전략이지만.) 수많은 미국인이 우애와 지원과 조언을 건네주었으며, 내가 잘할 수 있다는 증거가 없는데도 내 능력을 믿어주었다. 그들 모두에게 크나큰 감사를 드린다.

심심한 감사를 이 책의 편집자인 게일 윈스턴을 포함한 하퍼콜린스 출판사의 모든 분에게 드린다. 내 에이전트 킴 위더스푼을 포함해 잉크 웰 매니지먼트의 모든 분에게도 감사드린다. 스테파니 메타를 포함해 내가 잠시 특별연구원으로 활동할 때 《포춘》에서 일하던 모든 분, 《뉴욕 타임스》의 시웰 챈, 《애틀랜틱》의 제니 로텐버그 그리츠 그리고 휴 밴

듀센과 웬디 울프에게도 감사드린다. 이 모두가 나를 믿어주고 미국에서 작가 생활을 시작하는 데 도움을 주었다. 특히 게일은 이 책의 어수선한 초고를 대하고서도 전혀 낙담하지 않았다. 대신에 위대한 편집자의 진면목을 보여주었다. 작가를 구해낸 것이다.

아울러 코네 재단, 알프레드 코르델린 재단, 핀란드 논픽션작가협회가 보내준 지원에도 감사드린다. 헬싱긴 사노마트 재단이 특별연구원이 될 수 있게 자금을 대준 덕분에 미국에 올 수 있었다. 감사드린다.

이 책을 쓰기 위해 100명 이상과 인터뷰했다. 이름을 전부 밝힐 수 없지만, 모든 분에게 감사드린다. 특히 나와 사적인 경험을 함께 나누고 다른 인터뷰 대상자를 소개해준 분들에게 많은 빚을 졌다. 특히 제니퍼 벤스코 하, 마리아-유지니아 돌턴, 매드스 에게스코프 쇠렌센, 시그리드 에게스코프 안데르센, 브란두르 엘링스가드, 한나 빌라드센 엘링스가르드, 파멜라 하렐-사부코스키, 카리나 하자르드, 빌레 헤이스카넨, 니나 예히, 트라쉬 회이, 한나 레토넨과 올리 레토넨, 미카 오크사, 케르스틴 스웨덴, 프레드리크 바스에게 감사드린다. 다들 고맙습니다.

여러 전문가들이 아주 너그럽게 시간과 식견을 내주었다. 라르스 트래고드, 파시 살베리, 티네 로스트고르, 마르쿠스 엔티, 라우라 하르트만, 레나 크로크포르스, 유하나 바르티아이넨, 식스텐 코르크만, 벵트 홀름스트룀, 헤이키 히라모, 파울리 테투넨, 야나 레이펠레, 유하 헤르네스니에미, 사카리 오라바, 리스토 E. J. 펜틸레에게 감사드린다. (이분들의 의견이 모두 일치하지는 않기에, 당연히 내가 내린 결론과 실수는 전부 나의 책임이다.) 아울러 여러 핀란드 정부 기관의 공무원들도 나의 끊임없는 질문에 차분히 그리고 재빠르게 답해주었는데, 모두에게 감사를 전하고 싶다. 고백하건대, 핀란드 공무원들 멋집니다!

친구와 동료들도 끊임없는 격려를 보내주었다. 관련 기사와 책을 보내주었고 인터뷰 대상을 추천해주었고 자신의 경험을 들려주었고, 생각을 정돈하고 글로 풀어내느라 고뇌하고 좌절할 때 이들 덕분에 내 정신이 온전할 수 있었다. 툴리쿠카 데 프레스네스, 안나-리나 카우하넨, 타이나 드로에스케와 다비드 드로에스케, 마리 사렌패, 베라 쉴비우스, 마리 테이티넨, 노라 바이니오, 알리 하파살로, 크리스 기오르다노, 라우라 사리코스키와 사스카 사리코스키, 스펜서 보이어, 클레어 스트라우드, 제시카 뒬롱, 벤 루빈에게 감사드린다.

대서양 양쪽의 내 두 가족은 이 책이 결코 완성되지 않을 것만 같던 때에도 내게서 사랑과 지지를 거두지 않았다. 키르스티, 에르키, 에사 파르타넨, 미코 코르벤카리와 베라 코르벤카리, 세라 코손, 딕 애틀리, 애시 코손, 앤 코손, 존 재거, 홀리 로드, 존 코일 그리고 모든 가족에게 감사드린다.

마지막으로 남편 트레버 코손이 남았다. 트레버는 여러 아이디어를 논의할 때는 물론이고 이 책의 (너무) 많은 초고를 읽을 때에도 결코 지친 적이 없었다. 덕분에 다른 이들에게도 초고를 보여줄 수 있었다. 당신을 가장 가까운 친구이자 인생의 동반자로 둔 나는 아울러 너그럽고 든든하며 환상적인 동료를 둔 셈이다. 작가로서 대단한 행운이 아닐 수 없다.

아누 파르타넨

우리는 미래에
조금 먼저
도착했습니다

주

각 주에는, 저자의 추가 설명일 경우를 제외하면, '참고문헌'에 기재한 사항을 짧게 표기했다.
뒤에 이어지는 참고문헌 목록에서 (대표)저자의 성, 이름으로 찾을 수 있으며,
동일 저자(또는 기관)의 것이 여럿일 경우 문헌 제목의 전부 또는 일부를 덧붙였다.

프롤로그

1   클린턴 대통령과의 패널 토론을 묘사한 대목은 클린턴재단의 '클린턴 글로벌 이니셔티브(Clinton Global Initiative)' 2010 연례회의 동영상을 참조했다.

2   핀란드 고등학생들의 학업 성취에 관한 국제 순위. ⁺OECD, *Lessons Lessons from PISA*, p.116. ⁺Ministry of Education and Culture, *Finland and PISA*.

3   《뉴스위크》 기사. ⁺Foroohar, Rana, pp.30–32.

4   《모노클》 기사. ⁺Morris, Tom, pp.18–22.

5   세계경제포럼이 발표한 내용. ⁺Schwab, Klaus, *Global Competitiveness Report 2011-2012*, and *2012-2013*.

6   일과 삶의 균형에 관한 순위는 여기서 확인할 수 있다. www.oecdbetterlifeindex.org 2011-2012년 일과 삶의 균형에 관한 연구 결과에 관한 기사. ⁺Bradford, Harry, ⁺Thompson, Derek.

7   European Commission, *Innovation Union Scoreboard 2011*, p.7.

8   Helliwell, John, et al., *World Happiness Report*, p.30.

9   《파이낸셜 타임스》 기사. ⁺Milne, Richard.

10   Fund for Peace.

11   Miliband, Ed.

12   노르딕 나라들에서 '스칸디나비아'는 대체로 덴마크, 노르웨이, 스웨덴만을 지칭하는 것으로 이해된다. 이들 나라는 북부 독일어와 긴밀한 관련이 있기 때문이다. 아이슬란드도 동일한 언어군의 부분집합에 속한다. 이와 달리 핀란드는 우랄 어족에 기원을 둔 완전히 동떨어진 언어를 갖고 있다. 이 다섯 나라들은 문화적 및 정치적으로 통합된 지역임을

가리키기 위해 '노르딕'이라는 용어를 사용한다. 하지만 영어 사용자에게 '노르딕'이라는
말은 나치 독일에서 유행한 인종주의 개념을 연상시킬 수 있다. 따라서 미국에서는 다섯
노르딕 나라 전부를 가리키는 데 흔히 '스칸디나비아'라는 용어를 쓴다.

13 캐머런의 발언은 《이코노미스트》에서 재인용했다. ✝Bagehot, "Nice Up North."

14 《이코노미스트》 특집 기사. ✝Wooldridge, Adrian, "The Next Supermodel."

15 《베니티 페어》 기사. ✝Hotchner, A. E.

1장

1 Greenhouse, Linda.

2 헬렌 미렌의 말은 《가디언》에서 인용했다. ✝Hattenstone, Simon.

3 핀란드인들은 약 1년의 유급 병가와 유급 출산휴가를 받을 보편적인 권리가 있다. 휴가
기간 동안 받는 돈은 정부에서 제공하며 수혜자의 급여의 일부(출산휴가의 경우 약 70%)
를 보장한다. 일부 고용주는 더 나은 혜택을 제공하기도 하는데, 대체로 집단협약에 의
한 것이다. 아픈 직원을 회사에서 해고할 수 있는 경우는 오직 병 때문에 장기간 업무
를 수행할 수 없을 때뿐인데, 그 기간은 보통 1년 이상이다. 핀란드의 병가와 출산휴가.
✝Kela, *Health*, pp.8-10. ✝Kela, *Maternity*, pp.2-8. ✝Virta, Lauri.

4 여러 신용카드의 이자율과 수수료는 비교하기가 매우 어렵다. 하지만 2011년 조사에 의
하면 평균적인 미국의 연간 이자율은 15퍼센트이며, 약 11퍼센트에서 25퍼센트까지 범
위가 다양하다. 한편 또 다른 조사에 의하면 핀란드의 이자율 범위는 약 7.5퍼센트에서
14.5퍼센트까지다. 나는 핀란드에서는 신용카드를 개설해주겠다는 우편물을 단 한 건도
받은 적이 없다. 신용카드에 관해서는 다음 참조. ✝Tomasino, Kate. ✝Ranta, Elina.

5 미국에 건너와서 보니, 미국의 이동통신 회사들은 휴대전화기와 통신 서비스를 별도로
팔았다. 핀란드에서는 패키지로 묶어서 팔았다. 하지만 2014년의 한 보도에 따르면, 핀
란드의 모바일 데이터는 세계에서 가장 저렴한 편인데 반해 미국의 데이터는 가장 비
싼 편이었다. 핀란드인들은 모바일 데이터 500MB당 5.18달러를 내는 데 비해, 미국인
들은 76.21달러를 냈다. 휴대전화 요금은 다음 참조. ✝International Telecommunication
Union, p.132.

6 내게 불안감을 안긴 크게 성공한 또는 실패한 미국인들. ✝Baker, Peter. ✝Holmes,
Elizabeth. ✝Lublin, Joann S. ✝Seligson, Hannah. ✝Abelson, Reed. ✝Jubera, Drew.
✝Mascia, Jennifer.

7 음식 관련 질병을 다룬 기사. ✝Moss, Michael.

8 독성 플라스틱 병을 다룬 기사. ✝Grady, Denise.

9 독성 장난감을 다룬 기사. ✝ Lipton, Eric S. et al.

10 축산업과 항생제를 다룬 기사. ✝Kristof, Nicholas. "The Spread of Superbugs."

11 국가별 GDP. ⁺OECD, *National Accounts at a Glance 2014*, p.25.

12 불안 질환 및 처방약 판매. ⁺National Institute of Mental Health. ⁺IMS Health. ⁺Smith, Daniel.

13 이 연구를 2013년에도 실시했더니, 그 결과도 매우 비슷했다. 가구 소득이 20만 달러 이상인 여성 중 27퍼센트가 "여자 노숙자가 될까봐" 불안해했다. ⁺Coombes, Andrea. ⁺Allianz.

14 미국 인구조사국에 따르면, 2009년에 미국인의 16.7퍼센트, 즉 5700만 명이 의료보험이 없었다. ⁺DeNavas-Walt, Carmen, et al., *Income, Poverty* …, p.22.

15 Foroohar, Rana, pp.30–32.

16 데이비드 베컴은 핀란드 투르쿠에서 사카리 오라바(Sakari Orava)라는 핀란드의 스포츠 상해 전문의한테서 수술을 받았다. ⁺Young, Brett.

17 워싱턴 DC의 명문 시드웰 프렌즈 스쿨에서는 학생들이 부모나 가정교사의 도움 없이 스스로 영어 과목의 숙제를 하게 놔두라는 내용의 편지를 부모들에게 보내기도 했다. ⁺Sidwell Friends School, Letter to Parents.

18 대학생 자녀와 부모의 관계를 다룬 기사들. ⁺Volk Miller, Kathleen. ⁺DeParle, Jason. "For Poor…." ⁺Williams, Paige.

19 헬리콥터 부모에 관한 기사들. ⁺Gottlieb, Lori, "How to Land…." ⁺Gunn, Dwyer. ⁺Kolbert, Elizabeth.

20 항우울제와 항불안제 약품 판매에 관한 기사. ⁺McDevitt, Kaitlin.

21 핀란드에서 릿지와 브룩이라는 이름의 인기는 다음 참조. ⁺Population Register Centre, Name Service.

22 직업 가진 여성의 배우자 찾기에 관한 기사들. ⁺Gottlieb, Lori, "Marry Him!" ⁺Rosin, Hanna.

23 고졸 학력 백인들의 결혼에 관한 조사를 다룬 기사. ⁺Murray, Charles.

24 앞의 조사 결과로 촉발된 논의들은 다음 참조. ⁺Chait, Jonathan. ⁺Cherlin, Andrew J. ⁺DeParle, Jason, and Sabrina Tavernise, "For Women…." ⁺Frum, David. ⁺Samarrai, Fariss. ⁺Schuessler, Jennifer.

25 Wildman, Sarah.

26 출산휴가에 관한 미국 법률. ⁺U.S. Department of Labor, *Employment Law Guide*.

2장

1 『말괄량이 삐삐』 관련 정보는 린드그렌 웹사이트 참조. www.astridlindgren.se

2 『스웨덴인은 인간인가(Är svensken människa?)』라는 제목을 가진 두 권의 책. ⁺Berggren, Henrik, and Lars Trägårdh, 2006. ⁺Neander-Nilsson, Sanfrid, 1946.

3 『말괄량이 삐삐』에 관한 트래고드와 베르그렌의 논의. ⁺Berggren, Henrik, and and Lars Trägårdh, "Pippi Longstocking…," p.12.

4 1939-1944년 동안 핀란드 370만 인구 중 약 70만이 참전했고 9만 3000명이 죽었다. ⁺Leskinen, Jari, pp.1152-55.

5 한국전쟁과 베트남전쟁의 미국인 사망자는 9만 5000명에 달하는데, 이는 소련과 치른 두 번의 전쟁에서 핀란드의 사망자 수(9만 3000명)와 엇비슷하다. 핀란드 인구는 2015년 7월 기준 550만 명인데 반해, 미국 인구는 3억 2000만 명이다. ⁺Leskinen, Jari, pp.1152-53. ⁺Leland, Anne, p.3.

6 UNICEF Office of Research, "Child Well-being…."

7 Save the Children.

8 사회 조직으로서 가족에 관한 트래고드와 베르그렌의 논의. ⁺Berggren, Henrik, and Lars Trägårdh, "Social Trust…," p.15.

9 Brooks, David.

3장

1 뉴욕 주에서 아이 한 명당 어린이집 평균 비용은 2009년에 1만 400달러였고, 뉴욕 시는 1만 6250달러였다. ⁺Office of Senator Kirsten Gillibrand, *Child Care Costs rising…*.

2 미국에서의 출산 비용. ⁺Truven Health Analytics. ⁺Rosenthal, Elisabeth, "American Way of Birth…."

3 출산휴가에 관한 미국 법률. ⁺U.S. Department of Labor, *Employment Law Guide*.

4 Klerman, Jacob, et al.

5 미국에서 임산부의 직업 안정성. ⁺Bakst, Dina. ⁺Graff, E. J. ⁺Liptak, Adam. ⁺Redden, Molly. ⁺Suddath, Claire. ⁺Swarns, Rachel L. ⁺New York State Office of the Attorney General.

6 여러 나라의 출산휴가 현황. ⁺Addati, Laura, p.16.

7 여러 나라의 질병휴가 현황. ⁺Heymann, Jody. ⁺World Policy Forum.

8 유급 병가를 주는 미국의 도시와 주. ⁺White House Office of the Press Secretary, "White House Unveils…."

9 캘리포니아 주 유급 가족휴가 프로그램. ⁺Employment Development Department State of California.

10 실리콘밸리 기업의 휴가 정책 사례. ⁺Grant, Rebecca.

11 미국인들의 유급 휴가 이용. ⁺Bureau of Labor Statistics, "Table 32" and "Table 38." 2015.

12 미국의 출산휴가 기간. ⁺U.S. Department of Health, *Child Health USA 2013*, p.40.

13 한나의 병원비 상세 내역은 다음과 같다. 2015년에 핀란드 공립병원의 기본실 하루 입원비 최고액은 38.1유로였다. 한나가 입원한 병원은 별도 가족실에는 두 배의 비용을 물렸다. 그녀는 76.2유로의 요율로 4일간 38.1유로의 요율로 1일에 대한 비용을 치러, 총 342.9유로를 냈다. 2015년 7월의 달러화로 환산하면 약 375달러다. 이 비용에는 병실에서의 숙박, 의사 진료비, 모든 수술 비용 및 입원 기간 동안의 약값이 포함되었다. 핀란드 및 헬싱키의 출산 관련 병원비와 입원 기간에 관해서는 다음을 참조. ⁺Ministry of Social Affairs and Health, *Terveydenhuollon maksut*. ⁺HUS.

14 일반적인 분만의 경우 각국의 평균 병원 체류 기간. ⁺OECD, *Health at a Glance* 2015, p.109.

15 노르딕 나라들의 출산휴가 수당. ⁺Nordic Social Statistical Committee, 2014, p.42.

16 노르웨이의 출산휴가. ⁺Norwegian Labour and Welfare Organization(NAV).

17 노르딕 나라들의 출산휴가 혜택에 관한 행정. ⁺Aula, Maria Kaisa, et al., pp.33-34, 42-44.

18 Uusitalo, Liisa, et al., *Infant Feeding in Finland 2010*.

19 출산휴가 기간 및 핀란드의 가족 혜택에 관한 기타 정보는 핀란드의 사회보장국 켈라(Kela)에서 확인할 수 있다. 출산휴가 자격을 얻으려면, 아버지는 반드시 아내 및 아이와 같은 집에서 거주해야 한다. ⁺Kela, *Benefits for Families with Children*.

20 아이를 낳은 후 노르딕 나라들의 공공 탁아 서비스 이용 권리는 많은 미국인 부모들이 예상하는 것보다 대체로 늦게 시작한다. 나라마다 다르지만, 아이가 생후 6개월에서 1년 사이에 시작한다. 미국인의 관점에서 보면, 유아에 대한 공공 탁아 서비스 선택권의 부족은 직장에 일찍 복귀하는 (그러길 원할 경우) 부모의 능력에 제약을 가한다. 하지만 노르딕 나라들에서 대다수 부모들은 누구에게나 보장된 긴 출산휴가를 기꺼이 한껏 활용하기에, 그런 사안이 문제가 되지 않는다. 노르딕 부모의 탁아 서비스 이용에 관한 정보. ⁺Nordic Social Statistical Committee, pp.57-63.

21 핀란드 어린이집의 아동 연령 및 시설 유형. ⁺Säkkinen, Salla, et al.

22 핀란드의 공공 어린이집 이용료. ⁺Ministry of Education and Culture, *Varhaiskasvatuksen asiakasmaksut*.

23 스웨덴의 출산휴가. ⁺Försäkringskassan.

24 스웨덴의 어린이집 비용. ⁺Nordic Social Statistical Committee, p.73.

25 어린이집에 등록된 연령별 노르딕 아동. ⁺Nordic Social Statistical Committee, p.62.

26 노르딕 나라들의 시간제 출산휴가. ⁺Duvander, Ann-Zofie, p.43.

27 아픈 아이를 집에서 돌보기. ⁺Nordic Social Statistical Committee, pp.52-53.

28 핀란드의 정기휴가 기간. ⁺Ministry of Employment and Economy.

29 노르딕 나라들의 정기휴가. ⁺European Foundation for the Improvement of Living and Working Conditions, pp.17-19. ⁺Fjölmenningarsetur.

30 아기 상자에 관한 《애틀랜틱》 기사와 핀란드 사회보장국 Kela의 소개. ⁺Tierney,

Dominic. ✦Kela, *Maternity Grant and Maternity Package*.

31 Newman, Katherine S., p.207.

32 Newman, Katherine S., pp.39-40.

33 노르딕의 실업 수당 및 정책. ✦Nordic Social Statistical Committee, pp.79-102. ✦Kela, *Unemployment…*.

34 인용한 연설문 내용은 루비오 상원의원 웹사이트에서 확인할 수 있다. www.rubio. senate.gov ✦Rubio, Marco.

35 핀란드의 실업자 교육. ✦Kela, *Unemployment…*.

36 OECD, *Doing Better for Families*, p.28.

37 한부모 가정 아이들이 겪는 문제에 관한 여러 연구. ✦Amato, Paul. R. ✦ Berger, Lawrence M., et al., pp.160-161. ✦U.S. Department of Health and Human Services, p.12. ✦DeParle, Jason, et al., 'For Women Under 30…." ✦Murray, Charles.

38 정부 정책이 가족을 무너뜨린다는 주장에 대해 좀 더 알고 싶다면. ✦Edsall, Thomas B. ✦Levin, Yuval. ✦Rubio, Marco.

39 한부모 양육에 관한 국제 비교. ✦Casey, Timothy, et al.

40 여러 나라의 가족 구성. ✦Livingston, Gretchen. ✦OECD, *Doing Better for Families*, pp.25-28. ✦OECD Family Database. ✦Statistics Finland.

41 Newman, Katherine S., p.159.

42 핀란드 및 다른 노르딕 나라에서 일한 적 없는 사람에 대한 월간 출산휴가 수당. ✦Nordic Social Statistical Committee, pp.40-42. ✦Kela, *Allowance Allowance for the Unemployed…*. ✦Kela, *Amount of Child Home Care Allowance*.

43 직장 생활을 하는 한부모에 관한 통계. ✦OECD, *Doing Better for families*, pp.216, 225, 238.

44 이에 관해 제니퍼 실바가 《뉴욕 타임스》에 쓴 기사. ✦Silva, Jennifer M.

45 여러 나라의 여성 의원 및 내각 비율. ✦OECD, *Women, Government and Policy…*, pp.28-29.

46 성별에 따른 양육 및 집안일에 쓰는 시간. ✦Bureau of Labor Statistics, 'Table 1" and 'Table 9" ✦Miranda, Veerle, pp.11-12. ✦Parker, Kim, et al., 'Modern Parenthood…."

47 핀란드 아이들의 양육. ✦Säkkinen, Salla.

48 정확히 말하자면, WHO는 두 살 이상까지 보조 음식과 더불어 모유 수유를 권장한다. 핀란드는 한 살 이상까지 모유 수유를 권장한다. 핀란드의 모유 수유 지침 및 현실에 관해서는 다음 참조. ✦Aula, Maria Kaisa, et al., p.49. ✦World Health Organization. ✦National Institute of Health and Welfare, 'Tietopaketit: Imetys." ✦Uusitalo, Liisa, et al.

49 덴마크는 1997년에 도입했다가 2002년에 폐지했다. 다른 노르딕 나라들은 계속 유지하고 있다. 노르딕 출산휴가에 관한 정보는 2015년 7월 기준이다. 노르딕 나라의 아빠 전용 휴가에 관해서는 다음 참조. ✦Duvander, Ann-Zofie, pp.38-39. ✦Nordic Social

Statistical Committee, pp.41-49. ✝Rostgaard, Tine, pp.8-9. ✝OECD, *Closing the Gender Gap*, p.208. ✝Poulsen, Jørgen. ✝Försäkringskassan. ✝Kela, *Paternity allowance during paternity leave*. ✝Norwegian Labour and Welfare Organization(NAV).

50 아빠 전용 휴가가 가사, 양육, 노동에 미치는 영향. ✝Addati, Laura, p.52. ✝Nordic Social Statistical Committee, p.49. ✝OECD, *Closing the Gender Gap*, pp.208-9. ✝Patnaik, Ankita. ✝National Institute of Health and Welfare, *Tilastotietoa*….

51 출산휴가와 관련하여 미국 남성들의 태도와 문제점. ✝Berdahl, Jennifer L. ✝Cain Miller, Claire, "Paternity Leave." ✝Harrington, Brad. ✝Ludden, Jennifer. ✝Mundy, Liza.

52 메이어의 임신에 관한 기사. ✝Sellers, Patricia. ✝ Swisher, Kara.

53 『린 인』의 7챕터와 9챕터. ✝Sandberg, Sheryl.

54 관리자로 일하는 노르딕과 미국 여성의 비율. ✝Blau, Francine D. ✝OECD, *Closing the Gender Gap*, pp.156, 177.

55 Cohn, D'Vera, et al.

56 1990년에 미국은 22개 OECD 국가 가운데서 여성 노동 참여율이 6번째로 높았다. 2010년이 되자 순위는 17위로 떨어졌다. ✝Blau, Francine D. ✝OECD, *Closing the Gender Gap*, pp.156, 177, 235.

57 Parker, Kim, "Yes, The Rich Are Different."

58 Child Care Aware.

59 Nordic Social Statistical Committee, p.62.

60 직장 여성의 이상적인 출산휴가 기간. ✝Addati, Laura, pp.8-9. ✝OECD, *Closing the Gender Gap*, p.209. ✝World Economic Forum, *Global Gender Gap Report 2015*, p.43. ✝OECD, *Babies and Bosses*, p.21. ✝Cain Miller, Claire, "Can family leave…."

61 세계 여러 나라의 남녀 격차. ✝World Economic Forum, *Global Gender Gap Report 2013*, p.20. ✝World Economic Forum, *Global Gender Gap Report 2015*, pp.4, 8.

62 Executive Office of the President of the United States, p.43.

63 미국 각 주의 출산휴가 및 병가 관련 법률. ✝National Conference of State Legislatures, *State Family and Medical Leave Laws*.

64 캘리포니아 유급 출산휴가 프로그램이 가져온 변화. ✝Appelbaum, Eileen, and Ruth Milkman. ✝*Economic Report of the President*, p.130.

65 Office of Senator Kirsten Gillibrand, *American Opportunity Agenda*….

66 오바마 대통령의 휴가 정책 제안. ✝*Economic Report of the President*, p.130. ✝White House Office, "White House Unveils…."

67 ILO의 출산휴가 권고 및 제안. ✝Addati, Laura, pp.9, 11, 16, 20, 22, 25-27.

68 유급 출산휴가와 저렴한 탁아 서비스 지원 보장을 권장하는 국제기구. ✝European Commission. ✝OECD, *Closing the Gender Gap*, pp.18-19. ✝World Economic Forum, *Global Gender Gap Report 2015*, pp.36-43.

4장

1 차터스쿨의 성과. ⁺Center for Research on Education Outcomes.

2 Reardon, Sean F.

3 핀란드와 미국의 PISA 평가 비교. ⁺Kupari, Pekka, et al. ⁺Ministry of Education and Culture, *Finland and PISA*. ⁺Ministry of Education and Culture, *PISA12*. ⁺OECD, *"Country Note."* ⁺OECD, *Lessons from PISA*. ⁺OECD, *PISA 2009 Results*. ⁺OECD, *PISA 2012 Results:What Students Know…*. ⁺Sahlberg, Pasi, "Why Finland's Schools…."

4 핀란드 교육 체계의 역사. ⁺OECD, *Lessons from PISA*, pp.118–123. ⁺ Sahlberg, Pasi, *Finnish Lessons*, chap.1.

5 Sahlberg, Pasi, *Finnish Lessons*, p.19.

6 직접 참관해서 들은 내용이다. 여기 실린 내용 중 일부는 《애틀랜틱》에 기사화했다. ⁺Partanen, Anu.

7 한 가지 예외로 헬싱키 국제학교를 들 수 있다. 이곳은 교육부의 승인을 얻어 1만 달러 남짓의 연간 수업료를 걷는다. 왜냐하면 국제 교육과정에 따르며 주로 핀란드에 일시적으로 사는 외국인 가족의 자녀들이 대상이기 때문이다. 핀란드의 독립 학교들과 사립대학 관련 자료는 다음에서 얻었다. ⁺핀란드 교육문화부의 앤-매리 브리슨(Anne-Marie Brisson)과의 이메일 인터뷰(2015년 8월 4일). ⁺핀란드 교육문화부의 로라 한센(Laura Hansén)과의 이메일 인터뷰(2015년 8월 10일). ⁺Ministry of Education and Culture, *Basic Education in Finland*. ⁺Ministry of Education and Culture, *Financing of Education*. ⁺Ministry of Education and Culture, *Valtioneuvosto…*. ⁺Basic Education Act 628/1998, chap.3 and chap.7, section31. ⁺Yle.

8 핀란드 헌법에서 관련 조항. ⁺Ministry of Justice, Constitution of Finland, section17.

9 『가난한 사람이 더 합리적이다』에서 교육에 관한 공급 vs 수요 접근법. ⁺Banerjee, Abhijit V., chap.4.

10 미국의 사립학교 학생 증가 및 영리 학교의 팽창, 민간 평가 프로그램에 관해서는 다음 참조. ⁺Chingos, Matthew M., p.10. ⁺Miron, Gary. ⁺Kena, Grace, p.74.

11 스웨덴의 사립학교. ⁺OECD, *Equity*, p.71. ⁺ OECD, *Improving*, pp.93–96.

12 다양한 나라의 표준화된 시험. ⁺Morris, Allison.

13 인도의 학교 바우처. ⁺Muralidharan, Karthik. ⁺ Shah, Parth J.

14 오바마와 롬니의 교육관. ⁺Gabriel, Trip. ⁺Romney, Mitt. ⁺White House Office, "Remarks by the President on Education Reform…."

15 Banerjee, Abhijit V., p.78.

16 부모의 경제력과 교육 및 미국 학생들의 성적 격차. ⁺OECD, *"Country Note."* ⁺OECD, *Lessons from PISA*, p. 34. ⁺OECD, *Economic Policy Reforms*, p.188. ⁺OECD, *PISA 2012 Results…*, p.39. ⁺Reardon, Sean F.

17 여러 나라의 아동 빈곤. ⁺UNICEF Innocenti Research Centre. ⁺ UNICEF Office of Research, p.7.

18 가난과 교육 개혁에 관한 논의는 다음을 참고할 것. ⁺Klein, Joel I. ⁺Rhee, Michelle. ⁺Thomas, Katie.

19 OECD, *Lessons from PISA*, p.34.

20 OECD, *Society at a Glance 2011*, pp.66-67.

21 조기 교육의 혜택에 관한 유력한 연구 사례. ⁺Campbell, Frances A. ⁺Schweinhart, Lawrence J.

22 미국의 조기 교육 확산에 관해서는 다음 참조. ⁺National Center for Education Statistics, "Table 5.1" ⁺White House Office, *President Obama's Plan*. ⁺Harris, Elizabeth A., "Cuomo Gets Deals⋯."

23 어린이집의 노르딕 아이들. ⁺Ministry of Education and Culture, *Every Child*⋯. ⁺Nordic Social Statistical Committee, pp.57-62. ⁺Säkkinen, Salla, et al.

24 핀란드 어린이집 활동과 목표에 관한 내용의 출처. ⁺탐페레 대학의 에바 후얄라(Eva Hujala)와의 스카이프 인터뷰(2013년 1월 31일). ⁺부모들과의 인터뷰. ⁺핀란드 어린이집 웹사이트에 올라온 일과표.

25 이 책을 쓰던 2015년에 핀란드 정부는 3세 이상의 아이들에 대해 교사 대 아이의 비율을 1:8이 되도록 허용할 계획을 세우고 있었다. 핀란드의 어린이집의 규제와 서비스 질에 관한 내용의 출처. ⁺Ministry of Education and Culture, *Early Childhood Education*⋯. ⁺Taguma, Miho. ⁺UNICEF Office of Research, p.21.

26 어린이집에 관한 샘 카스의 이야기는 육아 잡지 《페어런팅(*Parenting*)》이 워싱턴DC에서 개최한 '2012 엄마회의(Mom Congress)'에서 한 이야기이다.

27 핀란드의 교사 양성에 관한 내용의 출처. ⁺OECD, *Lessons from PISA*, p.125. ⁺Sahlberg, Pasi, *Finnish Lessons*, chap.3. ⁺헬싱키 대학의 레나 크로크포르스(Leena Krokfors)와의 인터뷰(2012년 10월 12일).

28 '미국을 위한 교육'에 대한 비판은 다음 참조. ⁺Naison, Mark. ⁺Ehrenfreund, Max. ⁺Rich, Motoko, "Fewer Top Graduates⋯." ⁺Winerip, Michael.

29 OECD, *Education at a Glance 2014*, p.454.

30 OECD, *"Does Money Buy Better*⋯."

31 2001년에 조지 W. 부시 대통령이 서명한 '낙오학생방지법(No Child Left Behind)'으로 인해 표준화된 시험은 연방 지원금을 받기 위한 요건이 되었다. 근래에는 과도한 시험에 반대하는 운동이 설득력을 얻고 있다. 2015년에 오바마 행정부는 그 정책으로 인해 시험 및 교사 평가가 너무 지나치게 이루어졌음을 시인했다. 낙오학생방지법을 개혁하려는 노력이 이 책의 집필 중에도 계속되었다. 그런 개혁 노력에 관한 내용은 다음을 보기 바란다. ⁺ Rich, Motoko, " 'No Child' Law⋯." ⁺Steinhauer, Jennifer. ⁺Strauss, Valerie. ⁺Zernike, Kate, "Obama Administration Calls⋯."

32 학생들이 얻은 시험 성적을 바탕으로 학교와 교사들의 순위 매기기에 관한 내용의 출처. ✦Aviv, Rachel. ✦Banchero, Stephanie. ✦Harris, Elizabeth A. ✦OECD, *"Country Note."* p.5. ✦Otterman, Sharon. ✦Rizga, Kristina. ✦Santos, Fernanda, "City Teacher Data…," and "Teacher Quality…."

33 핀란드 학교의 자율성에 관한 내용의 출처. ✦파시 살베리와의 인터뷰(2011년 12월 8일, 2012년 5월 11일, 2014년 10월 25일). ✦Sahlberg, Pasi, "Quality and Equity…," p.28. ✦OECD, *Lessons from PISA*, pp.123-27. ✦미카 오크사(Mika Oksa) 교장과의 인터뷰(2012년 3월 7일).

34 핀란느의 교뉵노농조합에 따르면, 핀란드 교사의 95퍼센트가 조합원이다. 핀란드에서 노조 가입은 완전히 자발적인 것인데도 말이다. 핀란드 교사 노조 웹사이트 참조. http://www.oaj.fi/cs/oaj/public_en

35 Chingos, Matthew M.

36 이제껏 미국에서 가장 악명 높은 시험 부정행위는 애틀랜타 주에서 일어났다. 30개 학교의 82명의 교육자가 학생들의 한 학년 성적을 부풀렸다고 실토했다. 공립학교 교사 11명이 유죄 판결을 받았는데, 그중 일부는 징역에 처해졌다. 거듭하여 학생들의 시험 답안을 삭제하거나 대신 작성했기 때문이다. 수십 개 도시에서 광범위한 부정행위가 보고되었다. ✦Aviv, Rachel. ✦Fausset, Richard. ✦Rich, Motoko, "Scandal in Atlanta…." ✦U.S. Government Accountability Office.

37 핀란드 전국 핵심 교과 및 모든 과목에 대한 최소 수업 시간 규정은 핀란드 교육청 웹사이트에서 확인할 수 있다. http://www.oph.fi

38 미국 학교의 예술 교육에 관해서는 다음을 참조하라. ✦Dillon, Sam. ✦McMurrer, Jennifer. ✦U.S. Department of Education, "Prepared Remarks of U.S. Secretary of Education…." ✦Parsad, Basmat.

39 Ministry of Education and Culture, *Työryhmä*.

40 댄 래더의 린다 달링 해먼드 인터뷰. ✦StanfordScope.

41 나는 1987년 가을 학기부터 1990년 봄 학기까지 그곳의 고학년반을 다녔다. 이 책에서 서술하는 내용은 2013년 9월 10-11에 있었던 일이다. 내가 관찰한 내용과 더불어 교사 및 학생과의 인터뷰 내용도 포함되었는데, 특히 교장 미리야 피리넨(Mirja Pirinen) 및 교감 마리카 코르호넨(Marikka Korhonen)과의 인터뷰가 큰 도움이 되었다.

42 핀란드 학교 및 학급 규모는 다음 참조. ✦Ministry of Education and Culture, *Opetusryhmien tila*, pp.22, 25-26. ✦OECD, *Lessons from PISA*, p.124.

43 Basic Education Act 628/1998, chap.6, section24.

44 개인과외와 기타 가족 지출이 미국의 교육 격차에 미치는 영향. ✦Associated Press, "School Spending…." ✦Duncan, Greg, pp.3-4. ✦Greenstone, Michael, *Dozen Economics Facts…*, p.12, ✦Greenstone, Michael, *Thirteen Economics Facts…*, chap.2. ✦ Phillips, Anna M.

45 2011년에 핀란드 지자체 98%가 1학년 및 2학년 학생들을 대상으로 방과 후 활동을 제

공했다. [✦]Ministry of Education and Culture, *"Perusopetuksen···."*

46 OECD, *Education at a Glance 2014*, p.428.

47 핀란드 전국대학입학시험 위원회가 개별 인문계 고등학교의 결과를 2015년에 처음으로 웹사이트를 통해 발표했다. 하지만 학교들은 알파벳 순서로 나열되었으며 결과는 자세한 분석 없이는 이해하기 어려웠다. 분석 업무는 언론에게 맡겨졌다. 전반적으로 핀란드 교육 행정가와 연구자들은 그러한 순위 매기기를 매우 싫어했다. [✦]Kortelainen, Mika. [✦]Laitinen, Joonas. [✦]Mäkinen, Esa. [✦]Takala, Hanna. [✦] Ylioppilastutkintolautakunta.

48 핀란드 학교에서 이루어지는 협력에 관해서는 여러 핀란드 교사들과 인터뷰했다. 그 외에도 다음을 참조했다. [✦]Toivanen, Tero. [✦]Peltomäki, Tuomas. [✦]Schleicher, Andreas, ed., p.19.

49 미국 학교 팀 스포츠의 문제점. [✦]Lavigne, Paula. [✦]Ripley, Amanda, "The Case···." [✦]Wolverton, Brad.

50 Ripley, Amanda, *The Smartest kinds in the World*, pp.71-72, 99-101, 196.

51 Robinson, Keith.

52 프레데릭 헤스의 언급은 다음 기사에서 인용했다. [✦]Anderson, Jenny.

53 핀란드와 미국의 인종 다양성에 관한 내용의 출처. [✦]Grieco, Elizabeth M. [✦]Statistics Finland, *Foreigners and Migration*.

54 노르웨이의 교육관. [✦]Abrams, Samuel E. [✦]OECD, *Education Policy Outlook Norway*.

55 스웨덴의 교육관. [✦]Hartman, Laura, ed. [✦]OECD, *Improving Schools in Sweden*.

56 핀란드의 학교 재정 지원. [✦]Eurydice. [✦]STT.

57 Carey, Kevin, *School Funding's Tragic Flaw*, p.6.

58 미국의 학교 재정 지원. [✦]Carey, Kevin, *School Funding's Tragic Flaw*. [✦]Baker, Peter. [✦]Ushomirsky, Natasha. [✦]U.S. Department of Education, "For Each and Every Child···," pp.17-20.

59 U.S. Department of Education, "For Each and Every Child···," p.17.

60 2011년에 룩셈부르크, 스위스, 노르웨이, 오스트리아, 미국은 초중등 교육(대체로 만 15세까지)에 모든 OECD 국가들 중에서 가장 많은 교육비를 지출했다. 학생 1인당 달러로 환산한 액수인데, 여기에는 공공 지출과 민간 지출이 모두 포함되었다. GDP 비율로 볼 때, 미국은 (대학을 포함하여) 모든 교육 과정에 대한 총 교육비 지출에서 8위를 차지했으며, 핀란드는 11위를 차지했다. [✦]OECD, *"Country Note,"* p.4. [✦]OECD, *Education at a Glance 2014*, p.222. [✦]OECD, Education Spending(indicator). [✦]OECD, *Lessons from PISA*, pp.28, 130.

61 Rather, Dan.

62 핀란드인들은 다른 나라에서 아이디어를 빌려왔다. [✦]헬싱키 대학의 레나 크로크포로스와의 인터뷰(2012년 10월 12일). [✦]파시 살베리와의 인터뷰(2011년 12월 8일, 2012년 5월 11일, 2014년 10월 25일). [✦] Sahlberg, Pasi, *Finnish Lessons*, pp.34-35.

63 Times Higher Education.

64 Carey, Kevin, "Americans Think…."

65 OECD, *OECD Skills Outlook 2013*.

66 2015년 미국대학위원회의 추산에 의하면, 미국 공립대학 학부생의 수업료, 여러 수수료, 숙박비는 한 학년에 평균 1만 9548달러였고 사립 비영리 대학의 경우 4만 3921달러였다. 따라서 4년제 사립대학의 경우, 한 학생의 평균 총 비용은 17만 5000달러였다. 미국 가정의 고등교육 지출 및 비용에 관해서는 다음을 참조하라. ✦College Board. ✦*Economic Report of the President*, pp.132-34, 137-38. ✦Kirshstein, Rita J. ✦OECD, Education spending(indicator).

67 고등교육에 있어서 학생에 대한 공공 재정 지원은 학업 지원금, 주거 보조금 및 학생 대출에 대한 정부 보장으로 이루어진다. 2016년 봄에 월 학업 지원금은 부모와 함께 살지 않는 19세 이상의 학생에 대해 336.75유로였다. 부모와 함께 살지 않거나 부모 소유의 숙소에 세 들어 살지 않는 모든 학생에 대한 최대 월 임대료 보조금은 201.6유로였다. 따라서 생활비에 대한 최대 자금 지원은 2016년 3월 환율 기준으로 매월 600달러에 조금 못 미쳤다. 기숙사 비용과 학생 대출 조건은 합리적인 편이며, 식사와 교통에 대한 보조금도 마찬가지다. 핀란드 대학의 학비와 학생 생활 보조금에 관해서는 다음을 참조하라. ✦Student Union of the University of Helsinki. ✦Kela, *Government Guarantee for Student Loans*. ✦Kela, Housing Supplement. ✦Kela, *Study Grant*.

68 ✦Mandery, Evan J. ✦Zernike, Kate, "Paying in Full…."

69 Ministry of Education and Culture, *Koulutustakuu…*.

5장

1 의료보험 없는 미국인의 삶에 관해서는 다음 참조. ✦Buckley, Cara. ✦Kristof, Nicholas, "A Possibly Fatal Mistake."

2 의료보험과 사망률의 관계. ✦Doyle, Joseph. ✦FactCheck.Org ✦IOM, *Care without Coverage*. ✦IOM, *America's Uninsured Crisis*. ✦Krugman, Paul, "Death by Ideology." ✦Sommers, Benjamin D. ✦Weiner, Rachel.

3 의료보험 미가입 환자가 청구받는 비용. ✦Arnold, Chris, "When Nonprofit…." ✦Brill, Steven. ✦Silver-Greenberg, Jessica. ✦Rosenthal, Elizabeth, "As Hospital Prices Soar…."

4 미국에서의 의료 파산. ✦Brill, Steven. ✦Himmelstein, David U. ✦LaMontagne, Christina. ✦Sack, Kevin. ✦Underwood, Anne.

5 Reid, T. R.

6 Smith, Jessica C. 비율이 100퍼센트를 넘는 까닭은 사람들이 그 해에 두 가지 이상의 보험에 들어 있었기 때문일지 모른다.

7 Artiga, Samantha.

8 미국에서 의료보험 가입과 상실. ✦Hayes, Susan L. ✦Rosenbaum, Sara, et al. ✦Sanger-Katz, Margot.

9 Fronstin, Paul.

10 OECD, *OECD Factbook 2014*, p.133.

11 미국에서 고용주 보장 의료보험의 보험료 가격. ✦Claxton, Gary, et al. ✦Rosenthal, Elisabeth, "The $2.7 Trillion…."

12 더 많은 정보는 핀란드 사회보건부 웹사이트 및 핀란드 사회보장국 Kela에서 찾을 수 있다. 18세 미만의 아이들에 대한 의료 서비스는 보호자의 최대 본인 부담금에 포함된다. 처방약에 대한 약값이 최대 본인 부담금을 넘은 이후에는 환자들은 처방 건당 3달러 미만만 내면 된다. 약값에 대한 보장은 다음을 보기 바란다. ✦Finnish Medicines Agency Fimea and Social Insurance Institution of Finland (Kela).

13 핀란드의 민간 의료에 대한 정부 지원금. ✦Blomgren, Jenni, et al. ✦Kela, *Statistical Yearbook*, pp.166-67, 169.

14 여러 나라의 전문의 및 선택적 수술 이용. ✦Davis, Karen, et al., p.20. ✦Gubb, James, pp.8, 16-18. ✦OECD, *Health at a Glance 2015*, pp.128-29.

15 여러 나라의 의료 실적, 생존률, 의료 이용 현황 및 의료 체계 비교에 관해서는 다음 참조. ✦Commonwealth Fund, "Why Not the Best?…" pp.24-25. ✦Davis, Karen, et al. ✦OECD, *Health at a Glance 2015*, pp.46-45, 58-59, 81, 151, 153, 155.

16 NPR, "Cardiologist Speaks…."

17 Himmelstein, David U., et al.

18 오바마케어 시행 후 환자들의 부담 비용. ✦Goodnough, Abby, "Unable to Meet…." ✦HealthCare.gov ✦Rosenthal, Elisabeth, "After Surgery…," and "As Insurers…," and "Costs Can Go…."

19 OECD, *Health at a Glance 2015*, pp.164-65.

20 International Federation of Health Plans.

21 Rosenthal, Elisabeth, "The $2.7 Trillion…."

22 미국의 의료비가 높은 이유. ✦Bach, Peter S. ✦Brill, Steven. ✦Fujisawa, Rie. ✦Gawande, Atul. ✦International Federation of Health Plans. ✦OECD, *Health at a Glance 2015*, pp.114-15. ✦OECD, "Why Is Health Spending…." ✦Rampell, Catherine. ✦Rosenthal, Elisabeth, "In Need…," and "The Soaring Cost…," and "Medicine's…." ✦Squires, David A., "Explaining High…."

23 세라 페일린의 발언은 다음 기사에서 재인용. ✦Drobnic Holan, Angie.

24 Rosenthal, Jaime A., et al., "Availability…."

25 의료보험 보장 여부를 알아보느라 시간을 허비하는 미국 의사들. ✦Davis, Karen, et al., p.23. ✦Ofri, Danielle.

26 핀란드의 의료보험 보장. ✝Finnish Medicines Agency. ✝핀란드 보건복지부의 로리 펠코넨(Lauri Pelkonen)과의 이메일 인터뷰(2015년 8월 21일). ✝핀란드 국립보건복지연구원의 야나 레이펠레(Jaana Leipälä)와의 인터뷰(2013년 10월 17일).

27 Blendon, Robert J., et al.

28 OECD, *Health at a Glance 2013*, p.68.

29 OECD, *Health at a Glance 2013*, pp.86-87, 110-11, and OECD, *Health at a Glance 2015*, pp.102-3, 136-37.

30 체코 영화감독 밀로스 포먼(Milos Forman)이 "오바마는 사회주의자인가? 그 근처에도 못 가는가?"라는 제목의 글을 《뉴욕 타임스》 독자 투고란에 실었는데, 온라인에서 가이 톰 프토라는 이름으로 활동하는 논평가가 댓글을 달았다(2012년 7월 11일).

31 노르딕 나라들에서 환자의 의사 선택권. ✝Anell, Anders, pp.44, 61-62. ✝Ministry of Social Affairs and Health, *Hoitopaikan valinta⋯*. ✝Olejaz, Maria, pp.46-47, 73, 113-14. ✝Ringard, Ånen, pp.22, 42.

32 Reid, T. R., p.27.

33 Taloudellinen tiedotustoimisto.

34 핀란드의 최대 진료 대기시간 및 환자 부담금은 다음을 보라. ✝Ministry of Social Affairs and Health, *Hoitoon pääsy⋯*, and *Terveydenhuollon maksut⋯*.

35 Hartung, Daniel M.

36 메디케어와 메디케이드의 요양원 및 가정 의료 보장. ✝Bernstein, Nina. ✝ Medicare.gov, *Your Medicare Coverage...*, and *How Can I Pay...*. ✝Taha, Nadia. ✝Thomas, Katie.

37 Sommer, Jeff.

38 Genworth.

39 은퇴 파산을 두려워하는 미국인들. ✝Bank of America. ✝Morin, Rich.

40 Searcey, Dionne.

41 노르딕의 노인 의료에 관한 내용의 출처. ✝Nordic Social Statistical Committee, pp.155-162. ✝ Osborn, Robin, et al., "International⋯." ✝ 올보르 대학 교수 티네 로스트고르와의 인터뷰(2013년 9월 10일).

42 부담적정보험법이 미친 영향. ✝Blumenthal, David. ✝Krugman, Paul, "Rube Goldberg Survives." ✝Pear, Robert, "Number of Uninsured⋯."

43 미국 의료와 세금 지원에 관한 문제. ✝Gruber, Jonathan. ✝Horpedahl, Jeremy. ✝Rae, Matthew.

44 미국 노동자의 의료비 증가. ✝Commonwealth Fund, "Why Are Millions of⋯." ✝IOM, *America's⋯*. ✝Osborn, Robin, "Commonwealth Fund 2013⋯." ✝Schoen, Cathy. ✝Swift, Art.

45 정부 역할 지지 ✝Balz, Dan. ✝Gallup. ✝Connelly, Marjorie. ✝Pew Research Center, "Millennials⋯," pp.35-36. ✝Pew Research Center, "Political⋯," pp.68-69.

46 미국에서 공공 의료보험 제도를 마련하려는 노력들. ✦Associated Press, "Governor⋯." ✦McDonough, John. ✦Office of Senator Jamie Eldridge. ✦ Perkins, Olivera. ✦Varney, Sarah. ✦Wheaton, Sarah.

47 제약회사들의 수익, 광고, R&D. ✦Anderson, Richard. ✦Brill, Steven. ✦ Rosenthal, Elisabeth, "The Soaring Cost⋯."

48 오바마의 요청과 제약회사와의 가격 협상. ✦Morgan, David. ✦Pear, Robert, "Obama Proposes⋯."

49 해당 법안에 관한 기사. ✦Editorial Board. ✦Silverman, Ed.

50 의료보험 회피에 관심을 두는 고용주들. ✦Goldstein, Amy. ✦Pear, Robert, "I.R.S. Bars⋯."

51 RonPaul2008dotcom.

52 암에 걸린 자영업자 이야기. ✦Kristof, Nicholas, "A Possibly Fatal Mistake."

53 보험료를 올리는 보험회사. ✦Pear, Robert, "Health Insurance⋯." ✦Schoen, Cathy.

54 Andrews, Michelle.

55 Pew Research Center, "Millennials⋯."

6장

1 롬니는 2012년 5월 17일 플로리다 주에서 열린 한 민간 선거자금 모금 행사 강연에서 이렇게 말했다. "무슨 일이 있든지 현 대통령에게 투표할 사람들이 47퍼센트입니다. 좋습니다. 47퍼센트의 사람들이 그에게 동조하고 정부에 의존하고 자신들이 희생자라고 믿고 정부가 자신들을 돌볼 책임이 있다고 믿으며 자신들이 의료, 음식, 주거 등 뭐든 혜택을 받을 권리가 있다고 믿습니다. 자격이 있다는 겁니다. 그러니까 정부가 자신들에게 베풀어줘야 한다고. (⋯) 이들은 소득세를 내지 않는 사람들입니다." ✦MoJo News Team.

2 Byers, Dylan.

3 강연 녹취록. ✦"Republican Candidates Debate in Manchester, New Hampshire, January 7, 2012."

4 우선 인정하건대, 이 비교는 핀란드와 미국이 자국민에게 제공하는 전반적인 사회적 지원에 대한 공정한 평가 척도가 아니다. 가령 핀란드는 자녀를 가진 모든 가정에 매달 자동으로 아동 수당을 제공한다. 오히려 나는 여기서 '복지' 국가의 부정적 측면을 짚고 있다. 이 비교는 2013년에 '살려고 도움을 받은' 핀란드인은 38만 1851명이고, 푸드 스탬프 지원을 받은 미국인은 4770만 명이라는 데이터에 근거한다. 다음을 참조하라. ✦Congressional Budget Office, *Supplemental Nutrition*⋯. ✦Virtanen, Ari.

5 OECD, *OECD Factbook 2014*, pp.132-133. 고용율은 노동연령(15~64세) 인구에 대한 피고용인의 비율로 계산된다. 정의상 피고용인은 이전 주에 적어도 1시간 소득을 버는

고용 상태로 일했다고 보고한 사람들 또는 직장이 있지만 해당 주 동안에는 일하지 않았다고 보고한 사람들이다. 이에 따를 때 2010-2012년에 핀란드는 고용률이 69퍼센트, 미국은 67퍼센트였다. 다른 노르딕 나라들은 더 나았다. 아이슬란드 79퍼센트, 노르웨이 76퍼센트, 스웨덴 및 덴마크 73퍼센트.

6 치사고 카운티를 다룬《뉴욕 타임스》기사. ⁺Appelbaum, Binyamin.

7 미국 가계 소득 및 혜택 분포. ⁺Congressional Budget Office, *Trends 3*, p.21.

8 Mettler, Suzanne, "Who Says⋯." 사회보장(Social Security) 수당이 정부 수표로 제공되긴 하지만, 수잔 메틀러는 루스벨트 행정부가 그 제도 역시 의도적으로 민간 보험을 닮도록 만들었다고 말한다. 즉, 정부의 사회복지 제도라는 사실이 일부 수혜자들에게 명확하게 드러나지 않게 고안되었다. 메틀러의 연구에 의하면, 사회보장 수당의 수혜자 중 44퍼센트는 자신들이 정부의 사회복지 제도를 이용하지 않았다고 말했다. 양육비 세금공제를 받았다고 한 응답자의 52퍼센트도, 근로장려금을 받은 사람의 47퍼센트도, 고용주 지원으로 비과세 의료보험에 가입했던 사람들의 64퍼센트도, 실업수당 수혜자의 43퍼센트 그리고 메디케어 수혜자의 40퍼센트도 마찬가지로 말했다.

9 아이슬란드의 금융 위기. ⁺Icelandic Parliament.

10 노르딕 나라들의 경제. ⁺Miller, Terry. ⁺OECD, *Economic Surveys* for Denmark(2013), Finland(2014), Iceland(2015), Norway(2014), and Sweden(2015). ⁺Schwab, Klaus, *Global Competitiveness Report 2015-2016*.

11 유로 위기와 핀란드 경제. ⁺Arnold, Nathaniel, et al., *Finland*. ⁺Irwin, Neil. ⁺Krugman, Paul, "Annoying Euro Apologetics." ⁺Milne, Richard. ⁺Moody's Investors Service. ⁺Moulds, Josephine. ⁺O'Brien, Matt, *"The Euro...,"* and *Why Bad Things....* ⁺Standard and Poor's, "Finland."

12 OECD, *Government at a Glance 2015*, pp.58-59, 62-63. ⁺OECD, *National Accounts at a Glance 2014*, p.25.

13 Public Policy Polling.

14 Hobbes, Thomas. pp.56, 81.

15 Rousseau, Jean-Jacques.

16 Mill, John Stuart.

17 Tocqueville, Alexis de.

18 Micklethwait, John, pp.48, 56.

19 Smith, Adam.

20 Micklethwait, John, p.87.

21 Fairleigh Dickinson University's Public Mind Poll.

22 핀란드와 미국에서 저자가 낸 세금에 관한 부연 설명: 기술적으로는 사실상 핀란드 사업자들의 출산휴가 및 병가는 세금으로 지불되는 것이 아니다. 오히려 모든 자영업 노동자들은 법에 의해 사업자 연금보험을 구매해야 하는데, 이것과 사회보장 부담금을 통해 앞

서 이야기한 혜택을 직원에게 제공한다. 하지만 이런 지불금은 대략 미국의 자영업 세금과 거의 맞먹기에, 본문의 계산에 포함된 것이다.

23 롬니와 오바마의 세율. ⁺Confessore, Nicholas. ⁺Leonhardt, David, "Putting Candidates' Tax⋯." ⁺Mullins, Brody, et al. ⁺White House Office of the Press Secretary, *President Obama's*⋯.

24 여러 나라의 과세. ⁺Lindbeck, Assar, pp.1297-98, 1301. ⁺OECD, *Consumption Tax Trends 2014*, chap.5, pp.34-35, 120-30, 134, 140. ⁺OECD, *OECD Factbook 2014*, pp.230-231. ⁺OECD, "Table 1.7." ⁺OECD, *Taxing Energy Use 2015*, pp.19-24, 45, 129, 546. ⁺Tax Policy Center, "Historical Top Marginal⋯."

25 여러 나라의 최고 한계소득세율. ⁺OECD, "Table 1.7."

26 미국의 소득 분포. ⁺Tax Policy Center, "Distribution tables⋯."

27 부자의 세금 인상 지지. ⁺Newport, Frank. ⁺Ohlemacher, Stephen. ⁺Parker, Kim, "Yes, The Rich⋯." ⁺Steinhauser, Paul.

28 Senate Budget Committee.

29 워런 버핏, 스티븐 킹, 오바마의 세율. ⁺Buffett, Warren E., "A Minimum Tax⋯," and "Stop Coddling⋯." ⁺King, Stephen. ⁺Lander, Mark.

30 스웨덴의 경제 및 예산 규정. ⁺Duxbury, Charles. ⁺Regeringskansliet(Government Offices of Sweden). ⁺OECD, *OECD Economic Surveys: Sweden 2015*. 스웨덴 정부가 2015년에 발표하기를, 국가의 재정이 안정적이고 투자를 위해 돈을 풀 것이므로 예산 흑자 규정을 철회하고 싶다고 했다. 관련 논의는 이 책을 쓰는 동안에도 진행 중이다.

31 복지 서비스를 위한 GDP 대비 정부 지출과 효율성. ⁺Adema, Willem, et al. ⁺OECD, *Government at a Glance 2015*, pp.70-71.

32 다양한 제안과 노력들. ⁺Blumenthal, Paul. ⁺Chappell, Bill. ⁺Dorment, Richard. ⁺*Education Week*. ⁺Kaiser Family Foundation. ⁺National Conference of State Legislatures.(See all.) ⁺National Employment Law Project, "City Minimum⋯." ⁺Teles, Steven M. ⁺United for the People. ⁺White House Office of the Press Secretary, "White House Unveils⋯." ⁺Employment Development Department State of California.

33 세금 개혁을 위한 제안들. ⁺Brundage, Amy. ⁺Buffett, Warren E., "A Minimum Tax⋯." ⁺Krugman, Paul, "Taxes at the Top." ⁺Nixon, Ron, and Eric Lichtblau. ⁺Norris, Floyd. ⁺White House, *Reforming the Tax Code*.

7장

1 《포브스》에 따르면, 2013년에 최고 소득 헤지펀드 매니저 25명이 243억 달러를 벌었다고 하는데, 《인스티튜셔널 인베스터스 알파(Institutional Investor's Alpha)》는 그 수치를 211

억 5000만 달러로 잡았다. 더 많이 번 사람도 있고 덜 번 사람도 있겠지만, 어쨌든 그들은 평균 10억 달러를 벌었다. 이 무리에 속하려면 최소 약 3억 달러를 벌어야 한다. ⁺Taub, Stephen. ⁺Vardi, Nathan.

2 DeNavas-Walt, Carmen, and Bernadette D. Proctor, p.5.

3 뉴욕의 노숙자. ⁺Feuer, Alan. ⁺Stewart, Nikita.

4 미국의 소득 불평등. ⁺Congressional Budget Office, *Trends in the Distribution*…. ⁺Krugman, Paul, "The Undeserving Rich." ⁺National Employment Law Project, "Occupational Wage…." ⁺Saez, Emmanuel, ⁺Yellen, Janet L.

5 소득 불평등 증가. ⁺Frank, Robert H. ⁺OECD, *Divided We Stand*…, pp.28-41.

6 Norton, Michael I.

7 소득 불평등, 기회의 평등, 사회이동에 관하여. ⁺Chetty, Raj, et al. ⁺Corak, Miles, "Do Poor…," and "Income Inequality…." ⁺Hertz, Tom. ⁺Jäntti, Markus, et al. ⁺OECD, *Growing Unequal*…. ⁺Pickett, Kate. ⁺ 마르쿠스 앤티와의 인터뷰(2013년 9월 29일)

8 Miliband, Ed.

9 한 연구에서 밝혀진바, 개별적인 방법들을 없애고 통합된 공립학교 제도를 갖춤으로써 핀란드는 부모와 자식의 소득 상관관계가 25퍼센트 감소했다. ⁺Pekkarinen, Tuomas, et al.

10 미국 및 다른 나라들의 중산층 소득. DeNavas-Walt, Carmen, and Bernadette D. Proctor, p.23. ⁺Leonhardt, David, and Kevin Quealy.

11 불평등 해소를 위한 OECD의 권고안. ⁺OECD, *Divided We Stand*…, pp.18-19.

12 Pew Research Center, "Middle Easterners…."

13 미국 주들과 도시들의 최저 임금 인상. ⁺National Conference of State Legislatures, *State Family…*, and *2015 Minimum…*. ⁺National Employment Law Project, "City Minimum…."

14 Krugman, Paul, "Now That's Rich."

15 Stiglitz, Joseph.

16 부와 행복에 관한 연구. ⁺Lewis, Michael.

8장

1 슈퍼셀에 관한 내용의 출처. ⁺슈퍼셀 CEO 일카 파나넨과의 인터뷰(2013년 10월 23일). ⁺Junkkari, Marko. ⁺Kelly, Gordon. ⁺Reuters, "Clash of Clans…." ⁺Saarinen, Juhani, "Hurjaa…," and "Supercell-miljonäärit…." ⁺Scott, Mark, "SoftBank Buys…," and "Supercell Revenue…." ⁺Wingfield, Nick.

2 Yager, Lynn.

3 전격 공개! 이 책은 코네 재단으로부터 논픽션 창작 지원금을 받았다. 재단은 회사와 독

립적으로 운영되며, 핀란드의 연구 활동, 예술 및 문화를 촉진하기 위해 연간 2000만 유로 이상을 지원한다.

4 코네와 마천루. ✝Davidson, Justin. ✝*The Economist*, "The Other Mile-High Club."

5 World Bank, *Doing Business 2016*.

6 OECD, *OECD Employment Outlook 2013*, p.78.

7 2015년 8월 핀란드의 빅맥 가격은 4.10유로였고, 미국에서는 평균 가격이 4.80달러였다. 당시의 환율로 환산하면, 핀란드의 빅맥 가격은 4.60달러였다. ✝Alderman, Liz. ✝Allegretto, Sylvia, et al.

8 노르딕 나라 기업 중역들의 수입. ✝Pollard, Niklas.

9 OECD 회원국의 노동 시간당 GDP, 노동자 한 명당 총 노동시간 및 고용율. ✝OECD, *OECD Compendium of Productivity Indicators 2015*, p.23. ✝OECD, *Hours worked (indicator)*. ✝OECD, *OECD Factbook 2014*, pp.132-133.

10 H&M의 출산휴가 정책. ✝Hansegard, Jens.

11 *Economic Report of the President*, pp.129, 132.

12 가족친화적 정책이 회사에 미친 영향. ✝Bassanini, Andrea, p.11. ✝Huffington, Arianna, "Beyond Money…." ✝OECD, *Babies and bosses*, p.24. ✝World Economic Forum, *Global Gender Gap* (2013), p.31.

13 University of Cambridge.

14 Real Clear Politics.

15 International Transport, p.22.

16 리누스 토르발스에 관한 《와이어드》 기사. ✝Rivlin, Gary.

9장

1 연설 동영상은 다음에서 볼 수 있다. ✝Wellesley Public Media.

2 성공적인 삶에 관한 미국인들의 입장. ✝Bowman, Carl, et al., p.17. ✝Futures Company. ✝Weissbourd, Rick, et al.

3 Tugend, Alina.

4 Rampell, Catherine, "Coveting Not a Corner Office…."

5 낙관주의의 부정적 측면에 관해서는 다음을 참조하라. ✝Ehrenreich, Barbara. ✝Oettingen, Gabriele.

6 뉴욕 시의 많은 유치원이 표준화된 시험 성적을 바탕으로 학생들을 받아들인다. ✝Senior, Jennifer.

참고문헌

Abelson, Reed. "Insured, but Bankrupted by Health Crises." *New York Times*, June 30, 2009. Web.

Abrams, Samuel E. "The Children Must Play." *New Republic*, Jan. 28, 2011. Web.

Addati, Laura, et al. *Maternity and Paternity at Work: Law and Practice Across the World*. International Labour Office. Geneva: ILO, 2014. Web.

Adema, Willem, et al. "Is the European Welfare State Really More Expensive? Indicators on Social Spending, 1980–2012; and a Manual to the OECD Social Expenditure Data Base (SOCX)." *OECD Social, Employment and Migration Working Papers* 124. Paris: OECD Publishing, 2011. Web.

Aho, Erkki. "52 Finnish Comprehensive Schools." In *100 Social Innovations from Finland*. Edited by Ilkka Taipale. Helsinki: Peace Books from Finland, 2009. 『핀란드가 말하는 핀란드 경쟁력100』일까 따이팔레 편, 조정주 역, 비아북, 2010.

Alderman, Liz, and Steven Greenhouse. "Living Wages, Rarity for U.S. Fast-Food Workers, Served up in Denmark." *New York Times*, Oct. 27, 2014. Web.

Allegretto, Sylvia, et al. *Fast Food, Poverty Wages: The Public Cost of Low-Wage Jobs in the Fast-Food Industry*. UC Berkeley Labor Center, 2013. Web.

Allianz. *The 2013 Allianz Women, Money, and Power Study*. Web.

Amato, Paul. R. "The Impact of Family Formation Change on the Cognitive, Social and Emotional Well-Being of the Next Generation." *Marriage and Child Wellbeing* 15:2 (2005): 75–96. Web.

Andersen, Torben M., et al. *The Danish Flexicurity Model in the Great Recession*. VoxEU.org,

Apr. 8, 2011. Web.

Anderson, Jenny. "From Finland, an Intriguing School-Reform Model." *New York Times*, Dec. 12, 2011. Web.

Anderson, Richard. "Pharmaceutical Industry Gets High on Fat Profits." *BBC News*, Nov. 6, 2014. Web.

Andrews, Michelle. "Patients Balk at Considering Cost in Medical Decision-Making, Study Says." *Washington Post*, Mar. 11, 2013. Web.

Anell, Anders, et al. "Sweden: Health System Review." *Health Systems in Transition* 14:5 (2012): 1-159. Web.

Appelbaum, Binyamin, and Robert Gebeloff. "Even Critics of Safety Net Increasingly Depend on It." *New York Times*, Feb. 11, 2012. Web.

Appelbaum, Eileen, and Ruth Milkman. "Paid Family Leave Pays Off in California." *Harvard Business Review*, Jan. 19, 2011. Web.

Arnold, Chris. "When Nonprofit Hospitals Sue Their Poorest Patients." *NPR*, Dec. 19, 2014. Web.

Arnold, Nathaniel, et al. *Finland: Selected Issues*. Washington, DC: International Monetary Fund, 2015. Web.

Artiga, Samantha, and Elizabeth Cornachione. *Trends in Medicaid and CHIP Eligibility Over Time*. Kaiser Family Foundation, 2015. Web.

Associated Press. "Governor Abandons Single-Payer Health Care Plan." *New York Times*, Dec. 17, 2014. Web.

Associated Press. "School Spending by Affluent Is Widening Wealth Gap." *New York Times*, Sept. 30, 2014. Web.

Astridlindgren.se. *Astrid Lindgren and the World*. N.d. Web. Accessed July 23, 2015.

Aubrey, Allison. "Burger Joint Pays $15 an Hour. And, Yes, It's Making Money." *NPR*, Dec. 4, 2014. Web.

Aula, Maria Kaisa, et al. "Vanhempainvapaatyöryhmän muistio." ["Memorandum of Working Group on Family Leaves."] *Sosiaali-ja terveysministeriön selvityksiä* 12. Helsinki: Ministry of Social Affairs and Health, 2011. Web.

Aviv, Rachel. "Wrong Answer." *The New Yorker*, July 21, 2014. Web.

Bach, Peter S. "Why Drugs Cost So Much." *New York Times*, Jan. 14, 2015. Web.

Bagehot. "Nice Up North." *The Economist*, Jan. 27, 2011. Web.

Baker, Bruce D., et al. *Is School Funding Fair? A National Report Card*. Education Law Center, 2015. Web.

Baker, Peter. "The Limits of Rahmism." *New York Times Magazine*, Mar. 8, 2010. Web.

Bakst, Dina. "Pregnant, and Pushed Out of a Job." *New York Times*, Jan. 30, 2012. Web.

Balz, Dan, and Jon Cohen. "Most Support Public Option for Health Insurance, Poll Finds." *Washington Post*, Oct. 20, 2009. Web.

Banchero, Stephanie. "Teachers Lose Jobs Over Test Scores." *Wall Street Journal*, July 24, 2010. Web.

Banerjee, Abhijit V., and Esther Duflo. *Poor Economics—A Radical Rethinking of the Way to Fight Global Poverty*. New York: PublicAffairs 2011. Kindle file. 『가난한 사람이 더 합리적이다: MIT 경제학자들이 밝혀낸 빈곤의 비밀』, 아비지트 배너지·에스테르 뒤플로 공저, 이순희 역, 생각연구소, 2012.

Bank of America. "Going Broke in Retirement Is Top Fear for Americans." *Merrill Edge Report*, May 27, 2014. Web.

Basic Education Act 628/1998. Amendments up to 1136/2010. Finlex. Web. Accessed Aug. 2, 2015.

Bassanini, Andrea, and Danielle Venn. "The Impact of Labour Market Policies on Productivity in OECD countries." *International Productivity Monitor* 17 (2008): 3-15. Web.

Berdahl, Jennifer L., and Sue H. Moon. "Workplace Mistreatment of Middle Class Workers Based on Sex, Parenthood, and Caregiving." *Journal of Social Issues* 69:2 (2013): 341-66. Web.

Berger, Lawrence M., and Sarah A. Font. "The Role of the Family and Family-Centered Programs and Policies." *Policies to Promote Child Health* 25:1 (2015): 155-76. Web.

Berggren, Henrik, and Lars Trägårdh. *Är svensken människa?* Stockholm: Norstedts Förlag, 2006.

———. "Pippi Longstocking: The Autonomous Child and the Moral Logic of the Swedish Welfare State." In *Swedish Modernism: Architecture, Consumption and the Welfare State*. Edited by Helena Mattsson and Sven-Olov Wallenstein, 10-23. London: Black Dog Publishing, 2010.

———. "Social Trust and Radical Individualism: The Paradox at the Heart of Nordic Capitalism." In *Shared Norms for the New Reality: The Nordic Way*, 13-27. Stockholm: Global Utmaning, 2010. Web.

Bernstein, Nina. "Pitfalls Seen in a Turn to Privately Run Long-Term Care." *New York Times*, Mar. 6, 2014. Web.

Blau, Francine D., and Lawrence M. Kahn. "Female Labor Supply: Why Is the US Falling Behind?" *American Economic Review* 103:3 (2013): 251-56. Web.

Blendon, Robert J., et al. "Public Trust in Physicians—U.S. Medicine in International Perspective." *New England Journal of Medicine* 371 (2014): 1570-72. Web.

Blomgren, Jenni, et al. "Kelan sairaanhoitokorvaukset tuloryhmittäin. Kenelle korvauksia maksetaan ja kuinka paljon?" ["The Social Insurance Institution of Finland's Health Care Reimbursements by Income Quintile. To Whom Are Reimbursements Paid and What Are the Amounts?"] *Sosiaali-ja terveysturvan selosteita* 93. Helsinki: Kela, 2015. Web.

Blumenthal, David, et al. "The Affordable Care Act at Five." *New England Journal of Medicine Online First*, May 6, 2015. Web.

Blumenthal, Paul. "States Push Post-Citizens United Reforms as Washington Stands Still." *Huffington Post*, July 11, 2013. Web.

Bolick, Kate. "All the Single Ladies." *Atlantic*, Nov. 2011. Web.

Bowman, Carl, et al. *Culture of American Families*. Institute for Advanced Studies in Culture, 2012. Web.

Bradford, Harry. "The 10 Countries with the Best Work-Life Balance: OECD." *Huffington Post*, Jan. 6, 2011. Web.

Brill, Steven. "Bitter Bill: Why Medical Bills Are Killing Us." *Time*, Feb. 20, 2013. Web.

Brooks, David. "The Talent Society." *New York Times*, Feb. 20, 2012. Web.

Brundage, Amy. *White House Report—The Buffett Rule: A Basic Principle of Tax Fairness*. White House, Apr. 10, 2012. Web.

Buckley, Cara. "For Uninsured Young Adults, Do-It-Yourself Health Care." *New York Times*, Feb. 17, 2009. Web.

Buffett, Warren E. "A Minimum Tax for the Wealthy." *New York Times* Nov. 25, 2012. Web.
———. "Stop Coddling the Super-Rich." New York Times, Aug. 14, 2011. Web.

Bureau of Labor Statistics. "Table 1. Time spent in primary activities and percent of the civilian population engaging in each activity, averages per day by sex, 2014 annual averages." *American Time Use Survey*. N.d. Web. Accessed July 29, 2015.
———. "Table 32. Leave Benefits: Access, private industry workers." *National Compensation Survey, March 2015*. Web.
———. "Table 38. Paid Vacations: Number of Annual Days by Service Requirement, private industry workers." *National Compensation Survey, March 2015*. Web.
———. "Table 9. Time adults spent caring for household children as a primary activity by sex, age, and day of week, average for the combined years 2010-2014." *American Time Use Survey*. N.d. Web. Accessed July 29, 2015.

Byers, Dylan. "What Newt Said About Food Stamps." *Politico*, Jan. 6, 2012. Web.

Cain Miller, Claire. "Can Family Leave Policies Be Too Generous? It Seems So." *New York Times*, Aug. 9, 2014. Web.
———. "Paternity Leave: The Rewards and the Remaining Stigma." *New York Times*, Nov. 7, 2014. Web.

Campbell, Frances A., et al. "Early Childhood Education: Young Adult Outcomes from the Abecedarian Project." *Applied Developmental Science* 6:1 (2002): 42–57. Web.

Carey, Kevin, and Marguerite Roza. *School Funding's Tragic Flaw*. Education Sector and the Center on Reinventing Public Education, University of Washington, 2008. Web.

———. "Americans Think We Have the World's Best Colleges. We Don't." *New York Times*, June 28, 2014. Web.

Casey, Timothy, and Laurie Maldonado. *Worst Off—Single-Parent Families in the United States*. Legal Momentum, 2012. Web.

Cecere, David. "New Study Finds 45,000 Deaths Annually Linked to Lack of Health Coverage." *Harvard Gazette*, Sept. 17, 2009. Web.

Center for Research on Education Outcomes (CREDO). *National Charter School Study 2013*. Stanford, CA: CREDO at Stanford University, 2013. Web.

Chait, Jonathan. "Inequality and the Charles Murray Dodge." *New York*, Jan. 31, 2012. Web.

Chappell, Bill. "Supreme Court Backs Arizona's Redistricting Commission Targeting Gridlock." *NPR*, June 29, 2015. Web.

Cherlin, Andrew J. "The Real Reason Richer People Marry." *New York Times*, Dec. 6, 2014. Web.

Chetty, Raj, et al. "Where Is the Land of Opportunity? The Geography of Intergenerational Mobility in the United States." *Quarterly Journal of Economics* 129:4 (2014): 1553–1623. Web.

Child Care Aware. *Parents and the High Cost of Child Care: 2015 Report*. Web.

Chingos, Matthew M. *Strength in Numbers: State Spending on K-12 Assessment Systems*. Brown Center on Education Policy at Brookings, 2012. Web.

Claxton, Gary, et al. *Employer Health Benefits 2015*. Kaiser Family Foundation and Health Research & Educational Trust, 2015. Web.

Clinton Global Initiative. "Opening Plenary Session CGI 2010 pt. 1." Online video clip. Original.livestream.com. N.d. Web. Accessed July 20, 2015.

Cohn, D'Vera, et al. "After Decades of Decline, a Rise in Stay-At-Home Mothers." Pew Research Center, Apr. 8, 2014. Web.

College Board. "Trends in College Pricing 2015." *Trends in Higher Education Series*. College Board, 2015. Web.

Commonwealth Fund. "Why Are Millions of Insured Americans Still Struggling to Pay for Health Care?" *Medium*, June 16, 2015. Web.

———. "Why Not the Best? Results from the National Scorecard on U.S. Health System Performance, 2011." Commonwealth Fund, 2011. Web.

Confessore, Nicholas, and David Kocieniewski. "For Romneys, Friendly Code Reduces Taxes." *New York Times*, Jan. 24, 2012. Web.

Congressional Budget Office. *Supplemental Nutrition Assistance Program*. May 2013. Web.

———. *Trends in the Distribution of Household Income Between 1979 and 2007*. October 2011. Web.

Connelly, Marjorie. "Polls and the Public Option." *New York Times*, Oct. 28, 2009. Web.

Coombes, Andrea. " 'Bag Lady' Fears Haunt About Half of Women." *Marketwatch*, Aug. 22, 2006. Web.

Corak, Miles. "Income Inequality, Equality of Opportunity, and Inter-generational Mobility." *Journal of Economic Perspectives* 27:3 (2013): 79–102. Web.

———. "Do Poor Children Become Poor Adults? Lessons from a Cross Country Comparison of Generational Earnings Mobility." Institute for the Study of Labor (IZA), 2006. Web.

Davidson, Justin. "The Rise of the Mile-High Building." *New York*, Mar. 24, 2015. Web.

Davis, Karen, et al. *Mirror, Mirror on the Wall: How the Performance of the U.S. Health Care System Compares Internationally*. Commonwealth Fund, 2014. Web.

Delaney, Arthur, and Ariel Edwards-Levy. "More Americans Would Take a Pay Cut for a Day Off." *Huffington Post*, Aug. 1, 2015. Web.

DeNavas-Walt, Carmen, and Bernadette D. Proctor. *Income and Poverty in the United States: 2013*. Washington, DC: U.S. Government Printing Office, 2014. Web.

DeNavas-Walt, Carmen, et al. *Income, Poverty, and Health Insurance Coverage in the United States: 2009*. Washington, DC: U.S. Government Printing Office, 2010. Web.

DeParle, Jason. "For Poor, Leap to College Often Ends in Hard Fall." *New York Times*, Dec. 22, 2012. Web.

DeParle, Jason, and Sabrina Tavernise. "For Women Under 30, Most Births Occur Outside Marriage." *New York Times*, Feb. 17, 2012. Web.

Dillon, Sam. "Schools Cut Back Subjects to Push Reading and Math." *New York Times*, Mar. 26, 2006. Web.

Dorment, Richard. "22 Simple Reforms That Could #FixCongress Now." *Esquire*, Oct. 15, 2014. Web.

Doyle, Joseph J., Jr. "Health Insurance, Treatment and Outcomes: Using Auto Accidents as Health Shocks." *Review of Economics and Statistics* 87:2 (2005): 256–70. Web.

Drobnic Holan, Angie. "PolitiFact's Lie of the Year: 'Death Panels'." *Tampa Bay Times PolitiFact.com*, Dec. 18, 2009. Web.

Duncan, Greg, and Richard J. Murnane. *Whither Opportunity? Rising Inequality, Schools, and Children's Life Chances*. Executive Summary. New York: Russell Sage and Spencer

Foundation, 2011. Web.

Duvander, Ann-Zofie, and Johanna Lammi-Taskula. "1. Parental Leave." In *Parental Leave, Childcare and Gender Equality in the Nordic Countries. TemaNord 2011:562*, edited by Ingólfur V. Gíslason and Guðný Björk Eydal, 31-64. Copenhagen: Nordic Council of Ministers, 2011. Web.

Duxbury, Charles. "Sweden Seeks to Drop Budget Surplus Target." *Wall Street Journal*, Mar. 3, 2015. Web.

Economic Report of the President. Washington, DC: U.S. Government Printing Office, 2013. Web.

The Economist. "The Other Mile-High Club." *The Economist*, June 15, 2013. Web.

Editorial Board. "Runaway Drug Prices." *New York Times*, May 5, 2015. Web.

Edsall, Thomas B. "What the Right Gets Right." *New York Times*, Jan. 15, 2012. Web.

Education Week. "Quality Counts Introduces New State Report Card; U.S. Earns C, and Massachusetts Ranks First in Nation." *Education Week*, Jan. 8, 2015. Web.

Ehrenfreund, Max. "Teachers in Teach for America Aren't Any Better Than Other Teachers When It Comes to Kids' Test Scores." *Washington Post*, Mar. 6, 2015. Web.

Ehrenreich, Barbara. "Overrated Optimism: The Peril of Positive Thinking." *Time*, Oct. 10, 2009. Web.

Eklund, Klas. "Nordic Capitalism: Lessons Learned." In *Shared Norms for the New Reality: The Nordic Way*, 5-11. Stockholm: Global Utmaning, 2010. Web.

Employment Development Department State of California. *Disability Insurance (DI) and Paid Family Leave (PFL) Weekly Benefit Amounts*. N.d. Web. Accessed July 25, 2015.

———. *Fact Sheet. Paid Family Leave (PFL)*. N.d. Web. Accessed July 25, 2015.

European Commission. "Investing in Children: Breaking the Cycle of Disadvantage." *Commission Recommendation*, Feb. 20, 2013. Web.

———. *Innovation Union Scoreboard 2011*. Brussels: European Union, 2012. Web.

European Foundation for the Improvement of Living and Working Conditions. *Developments in Collectively Agreed Working Time 2012*. 2013. Web.

Eurydice. *Finland—Early Childhood and School Education Funding*. European Commission, 2015. Web.

Executive Office of the President of the United States. *The Labor Force Participation Rate Since 2007: Causes and Policy Implications*. July 2014. Web.

FactCheck.Org. *Dying from Lack of Insurance*. Sept. 24, 2009. Web.

Fairleigh Dickinson University's Public Mind Poll. "Beliefs About Sandy Hook Cover-Up, Coming Revolution Underlie Divide on Gun Control." May 1, 2013. Web.

Fausset, Richard. "Judge Reduces Sentences in Atlanta School Testing Scandal." *New York*

Times, Apr. 30, 2015. Web.

Feuer, Alan. "Homeless Families, Cloaked in Normalcy." *New York Times*, Feb. 3, 2012. Web.

Finnish Medicines Agency Fimea and Social Insurance Institution of Finland (Kela). *Finnish Statistics on Medicines 2013*. Helsinki: Fimea and Kela, 2014. Web.

Fjölmenningarsetur. *Vacation Pay / Holiday Allowance*. N.d. Web. Accessed July 25, 2015.

Foderaro, Lisa W. "Alternate Path for Teachers Gains Ground." *New York Times*, Apr. 18, 2010. Web.

Foroohar, Rana. "The Best Countries in the World." *Newsweek*, Aug. 23 & 30, 2010, 30–32. Web.

Försäkringskassan. *About Parental Benefits*. N.d. Web. Accessed July 25, 2015.

Frank, Robert H. "A Remedy Worse Than Disease." *Pathways*, Summer 2010. Web.

Fronstin, Paul. "Views on Health Coverage and Retirement: Findings from the 2012 Health Confidence Survey." *EBRI Employee Benefit Research Institute Notes* 34.1 (2013): 2–9. Web.

Frum, David. "Is the White Working Class Coming Apart?" *Daily Beast*, Feb. 6, 2012. Web.

Fujisawa, Rie, and Gaetan Lafortune. "The Remuneration of General Practitioners and Specialists in 14 OECD Countries: What Are the Factors Influencing Variations Across Countries?" *OECD Health Working Papers* 41, 2008. Web.

Fund for Peace. *Failed States Index 2012*. N.d. Web. Accessed July 21, 2015.

Futures Company. *The Life Twist Study*. American Express, 2013. Web.

Gabriel, Trip. "Vouchers Unspoken, Romney Hails School Choice." *New York Times*, June 11, 2012. Web.

Gallup. *Healthcare System: Historical Trends*. N.d. Web. Accessed Aug. 15, 2015.

Gawande, Atul. "Big Med." *The New Yorker*, Aug. 12, 2012. Web.

Genworth. *2013 Cost of Care Survey*. N.d. Web. Accessed Aug. 14, 2015.

Gittleson, Kim. "Shake Shack Is Shaking up Wages for US Fast-Food Workers." *BBC*, Jan. 30, 2015. Web.

Goldstein, Amy. "Few Employers Dropping Health Benefits, Surveys Find." *Washington Post*, Nov. 19, 2014. Web.

Goodnough, Abby, and Robert Pear. "Unable to Meet the Deductible or the Doctor." *New York Times*, Oct. 17, 2014. Web.

———. "Hospitals Look to Health Law, Cutting Charity." *New York Times*, May 25, 2014. Web.

Gottlieb, Lori. "How to Land Your Kid in Therapy." *Atlantic*, July/ August 2011. Web.

———. "Marry Him!" *Atlantic*, Mar. 2008. Web.

Grady, Denise. "In Feast of Data on BPA Plastic, No Final Answer." *New York Times*, Sept. 6,
    2010. Web.

Graff, E J. "Our Customers Don't Want a Pregnant Waitress." *American Prospect* 31 (Jan.
    2013). Web.

Grant, Rebecca. "Silicon Valley's Best and Worst Jobs for New Moms (and Dads)." *Atlantic*,
    Mar. 2, 2015. Web.

Greenberg, Julie, et al. *2014 Teacher Prep Review*. National Council on Teacher Quality, rev.
    Feb. 2015. Web.

Greenhouse, Linda. "Justice Recalls Treats Laced with Poison." *New York Times*, Nov. 17,
    2006. Web.

Greenstone, Michael, et al. *Dozen Economic Facts About K-12 Education*. Hamilton Project,
    2012. Web.

――――. *Thirteen Economic Facts About Social Mobility and the Role of Education*. Hamilton
    Project, 2013. Web.

Grieco, Elizabeth M., et al. "The Foreign-Born Population in the United States: 2010."
    American Community Survey Reports. United States Census Bureau, 2012. Web.

Gruber, Jonathan. "The Tax Exclusion for Employer-Sponsored Health Insurance." *National
    Tax Journal* 64.2 (2011): 511-530. Web.

Gubb, James. *The NHS and the NHS Plan: Is the Extra Money Working?* Civitas, Institute for the
    Study of Civil Society, 2006. Web.

Gunn, Dwyer. "Sit. Stay. Good Mom!" *New York*, July 6, 2012. Web.

Hansegard, Jens. "For Paternity Leave, Sweden Asks If Two Months Is Enough." *Wall Street
    Journal*, July 31, 2012. Web.

Harrington, Brad, et al. *The New Dad: Take Your Leave*. Boston: Boston College Center for
    Work & Family, 2014. Web.

Harris, Elizabeth A. "Cuomo Gets Deals on Tenure and Evaluations of Teachers." *New York
    Times*, Mar. 31, 2015. Web.

――――. "Most Parents Got Top Choices for Pre-K, Blasio says." *New York Times*, June 8,
    2015. Web.

Hartman, Laura, ed. "Konkurrensens konsekvenser. Vad händer med svensk välfärd?"
    ["The Consequences of Competition: What Is Happening to Swedish Welfare?"]
    Stockholm: SNS Förlag, 2011.

Hartung, Daniel M., et al. "The Cost of Multiple Sclerosis Drugs in the US and the
    Pharmaceutical Industry: Too Big to Fail?" *Neurology*, Apr. 24, 2015. Web.

Hattenstone, Simon. "Nothing Like a Dame." *Guardian*, Sept. 2, 2006. Web.

Hayes, Susan L., and Cathy Schoen. "Stop the Churn: Preventing Gaps in Health Insurance

Coverage." *Commonwealth Fund Blog*, July 10, 2013. Web.

HealthCare.gov. *Out-of-Pocket Maximum/limit*. N.d. Web. Accessed Nov. 25, 2015.

Helliwell, John, et al. *World Happiness Report*. Sustainable Development Solutions Network, 2012. Web.

Help Age International. *Global Agewatch Index 2014*. Web.

Hertz, Tom. "Understanding Mobility in America." Center for American Progress, 2006. Web.

Heymann, Jody, et al. *Contagion Nation: A Comparison of Paid Sick Leave Policies in 22 Countries*. Center for Economic and Policy Research, May 2009. Web.

Himmelstein, David U., et al. "Medical Bankruptcy in the United States 2007: Results of a National Study." *American Journal of Medicine*, 122:8 (2009): 741–746. Web.

Hobbes, Thomas. *Leviathan*. 1651. Kindle file. 『리바이어던』 토마스 홉스 저, 신재일 역, 서해문집, 2007.

Holmes, Elizabeth. "Don't Hate Her for Being Fit." *Wall Street Journal*, July 20, 2012. Web.

Horpedahl, Jeremy, and Harrison Searles. *The Tax Exemption of Employer-Provided Health Insurance*. Mercatus Center at George Mason University, 2013. Web.

Hotchner, A. E. "Nordic Exposure." *Vanity Fair*, Aug. 2012. Web.

Huffington, Arianna. "Beyond Money and Power (and Stress and Burnout): In Search of New Definition of Success." *Huffington Post*, May 29, 2013. Web.

———. *Thrive: The Third Metric to Redefining Success and Creating a Life of Well-Being, Wisdom, and Wonder*. New York: Harmony Books, 2014. Kindle file. 『제3의 성공 : 더 가치있게 더 충실하게 더 행복하게 살기』, 아리아나 허핑턴 저, 강주헌 역, 김영사, 2014.

HUS. *Synnytyksen jälkeen. Hoitoajat ja potilasmaksut*. N.d. Web. Accessed July 25, 2015.

Icelandic Parliament. *Report of the Special Investigation Commission*. 2010. Web.

IMS Health. "Top 25 Medicines by Dispensed Prescriptions (U.S.)" N.d. Web. Accessed July 22, 2015.

International Federation of Health Plans. *2013 Comparative Price Report*. N.d. Web. Accessed Aug. 13, 2015.

International Telecommunication Union. *Measuring the Information Society Report 2014*. Geneva: ITU, 2014. Web.

International Transport Forum. *Road Safety Annual Report 2014*. Paris: OECD Publishing, 2014. Web.

IOM (Institute of Medicine). *America's Uninsured Crisis: Consequences for Health and Health Care*. Washington, DC: National Academies Press, 2009. Web.

———. *Care Without Coverage: Too Little, Too Late*. Washington, DC: National Academies Press, 2002. Web.

Irwin, Neil. "Finland Shows Why Many Europeans Think Americans Are Wrong About the Euro." *New York Times*, July 20, 2015. Web.

Jacobs, Douglas B., and Benjamin D. Sommers. "Using Drugs to Discriminate—Adverse Selection in the Insurance Marketplace." *New England Journal of Medicine* 372 (2015): 399–402. Web.

Jäntti, Markus, et al. "American Exceptionalism in a New Light: A Comparison of Intergenerational Earnings Mobility in the Nordic Countries, the United Kingdom and the United States." Institute for the Study of Labor (IZA), 2006. Web.

Jubera, Drew. "A Georgia County Shares a Tale of One Man's Life and Death." *New York Times*, Aug. 22, 2009. Web.

Junkkari, Marko. "Supercellin perustajat ovat kaikkien aikojen veronmaksajia." ["The Founders of Supercell Are Among the Biggest Taxpayers of All Time."] *Helsingin Sanomat*, Nov. 3, 2014. Web.

Kaiser Family Foundation. "Massachusetts Health Care Reform: Six Years Later." May 2012. Web.

Kela. *Allowance for the Unemployed, Students and Rehabilitees*. Social Insurance Institution of Finland (Kela), N.d. Web. Accessed July 26, 2015.

———. *Amount of Child Home Care Allowance*. N.d. Web. Accessed July 26, 2015.

———. *Benefits for Families with Children*. N.d. Web. Accessed July 25, 2015.

———. *Government Guarantee for Student Loans*. N.d. Web. Accessed Aug. 9, 2015.

———. *Health and Rehabilitation Brochure*. N.d. Web. Accessed July 21, 2015.

———. *Home and Family Brochure*. N.d. Web. Accessed July 21, 2015.

———. *Housing Supplement*. N.d. Web. Accessed Aug. 9, 2015.

———. *Maternity Grant and Maternity Package*. N.d. Web. Accessed July 25, 2015.

———. *Paternity Allowance During Paternity Leave*. N.d. Web. Accessed July 29, 2015.

———. *Statistical Yearbook of the Social Insurance Institution 2013*, 2014. Web.

———. *Study Grant*. N.d. Web. Accessed Aug. 9, 2015.

———. *Unemployment: Benefits for the Unemployed Brochure*. N.d. Web. Accessed July 26, 2015.

Kelly, Gordon. "Supercell's CEO Reveals the Culture He Built to Produce a £2.5 Billion Company in Two Years." Wired.co.uk, Nov. 13, 2013. Web.

Kena, Grace, et al. *The Condition of Education 2015*. U.S. Department of Education, National Center for Education Statistics, 2015. Web.

King, Stephen. "Stephen King: Tax Me, for F@%&'s Sake!" *Daily Beast*, Apr. 30, 2012. Web.

Kirshstein, Rita J. *Not Your Mother's College Affordability Crisis*. Delta Cost Project at American

Institutes for Research, 2012. Web.

Klein, Joel I. "Urban Schools Need Better Teachers, Not Excuses, to Close the Education Gap." *U.S. News & World Report*, May 9, 2009. Web.

Klerman, Jacob, et al. *Family and Medical Leave in 2012: Executive Summary*. Cambridge, MA: Abt Associates, 2012. Web.

Kolbert, Elizabeth. "Spoiled Rotten." *The New Yorker*, July 2, 2011. Web.

Kortelainen, Mika, et al. "Lukioiden väliset erot ja paremmuusjärjestys." ["Differences Between Academic High Schools, and Their Rankings"] *VATT tutkimukset* 179. Helsinki: Government Institute for Economic Research 2014. Web.

Kristof, Nicholas. "A Possibly Fatal Mistake." *New York Times*, Oct. 12, 2012. Web.

———. "The Spread of Superbugs." *New York Times*, Mar. 6, 2010. Web.

Krugman, Paul. "Annoying Euro Apologetics." *New York Times* July 22, 2015. Web.

———. "Death by Ideology." *New York Times*, Oct. 14, 2012. Web.

———. "Now That's Rich." *New York Times*, May 8, 2014. Web.

———. "Rube Goldberg Survives." *New York Times*, Apr. 3, 2014. Web.

———. "Taxes at the Top." *New York Times*, Jan. 19, 2012. Web.

———. "The Undeserving Rich." *New York Times*, Jan. 19, 2014. Web.

Kupari, Pekka, et al. "PISA12—Ensituloksia." [PISA12—First Results.] *Opetus—ja kulttuuriministeriön julkaisuja* 20. Ministry of Education and Culture, 2013. Web.

Laitinen, Joonas, and Johanna Mannila. "Ressun keskiarvoraja jälleen korkein pääkaupunkiseudun kuntien omissa lukioissa." ["Ressu High School Once Again Requires the Highest Grade Point Average for Entry Among Municipal High Schools in the Helsinki Metropolitan Area."] *Helsingin Sanomat*, June 11, 2015. Web.

LaMontagne, Christina. "Medical Bankruptcy Accounts for Majority of Personal Bankruptcies." *Nerdwallet*, Mar. 26, 2014. Web.

Lander, Mark. "Obama, Like Buffett, Had Lower Tax Rate Than His Secretary." *New York Times*, Apr. 13, 2012. Web.

Lavigne, Paula. "Bad Grades? Some Schools OK with It." *ESPN*, Oct. 18, 2012. Web.

Leland, Anne, and Mari-Jana Oboroceanu. *American War and Military Operations Casualties: Lists and Statistics*. Congressional Research Service, Feb. 26, 2010. Web.

Leonhardt, David. "Putting Candidates' Tax Returns in Perspective." *New York Times*, Jan. 24, 2012. Web.

Leonhardt, David, and Kevin Quealy. "The American Middle Class Is No Longer the World's Richest." *New York Times*, Apr. 22, 2014. Web.

Leskinen, Jari, and Antti Juutilainen, eds. *Jatkosodan pikkujättiläinen*. [The Continuation

War's Small Giant.] Helsinki: WSOY, 2005.

Levin, Yuval. "Beyond the Welfare State." *National Affairs* 7 (Spring 2011). Web.

Levine, Arthur. *Educating School Teachers*. Education Schools Project, 2006. Web.

Lewis, Michael. "Extreme Wealth Is Bad for Everyone—Especially the Wealthy." *New Republic*, Nov. 12, 2014. Web.

Lim, Carol S., et al. "International Comparison of the Factors Influencing Reimbursement of Targeted Anti-Cancer Drugs." *BMC Health Services Research* 14 (2014): 595. Web.

Lindbeck, Assar. "The Swedish Experiment." *Journal of Economic Literature* 35 (1997): 1273–1319. Web.

Liptak, Adam. "Case Seeking Job Protections for Pregnant Women Heads to Supreme Court." *New York Times*, Nov. 30, 2014. Web.

Lipton, Eric S., and David Barboza. "As More Toys Are Recalled, Trail Ends in China." *New York Times*, June 19, 2007. Web.

Livingston, Gretchen, and Anna Brown. "Birth Rate for Unmarried Women Declining for First Time in Decades." Pew Research Center, Aug. 13, 2014. Web.

Lublin, Joann S., and Leslie Kwoh. "For Yahoo CEO, Two New Roles." *Wall Street Journal*, July 17, 2012. Web.

Ludden, Jennifer. "More Dads Want Paternity Leave. Getting It Is a Different Matter." *NPR*, Aug. 13, 2014. Web.

Mäkinen, Esa, et al. "Kaikki Suomen lukiot paremmuusjärjestyksessä: Etelä-Tapiola kiilasi Ressun ohi." ["All of Finland's High Schools Ranked: South Tapiola Cut Ahead of Ressu."] *Helsingin Sanomat*, May 25, 2015. Web.

Mandery, Evan J. "End College Legacy Preference." *New York Times*, Apr. 24, 2014. Web.

Mascia, Jennifer. "An Accident, and a Life Is Upended." *New York Times*, Dec. 21, 2009. Web.

McDevitt, Kaitlin. "The Big Money: Depression and the Recession." *Washington Post*, Aug. 30, 2009. Web.

McDonough, John. "The Demise of Vermont's Single-Payer Plan." *New England Journal of Medicine* 372 (2015): 1584–1585. Web.

McMurrer, Jennifer, et al. *Instructional Time in Elementary Schools*. Center on Education Policy, 2008. Web.

Medicare.gov. *How Can I Pay for Nursing Home Care?* N.d. Web. Accessed Aug. 14, 2015.

———. *Your Medicare Coverage. Home Health Services*. N.d. Web. Accessed Aug. 14, 2015.

Mettler, Suzanne, and Julianna Koch. "Who Says They Have Ever Used a Government Social Program? The Role of Policy Visibility." Feb. 28, 2012. Web.

Micklethwait, John, and Adrian Wooldridge. *The Fourth Revolution: The Global Race to Reinvent the State*. New York: Penguin Press, 2014. Kindle file. 『제4의 혁명 : 우리는 누구를 위한 국가에 살고 있는가』, 존 미클스웨이트·에이드리언 울드리지 공저, 이진원 역, 21세기북스, 2015.

Miliband, Ed. Speech at the Sutton Trust's Social Mobility Summit in London, the United Kingdom, May 21, 2012. Web.

Mill, John Stuart. *On Liberty*. 1859. Kindle file. 『자유론』, 존 스튜어트 밀 저, 서병훈 역, 책세상, 2005.

Miller, Terry, and Anthony B. Kim. *2015 Index of Economic Freedom*. Heritage Foundation, 2015. Web.

Milne, Richard, and Michael Stothard. "Rich, Happy and Good at Austerity." *Financial Times* Special Report, May 30, 2012. Web.

Ministry of Education and Culture. *Finland and PISA*. N.d. Web. Accessed July 20, 2015.

——. *Basic Education in Finland*. N.d. Web. Accessed Aug. 2, 2015.

——. *Early Childhood Education and Care in Finland*. N.d. Web. Accessed Aug. 3, 2013.

——. *Every Child in Finland Has the Same Educational Starting Point*. N.d. Web. Accessed Jan. 12, 2015.

——. *Financing of Education*. N.d. Web. Accessed Aug. 3, 2015.

——. *Koulutustakuu osana yhteiskuntatakuuta*. [Education Guarantee as Part of the Social Guarantee.] N.d. Web. Accessed Aug. 10, 2015.

——. "Opetusryhmien tila Suomessa" ["The State of Class Sizes in Finland."] *Opetus-ja kulttuuriministeriön työryhmämuistioita ja selvityksiä* 4, 2014. Web.

——. "Perusopetuksen aamu- ja iltapäivätoiminnan sekä koulun kerhotoiminnan laatukortteja valmistelevan työryhmän muistio." [Report by the Preparatory Committee for Assessing the Quality of Morning, Afternoon and Other Clubs Offered to Students in Basic Education.] *Opetus-ja kulttuuriministeriön työryhmämuistioita ja selvityksiä* 8, 2012. Web.

——. *PISA12—Still Among the Best in the OECD—Performance Declining*. N.d. Web. Accessed Aug. 2, 2015.

——. *Työryhmä: Perusopetusta uudistetaan—taide- ja taitoaineisiin, äidinkieleen ja yhteiskuntaoppiin lisää tunteja*. [Committee: Basic Education to Be Reformed—More Instruction Hours for Arts, Crafts, Language Arts and Social Studies.] Feb. 24, 2012. Web.

——. *Valtioneuvosto myönsi kahdeksan perusopetuksen järjestämislupaa*. [Finnish Government Granted Eight Basic Education Licenses.] June 12, 2014. Web.

——. *Varhaiskasvatuksen asiakasmaksut*. [Early-Childhood Education Fees.] N.d. Web. Accessed Jan. 9, 2016.

Ministry of Employment and Economy. *Annual Holidays Act Brochure*. June 2014. Web.

Ministry of Justice. Constitution of Finland. June 11, 1999 (731/1999, amendments up to 1112 / 2011 included). Web. Accessed Aug. 2, 2015.

Ministry of Social Affairs and Health. *Hoitoon pääsy (Hoitotakuu)*. [Access to Care (Health Care Guarantee).] N.d. Web. Accessed Aug. 14, 2015.

―――. *Hoitopaikan valinta*. [Choosing the Facility for Care.] N.d. Web. Accessed Aug. 14, 2015.

―――. *Terveydenhuollon maksut*. [Health-Care Copays.] N.d. Web. Accessed Aug. 14, 2015.

Miranda, Veerle. "Cooking, Caring and Volunteering: Unpaid Work Around the World." *OECD Social, Employment and Migration Working Papers* 116. Paris: OECD Publishing, 2011. Web.

Miron, Gary, and Charisse Gulosino. *Profiles of For-Profit and Nonprofit Education Management Organizations: Fourteenth Edition—2011-2012*. Boulder, CO: National Education Policy Center, 2013. Web.

MoJo News Team. "Full Transcript of the Mitt Romney Secret Video." *Mother Jones*, Sept. 19, 2012. Web.

Moody's Investors Service. "Announcement: Moody's Changes the Outlook to Negative on Germany, Netherlands, Luxembourg and Affirms Finland's AAA Stable Rating." July 23, 2012. Web.

Morgan, David. "Obama Administration Seeks to Negotiate Medicare Drug Prices." *Reuters*, Feb. 2, 2015. Web.

Morin, Rich. "More Americans Worry About Financing Retirement." Pew Research Center, Oct. 22, 2012. Web.

Morris, Allison. "Student Standardised Testing: Current Practices in OECD Countries and a Literature Review." *OECD Education Working Papers* 65. Paris: OECD Publishing, 2011. Web.

Morris, Tom, and Dan Hill. "The Liveable Cities Index—2011." *Monocle*, July/August 2011, 18-22.

Moss, Michael. "Food Companies Are Placing the Onus for Safety on Consumers." *New York Times*, May 15, 2009. Web.

―――. "Peanut Case Shows Holes in Safety Net." *New York Times*, Feb. 8, 2009. Web.

Moulds, Josephine. "How Finland Keeps Its Head Above Eurozone Crisis." *Guardian*, July 24, 2012. Web.

Mullins, Brody, et al. "Romney's Taxes: $3 Million." *Wall Street Journal*, Jan. 24, 2012. Web.

Mundy, Liza. "Daddy Track: The Case for Paternity Leave." *Atlantic*, January/February

2014. Web.

Muralidharan, Karthik, and Venkatesh Sundararaman. "The Aggregate Effect of School Choice: Evidence from a Two-stage Experiment in India." *NBER Working Paper* 19441. Sept. 2013, rev. Oct. 2014. Web.

Murray, Charles. "The New American Divide." *Wall Street Journal*, Jan. 21, 2012. Web.

Naison, Mark. "Professor: Why Teach for America Can't Recruit in My Classroom." *Washington Post*, Feb. 18, 2013. Web.

National Center for Education Statistics. "Table 5.1. Compulsory school attendance laws, minimum and maximum age limits for required free education, by state: 2013." *State Education Reforms*. Web.

National Conference of State Legislatures. *Redistricting Commissions and Alternatives to Legislature Conducting Redistricting*. N.d. Web. Accessed Aug. 18, 2015.

National Conference of State Legislatures. *State Family and Medical Leave Laws*. Dec. 31, 2013. Web.

——. *2015 Minimum Wage by State*. June 30, 2015. Web.

National Council on Teacher Quality. *2013 State Teacher Policy Yearbook: National Summary*. Jan. 2014. Web.

National Employment Law Project. "City Minimum Wage Laws: Recent Trends and Economic Evidence." May 2015. Web.

——. "Occupational Wage Declines Since the Great Recession." Sept. 2015. Web.

National Institute of Health and Welfare. "Tietopaketit: Imetys." [Information Packages: Breast-Feeding.] *Lastenneuvolakäsikirja*. N.d. Web. Accessed July 29, 2015.

——. *Tilastotietoa perhevapaiden käytöstä*. [Statistics on Use of Family Leaves.] N.d. Web. Accessed July 29, 2015.

National Institute of Mental Health. *Any Anxiety Disorder Among Adults*. N.d. Web. Accessed July 22, 2015.

Neander–Nilsson, Sanfrid. *Är svensken människa?* Stockholm: Fahlcrantz & Gumaelius, 1946.

New York State Office of the Attorney General. *Can You Be Fired?* N.d. Web. Accessed July 24, 2015.

Newman, Katherine S. *The Accordion Family. Boomerang Kids, Anxious Parents, and the Private Toll of Global Competition*. Boston: Beacon Press, 2012. Kindle file.

Newport, Frank. "Americans Continue to Say Wealth Distribution Is Unfair." *Gallup*, May 4, 2015. Web.

Nixon, Ron, and Eric Lichtblau. "In Debt Talks, Divide on What Tax Breaks Are Worth Keeping." *New York Times*, Oct. 2, 2011. Web.

Nordic Social Statistical Committee. *Social Protection in the Nordic Countries 2012/2013*.

Copenhagen: Nordic Statistical Committee, 2014. Web.

Norris, Floyd. "Tax Reform Might Start with a Look Back to '86." *New York Times*, Nov. 22, 2012. Web.

Norton, Michael I., and Dan Ariely. "Building a Better America—One Wealth Quintile at a Time." *Perspectives on Psychological Science* 6:1 (2011): 9–12. Web.

Norwegian Labour and Welfare Organization (NAV). *Parental Benefit*. July 13, 2015. Web.

NPR. "Cardiologist Speaks from the Heart about America's Medical System." *NPR*, Aug. 19, 2014. Web.

NYC Department of Education. *Teacher and Pupil-Personnel Certification*. Web. Nd. Accessed Aug. 3, 2015.

O'Brien, Matt. "The Euro Is a Disaster Even for the Countries That Do Everything Right." *Washington Post*, July 17, 2015. Web.

————. *Why Bad Things Happen to Good Economies*. World Economic Forum, July 30, 2015. Web.

OECD. "Does Money Buy Better Performance in PISA?" *PISA in Focus*, Feb. 2012. Web.

————. *Babies and Bosses: Reconciling Work and Family Life*. Paris: OECD Publishing, 2007. Web.

————. *Closing the Gender Gap: Act Now*. Paris: OECD Publishing, 2012. Web.

————. *Consumption Tax Trends 2014*. Paris: OECD Publishing, 2014. Web.

————. "Country Note: United States." *Results from PISA 2012*. Web.

————. *Divided We Stand: Why Inequality Keeps Rising*. Paris: OECD Publishing, 2011. Web.

————. *Doing Better for Families*. Paris: OECD Publishing, 2011. Web.

————. *Economic Policy Reforms: Going for Growth*. Paris: OECD Publishing, 2010. Web.

————. *Education at a Glance 2014: OECD Indicators*. Paris: OECD Publishing, 2014. Web.

————. *Education Policy Outlook Norway*. Paris: OECD Publishing, 2013. Web.

————. Education spending (indicator). doi: 10.1787/ca274bac-en. Web. Accessed Aug. 9, 2015.

————. *Equity and Quality in Education: Supporting Disadvantaged Students and Schools*. Paris: OECD Publishing, 2012. Web.

————. *Government at a Glance 2015*. Paris: OECD Publishing, 2015. Web.

————. *Growing Unequal? Income Distribution and Poverty in OECD Countries*. Paris: OECD Publishing, 2008. Web.

————. *Health at a Glance 2013: OECD Indicators*. Paris: OECD Publishing, 2013. Web.

————. *Health at a Glance 2015: OECD Indicators*. Paris: OECD Publishing, 2015. Web.

————. *Hours worked* (indicator), 2015. Web.

————. *Improving Schools in Sweden: OECD Perspective*. Paris: OECD Publishing, 2015. Web.

———. *Lessons from PISA for the United States: Strong Performers and Successful Reformers in Education*. Paris: OECD Publishing, 2011. Web.

———. *National Accounts at a Glance 2014*. Paris: OECD Publishing, 2014. Web.

———. *OECD Compendium of Productivity Indicators 2015*. Paris: OECD Publishing, 2015. Web.

———. *OECD Economic Surveys: Denmark 2013*. Paris: OECD Publishing, 2014. Web.

———. *OECD Economic Surveys: Finland 2014*. Paris: OECD Publishing, 2014. Web.

———. *OECD Economic Surveys: Iceland 2015*. Paris: OECD Publishing, 2015. Web.

———. *OECD Economic Surveys: Norway 2014*. Paris: OECD Publishing, 2014. Web.

———. *OECD Economic Surveys: Sweden 2015*. Paris: OECD Publishing, 2015. Web.

———. *OECD Employment Outlook 2013*. Paris: OECD Publishing, 2013. Web.

———. *OECD Factbook 2014: Economic, Environmental and Social Statistics*. Paris: OECD Publishing, 2014. Web.

———. *OECD Skills Outlook 2013: First Results from the Survey of Adult Skills*. Paris: OECD Publishing, 2013. Web.

———. *PISA 2009 Results: What Students Know and Can Do—Student Performance in Reading, Mathematics and Science* (vol. 1). Paris: OECD Publishing, 2010. Web.

———. *PISA 2012 Results: Excellence Through Equity: Giving Every Student the Chance to Succeed* (vol. 2). OECD Publishing, 2013. Web.

———. *PISA 2012 Results: What Students Know and Can Do—Student Performance in Mathematics, Reading and Science* (vol. 2, rev. ed. February 2014). Paris: OECD Publishing, 2014. Web.

———. *Society at a Glance 2011: OECD Social Indicators*. Paris: OECD Publishing, 2011. Web.

———. "Table 1.7. Top Statutory Personal Income Tax Rate and Top Marginal Tax Rates for Employees 2014." N.d. Web. Accessed Aug. 17, 2015.

———. *Taxing Energy Use 2015: OECD and Selected Partner Economies*. Paris: OECD Publishing, 2015. Web.

———. *Taxing Wages 2015*. Paris: OECD Publishing, 2015. Web.

———. "Why Is Health Spending in the United States So High?" N.d. Web. Accessed Aug. 13, 2015.

———. *Women, Government and Policy Making in OECD Countries: Fostering Diversity for Inclusive Growth*. Paris: OECD Publishing, 2014. Web.

OECD Family Database. *SF13 Living arrangements of children*. N.d. Web. Accessed July 26, 2015.

Oettingen, Gabriele. "The Problem with Positive Thinking." *New York Times*, Oct. 24, 2014.

Web.

Office of Senator Jamie Eldridge. *A Public Option for Massachusetts*. May 16, 2011. Web.

Office of Senator Kirsten Gillibrand. *American Opportunity Agenda: Expand Paid Family and Medical Leave*. N.d. Web. Accessed July 30, 2015.

————. *Child Care Costs Rising $730 Each Year in New York*. N.d. Web. Accessed July 24, 2015.

Ofri, Danielle. "Adventures in 'Prior Authorization.'" *New York Times*, Aug. 3, 2014. Web.

Ohlemacher, Stephen, and Emily Swanson. "AP-GfK Poll: Most Americans Back Obama Plan to Raise Investment Taxes." *Associated Press*, Feb. 22, 2015.

Olejaz, Maria, et al. "Denmark: Health System Review." *Health Systems in Transition* 14:2 (2012): 1–192. Web.

Osborn, Robin, and Cathy Schoen. "Commonwealth Fund 2013 International Health Policy Survey in Eleven Countries." Commonwealth Fund, 2013. Web.

Osborn, Robin, et al. "International Survey of Older Adults Finds Shortcomings in Access, Coordination, and Patient-Centered Care." *Health Affairs Web First*, Nov. 19, 2014. Web.

Otterman, Sharon. "Once Nearly 100%, Teacher Tenure Rate Drops to 58% as Rules Tighten." *New York Times*, July 27, 2011. Web.

Parker, Kim. "Yes, The Rich Are Different." Pew Research Center, Aug. 27, 2012. Web.

Parker, Kim, and Wendy Wang. "Modern Parenthood: Roles of Moms and Dads Converge as They Balance Work and Family." Pew Research Center, Mar. 14, 2013. Web.

Parsad, Basmat, and Maura Spiegelman. *Arts Education in Public Elementary and Secondary Schools 1999-2000 and 2009-2010*. Washington, DC: National Center for Education Statistics, 2012. Web.

Partanen, Anu. "What Americans Keep Ignoring About Finland's School Success." *Atlantic*, Dec. 29, 2011. Web.

Patnaik, Ankita. "Reserving Time for Daddy: The Short and Long-Run Consequences of Father's Quotas." Jan. 15, 2015. Web.

Pear, Robert. "Health Insurance Companies Seek Big Rate Increases for 2016." *New York Times*, July 3, 2015. Web.

————. "I.R.S. Bars Employers from Dumping Workers into Health Exchanges." *New York Times*, May 25, 2014. Web.

————. "Number of Uninsured Has Declined by 15 Million Since 2013, Administration says." *New York Times*, Aug. 12, 2015. Web.

————. "Obama Proposes That Medicare Be Given the Right to Negotiate the Cost of Drugs." *New York Times*, Apr. 27, 2015. Web.

Pekkarinen, Tuomas, et al. "School Tracking and Intergenerational Income Mobility:

Their Own.' " Online video clip. *Real Clear Politics Video*, Sept. 21, 2011. Web.

Reardon, Sean F. "No Rich Child Left Behind." *New York Times*, Apr. 27, 2013. Web.

Redden, Molly, and Dana Liebelson. "A Montana School Just Fired a Teacher for Getting Pregnant. That Actually Happens All the Time." *Mother Jones*, Feb. 10, 2014. Web.

Regeringskansliet. (Government Offices of Sweden.) *The Swedish Fiscal Policy Framework*. 2011. Web.

Reid, T. R. *The Healing of America: A Global Quest for Better, Cheaper, and Fairer Health Care*. New York: Penguin Books, 2010. Kindle file.

"Republican Candidates Debate in Manchester, New Hampshire, January 7, 2012." Transcript. American Presidency Project. Web.

Reuters. "Clash of Clans Maker Supercell Doubles Profit." *New York Times*, Mar. 24, 2015. Web.

Rhee, Michelle. "Poverty Must Be Tackled But Never Used as an Excuse." *Huffington Post*, Sept. 5, 2012. Web.

Rich, Motoko. " 'No Child' Law Whittled Down by the White House." *New York Times*, July 6, 2012. Web.

―――. "Fewer Top Graduates Want to Join Teach for America." *New York Times*, Feb. 5, 2015. Web.

―――. "Scandal in Atlanta Reignites Debate Over Tests Role." *New York Times*, Apr. 2, 2013. Web.

Ringard, Ånen, et al. "Norway: Health System Review." *Health Systems in Transition* 15: 8 (2013): 1-162. Web.

Ripley, Amanda. "The Case Against High-School Sports." *Atlantic*, Oct. 2013. Web.

―――. *The Smartest Kids in the World*. New York: Simon & Schuster, 2013. 『무엇이 이 나라 학생들을 똑똑하게 만드는가: 미국을 뒤흔든 세계 교육 강국 탐사 프로젝트』, 아만다 리플리 저, 김희정 역, 부키, 2014.

Rivlin, Gary. "Leader of the Free World." *Wired*, Nov. 2003. Web.

Rizga, Kristina. "Everything You've Heard About Failing Schools Is Wrong." *Mother Jones*, Aug. 22, 2012. Web.

Robinson, Keith, and Angel L. Harris. "Parental Involvement Is Overrated." *New York Times*, Apr. 12, 2014. Web.

Romney, Mitt. "A Chance for Every Child." Remarks on Education at Latino Coalition's Annual Economic Summit in Washington, DC, May 23, 2012. Transcript. American Presidency Project. Web.

Ronpaul2008dotcom. "Full CNN Tea Party Express Republican Debate." Online video clip. YouTube, Sept. 13, 2011. Web.

Rosenbaum, Sara, et al. "Mitigating the Effects of Churning Under the Affordable Care Act: Lessons from Medicaid." Commonwealth Fund, 2014. Web.

Rosenthal, Elisabeth. "After Surgery, Surprise $117,000 Medical Bill from Doctor He Didn't Know." *New York Times*, Sept. 20, 2014. Web.

————. "American Way of Birth, Costliest in the World." *New York Times*, June 30, 2013. Web.

————. "As Hospital Prices Soar, a Stitch Tops $500." *New York Times*, Dec. 2, 2013. Web.

————. "As Insurers Try to Limit Costs, Providers Hit Patients with More Separate Fees." *New York Times*, Oct. 25, 2014. Web.

————. "Costs Can Go Up Fast When E.R. Is in Network but the Doctors Are Not." *New York Times*, Sept. 28, 2014. Web.

————. "In Need of a New Hip, But Priced Out of the U.S." *New York Times*, Aug. 3, 2013. Web.

————. "Insured, but Not Covered." *New York Times*, Feb. 7, 2015. Web.

————. "Medicine's Top Earners Are Not the M.D.s." *New York Times*, May 17, 2014. Web.

————. "The $2.7 Trillion Medical Bill." *New York Times*, June 1, 2013. Web.

————. "The Soaring Cost of Simple Breath." *New York Times*, Oct. 12, 2013. Web.

Rosenthal, Jaime A., et al. "Availability of Consumer Prices from US Hospitals for a Common Surgical Procedure." *JAMA Internal Medicine* 173:6 (2013): 427–32. Web.

Rosin, Hanna. "The End of Men." *Atlantic* July/August 2010. Web.

Rostgaard, Tine. *Family Policies in Scandinavia*. Denmark: Aalborg University, 2015. Web.

Rousseau, Jean-Jacques. *The Social Contract*. 1762. Kindle file. 『사회계약론』, 장 자크 루소 저, 김중현 역, 펭귄클래식코리아, 2015.

Rubio, Marco. "Reclaiming the Land of Opportunity: Conservative Reforms for Combating Poverty." Remarks at the U.S. Capitol, Jan. 8, 2014. Web.

Saarinen, Juhani. "Hurjaa voittoa tekevän Supercellin toimitusjohtaja ylistää Helsinkiä." [Supercell Makes Astonishing Profits and Its CEO Praises Helsinki.] *Helsingin Sanomat*, Apr. 18, 2013. Web.

————. "Supercell-miljonäärit valloittivat tulolistojen kärjen—katso lista sadasta eniten ansainneesta." [Supercell Millionaires Rose to the Top of Income Rankings—See the Top 100.] *Helsingin Sanomat*, Nov. 3, 2014. Web.

Sack, Kevin. "From the Hospital to Bankruptcy Court." *New York Times*, Nov. 25, 2009. Web.

Saez, Emmanuel. "Striking It Richer: The Evolution of Top Incomes in the United States." Jan. 25, 2015. Web.

Sahlberg, Pasi. "Quality and Equity in Finnish Schools." *School Administrator*, Sept. 2012:

Evidence from the Finnish Comprehensive School Reform." *Journal of Public Economics* 93.7–8 (2009): 965–75. Web.

Peltomäki, Tuomas, and Jorma Palovaara. "Opetukseen halutaan avoimuutta." [Requests Made for Openness in Teaching.] *Helsingin Sanomat*, Jan. 16, 2013. Web.

Perkins, Olivera. "Obamacare Not Enough, So Some in Labor Want Single-Payer System." *Plain Dealer*, Sept. 12, 2014. Web.

Pew Research Center. "Middle Easterners See Religious and Ethnic Hatred as Top Global Threat." Oct. 16, 2014. Web.

———. "Millennials in Adulthood: Detached from Institutions, Net-worked with Friends." Mar. 7, 2014. Web.

———. "Political Polarization in the American Public." June 12, 2014. Web.

Phillips, Anna M. "Tutoring Surges with Fight for Middle School Spots." *New York Times*, Apr. 15, 2012. Web.

Pickett, Kate, and Richard Wilkinson. *The Spirit Level: Why Greater Equality Makes Societies Stronger*. New York: Bloomsbury Press, 2010. Kindle File. 『평등이 답이다: 왜 평등한 사회는 늘 바람직한가?』, 리처드 윌킨슨 · 케이트 피킷 공저, 전재웅 역, 이후, 2012.

Pollard, Niklas, and Balazs Koranyi. "For Nordic Bosses, Joys of Home Trump Top Dollar Pay." *Reuters*, Mar. 10, 2013. Web.

Population Register Centre. *Name Service*. N.d. Web. Accessed July 23, 2015.

Poulsen, Jørgen. "The Daddy Quota—the Most Effective Policy Instrument." Nordic Information on Gender. Jan. 15, 2015. Web.

Public Policy Polling. "Congress Less Popular Than Cockroaches, Traffic Jams." Jan. 8, 2013. Web.

Putnam, Hannah, et al. *Training Our Future Teachers*. National Council on Teacher Quality, 2014. Web.

Rae, Matthew, et al. *Tax Subsidies for Private Health Insurance*. Henry J. Kaiser Family Foundation, 2014. Web.

Rampell, Catherine. "Coveting Not a Corner Office, but Time at Home." *New York Times*, July 7, 2013. Web.

———. "How Much Do Doctors in Other Countries Make?" *New York Times*, July 15, 2009. Web.

Ranta, Elina. "Älä maksa liikaa—katso mikä kortti on paras." [Don't Pay Too Much—See Which Card Is Best.] *Taloussanomat*, Apr. 9, 2011. Web.

Rather, Dan. "Finnish First." *Dan Rather Reports*, Episode 702, Jan. 17, 2012. iTunes.

Real Clear Politics. "Elizabeth Warren: There Is Nobody in This Country Who Got Rich on

27–30. Web.

———. "Why Finland's Schools Are Top–Notch." *CNN*, Oct. 6, 2014. Web.

———. *Finnish Lessons—What Can the World Learn from Educational Change in Finland?* New York: Teachers College Press, 2011. 『핀란드의 끝없는 도전:그들은 왜 교육개혁을 멈추지 않는가』, 파시 살베리 저, 이은진 역, 푸른숲, 2016.

Säkkinen, Salla, et al. "Lasten päivähoito 2013." [Children's Day Care 2013.] *Tilastoraportti* 33, 2013. National Institute for Health and Welfare, 2014.

Samarrai, Fariss. "Love and Work Don't Always Work for Working Class in America, Study Shows." *UVAToday*, Aug. 13, 2013. Web.

Sandberg, Sheryl. *Lean In—Women, Work, and the Will to Lead*. New York: Alfred A. Knopf, 2013. Kindle file. 『Lean In 린 인』, 셰릴 샌드버그 저, 안기순 역, 와이즈베리, 2013.

Sanger–Katz, Margot. "$1,000 Hepatitis Pill Shows Why Fixing Health Costs Is So Hard." *New York Times*, Aug. 2, 2014. Web.

Santos, Fernanda. "City Teacher Data Reports Are Released." *WNYC Schoolbook*, Feb. 24, 2012. Web.

Santos, Fernanda, and Robert Gebeloff. "Teacher Quality Widely Diffused, Ratings Indicate." *New York Times*, Feb. 24, 2012. Web.

Save the Children. *The Urban Disadvantage: State of the World's Mothers 2015*. Web.

Schleicher, Andreas, ed. *Preparing Teachers and Developing School Leaders for the 21st Century: Lessons from around the World*. Paris: OECD Publishing, 2012. Web.

Schoen, Cathy, et al. "State Trends in the Cost of Employer Health Insurance Coverage, 2003–2013." Commonwealth Fund, 2015. Web.

Schuessler, Jennifer. "A Lightning Rod over America's Class Divide." *New York Times*, Feb. 5, 2012. Web.

Schwab, Klaus. *Global Competitiveness Report 2011-2012*. Geneva: World Economic Forum, 2011. Web.

———. *Global Competitiveness Report 2012-2013*. Geneva: World Economic Forum, 2012. Web.

———. *Global Competitiveness Report 2015-2016*. Geneva: World Economic Forum, 2015. Web.

Schweinhart, Lawrence J., et al. *The High/Scope Perry Preschool Study Through Age 40. Summary, Conclusions and Frequently Asked Questions*. High/Scope Educational Research Foundation, 2005. Web.

Scott, Mark. "SoftBank Buys 51% of Finnish Mobile Game Maker for $1.5 Billion." *New York Times*, Oct. 15, 2013. Web.

———. "Supercell Revenue and Profit Soared in 2013." *New York Times*, Feb. 12, 2014. Web.

Searcey, Dionne. "For Women in Midlife, Career Gains Slip Away." *New York Times*, June 23, 2014. Web.

Seligson, Hannah. "Nurturing a Baby and a Start-Up Business." *New York Times*, June 9, 2012. Web.

Sellers, Patricia. "New Yahoo CEO Mayer Is Pregnant." *Fortune*, July 17, 2012. Web.

Senate Budget Committee. "Conrad Remarks at Hearing on Assessing Inequality, Mobility and Opportunity." Feb. 9, 2012. Web.

Senior, Jennifer. "The Junior Meritocracy." *New York*, Jan. 31, 2010. Web.

Shah, Parth J. "Opening School Doors for India's Poor." *Wall Street Journal*, Mar. 31, 2010. Web.

Siddiqui, Mustageem, and S. Vincent Rajkumar. "The High Cost of Cancer Drugs and What We Can Do About It." *Mayo Clinic Proceedings* 87:10 (2012): 935-43. Web.

Sidwell Friends School. *Letter to Parents*. N.d. Web. Accessed July 23, 2015.

Silva, Jennifer M. "Young and Isolated." *New York Times*, June 22, 2013. Web.

Silver-Greenberg, Jessica. "Debt Collector Is Faulted for Tough Tactics in Hospitals." *New York Times*, Apr. 24, 2012. Web.

Silverman, Ed. "Angry over Drug Prices, More States Push Bills for Pharma to Disclose Costs." *Wall Street Journal*, Apr. 24, 2015. Web.

Smith, Adam. *An Inquiry into the Nature and Causes of the Wealth of Nations*. 1776. Kindle file. 『국부론』, 아담 스미스 저, 유인호 역, 동서문화사, 2008.

Smith, Daniel. "It's still the 'Age of Anxiety.' Or Is It?" *New York Times*, Jan. 14, 2012. Web.

Smith, Jessica C., and Carla Medalia. *Health Insurance Coverage in the United States:2014*. U.S. Census Bureau, Current Population Reports. Washington, D.C.: U.S. Government Printing Office, 2015. Web.

Smith, Morgan. "Efforts to Raise Teacher Certification Standards Falter." *Texas Tribune*, Aug. 22, 2014. Web.

Sommer, Jeff. "Suddenly, Retiree Nest Eggs Look More Fragile." *New York Times*, June 15, 2013. Web.

Sommers, Benjamin D., et al. "Mortality and Access to Care Among Adults After State Medicaid Expansions." *New England Medical Journal*, July 25, 2012. Web.

Squires, David A. "Explaining High Health Care Spending in the United States: An International Comparison of Supply, Utilization, Prices, and Quality." Commonwealth Fund, 2012. Web.

———. "Finland Long-Term Ratings Lowered to 'AA+' on Weak Economic Growth: Outlook Stable." Oct. 10, 2014. Web.

———. "Standard & Poor's Takes Various Rating Actions on 16 Eurozone Sovereign Governments." Jan. 13, 2012. Web.

StanfordScope. "Dan Rather's Interview with Linda Darling-Hammond on Finland." Online video clip. YouTube. Jan. 30, 2012. Web.

Statistics Finland. "5. Majority of Children Live in Families with Two Parents." Nov. 21, 2014. Web.

———. *Foreigners and Migration*, 2013. Web.

———. "Number of Educational Institutions Fell Further." Feb. 12, 2015. Web.

Steinhauer, Jennifer. "Senate Approves a Bill to Revamp 'No Child Left Behind.'" *New York Times*, July 16, 2015. Web.

Steinhauser, Paul. "Trio of Polls: Support for Raising Taxes on the Wealthy." *CNN*, Dec. 6, 2012. Web.

Stewart, Nikita. "As Homeless Shelter Population Rises, Advocates Push Mayor on Policies." *New York Times*, Mar. 11, 2014. Web.

Stiglitz, Joseph. "Inequality Is Not Inevitable." *New York Times*, June 27, 2014. Web.

Strauss, Valerie. "What Was Missing—Unfortunately—in the No Child Left Behind Debate." *Washington Post*, July 17, 2015. Web.

STT. "Vanhempien koulutustaustasta voi tulla koulujen rahoitusmittari." [Parents' Education May Become the Measuring Stick for School Funding.] *Helsingin Sanomat*, May 28, 2012. Web.

Student Union of the University of Helsinki. *Membership Fee Academic Year 2015-2016*. Web.

Suddath, Claire. "Can the U.S. Ever Fix Its Messed-Up Maternity Leave System?" *Bloomberg Businessweek*, Jan. 27, 2015. Web.

Swarns, Rachel L. "Pregnant Officer Denied Chance to Take Sergeant's Exam Fights Back." *New York Times*, Aug. 9, 2015. Web.

Swift, Art. "Americans See Health Care, Low Wages as Top Financial Problems." Gallup, Jan. 21, 2015. Web.

Swisher, Kara. "Survey Says: Despite Yahoo Ban, Most Tech Companies Support Work-from-Home for Employees." *All Things D*, Feb. 25, 2013. Web.

Taguma, Miho, et al. *Quality Matters in Early Childhood Education and Care: Finland 2012*. Paris: OECD Publishing, 2012. Web.

Taha, Nadia. "Medicaid Help Without Falling into Poverty." *New York Times*, Nov. 19, 2013. Web.

Takala, Hanna. "Kommentti: Lukiovertailut—aina väärin sammutettu?" [Comment: High School Rankings—Always Done Wrong?] *MTV*, May 25, 2015. Web.

Taloudellinen tiedotustoimisto. *Kansan Arvot 2013*. [Public Values 2013.] N.d. Web.

Accessed Aug. 14, 2015.

Taub, Stephen. "The Rich List: The Highest-Earning Hedge Fund Managers of the Past Year." *Institutional Investor's Alpha*, May 6, 2014. Web.

Tax Policy Center. "Distribution tables by percentile by year of impact: T11-0089—Income breaks 2011." May 12, 2011. Web.

———. "Historical Top Marginal Personal Income Tax Rates in OECD Countries, 1975-2013." Apr. 16, 2014. Web.

Teles, Steven M. "Kludgeocracy in America." *National Affairs* 17, 2013. Web.

Thomas, Katie. "In Race for Medicare Dollars, Nursing Home Care May Lag." *New York Times*, Apr. 14, 2015. Web.

Thomas, Paul. "Is Poverty Destiny? Ideology vs. Evidence in School Reform." *Washington Post*, Sept. 19, 2012. Web.

Thompson, Derek. "The 23 Best Countries for Work-Life Balance (We Are Number 23)." *Atlantic*, Jan. 4, 2012. Web.

Tierney, Dominic. "Finland's 'Baby Box': Gift from Santa Claus or Socialist Hell?" *Atlantic*, Apr. 13, 2011. Web.

Times Higher Education. *World University Rankings 2015-2016*. Web.

Tocqueville, Alexis de. *Democracy in America: And Two Essays on America*. London: Penguin Classics, 2003. 『미국의 민주주의 1, 2』, 알렉시스 드 토크빌 저, 임효선·박지영 공역, 한길사, 1997.

Toivanen, Tero. "Mitä asioita olisi hyvä sisällyttää lukion opettajien väliseen verkostoyhteistyöhön uudessa oppimisympäristössä?" [What Should Be Included in High School Teachers' Network Cooperation in New Learning Environment?] *Sosiaalinen media oppimisen tukena* 26. Sept. 2012. Web.

Tomasino, Kate. "Rate Survey: Credit Card Interest Rates Hold Steady." *Creditcards.com*, Oct. 26, 2011. Web.

Truven Health Analytics. "The Cost of Having a Baby in the United States." Jan. 2013. Web.

Tugend, Alina. "Redefining Success and Celebrating the Ordinary." *New York Times*, June 29, 2012. Web.

U.S. Department of Education. "For Each and Every Child—A Strategy for Education Equity and Excellence." Washington, DC: U.S. Government Printing Office, 2013. Web.

———. "Prepared Remarks of U.S. Secretary of Education Arne Duncan on the Report: 'Arts Education in Public Elementary and Secondary Schools: 2009-2010.'" Apr. 2, 2012. Web.

U.S. Department of Health and Human Services, Health Resources and Services

Administration, Maternal and Child Health Bureau. *Child Health USA 2013*. Rockville, MD: U.S. Department of Health and Human Services, 2013. Web.

U.S. Government Accountability Office. "K-12 Education: States' Test Security Policies and Procedures Varied." May 16, 2013. Web.

Underwood, Anne. "Insured, but Bankrupted Anyway." *New York Times*, Sept. 7, 2009. Web.

UNICEF Innocenti Research Centre. "Measuring Child Poverty: New League Tables of Child Poverty in the World's Rich Countries." *Innocenti Report Card 10*. Florence: UNICEF Innocenti Research Centre, 2012. Web.

UNICEF Office of Research. "Child Well-being in Rich Countries: A Comparative Overview." *Innocenti Report Card 11*. Florence: UNICEF Office of Research, 2013. Web.

United for the People. *State and Local Support*. N.d. Web. Accessed Aug. 18, 2015.

U.S. Department of Labor. "Health Benefits, Retirement Standards, and Workers Compensation: Family and Medical Leave." *Employment Law Guide*. N.d. Web. Accessed July 24, 2015.

University of Cambridge. *Charting Gender's "Incomplete Revolution."* June 27, 2012. Web.

Ushomirsky, Natasha, and David Williams. *Funding Gaps 2015*. Education Trust, 2015. Web.

Uusitalo, Liisa, et al. *Infant Feeding in Finland 2010*. Helsinki: National Institute for Health and Welfare, 2012. Web.

Vardi, Nathan. "The 25 Highest-Earning Hedge Fund Managers and Traders." *Forbes*, Feb. 26, 2014. Web.

Varney, Sarah. "The Public Option Did Not Die." *NPR* and *Kaiser Health News*, Jan. 12, 2012. Web.

Virta, Lauri, and Koskinen Seppo. "Työntekijän sairaus ja työsopimussuhteen jatkuvuus." [Employee's Illness and Continuation of Employment.] *Työterveyslääkäri*; 25:2 (2007) 90-93. Web.

Virtanen, Ari, and Sirkka Kiuru. *Social Assistance 2013*. Helsinki: National Institute for Health and Welfare, 2014. Web.

Volk Miller, Kathleen. "Parenting Secrets of a College Professor." *Salon*, Feb. 27, 2012. Web.

Waiting for "Superman." Director: Davis Guggenheim. Distribution: Paramount Vantage, 2010. Film.

Weiner, Rachel. "Romney: Uninsured Have Emergency Rooms." *Washington Post*, Sept. 24, 2012. Web.

Weissbourd, Rick, et al. *The Children We Mean to Raise: The Real Messages Adults Are Sending About Values*. Harvard Graduate School of Education, 2014. Web.

Wellesley Public Media. "You Are Not Special Commencement Speech from Wellesley High School." Online video clip. YouTube, June 7, 2012. Web.

Wheaton, Sarah. "Why Single Payer Died in Vermont." *Politico*, Dec. 20, 2014. Web.

White House Office of the Press Secretary. *President Obama's Plan for Early Education for All Americans*. Feb. 13, 2013. Web.

———. "President Obama's and Vice President Biden's Tax Returns and Tax Receipts." Apr. 18, 2011. Web.

———. "Remarks by the President on Education Reform at the National Urban League Centennial Conference." July 29, 2010. Web.

———. "White House Unveils New Steps to Strengthen Working Families Across America." Jan. 14, 2015. Web.

White House. *Reforming the Tax Code*. N.d. Web. Accessed Aug. 18, 2015.

Wildman, Sarah. "Health Insurance Woes: My $22,000 Bill for Having a Baby." *Double X*, Aug. 3, 2009. Web.

Williams, Paige. "My Mom Is My BFF." *New York*, Apr. 22, 2012. Web.

Winerip, Michael. "A Chosen Few Are Teaching for America." *New York Times*, July 11, 2010. Web.

Wingfield, Nick. "From the Land of Angry Birds, a Mobile Game Maker Lifts Off." *New York Times*, Oct. 8, 2012. Web.

Wolverton, Brad. "The Education of Dasmine Cathey." *Chronicle of Higher Education*, June 2, 2012. Web.

Wooldridge, Adrian. "The Next Supermodel." *The Economist*, Feb. 2, 2013: Special Report.

World Bank. *Doing Business 2016: Measuring Regulatory Quality and Efficiency*. Washington, DC: World Bank, 2016. Web.

World Economic Forum. *Global Gender Gap Report 2013*. Geneva: World Economic Forum, 2013. Web.

———. *Global Gender Gap Report 2015*. Geneva: World Economic Forum, 2015. Web.

World Health Organization. *Health Topics: Breastfeeding*. N.d. Web. Accessed July 29, 2015.

World Policy Forum. "Are Workers Entitled to Sick Leave from the First Day of Illness?" N.d. Web. Accessed July 25, 2015.

Yager, Lynn. "How to Succeed in Fashion Without Trying Too Hard." *Wall Street Journal*, Mar. 15, 2013. Web.

Yellen, Janet L. "Perspectives on Inequality and Opportunity from the Survey of Consumer Finances." Speech given at the Conference on Economic Opportunity and Inequality, Federal Reserve Bank of Boston. Oct. 17, 2014. Web.

Yle. "More Finns Ready to Pay for University Education." *Yle*, Aug. 8, 2013. Web.

Ylioppilastutkintolautakunta. *Koulukohtaisia tunnuslukuja*. N.d. Web. Accessed Aug. 8, 2015.

Young, Brett. "Calmness No Achilles Heel for Beckham's Surgeon." *Reuters*, 19, Mar. 2010. Web.

Zernike, Kate. "Obama Administration Calls for Limits on Testing in Schools." *New York Times*, Oct. 24, 2015. Web.

———. "Paying in Full as the Ticket into Colleges." *New York Times*, Mar. 30, 2009. Web.

Photo Credit

찾아보기

문헌명

**우리는 미래에 조금 먼저
도착했습니다**

2017년 6월 9일 초판 1쇄 발행
2023년 4월 30일 초판 9쇄 발행

지은이 아누 파르타넨 • 옮긴이 노태복
펴낸이 류지호 • 편집 이상근, 김희중, 곽명진
디자인 형태와 내용사이

펴낸 곳 원더박스 (03169) 서울시 종로구 사직로10길 17, 301호
　　　　대표전화 02) 720-1202 팩시밀리 0303-3448-1202
　　　　출판등록 제300-2012-129호(2012. 6. 27.)

ISBN 978-89-98602-52-9 (03300)

＊잘못된 책은 구입하신 서점에서 바꾸어 드립니다.
＊독자 여러분의 의견과 참여를 기다립니다.
　블로그 blog.naver.com/wonderbox13 • 이메일 wonderbox13@naver.com